U0965263

新时代高校思想政治教育系列教材

大学生清廉教育

主　编　陈成志　莫杏卓　焦春红
副主编　覃蔚玲　陈新菡　马　东
　　　　董　艳　廖　剑　李　睿

中国农业大学出版社
·北京·

内容简介

本书概述了大学生清廉教育的内涵、重要价值、基本原则和基本方法；总结了我国清廉教育的历史经验，包括中国古代、近代、现代的清廉教育的目的和作用、主要内容、原则和方法等；分析了大学生清廉教育面临的主要问题与路径选择；阐释了清廉是做人的本分、清廉是驱邪的"照妖镜"、清廉是幸福的"护身符"，从而帮助大学生树立马克思主义清廉观；从内因与外因辩证关系角度，着眼于理论和实践相结合，探讨了如何通过修身与良治的有机结合使大学生在人生道路上做到清廉。

图书在版编目（CIP）数据

大学生清廉教育/陈成志，莫杏卓，焦春红主编．--北京：中国农业大学出版社，2023.8
ISBN 978-7-5655-2913-9

Ⅰ.①大… Ⅱ.①陈… ②莫… ③焦… Ⅲ.①大学生－品德教育－研究－中国 Ⅳ.①G641.6

中国国家版本馆 CIP 数据核字（2023）第 009788 号

书　名　大学生清廉教育
作　者　陈成志　莫杏卓　焦春红　主编

策划编辑　司建新　　责任编辑　司建新
封面设计　郑　川　李尘工作室
出版发行　中国农业大学出版社
社　址　北京市海淀区圆明园西路 2 号　　邮政编码　100193
电　话　发行部 010-62818525，8625　　读者服务部 010-62732336
　　　　编辑部 010-62732617，2618　　出　版　部 010-62733440
网　址　http：//www.caupress.cn　　E-mail cbsszs@cau.edu.cn
经　销　新华书店
印　刷　涿州市星河印刷有限公司
版　次　2023 年 8 月第 1 版　2023 年 8 月第 1 次印刷
规　格　185 mm×260 mm　16 开本　18 印张　390 千字
定　价　68.00 元

图书如有质量问题本社发行部负责调换

版权所有　违法必究　举报电话：010-62818625

新时代高校思想政治教育系列教材

总 主 编：高崇敏　刘　彪　陈成志

副总主编：董　艳　马　东　黄振宣　刘　刚

本书编委会

主　　任：高崇敏　刘　彪　张荣华　高金岭

副 主 任：罗英极　柴素芳　唐贤秋　李枭鹰　陈联俊

委　　员：（以姓氏拼音为序）

安　鑫　岑忠干　柴素芳　陈　洁　陈成志　陈联俊

陈新菡　董　艳　高崇敏　高金岭　高运锋　缑文学

贺志勇　黄修卓　黄燕玲　黄振发　黄振宣　蒋飞燕

焦春红　靳晓斌　靳玉军　康厚德　李　莉　李　睿

李海凤　李柳红　李枭鹰　李玉杰　李宗芝　梁淳一

廖　剑　刘　彪　刘　刚　刘　军　刘　明　刘希岩

路晓华　罗绍康　罗英极　马　东　莫杏卓　牛　涛

邱仁富　邵　勇　司建新　宋华锋　孙晓倩　覃蔚玲

唐　鹏　唐凯兴　唐贤秋　王东维　王小松　王永利

王运钦　韦　依　韦美珠　肖　鹏　杨定明　杨淇灵

张　俊　张　珍　张景文　张连云　张荣华　赵素桃

赵万玲　周丽华　周山东

主　　编：陈成志　莫杏卓　焦春红

副 主 编：覃蔚玲　陈新菡　马　东

董　艳　廖　剑　李　睿

顾　　问：唐　鹏　王东维　刘希岩

主　　审：张荣华　靳玉军　唐凯兴

前言

2018年9月10日，习近平同志在全国教育大会上的讲话中指出，培养什么人，是教育的首要问题。我国是中国共产党领导的社会主义国家，这就决定了我们的教育必须把培养社会主义建设者和接班人作为根本任务，培养一代又一代拥护中国共产党领导和我国社会主义制度、立志为中国特色社会主义奋斗终身的有用人才。

2022年2月，中共中央办公厅印发《关于加强新时代廉洁文化建设的意见》强调，以理想信念强基固本，以先进文化启智润心，以高尚道德砥砺品格。要厚植廉洁奉公文化基础，用革命文化淬炼公而忘私、甘于奉献的高尚品格，用社会主义先进文化培育为政清廉、秉公用权的文化土壤，用中华优秀传统文化涵养克己奉公、清廉自守的精神境界。

中共教育部党组印发的《高校思想政治工作质量提升工程实施纲要》提出：实施高校课程体系和教育教学创新计划，推动面向全体学生开设提高思想品德、人文素养、认知能力的哲学社会科学课程，创新高校思想政治理论课建设体系。

中央纪委、中央宣传部等六部门联合印发的《关于加强廉政文化建设的意见》强调：把青少年廉洁教育作为实施素质教育的重要内容，纳入国民教育体系。扎实推进廉洁教育进教材、进课堂、进学生头脑。

《教育部关于在大中小学全面开展廉洁教育的意见》强调：在大、中、小学全面开展廉洁教育，是面向全社会开展反腐倡廉教育的重要组成部分，是加强青少年思想道德教育的必然要求。各级教育行政部门和学校要站在确保中国特色社会主义事业代代相传、长治久安的战略高度，以对党的事业高度负责和对青少年学生健康成长高度负责的态度，充分认识在大中小学全面开展廉洁教育的重要性和必要性，认真做好这项工作。

为深入贯彻落实习近平同志关于教育的重要论述和中共中央、中央纪委及教育部等有关文件精神，扎实推进清廉教育进教材、进课堂、进学生头脑，进一步提高清廉教育的针对性和实效性，结合高职高专院校学生实际，我们组织申报了“大学生清廉教育教材体系的建构”课题并获得广西教育科学“十二五”规划2013年度广西高校党建工作研究专项课题立项（课题编号：2013ZZZ045）。教材《广西高职高专学生清廉教育》是该课题的研究成果之一。《广西高职高专学生清廉教育》教材出版使用五年来，受到广大学生、任课教师和专家的一致好评。

课题组坚持以党的二十大精神为指引，在已有研究的基础上，经过与自治区内外多所高校的专家学者、思政课教师和部分优秀党政干部的联合研究，最大限度地发挥校际合作的特殊优势，同时，广泛听取了高校思想政治理论课教师和大学生的意见和建议，倾情、竭力、合作编写了适合本科层次思想政治教育的新教材——《大学生清廉教育》。

本教材具有鲜明的特色：

一是紧密联系党关于清廉教育的新要求和新思想。《大学生清廉教育》体现了习近平新时代中国特色社会主义思想的新要求，体现了党的二十大精神、二十届中纪委二次全会精神以及《教育部关于在大中小学全面开展廉洁教育的意见》、中央纪委中央宣传部等六部门联合印发的《关于加强廉政文化建设的意见》、中共中央办公厅印发的《关于加强新时代廉洁文化建设的意见》等有关文件精神。

二是紧密联系学生思想实际，关注大学生的思想困惑并给予深入浅出的回答。坚持理论联系实际，与时俱进，有较强的针对性是本教材的特色之一。要求每讲都要结合所讲内容有针对性地联系读者的思想认识，直面困扰大学生的有关现实问题，并给予有说服力的解答。比如，作为大学生，将来我不想从政，清廉教育对我有何意义？既然清廉对个人、家庭和社会如此重要，为何一些人还是“前腐后继”？当周围有人“一切向钱看时”，个人如何抵制住金钱诱惑？如何看待做老实人有时很吃亏，而投机钻营者被重用提拔的现象？市场经济条件下，“为人民服务”“艰苦奋斗”真的已经过时了吗？如何看待当前的党风廉政建设和反腐败斗争形势？联系这些思想实际作分析，针对性就更强。同时，善于运用鲜活生动的事例说明问题、阐述观点，以切实解决学生清廉教育方面的一些思想困惑。

三是紧密联系大学生阅读兴趣和理解能力，《大学生清廉教育》在编写体例上力求契合大学生的认知特点和线上线下融合学习的需要。全书共分八讲（包括绪论），每讲设有“导语”“基本理论”“解疑释惑”“案例分析”“拓展阅读”“线上学习”“知与行”“课外作业”等内容。

此外，本教材突出了“四个密切结合”：一是密切结合清廉文化教育与大学生的特点；二是密切结合马克思主义国家观、社会观、群众观、人生观、价值观、权力观、金钱观、婚恋观、生活观、历史观等方面的教育；三是密切结合奋进新征程、建功新时代、共圆复兴梦教育；四是密切结合爱国主义、宗旨意识和国家安全教育。

本书适合本科院校（含职业本科院校）大学生学习清廉教育基本理论和知识、提高清廉素质使用，也可作为高职高专院校学生接受清廉教育、提升清廉素质的读本，还可作为高校党务工作者以及辅导员、班主任等学生工作者学习参考用书。

编　者

2023 年 8 月

目录

绪论　清廉教育重于山
——清廉教育概述

"才者，德之资也；德者，才之帅也。"人才培养一定是育人和育才相统一的过程，而育人是本。人无德不立，育人的根本在于立德。这是人才培养的辩证法。

思想政治工作从根本上说是做人的工作，必须围绕学生、关照学生、服务学生，不断提高学生思想水平、政治觉悟、道德品质、文化素养，让学生成为德才兼备、全面发展的人才。

要涵养廉洁自律的道德修为，心有所畏、言有所戒、行有所止，不断锤炼意志力、坚忍力、自制力，做一个一心为公、一身正气、一尘不染的人。

——习近平

【导语】

加强大学生清廉教育对大学生的成长成才及其家庭和睦幸福，对促进国家经济社会科学发展、民族团结进步和国家长治久安具有重要意义。青年是祖国的未来和民族的希望，也是党的未来和希望，是党和国家事业的建设者和接班人，尤其是我们党的领导和国家各级各类干部的预备人员，他们对清廉的认识和是否具备清廉品行，直接关系到我们国家干部清正、政府清廉、政治清明，因此大学生清廉教育攸关党和国家事业兴衰、民族复兴成败。全面、准确地理解清廉、清廉教育的内涵及特点，正确把握大学生清廉教育的意义、基本原则和基本方法，有利于增强大学生清廉教育的自觉性、针对性和实效性。

第一节　大学生清廉教育的内涵

【基本理论】

一、清廉的内涵

要理解清廉教育，首先要明确"清廉"的内涵。我国传统文化中的清廉思想寓于"仁义礼智信”之中，“仁义礼智信”内在地含有清廉（清正廉明）的思想。纵观浩如烟海的古代文化典籍，“清廉”的内涵和意义分散体现在不同的文献之中。传统文化意义上的清廉主要是指清正廉明。仁爱忠恕思想是贯穿古代清廉思想始终的主线、核心或灵魂，舍弃仁爱忠恕思想，清廉就成无本之木、无源之水。

对清廉的内涵的理解，要正确把握清廉的历史承继性、内容全面性、主体广泛性（清廉绝非仅指官员的素质，人人皆应追求清廉并力求成为清廉之士）、阶级局限性、社会实践性等特点。

清廉的内涵主要包括四个方面的内容，即清、正、廉、明。

第一，清与浊相对，激浊扬清，含有清正、清廉、清明之义，不正、不廉、不明，非为“清”。在清正廉明中，清有“总括”的意蕴、统领的作用、抽象的特质，正、廉、明是清的具体化和形象化。

第二，正与邪相对，有正心、正直、正派、公正、公平、公道、正义的含义。做人或为人要正直、正派；做事要公正、公平、公道；价值追求要崇尚正义；正直、正派、公正、公平、公道、正义的基础和前提是正心。

第三，廉与贪相对，廉是指欲而不贪，见利思义，以义统利，义利统一，公而忘私，大公无私。

第四，明与暗、昏相对，有光明正大、光明磊落、深明大义、自知之明、明辨、明智、理性、英明的含义。做人或为人要有自知之明，要光明正大、光明磊落、深明大义，不搞阴谋诡计；论事或看问题要明辨是非、善恶、美丑（是非不清、善恶不辨、美丑不分，非为“明”）；做事要明智而不愚蠢、理性而不鲁莽，兼听而不偏信。

总之，“清、正、廉、明”四个方面的内容的有机联系和辩证统一，构成了清廉的内涵。

二、清廉教育的内涵

清廉教育是指在一定社会历史条件下，教育主体通过一定的途径、方法和手段对教育客体施加有目的、有计划的影响，使其成为社会需要的具有清廉素质的人的社会实践活动。

中国特色社会主义清廉教育是以马克思列宁主义和中国化时代化的马克思主义理论为指导，以为人民服务为核心，以集体主义为原则，以社会主义核心价值观为灵魂，以清正廉明为基本教育内容，以培育具有清廉素质的“四有”公民为根本目的的清廉教育。中国特色社会主义清廉教育既是人的思想素质教育，也是人的能力智慧教育；既是促进实现人的社会化的教育，也是促进实现社会和谐与人民幸福的教育；既是廉政文化教育，也是先进文化教育（廉政文化是先进文化的重要组成部分）。中国特色社会主义清廉教育既要继承和发扬我国优秀传统清廉教育文化，又要借鉴国外清廉教育的有益成果。

三、大学生清廉教育的内涵

大学生清廉教育是以大学生为主要教育对象的清廉教育，旨在培育大学生形成社会发展进步所需要的清廉素质，是高校思想政治教育的重要组成部分，是高校落实立德树人根本任务的重要途径，是中国特色社会主义清廉教育百花园中需要精心培育的珍葩。

【解疑释惑】

清廉教育与廉洁教育等同吗？

要全面、正确地理解清廉教育的内涵，我们必须把握清廉教育与廉洁教育的异同。人们常常把清廉教育等同于廉洁教育，这是因为两者皆含有“廉”的教育。其实，从更严格意义上来说，清廉教育与廉洁教育是既有联系也有区别的两个概念。清廉教育无论是在内涵还是在外延上都比廉洁教育的范围更广。清廉教育即清正廉明教育，包括但不限于廉洁教育；廉洁教育是清廉教育的重要组成部分。现实中，有这样的人，不贪不沾、洁身自好，可谓“廉洁”之士，但得过且过、不勤政，明哲保身、不负责，此为“廉而不正”，这就需要对其进行“清正”教育；也有这样的人，虽称得上是不贪不沾的“廉洁”之士，但缺乏自知之明、脱离实际、好大喜功，缺乏独立思考的能力和辩证思维、法治思维，偏听偏信，是非善恶不分，昏庸、独断、鲁莽，此为“廉而不明”，这就需要对其进行“清明”教育。总之，“清”就要亮亮堂堂、明明白白，抵污御浊；“正”就要干实事、干好事，祛邪念、不谋虚功；“廉”就要干干净净、除污不染，不贪不沾；“明”就要实事干好，好事干实。“清、正、廉、明”四个方面互相联结，缺一不可，有机统一，共同构成清廉教育的内涵，它内在地包含了廉洁教育但又不限于廉洁教育，而是有更丰富的内涵。

【案例分析】

不朽的丰碑——人民公仆谷文昌的故事①

在福建南部的一个海岛东山县，30 多年来，当地的老百姓有一个习俗：每年清明节，都要先祭谷公，再祭祖宗。“谷公”就是曾在东山县工作了 10 多年的老县委书记谷文昌。

谷文昌（1915—1981 年），原名程栓，河南省林县（今林州市）人，1944 年加入中国共产党，曾任林县的区长、区委书记。1950 年 5 月随军南下，历任福建省东山县城关区委书记、县委组织部部长、县长、县委书记，1964 年任福建省林业厅副厅长，1972 年后历任福建省龙溪地区行署林业局局长、农办主任、副专员。在东山县工作的 14 年间，他带领群众与风灾、旱灾抗争，植树造林，兴修水利，改善交通，发展生产，把一个风沙肆虐的荒岛变成生机盎然的东海绿洲，为经济建设和社会发展奠定了坚实的基础，赢得了东山十万民心。“文革”期间，

---

① 《信仰的力量：筑牢共产党人的精神支柱》编写组. 信仰的力量：筑牢共产党人的精神支柱[M]. 北京：中共中央党校出版社，2020：230-232.

谷文昌

他被下放到宁化县河口公社红旗大队，带领当地百姓兴建隆陂水库、改良土壤，实现水稻亩产上千斤，被誉为“县委书记的好榜样”。2009年当选“100位新中国成立以来感动中国人物”。

一、“不制伏东山风沙，就让风沙把我埋掉”

东山的山山水水闪动着他的身影，村村寨寨留下他的足迹，在田头他与农民席地而坐谈生产，在村舍他与农民一道卷着土烟拉家常。全县四五百位生产队长，他大都能叫出名字来。干部找他汇报工作，群众找他反映问题，他什么时候都不烦，三更半夜也不嫌。他自己常年穿一双黑布鞋、一套灰中山装，深入田间，挽起袖筒植树，卷起裤脚犁田，拿起钢钎打石头，群众想什么、盼什么，他就带领群众干什么。

1950年，当谷文昌随解放军南下来到东山时，他看到的是风沙肆虐的景象。一年中刮六级以上大风的时间长达150多天，在全岛194平方公里的土地上森林覆盖率仅为0.12%。海岛东南部横亘着30多公里长的沙滩，茫茫一片，寸草不生，还有40多个流动沙丘，沙随风势不断向人们进逼，曾经有11个村庄被风沙掩埋。有田无法种，种了无收成。恶劣的环境使人们不得不成群结队外出乞讨。面对受灾受难的群众，谷文昌吃不好饭、睡不好觉，做梦也在想着战胜风沙，根治旱涝，让人民过上好日子。他下定决心：为了人民群众的幸福生活，一定要向风沙宣战！

治理风沙，说起来容易，做起来却不容易。谷文昌每天带领技术人员探风口、查沙丘，在风沙扑打中前进，用血肉之躯感受狂风的力度、飞沙的流向。他几乎走遍了东山的大小山头，走访了每一户群众，制定了“筑堤拦沙、种草固沙、造林防沙”的方案。林草防沙的方案虽好，可适合东山县种植的林草却难找。1956年，东山县第一次党代会坚持以人民为中心，就全面实现绿化、根治风沙通过决议。谷文昌号召全县人民“苦干几年，将荒岛勾销，把灾难埋葬海底！”谷文昌带领大家植树造林，先后种过10多个树种，几十万株苗木，一次也没有成功。许多人摇头叹息：“东山这个鬼地方，神仙也治不住风沙！”面对困难，谷文昌没有被吓倒，而是与工作人员总结经验，寻找合适的林木品种。坚持就有收获，经过大量翻阅资料，他们找到了木麻黄有效防治风沙的资料，并且攻克了大量培植木麻黄树的技术难关。

谷文昌带领大家在东山岛风沙最严重的3个灾区种下了2万多株木麻黄。然而，一场倒春寒让刚刚种下的木麻黄几乎全部死掉，仅仅存活了9株。这个时候，谷文昌来到白城林地，把活下来的9株木麻黄看了又看，摸了又摸。他满怀信心地对群众说：“你们看不是还活了9株吗？有这9株，就有90株，就有900株、9 000株”。他指天发誓，“我们要向沙滩宣战，不制伏东山风沙，就让风沙把我埋掉”。

到1964年，全县造林就已经达到8.2万亩，400多座小山丘、3万多亩荒沙滩基本完成了绿化，筑起了30多公里长的沿海“绿色长城”，荒芜的东山岛终于变成了美丽的绿洲。

二、海岛变半岛的美梦终于成了现实

东山岛地处福建东南海域，与大陆的最近距离只不过五六百米，但水深浪高，给群众的生产生活带来很大困难。千百年来，舟覆人亡的惨剧时有发生。世世代代的海岛人都盼望能修一条海堤，架一座彩桥，把东山与大陆相接，使孤岛变成半岛。几百年、几千年过去了，奇迹没有出现，人们面对滚滚怒涛，无不望而生畏。当时的东山，人力、财力都非常有限，修一条海堤谈何容易！“把海岛变半岛”是人民群众的愿望。谷文昌说：“人民的需要就是我们的工作。我们要敢闯新路，勇往直前！”他反复听取群众和技术人员的意见，与县委、县政府的同志酝酿讨论，毅然拍板：修一条海堤！把海岛与大陆连接起来，将会促进海岛发展，扩大对外联系；方便群众，免除舟楫之苦；有利于加强战备，巩固国防；促进发展养殖，利用苦卤制造化工原料；围垦盐田，扩收渔盐之利；沿堤修筑渡槽，引大陆淡水入岛，解决人畜饮水、浇地用……谷文昌担任建堤领导小组组长。

1960 年年初工程动工，谷文昌经常到工地检查指导，参加劳动。经过一年多的艰苦奋战，1961 年 6 月海堤竣工，天堑变通途、海岛变半岛的美梦终于成了现实。如今从东山开往四面八方的大小车辆，日夜在海堤上穿梭；高 21 米、长 4 000 米的雄伟渡槽，跨过海堤，把云霄县的淡水引入东山，造福人民。谷文昌经常告诫自己：“世上没有永远不变的事物，必须不断前进。党要求什么，群众需要什么，我们就去做什么。”东山原来没有一条像样的公路，谷文昌就带领群众修路，到 20 世纪 60 年代中期实现了村村可以开进汽车、拖拉机。如今四通八达、纵横交错的公路网，就是在当年的基础上建成的。

三、“两袖清风来去”

谷文昌严于律己，始终保持了共产党人的高尚情操。他对孩子们在工作、生活上要求严格，不仅不让他们受到特殊照顾，甚至正常范围内的事，也要先让给更需要的人。1962 年，他的大女儿谷哲慧高考落榜，准备参加工作。那时的高中生还不多，高中毕业生已经算是小知识分子了，因此，当年东山县城市户口的高考落榜生绝大多数都安排了正式工作。但身为县委书记的谷文昌却坚持让女儿当临时工，他对女儿说：“总不能自己安排自己吧！年轻人应该多锻炼锻炼。”1964 年谷文昌要调离东山到省林业厅工作，有关部门提出，是不是给他大女儿转成正式职工，这样可以一起调到省会福州。谷文昌说：“省里调的是我，没有调女儿，给她转什么正？”他的大女儿一直留在东山当临时工十几年，直到 1979 年才根据政策转为正式工。谷文昌带头把身边尚未成家的 4 个孩子全部送到乡下接受锻炼。1976 年，他的次子谷豫东高中毕业，孩子最大的愿望是到工厂当一名工人。当时，谷文昌的妻子体弱多病，大儿子和 3 个女儿都不在身边，根据政策，一对夫妇可以照顾一个子女留城的指标。谷豫东向父亲提出了留城的请求。谷文昌沉默了很久，最后还是动员儿子“上山下乡”，跟大家一起接受再教育。谷豫东据理力争说：“我们又没有违反政策，为什么一个也不留呢？”谷文昌说：“我是领导干部，不能向组织开口给自己孩子安排工作，不然以后工作怎么做呢？”谷豫东退了一步，请求父亲打个招呼把自己安排到东山县当知青。谷文昌还是坚决反对，他说，到了东山，人家都知道你是谷文昌的儿子，都会想办法照顾你，那你就得不到应有的锻炼。最后，谷豫东被组织安排到南靖县偏远的山村朱坑知青点落户。当时，儿子非常生气，半个月没跟他说过一句话。谷文昌把孩子的态度都看在眼里，他没有多说什么，但到了儿子临下乡前一天，他却早早回到了家里，帮助儿子整理行李，忙活了一晚上。第二天告别时，他取出前些天拍的一张全家福照片塞到了儿子手里。儿子终于理解了父亲：父亲就是这样一个人，他把对子女的温情深藏在心里，但绝不会利用手中的权力帮家人谋私。

谷文昌在很小的事情上都处处以身作则，注意言传身教，潜移默化地影响着孩子们。他担任福建省林业厅副厅长多年，自己家里却很少有木制家具，家里的桌椅板凳大部分都是藤制的。藤条在南方很常见，生长快，也很便宜。谷文昌教育孩子们说："国家的林木资源十分宝贵，尽量不要用木制家具。"他的二女儿谷哲芬结婚时，曾想让他批点木材做家具，被他严词拒绝："我管林业，如果我做一张桌子，下面就会做几十张、几百张，我犯小错误，下面就会犯大错误。当领导的要先把自己的手洗净，把自己的腰杆挺直！"父亲的话让谷哲芬记了一辈子，她在家里也坚持用藤制家具，有的家具破了好几个洞实在不能用了，才依依不舍地换掉。如今，谷哲芬也这样要求自己的两个孩子，她希望能把父亲的这个"嘱咐"一代代传下去。后辈子孙深受谷文昌影响，他们在工作中都是靠自己脚踏实地的努力，从不给组织添麻烦。谷文昌没有给家人留下什么物质财富，却留下了一笔宝贵的精神财富。他的优良品行，在后辈们身上正一点一滴地传承着、延续着。[①]

1981 年，谷文昌病逝，当地群众把他的骨灰埋在了木麻黄掩映的东山岛上。每逢敬宗祭祖时节，老百姓都要首先祭拜这位为东山人民造福的共产党人。

"不带私心搞革命，一心一意为人民。"这是谷文昌一生的信仰。习近平同志多次赞扬谷文昌，说他在"老百姓心中树起了一座不朽的丰碑"。[②] 至今东山的老百姓仍然对谷文昌念念不忘，尊敬地称他为"谷公"。

分析

谷文昌用为民、务实、清廉、奋斗的毕生实践，生动地诠释了共产党人的初心和使命。他是一个践行忠诚、干净、担当的人，一个为官一任、造福一方的人，一个带领东山县人民苦干 14 年，把荒岛变宝岛的人。习近平同志称赞他"在老百姓心中树起了一座不朽丰碑"。2009 年 6 月，电视连续剧《谷文昌》正式播出。2009 年 9 月，谷文昌同志被评为"100 位新中国成立以来感动中国人物"。2019 年 9 月，谷文昌入选"最美奋斗者"。谷文昌永远活在人民心中。

---

① 王均伟. 谷文昌的清廉家风[J]. 中国纪检监察，2016(11)：64.

② 习近平. 之江新语[M]. 杭州：浙江出版联集团，浙江人民出版社，2007：108.

学习谷文昌，就要学习他心系人民、敢于担当的公仆情怀。谷文昌始终把人民放在心中最高的位置，坚持“党要求什么，群众需要什么，我们就去做什么”。为了战胜贫困，实现人民幸福，他在东山县工作的14年间，坚持一切为了群众、一切依靠群众，团结带领东山广大干部群众与风灾、旱灾抗争，植树造林，兴修水利，改善交通，发展生产，把一个风沙肆虐的荒岛变成生机盎然的东海绿洲。

学习谷文昌，就要学习他求真务实、敢闯新路的开拓精神。在治理风沙的过程中，谷文昌“几乎走遍了东山的大小山头，走访了每一户群众”，开展深入细致的调查研究，制定了科学的方案，经过总结经验和深入研究，终于发现木麻黄能够有效防治风沙，并攻克了大量培植木麻黄树的技术难关。为了实现海岛变半岛的美好愿望，谷文昌以“敢闯新路，勇往直前”的精神，在“反复听取群众和技术人员的意见”并在酝酿讨论的基础上，毅然决定修一条连接东山岛与大陆的海堤，经过艰苦努力，实现了东山县人民几百年、几千年来“天堑变通途”的美好愿望。务实作风、科学精神、敢闯新路、勇于负责是谷文昌为人民建功立业的“法宝”。

学习谷文昌，就要学习他忠贞不渝、百折不挠的坚强意志。谷文昌无论是面对肆虐的风沙和严重的旱灾，还是面对治理风沙过程中的一次次失败，抑或是面对“文革”期间被下放的境遇，他对党的忠诚和对社会主义、共产主义的信念始终不渝，彰显了共产党人在困难、失败和挫折面前不忘初心、牢记使命、百折不挠的钢铁般的意志品质。

学习谷文昌，就要学习他大公无私、坚守清廉的崇高品德。谷文昌始终坚持“不带私心搞革命，一心一意为人民”。他坚持默默无闻地奉献，创造经得起实践、人民、历史检验的实绩，反对急功近利地搞劳民伤财的“政绩工程”“形象工程”；他坚持吃苦在前、享受在后，反对干部与民争利、搞特殊化；他坚持培育清廉家风、政风，反对亲属和身边工作人员借他的影响力谋取任何私利；他坚持严以律己、甘守清贫、慎终如始，自觉抵御各种诱惑，反对以权谋私。谷文昌的大女儿谷哲慧说：“父母都是穷苦人家出身，始终保持着劳动人民的本色，不贪图物质的享受，一辈子勤俭，家里从没置办过什么贵重的家具。从河南到东山、福州、宁化、漳州，他们的行囊永远都只是两个樟木箱子，里面是一些简单的工作和生活用品，去世时家里也没有什么值钱的‘传家宝’。”

总之，谷文昌不愧是心中有党、心中有民、心中有责、心中有戒的“四有”好干部，他用崇高信仰、绝对忠诚、惠民业绩、清廉操守在人民心中铸就了一座不朽的丰碑，赢得了老百姓的信任和敬仰，永远是我们学习的光辉楷模。

【拓展阅读】

石灰吟[①]

于 谦

千锤万凿出深山，烈火焚烧若等闲。

粉骨碎身浑不怕，要留清白在人间。

《石灰吟》是明代政治家于谦的一首托物言志诗。于谦从小志向远大，学习勤奋。相传有一天，他来到一座石灰窑前观看煅烧石灰。只见一堆堆青黑色的山石，经过熊熊的烈火焚烧之后，都变成了白色的石灰。他深有感触，略加思索之后便吟出了《石灰吟》这首脍炙人口的诗。于谦在年轻时写下的这首诗不只是石灰形象的写照，更是他人生的追求。他通过赞美石灰，表达了自己以天下为己任，为了社稷苍生不惜“粉身碎骨”的坚强意志和坚守高洁情操的决心。于谦为官清廉正直，曾平反冤狱，救灾赈荒，深受百姓爱戴。明英宗时，瓦剌入侵，明英宗领兵亲征，在土木堡全军覆没，明英宗被俘。瓦剌的军队长驱直入，一直打到北京城下，明朝京城告急。于谦在这个紧要关头，挺身而出，议立新君、力主战守，督导军民、保卫京师。他亲自率兵固守北京，击退瓦剌。但明英宗复位后却以“谋逆罪”诬杀了这位英雄豪杰，于谦被害后又被抄家，抄家的官兵把于谦的家翻了个遍，只搜出了明代宗赏赐的蟒袍和剑器，并无多余之物。后来，于谦之子于冕上疏为父讼冤，明宪宗亲自为于谦昭雪，将于谦的故宅改为“忠节祠”，遣官祭奠英魂。这首《石灰吟》可以说是于谦生平和人格的真实写照。爱国恤民、清廉正直的于谦一直受到世人的敬仰。

【知与行】

1. 3～5个学生自由组成一个学习小组，每人搜集8条有关清廉教育方面的格言、警句并与小组内的其他同学分享学习。

2. 请登录人民网观看由中央纪委国家监委宣传部、中央网信办网络传播局、中国文联国内联络部联合主办的“廉洁文化微电影微视频征集展播”优秀作品并与学习小组内的其他同学分享观后体会。

---

① 石苏黔．且看于谦的“清白”——读《石灰吟》[J]．金山．2018(11)．

第二节　大学生清廉教育的重要价值

【基本理论】

有的大学生说："清廉教育是针对党员干部的，大学生作为普通公民，没有条件贪污腐败，清廉教育对自己来说没有多大意义。"清廉教育真的就像有的大学生所认为的那样"没有多大意义"吗？答案是否定的。清廉教育不仅对大学生本人以及学生的家庭具有重要价值，而且对国家、对社会、对人民来说同样具有重要意义。大学生清廉教育的必要性和重要价值主要体现在以下几个方面。

一、加强清廉教育是促进经济社会科学发展和国家长治久安的重要举措

党的二十大提出了新时代新征程中国共产党的使命任务：从现在起，中国共产党的中心任务就是团结带领全国各族人民全面建成社会主义现代化强国、实现第二个百年奋斗目标，以中国式现代化全面推进中华民族伟大复兴。[①] 党的二十大对全面建成社会主义现代化强国作出分两步走的总的战略安排，即从 2020 年到 2035 年基本实现社会主义现代化；从 2035 年到本世纪中叶把我国建成富强民主文明和谐美丽的社会主义现代化强国。党的十九届六中全会通过的《中共中央关于党的百年奋斗重大成就和历史经验的决议》强调："今天，我们比历史上任何时期都更接近、更有信心和能力实现中华民族伟大复兴的目标。同时，全党必须清醒地认识到，中华民族伟大复兴绝不是轻轻松松、敲锣打鼓就能实现的，前进道路上仍然存在可以预料和难以预料的各种风险挑战；必须清醒地认识到，我国仍然处于并将长期处于社会主义初级阶段，我国仍然是世界最大的发展中国家，社会主要矛盾是人民日益增长的美好生活需要和不平衡不充分的发展之间的矛盾。"虽然，中华人民共和国成立后，特别是改革开放以来，我国经济社会及各项事业取得伟大成就和进步，但是在前进的道路上，仍然存在不少困难和问题，主要是：国际环境日趋复杂，不稳定性不确定性明显增加，新冠肺炎疫情影响广泛深远，经济全球化遭遇逆流，世界进入动荡变革期，单边主义、保护主义、霸权主义对世界和平与发展构成威胁；我国发展不平衡不充分问题仍然突出，重点领域关键环节改革任务仍然艰巨，创新能力不适应高质量发展要求，农业基础还不稳固，城乡区域发展和收入分配差距较大，生态环保任重道远，民生保障存在短板，社会治理还有弱项。[②] 因此，实现第二个百年奋斗目标，实现中华民族伟大复兴

---

① 习近平．高举中国特色社会主义伟大旗帜　为全面建设社会主义现代化国家而团结奋斗——在中国共产党第二十次全国代表大会上的报告[M]. 北京：人民出版社，2022：21.

② 中共中央. 关于党的百年奋斗重大成就和历史经验的决议[N]. 人民日报，2021-11-17(01).

的中国梦，需要全国各族人民付出更多、更大的艰苦努力，迫切需要具有清廉品质、热爱祖国和人民、献身祖国建设事业的各级各类人才共同为之奋斗。高校肩负着为国家经济社会发展培养人才的重任，其培养的绝大多数大学生毕业后将成为促进我国经济社会发展的生力军。加强大学生清廉教育，帮助大学生树立清廉生活观、义利观、权力观、金钱观、幸福观等正确人生价值观，提高有效抵御消费主义、享乐主义、拜金主义、功利主义、极端个人主义等错误思潮侵袭的能力，提升大学生务实为民、正直善良、公道正派、勤俭廉洁、进取奉献等优良素质，增强大学生热爱祖国、建设祖国、保卫祖国的自觉性和坚定性，不仅对促进我国经济社会科学发展具有重要价值，而且还对加强各民族人民的团结，维护国家总体安全，促进国家长治久安具有重要意义。

二、加强清廉教育是推进“四个全面”战略布局、谱写实现中华民族伟大复兴新篇章的必然要求

在决胜全面建成小康社会取得决定性成就的基础上，2020 年 10 月党的十九届五中全会对“四个全面”战略布局作出新的表述：“协调推进全面建设社会主义现代化国家、全面深化改革、全面依法治国、全面从严治党的战略布局”[①]。“四个全面”新表述确保了“四个全面”战略布局的延续性和完整性。大学生是未来推动落实“四个全面”战略布局的重要力量，因此，加强大学生清廉教育，使大学生成为志存高远，献身“全面建成社会主义现代化强国”的自觉奋斗者，而不是只知道一心营造个人“安乐窝”的享乐主义者；使大学生成为勇于担当，致力于“全面深化改革”的勇敢者，而不是面对矛盾和困难，只知道推诿、逃避的自私而可怜的懦夫；使大学生成为崇尚法治，拥护“全面依法治国”的积极实践者，而不是面对权力、金钱等种种诱惑，只知道乐此不疲而践踏法治的违法犯罪分子；使大学生成为追求进步，支持“全面从严治党”的先进青年，而不是面对党内存在的某些突出问题，只知道发泄牢骚和不满、玩世不恭的“愤青”，这对于推动落实“四个全面”战略布局具有不可忽视的重要意义。

习近平在庆祝中国共产主义青年团成立 100 周年大会上的讲话（2022 年 5 月 10 日）

三、加强清廉教育是增进大学生家庭和谐与幸福的必然选择

一个家庭送子女上学，主要是为了子女能够成长成才拥有幸福的未来，同时也把整个家庭未来的希望和美好寄托在子女身上。因此，加强清廉教育不仅关系到大学生的成长成才和平安幸福，也关系到大学生家庭和谐与幸福。例如，加强清廉教育可以使大学生养成勤俭节约、艰苦奋斗的精神，有效抵御享乐主义的侵蚀，避免盲目攀比的高消费行为，从

---

① 中共中央.关于制定国民经济和社会发展第十四个五年规划和二〇三五年远景目标的建议[N]. 人民日报，2020-11-04(01).

而减轻家庭的经济负担，利于家庭和睦；加强清廉教育可以使大学生形成正直、善良、廉洁、理性和负责任等优秀品格，可以有效防范歪风邪气的袭扰，以好的成绩来报答家人、反哺家庭、服务社会，从而可以给家庭带来希望、和谐与幸福，也给社会做出贡献；加强清廉教育可以使大学生形成底线思维、法治思维，坚持通过辛勤劳动、合法诚信经营追求幸福，可以有效祛除不思后果、不择手段、希望一夜暴富的赌徒心态，避免因违法犯罪给家庭带来耻辱和不幸，也避免给社会带来损害。

家庭是社会的细胞，如果每个家庭成员都清廉向上，就必然会促进社会安定和谐与进步繁荣。加强清廉教育，大学生争做清廉进步青年，不仅有利于大学生的家庭和谐与幸福，也有利于下一代的健康成长，因为绝大多数大学生将来会步入婚姻的殿堂，也会担负起哺育后代的神圣职责。因此，加强清廉教育是增进大学生家庭和谐与福祉的必然选择并且具有深远意义。

四、加强清廉教育是促使大学生健康成长成才和平安幸福的必要条件

健康成长、早日成才、建功立业、平安幸福是广大学子的共同愿望。然而，在现实生活中，有些大学生的行为与实现美好愿望的要求相差甚远，甚至背道而驰。据调查，在高等教育大众化背景下，在颓废主义、自由主义、消费主义、享乐主义、拜金主义、物质主义、功利主义、极端个人主义等形形色色的错误思潮或腐朽思想的侵蚀等外在因素与内在因素的综合作用下，有的大学生不思进取、逃课旷课，有的大学生追求享乐、盲目攀比，有的大学生是非不分、打架斗殴，有的大学生酗酒赌博、荒废学业……这些现象虽然发生在少数大学生身上，但对大学生自身及其家庭和社会的危害性不可低估。上述不良现象的发生，究其根源，虽然有主观和客观诸多方面的原因，但对大学生清廉教育的缺失或弱化不能不说是一个重要因素。因此，为了大学生的健康成长、早日成才，为了大学生将来能够建功立业、平安幸福，也为了社会的安定、和谐、进步，对大学生进行清廉教育尤为重要。

第一，大学生清廉教育是“守正教育”，就是教育大学生走正道，不走邪路，做一个正直、正派的人，做一个崇尚正义、有远大理想的人，做一个追求和维护公正、公平的人。人生犹如在大海上远航，人生的航船不能没有方向，没有方向的人生航船只能随波逐流；人生的航船不能没有正确的方向，没有正确方向的人生航船难免会触礁搁浅，甚至船翻人亡，更谈不上抵达理想的彼岸。

第二，大学生清廉教育是“底线教育”，就是教育大学生不变坏，真正守住做人的底线，不触碰纪法红线，使大学生真正懂得什么是人生不能触碰的“红线”，为什么不能触碰“红线”，以及如何避免触碰“红线”。

第三，大学生清廉教育是“向善教育”，就是教育大学生不能仅仅满足于不变坏，而是要变好，就是要追求真善美，摒弃假恶丑。这种积极向上的教育，要使大学生追求“善”，增强社会责任感，即立志成为对社会、对祖国和对人民有用的人，成为自觉为人民服务的人，在为人民服务的奋斗中实现人生价值、创造人生幸福；要使学生追求“真”，发扬务实精神，

追求真理，崇尚科学，实事求是，不说假话、不谋虚功、诚信不欺；要使学生追求“美”，提高审美情趣，追求高雅生活，塑造美的心灵，营造美的环境，创造美好生活。

第四，大学生清廉教育是“免疫教育”，就是教育大学生不仅要变好，而且要长好，也就是通过不断地增强精神免疫力，当腐朽思想、恶的言行等“精神病毒”不断袭扰时，也能做到不受或少受其负面影响，使自身的正能量更大，积极向上的精神更强，能有效抵抗各种不良诱惑，而节制奢欲、尚廉戒贪、勤俭节约、艰苦奋斗等精神的培育必将增强学生的精神免疫力。

第五，大学生清廉教育是“祛病教育”，就是教育大学生一旦感染了不良习性或萌生了邪恶、贪婪、贪腐等不良想法，就要深刻反思利害、防微杜渐，弥补不足、过而能改，见贤思齐、从善如流。

第六，大学生清廉教育是“启智教育”，就是教育大学生不仅要有自知之明，要光明正大、深明大义，而且还要提高分析问题和解决问题的能力，提升道德认知、选择和判断力，明辨是非、善恶、美丑，做事明智、理性、依法、民主。

第七，大学生清廉教育是“幸福教育”，就是教育大学生不仅要懂得什么是真正的幸福，而且还要学会正确选择实现幸福的途径、方式和方法。

综上所述，清廉教育是大学生实现社会化不可或缺的重要环节，如果缺乏清廉教育，大学生的人生之舟就有失去“方向盘”“发动机”“安全阀”“制动器”的危险，就会因迷失正确的方向、缺乏前进的动力、丧失安全的保障、失去有效的控制而难以抵达理想的彼岸，难以创造幸福、美好的未来。因此，加强清廉教育是促使大学生健康成长成才和平安幸福的必要条件。

【解疑释惑】

有人说：“作为大学生，我将来不想当官从政，因此，清廉教育对我意义不大。”对于上述观点，你有何看法？

2007 年，教育部《关于在大中小学全面开展廉洁教育的意见》中明确提出了在大中小学全面开展廉洁教育的指导意见。该文件指出：“大中小学是培养人才、传承文明、建设先进文化的重要基地，担负着培养社会主义合格建设者和可靠接班人的重任。在大中小学全面开展廉洁教育，是面向全社会开展反腐倡廉教育的重要组成部分，是加强青少年思想道德教育的必然要求。各级教育行政部门和学校要站在确保中国特色社会主义事业代代相传、长治久安的战略高度，以对党的事业高度负责和对青少年学生健康成长高度负责的态度，充分认识在大中小学全面开展廉洁教育的重要性和必要性，认真做好这项工作。”根据文件提出的在大中小学全面开展廉洁教育的要求，高校作为高等教育的重要组成部分，当然也不例外。大学生要成为社会主义合格建设者和可靠接班人，无论将来从事何种职业，清廉教育都是必不可少的。清廉不仅是对党员干部的基本要求，而且还是每个公民应该具备的基本素质，青少年学生是祖国的未来和希望，他们的清廉素质的高低，决定着未来社会清廉水平的高低，也决定着未来干部队伍清廉水平的高低。因此，为确保中国特色社会主义事业代代相传、长治久安，在大中小学全面开展清廉教育不仅重要而且十分必要。

其实，任何有利于社会文明进步的职业都需要清廉之士，唯有清廉之人才能真正做到敬业奉献、诚信友善，才能真正做到公道正派、诚实劳动，才能真正做到公私分明、远离贪腐，才能真正做到明辨是非、选择正道。如前所述，加强清廉教育是大学生健康成长成才和平安幸福的必要条件，是增进大学生家庭和谐与福祉的必然选择，也是促进经济社会科学发展和国家长治久安的重要举措。“作为大学生，我将来不想当官从政，因此，清廉教育对我意义不大”的观点，反映了对清廉教育对象的广泛性认识不足，也反映了对清廉教育之于每一位大学生及其家庭和社会的重要意义认识不足，因而是片面的、不正确的。

【案例分析】

黄文秀——用生命诠释最美青春①

黄文秀是百色市田阳县人，生前在百色市委宣传部工作，是乐业县新化镇百坭村第一书记。2019 年 6 月 16 日，黄文秀回家看望刚做完肝癌手术不久的父亲。那段时间，百坭村连降暴雨，由于惦记村里的防汛抗洪工作，黄文秀冒雨连夜返回工作岗位。途中，黄文秀遭遇山洪，不幸牺牲，年仅 30 岁，将生命永远定格在扶贫路上。

2021 年 2 月 25 日，全国脱贫攻坚总结表彰大会在北京人民大会堂隆重召开。当会上宣读全国脱贫攻坚楷模名单，“黄文秀”的名字响起时，镜头转向了一位头发斑白的老人——黄文秀的父亲黄忠杰。替女儿戴着大红花的黄忠杰红了眼眶、悄悄抹泪，这一幕让亿万观众动容。

2016 年，黄文秀从北京师范大学硕士研究生毕业后，本来有许多选择，但她毅然决定回到百色。“我是从广西贫困山区出来的，我想回去建设家乡，把希望带给更多父老乡亲”这是她内心的选择。

百色集革命老区、民族地区、边境地区、大石山区、贫困地区、水库移民区于一体，山多地少，水资源缺乏，基础设施条件落后，是广西脱贫攻坚主战场之一。2018 年，黄文秀主动请缨，去脱贫攻坚一线工作，到离百色市 200 多公里的百坭村任第一书记。

扶贫工作异常辛苦，但从没人听黄文秀叫过苦。她白天走村串户遍访贫困户，帮助他们分析致贫原因，晚上与村“两委”研究对策，制定工作方案。通过走访调研，黄文秀找准了百坭村发展产业的路子，带领群众因地制宜发展砂糖橘、八角、杉木等产业，增强他们的脱贫“造血”功能。

作为第一书记，黄文秀始终牢记，扶贫开发贵在精准。她帮助村民发展电商，让砂糖橘等土特产远销全国各地；申请通屯路灯项目，在村里走夜路不再需要手电筒；遍访全村

---

① 中国民族报编写组(执笔:文静). 黄文秀:用生命诠释最美青春[N]. 中国民族报,2021-6-22(5).

195户建档立卡贫困户，清晰地标注每一户的致贫原因……

金黄的砂糖橘挂满枝头，扶贫的硕果惠及家家户户。2018年3月，在黄文秀的带领下，经过努力，当年村里的103户贫困户中，有88户顺利脱贫，贫困发生率由22.88%降至2.71%，村集体经济项目增收翻倍。

黄文秀把一颗火热的心，奉献给了百坭村。她经常拿出自己的工资，帮助村里的孤寡老人和留守儿童，为村里的贫困学生争取各项补助；在生命的最后时刻，她还在询问灾情，特别叮嘱要关注几个重点村屯，立即组织群众防灾救灾……

黄文秀在入党申请书中写道："只有把个人的追求融入党的理想之中，理想才会更远大。一个人要活得有意义，生存得有价值，就不能光为自己而活，要用自己的力量为国家、为民族、为社会做出贡献。"黄文秀用青春和生命践行了这份庄严承诺。

美好的景象，出现在百坭村的每个角落。新民居整齐分布，配套设施一应俱全，屯屯通了水泥路。丰收后的砂糖橘，通过便捷的物流网，送到全国各地。在全面推进乡村振兴的历史进程中，百坭村在党的领导下必将实现新的更大发展，村民们的生活会更加美好。

芳华虽短，馨香永存。黄文秀的事迹，激励着越来越多的年轻人为党和人民的事业担当作为、无私奉献。

分析

2019年，习近平对黄文秀先进事迹作出重要指示："黄文秀同志研究生毕业后，放弃大城市的工作机会，毅然回到家乡，在脱贫攻坚第一线倾情投入、奉献自我，用美好青春诠释了共产党人的初心使命，谱写了新时代的青春之歌。广大党员干部和青年同志要以黄文秀同志为榜样，不忘初心、牢记使命，勇于担当、甘于奉献，在新时代的长征路上做出新的更大贡献。"

从"一腔热血洒高原"的孔繁森，到勤勤恳恳、鞠躬尽瘁的牛玉儒、杨善洲，再到将青春定格在扶贫路上的黄文秀，一代代中国共产党人薪火相传，一大批明辨大是大非的立场特别清醒、维护民族团结的行动特别坚定、热爱各族群众的感情特别真挚的"三个特别"好干部前赴后继，团结带领各族人民艰苦奋斗，使少数民族和民族地区的面貌有了翻天覆地的变化，推动民族团结进步事业不断向前发展，各族群众的日子越过越好。

"只有把个人的追求融入党的理想之中，理想才会更远大。一个人要活得有意义，生存得有价值，就不能光为自己而活，要用自己的力量为国家、为民族、为社会做出贡献。"这份庄严承诺，黄文秀始终践行，直至生命最后一刻，充分彰显了她"不忘初心、牢记使命，践行清廉、一身正气，勇于担当、甘于奉献"的崇高品格和奋斗精神。青春挥洒绿色原野，梦想注入泥土芳香。梦想不一定要到大城市去实现，农村也有广阔的天地，也是大学生干事创业的沃土！时代召唤更多优秀的大学生，到祖国最需要的地方去建功立业，到推动乡村振兴第一线挥洒青春，到实现农业农村现代化的主战场成就梦想。

【拓展阅读】

柳宗元造福柳州[①]

柳宗元塑像

柳宗元，字子厚，祖籍唐河东郡（今山西永济），著名的哲学家和文学家。他是唐代古文运动倡导者之一，与韩愈等八人史称唐宋八大家。他为官清廉，深知民间疾苦，颇受百姓爱戴。

贞远二十一年（805 年），他参加主张政治革新的王叔文集团，革新失败，被贬为永州司马。十年后改贬为柳州刺史。

岭南的柳州在唐代属于僻远之地。柳宗元到柳州，兴办学堂，把已经废弃了多年的"府学"重新修复起来。柳州的百姓吃水用水很困难，他破除了当地不能破土打井的迷信，率民众打井供水。至今，柳州民间还流传着"三川九漏（井）"的传说，说的就是柳宗元打井的故事。他还亲自栽种各种中草药，向人宣传防病治病知识。他组织闲散的劳力开垦荒地，有的开成菜地，有的辟为水田，有的种上树木和竹子。他曾亲自在柳江边上栽柳，在城西北种柑橘树。在治民方面，他坚持以正面教育为主，不是简单按法律惩处。如有几名百姓争斗成讼，他的一番道理让双方分清曲直便予以结案，并没有处罚任何一方，双方都心悦诚服。经过几年的精心治理，柳州人的精神面貌焕然一新，经济文化也都有了可喜的变化。

由于操劳过度，四年后，柳宗元病逝在柳州。他为官清廉，以致无钱治丧，多亏好友相助，他的家人才能将灵柩运回，归葬先人之墓地。柳州人民深切地怀念这位克己奉公、爱民如子的刺史。

感言：柳州人民之所以至今仍敬仰和怀念柳宗元，是因为柳宗元在柳州任刺史时，虽身处逆境而不忘百姓，不辞辛苦、为民造福，清正廉明、兴利除弊，他是古代官吏中勤政廉政的典范之一。兴学、打井、开荒等体现了柳宗元清正爱民的品格；秉持公道、调处矛盾、善断讼案体现了柳宗元清明利民的品行；柳宗元病逝后无钱治丧，体现了其一生甘守清贫、清廉惠民的品质。柳宗元的清廉操守和为民情怀值得后人学习、继承和发扬。

【知与行】

请登录共青团中央主办的中国青年网之大学生村官频道——"大学生村官之家"，点击"村官风采"栏目。请把你最喜欢的大学生村官清廉为民的故事分享给同学们。

"大学生村官之家"参考网址：http://cunguan. youth. cn/index. shtml

---

① 林岩，王蔓．中国古代廉政文化集粹[M]．北京：中国方正出版社，2009：131-132.

第三节 大学生清廉教育的基本原则和基本方法

【基本理论】

一、大学生清廉教育的基本原则

大学生清廉教育坚持什么基本原则，关系到大学生清廉教育的根本方向、根本目的和根本性质，体现大学生清廉教育主体的根本立场，还关系到在清廉教育实践中如何科学、高效地开展育人活动的基本遵循和规范，更关系到清廉教育的实效。

2007年，教育部《关于在大中小学全面开展廉洁教育的意见》指出："在大中小学全面开展廉洁教育的基本原则是：(1)坚持与青少年思想道德建设相结合。(2)坚持与和谐校园建设相结合。(3)坚持与师德建设相结合。(4)坚持与大中小学生的受教育程度和认知能力相结合。做到大中小学廉洁教育区分层次、整体衔接，注重实效，防止形式主义，增强教育的针对性和吸引力。"在大中小学全面开展廉洁教育的基本原则是必须坚持的、具有重要宏观指导性的原则。而具体到大学生清廉教育应坚持怎样的基本原则，不同的人会有不同的看法。由于大学生清廉教育属于我国社会主义清廉教育的范畴，其遵循的基本原则必须体现社会主义清廉教育的性质，同时也应体现大学生清廉教育自身的特质。具体来说，大学生清廉教育应坚持以下三项基本原则：

(一)以人为本的基本原则

大学生清廉教育要坚持以人为本的基本原则，就是要坚持以大学生为本。清廉教育要有利于促进大学生的全面发展、健康发展和可持续发展，要致力于为大学生的一生发展进步和平安幸福锻造清廉"护身符"，要致力于为大学生更好地明辨是非、善恶、美丑配置"火眼金睛"，要致力于使大学生成为真正具有清廉素质的堪当民族复兴大任的时代新人，成为崇尚清廉、学习清廉、践行清廉的中国特色社会主义事业的合格建设者和可靠接班人。

(二)人民至上的基本原则

大学生清廉教育要坚持人民至上的基本原则，就是要坚定地站在广大人民群众的立场上开展大学生清廉教育，把实现好、维护好、发展好最广大人民的根本利益作为大学生清廉教育的出发点和落脚点。因此，我们必须把为人民服务、为中国特色社会主义服务作为大学生清廉教育的根本价值取向，把热爱祖国、建设祖国、保卫祖国、造福人民作为大学生清廉教育的重要内容，把正确处理个人梦与中国梦的关系以及正确处理个人利益、集体利益和国家利益的关系作为大学生清廉教育的基本要求，反对拜金主义、拜权主义、享乐主义、极端个人主义等各种错误思想和错误行为。

（三）求实创新的基本原则

大学生清廉教育要坚持求实创新的基本原则。一方面，大学生清廉教育要坚持求真务实，即一切从大学生的思想和生活实际出发，实事求是，以唯物辩证法为指导，不断探索、发现、尊重和运用马克思主义清廉观形成、发展和变化的规律以及大学生清廉教育规律，做到按规律办事，增强大学生清廉教育的科学性，克服大学生清廉教育的盲目性；另一方面，大学生清廉教育要坚持开拓创新、与时俱进，即根据教育对象的思想状况及其变化、教育环境的变化等情况，不断创新大学生清廉教育的理念、载体、方式和方法，促进学习清廉的理论与践行清廉的实践有机结合，努力实现大学生清廉认知、清廉情感、清廉信念、清廉意志、清廉行为的有机统一，提高大学生清廉教育的针对性和实效性。总之，我们要坚持把大学生清廉教育创新的“变”与大学生清廉教育规律的“不变”辩证统一起来，把大学生清廉教育的针对性、生动性与科学性、学术性有机结合起来，着力提高大学生清廉教育的实效性。

二、大学生清廉教育的基本方法

大学生清廉教育无定法，重在得法，贵在创法。大学生清廉教育的具体方法因人、因时、因事、因境而变，可谓多种多样。我们要想做好大学生清廉教育，首先要把握清廉教育的基本方法。

（一）注重清廉理论学习

注重清廉理论学习是大学生清廉教育的基础。全面、深刻、系统地进行清廉理论学习是大学生逐步形成马克思主义清廉观，成为清廉之士、堪用之才的重要前提和基础。面对纷繁复杂、诱惑多样的现实生活，大学生能否站稳正确立场、保持清廉，需要不断地做出判断和选择，而正确的判断和选择有赖于认识上、思想上和理论上的清醒和成熟，而认识上、思想上和理论上的清醒和成熟则离不开大学生坚持学习清廉理论知识、清廉人生智慧、清廉历史经验、清廉范例楷模、清廉纪律法规、清廉警示材料等。大学生只有坚持清廉理论学习，在思想上真正认识到清廉的价值和意义以及背离清廉的危害，真正学会辨别是非、善恶、美丑，真正学会分析、判断并做出正确选择，才能为清廉人生奠定良好的基础。

（二）加强清廉实践锻炼

加强清廉实践锻炼是大学生清廉教育的重点。大学生清廉教育重在实践，贵在知行统一。清廉理论学习的目的在于应用，即大学生要运用清廉理论指导清廉实践。清廉理论学习的效果也需要清廉实践来检验。清廉实践是从清廉认知到逐步形成清廉习惯和清廉素质的必经之路和必要环节。大学生加强清廉实践锻炼要从小事做起，从点滴做起，正所谓“勿以恶小而为之，勿以善小而不为”。

（三）倡行终身清廉修养

倡行终身清廉修养是清廉教育的关键。一个人一生中，在一时一事上做到清正廉明也许并不难，难的是一生清廉。大学生如何做到一生清廉呢？大学生在任何时候、任何环境下都要保持清廉本色不变，不仅需要清廉认知、清廉情感，更需要清廉信念和清廉意志，而清廉信念和清廉意志的形成绝非一日之功，需要自觉的、持续的、终身的清廉修养。因此，倡行终身清廉修养是大学生确保一生清廉的关键。

（四）营造良好教育环境

营造良好的校园、社会及家庭教育环境是大学生清廉教育的重要条件。任何人都生活在一定的环境之中，或多或少都会受所处环境的影响。风清气正的良好环境有利于人们清廉品质的养成，而歪风邪气盛行的环境则有害于人们清廉品质的养成。因此，我们要着力营造积极向上、风清气正、崇尚清廉的校园、社会及家庭教育环境，为大学生的健康成长创造良好条件。

营造良好环境，人人有责。环境虽然对每个人都有影响，但每个人也会对环境产生影响。我们既要承认和重视环境对人的影响作用，同时也要重视发挥人在改造环境中的主观能动性。人不应被动、消极地适应环境，人应该发挥主观能动性去影响、改变环境，努力让环境成为清廉之花盛开的宜人之境。

【解疑释惑】

常言道："近朱者赤，近墨者黑。"对此，你有何看法？

"近朱者赤，近墨者黑"比喻接近好人可以使人变好，接近坏人可以使人变坏，指客观环境对人有很大影响。在人的成长过程中，特别是人生价值观尚未完全形成的青少年时期，环境因素作为外因起着不可忽视的重要作用。因此，我们必须高度重视改善人的社会生存、生活、学习、受教育和工作环境，这是实现人的全面发展的外在条件。另外，我们也要重视发挥人在改造主观世界和客观世界中的主观能动性，人不应成为环境的奴隶，而应成为环境的主人。外因是变化的条件，内因是变化的根据，外因通过内因而起作用。因此，我们在重视和强调环境对人有很大影响的时候，不要过分夸大环境的影响作用而陷入宿命的"环境决定论"。其实，"近朱者未必赤，近墨者未必黑"，关键看个体的自身修养。同时，我们在强调重视发挥人的主观能动性以改造或塑造环境时，也不要脱离实际过分地夸大人的主观能动性的作用，发挥人的主观能动性必须以尊重客观规律为前提，否则就会陷入主观唯心主义。

【案例分析】

《爱莲说》孕育出的"百年清官村"①

北宋思想家周敦颐的《爱莲说》是一篇清雅脱俗的议论散文，《爱莲说》倡导的"出淤泥而不染，濯清涟而不妖"的为人处世的道理，孕育了一个"百年清官村"——桂林市灵川县江头村。

---

① 李绪君.《爱莲说》孕育出的"百年清官村"[EB/OL].（2013-09-13）[2023-03-10].http://www.gxjjw.gov.cn/article/2013/0913/article_68300.html.

爱莲家祠

一、世代爱莲的家族

据《灵川县志》和江头村族谱记载，江头村周氏村民为北宋文学家、哲学家、理学创始人周敦颐的后裔。明朝洪武戊申年（1368 年），周敦颐第 14 代后裔周秀旺从周敦颐的故里湖南营道县（今湖南道县）楼田堡宦游南下，进入广西后，于江头洲建村定居，迄今江头村已有 600 多年历史。

周氏家族在生息繁衍过程中，逐渐形成了家族文化——爱莲文化。村头周氏家族的宗祠悬挂一匾，写着“爱莲家祠”。祠内众多的楹联铭文，其内容多为教育周姓子弟要清俭做人、廉洁为官的祖训，爱莲文化已成为其家族最稳定的精神内核。

江头村有一个种满莲花的“爱莲池”，每到夏季，莲花盛开，清香弥漫，陶冶性情。

二、尊学重教的村风

周氏家族建村以来就极其重视对族中子弟的教育，“人无贵贱，无不读书”。村民们劳垦经商赚来的钱，不是用来置房购地，而是送子求学。宗祠的首要功能是祭祀祖先，但周氏子弟却把爱莲家祠办成本村“勉教实行”、教育后辈的中心。爱莲家祠里，“先代贻谋由德泽，后人继述在书香”等对联及“心诚功就，水滴石穿”等字画，潜移默化着一代代周家子弟的心灵。江头村通过外请名师授课、推送学子外出深造、教学互访、与名士联姻等方式，促进了思想、文化、人才的交流。

周氏后人晴耕雨读，春耕冬读，秀者抱经，朴者负耒，众多寒门在这种耕读的氛围下崛起于阡陌垄田之中。爱莲家祠，既是周氏家族的活动场所，也是周氏弟子的学堂。在求学方面，周氏家族极为开明，允许女童入学，为此还专门建造了供女孩子读书的“闺女楼”。

江头村周氏家族始终坚持“规行矩步，奉莲指教”，力行奖罚分明。对政绩显著和品行高尚者，通过树碑、立传等方式加以表彰。对那些违规犯错、有劣迹丑行的周家子弟，则责令其到村西的五雷庙跪拜，直至洗心革面、改邪归正。

《周氏家训》进一步弘扬了爱莲家风。爱莲文化，概括起来就是“真诚、和谐、积德、行善、奉献”。

在家族的推崇下，耕读文化与爱莲文化交相辉映，培育了许多优秀子弟。至清末100多年间，江头村共出了进士8人、举人31人、秀才200多人，出现了“父子进士”“四代举人”等现象。

三、清官辈出的莲苑

科举及第之后，大多出仕为官。乾隆四十四年(1779年)至清末130多年间，江头洲共有168人出仕为官，有的家庭甚至“三代庶吉士”“四代翰林”“五代知县”，其中七品以上官员有70多人，曾有16人在朝廷各部任职，最高官职做到两江总督。因此，江头洲村又有“中国科举仕宦第一村”之称。

周敦颐高尚清白君子情操的浸染，周氏家族绵延数百年爱莲文化的熏陶，深刻影响着子孙的为官之道。江头村人以先辈的高尚品行勉励自己，报国爱民，清白做人，廉洁为官。他们到全国各地乃至朝廷为官，一直坚守自己的爱莲家风，勤政爱民，廉洁奉公，出仕为官的168人无一人因为不清廉受到惩处。而且，他们廉政爱民的故事在许多地方一直流传。举人出身的周履谦，历任四川梁山县等多地知县，他以“贪一文绝子灭孙，冤百姓男盗女娼”自律，克己奉公，劳累过度病逝时“内无余帛，外无盈财”。当地居民为之感动，捐钱为他买了棺柩，并不远万里，护送回江头洲安葬。族人特地将他的座右铭刻作墓志铭，以志其清廉。这就是江头村的不凡与伟大，它既是一个官宦之村，又是清官之村。

“爱莲文化追求的是人格的提升，心灵的净化。”进入近代社会，科举废除，爱莲文化依然为江头村培养出许多杰出人才和仁人志士。周瑞琦，毕业于燕京大学的高才生，1919年“五四运动”爆发，他是组织游行示威的学生首领之一，当局对列强的软弱，让他感到悲愤，后舍身投河以明志，全国震惊。

今天的江头村，明清建筑风格保留得十分完好。2006年5月，明至民国时期的江头村古建筑群被国务院办公厅公布为“全国重点文物保护单位”；6月，江头洲爱莲文化入选“广西非物质文化遗产名录”。爱莲文化使江头村享有广西古村“历史文化古迹第一、名人数量第一、清官数量第一”等美誉。

分析

广西灵川县江头村享有广西古村“历史文化古迹第一、名人数量第一、清官数量第一”等美誉，有其深刻的历史文化渊源。江头村，清官辈出，可谓清廉教育的典范。周氏家族以“爱莲家族”自称，以莲花的高洁品格作为立世准则，莲花成了周氏家族的崇拜“图腾”。家家户户热爱莲花、追求清廉高洁，尊学重教、文化启智，族规严明、奖罚分明，从物质、精神的各个层面精心营造爱莲文化，爱莲文化已成为其家族最稳定的内核，全村长久处于爱莲文化的熏陶之中。同时，该村还重视把莲花“出淤泥而不染”的特质自觉融入家族成员的一言一行之中，说明江头村人重视发挥人自身内在的主观能动性，不随波逐流，不以私害公，崇尚洁身自好，为民谋利。因此，江头村之所以人才辈出、清官辈出，虽然可以列出多条原因，但究其育人成功的根本，在于能够把外因与内因相结合，把爱莲文化环境育人与强调修身律己慎独相统一。

【拓展阅读】

第一批广西廉政教育基地

第一批广西廉政教育基地大多数被授予全国或广西爱国主义教育基地、重点文物保护单位、红色旅游经典景区等称号，配备有丰富的廉政历史文物、图片资料，廉政主题鲜明，特色突出，具有较高的廉政教育价值。这些基地分布在南宁市等地，共 20 个，包括：(1)南宁市：①邓颖超纪念馆；②南宁市廉政教育基地(南宁市委党校)。柳州市：③柳宗元纪念馆；④柳州监狱警示教育基地。(2)桂林市：①红军长征突破湘江烈士纪念碑园(兴安县)；②周渭祠(恭城县)。(3)梧州市：太平天国永安历史文物陈列馆(蒙山县)。(4)钦州市：钦州党员干部警示教育基地(钦州监狱)。(5)玉林市：李明瑞俞作豫烈士纪念馆(北流市)。(6)百色市：①百色起义纪念馆；②右江工农民主政府旧址(田东县)。(7)贺州市：中共广西壮族自治区工委旧址纪念馆(昭平县黄姚古镇)。(8)河池市：①东兰革命传统教育基地(韦拔群纪念馆、韦拔群故居、东兰县革命烈士陵园、广西农民运动讲习所旧址——列宁岩、红七军前敌委员会旧址——魁星楼)；②于成龙廉政文化基地(罗城县)；③凤山革命烈士公园。(9)崇左市：①龙州起义纪念馆(龙州县)；②崇左市大新廉政教育基地(大新县委党校)。(10)自治区民政厅：广西烈士陵园。(11)自治区国家税务总局：广西国税系统廉政教育基地。(12)自治区监狱管理局：南宁监狱警示教育基地。

【知与行】

1. 广西纪检监察网已推出“广西党风廉政教育基地网上展览”专题。请登录广西纪检监察网观看广西党风廉政教育基地网上展览并谈谈观后的体会。

“广西党风廉政教育基地网上展览”参考网址：http://www.gxjjw.gov.cn/zt/jyjd/

2. 如果条件允许的话，以班为单位或分小组就近实地参观当地的廉政教育基地。

【课外作业】

学生利用课外时间，以 3～5 人为一个小组，开展一次调研活动，根据调研获得的数据、图片、记录等信息、资料制作 PPT 课件，向班级同学进行汇报。

调研题目：××高校学生在清廉方面存在的主要问题、成因及其对策。

第一讲 清廉教育古今谈

——清廉教育的历史经验与镜鉴

要认真汲取中华优秀传统文化的思想精华和道德精髓，大力弘扬以爱国主义为核心的民族精神和以改革创新为核心的时代精神，深入挖掘和阐发中华优秀传统文化讲仁爱、重民本、守诚信、崇正义、尚和合、求大同的时代价值，使中华优秀传统文化成为涵养社会主义核心价值观的重要源泉。

——习近平

【导语】

中华民族以悠久辉煌的文明而著称于世。上下五千年挥洒着中华儿女的汗水，同时也孕育着清廉德性和无穷智慧。今天，当我们畅谈清廉教育并追溯其发展的历史时，必须立足于其发展的不同阶段，将中华民族的先贤在各时期所贡献的清廉德性、清廉智慧复归于当时主流社会形态之中加以考量、探究。追寻清廉教育的历史印记，审视古代言传身教之法，感受古人清廉之风，学习借鉴古人清廉教育的历史经验，对于增强新时代大学生清廉教育的实效性具有重要意义。

第一节　中国古代清廉教育

【基本理论】

一、古代清廉教育的目的和作用

中国古代清廉教育是指1840年鸦片战争以前中华民族开展的清廉教育。

纵观中华民族源远流长的历史，阶级社会产生以前的时期，被称为原始社会。原始社会历经原始群、氏族社会（亦称氏族公社）直至我国历史上第一个朝代——夏的建立。先人们从散居的生活状态逐渐发展到以血缘氏族为纽带的大群居时代。此时的人类以抵御自然灾害、繁衍生息为首要目的，一切日常生活劳作而来的习惯、风俗都围绕着这个目的产生、传播，如共同劳作、收获平分并照顾氏族中的老幼和丧失劳动能力的成员。这种劳动产品平均分配的方式、共同劳作并照顾老幼的行为在氏族内逐渐成为习俗与惯例，并在氏族代际教育与传递中形成共识。这些原始朴实的大公无私的习惯、风俗应是人类清廉教育的初始形态。原始个体在共同劳动中融入氏族或部落，先人们靠团结协作和共享劳动成果来共同抵御大自然的威胁，极大地增强了生存的本领和概率。这种来自共同劳动实践的朴实的清廉教育与原始社会的社会生产融合在一起，在促进中华民族走向文明的历史进程中发挥了重要作用。

公元前 21 世纪，我国历史上第一个朝代——夏朝建立，我国进入阶级社会，先后经历了奴隶社会、封建社会、半殖民地半封建社会等发展阶段，在 1840 年前的古代中国清廉教育的鼎盛时期在封建社会，由奴隶社会的风俗习惯衍生而来。统治阶级的初衷是培养“君子”“贤人”“廉者”“义士”等，维护统治阶级的切身利益并实现其长久统治。从推行的效果来看，在社会方面，清廉教育在一定程度上缓和了社会矛盾，促进了社会的稳定和发展；在家族方面，清廉教育推动实现家族内外的和睦共处、生息延续、避祸求福；在个人方面，清廉教育推动实现人的价值追求和人格完善。

古代清廉教育是中华优秀传统文化的重要内容之一，古代清廉思想是中华民族精神的重要组成部分。在阶级社会，从主观上来说，清廉教育的目的在很大程度上取决于统治阶级的意志，是为了维护统治阶级的整体的、根本的和长远的利益；从客观上来说，清廉教育也造就了一些清廉之士，推动了历史发展和社会进步，利国利民。然而，由于历史、阶级等因素的局限性，古代清廉教育的实际效果受到了严重的制约。

二、古代清廉教育的主要内容

我国古代清廉教育的内容十分丰富，主要包括仁爱民本论、正心公平论、义利公私论、明智忠勇论等。这些内容在很大程度上体现了古代清廉教育的核心价值追求，对培育古代清廉之士发挥了重要作用。

（一）仁爱民本论

仁爱民本论来源于周初的“敬德保民”思想，孔子提出“仁礼合一”的观点，其中，“仁”是“礼”的本质，“礼”则是“仁”的外显。孔子主张的“仁”是“爱人”之意，《论语·颜渊第十二》中记载：“樊迟问仁。子曰：‘爱人。’”孔子依据古代宗法血缘关系的亲疏来定义“爱人”的差异性，以区别于墨家的“兼爱”思想。仁爱思想是儒家学说体系的内核，倡导个人德行修养的自觉，体现知与行的融合，位居“五常”（仁、义、礼、智、信）之首。

仁爱民本论对后世影响深远，其基本观点有四个方面：一是博施仁爱，泛爱万物。《孟子·尽心下》中说：“仁也者，人也。”表明仁是人之为人的内在品质，仁即人。《孟子·尽心上》中有“仁民而爱物”之说，“仁”由“爱民”推及“爱万物”。明代王阳明提出了“万物一体之仁”，最终成就了儒家“天人合一”的人生意境。二是推己及人，忠恕之道。这是儒家仁爱思想的实施方法。孔子在《论语·雍也篇第六》中论道:“夫仁者,己欲立而立人,己欲达而达人。能近取譬,可谓仁之方也。”“能近取譬”就是将心比心,推己及人。“忠恕”亦属此理。三是修己以德,成人以仁。儒家视“德”“仁”为君子之本,对“德”“仁”的追求是君子之风。《论语·卫灵公篇第十五》所述:“君子求诸己,小人求诸人”,强调君子“反求诸己”的修身方法。《论语·卫灵公篇第十五》说:“志士仁人,无求生以害仁,有杀身以成仁。”“杀身成仁”即出于此。四是修德为民,为政之要。倡导“仁政”一直是历代儒家学者的诉求,通过当政者“施仁于民”来“惠民”“爱民”,以实现《孟子·尽心下》中所述:“民为贵,社稷次之,君为轻”的民本思想。

(二)正心公平论

古代中国非常重视社会风气的引导和教化。《日知录·廉耻》中记载:“风俗者,天下之大事。”社会风气是一个国家的“元气”,好则长治久安,坏则危及社稷存亡。所以当政者尤应关切社会风气。“正”与“歪”相对而生,有端正、正直、正气、公正之意。正人先正心,正心先立信,无信则不立。人生在世最珍贵的就是信用,失去信用将会步履维艰、前功尽弃或一事无成。

正心公平论的主要观点有以下四个方面:

一是正人正己,言传身教。端正他人必先端正自己,用自己的言行去影响教化他人。《论语·颜渊篇第十二》中说:“政者正也。子帅以正,孰敢不正?”孔子认为,正就是端正之意。为政者如能端正自身,注重修养,那么天下万民谁人能不端正呢?《论语·子路篇第十三》亦有言:“其身正,不令而行;其身不正,虽令不从。”孔子本人也以言传身教而被后世称为“万世师表”。

二是仪表端正,言必有信。诚信是立言立人的根本,儒家视诚信为“道德修业之本”,认为修为良好、仪表端正的人能给人更多的信任感。王通的《中说·周公》有言:“退之以诚,则不言而信。”诚是信的保证,做到诚自然有信。

三是交朋择友,趋善避恶。在古代,“朋”和“友”各表其义,同道为朋,同志为友,道不合难为朋,志不合难为友,志同道合方为朋友。孟子将朋友之谊和君臣、父子、夫妇、兄弟之谊并称“五伦”,同属人伦关系。志同道合,信义为本,趋善避恶则是传统道德处理友谊的指导思想,而信义是朋友相处的最高标准。

四是童叟无欺,货真价实。以农立国、重农抑商是我国历代封建王朝的国策,但无法抑制民间从商的热情。在商贸交往、人际交流中,诚信是基本的行为准则。《周礼正义·地官》记载:“贾民禁伪而除诈”。《管子·乘马第五》中管子主张:“非诚贾不得食于贾”。“诚贾”是对货真价实且守义立信的商人的称呼,不是诚实守信的商人不得从事商业贸易活动。

(三)义利公私论

义利公私论在中华民族价值体系中占有重要地位,其范畴的界定及其相互关系曾引起历代学者的长期探究和激辩。义利公私的存在取决于两个前提条件:一是主体,即人;

二是散播的环境，即社会。无论是义利关系还是公私关系，都是人与人关系的衍生。因此，义利公私论是调整人类关系的重要尺度。

甲骨文中有“义”的最早记载。孔子之前“义”乃“百德之主”，誉为正义、礼仪（“仪”通“义”），代表内在德行，具有一种超功利性的精神价值，为人的根本道德准则。之后“义”渐渐丧失内在约束性，出现“礼崩乐坏”的社会局面，促使孔子提出以“仁”救“义”之说。利引申为利益、功利，是外在物质满足主体需求的一种关系。古人在探讨义利之说时，主张将两者统一，强调义为取利之根本，如《左传·僖公》中记载：“德义，利之本也”，又如《国语》中记载：“义以生利，利以丰民”“为国者，利国之谓仁”。

义利论的主要观点有以下四个方面：

一是义以为上，以义制利。这是儒家义利观的主流思想，代表人物为孔子和荀子。孔子重义轻利，认为重义是君子的良好德行，《论语·宪问篇第十四》中记载：“见利思义”；《论语·里仁篇第四》中有言：“君子喻于义，小人喻于利”。荀子以性恶论为基础，认为义因制诸利而存，《荀子·强国》中说：“夫义者，所以限禁人之为恶与奸者也。”

二是重义贵利，义利统一。这是墨家“兼爱”思想在义利观上的体现，代表人物为墨子。《墨子·天志下》中说：“义者，正也……”。墨子认为义就是正义的意思，认为“大不攻小也，强不侮弱也，众不贼寡也，贵不傲贱也，富不骄贫也，壮不夺老也”“有力者疾以助人，有财者勉以分人，有道者劝以教人……”。墨子认为利分公私，“天下之利”为公利，“贼人以利其身”为私利。他倡导“兼爱”，强调“互利”，义利统一。《墨子·经上》中说：“义，利也”，这里的利即为公利之意。

三是绝义弃利，义利双遣。其代表人物为老子和庄子，这是道家核心思想“道法自然”在义利观问题上的体现。老子认为，天道是自然无为，无私无欲；人道则取法于天道而生，义和利都背离天道和人的自然本性，应该抛弃。同时，老子认为，天道即自然，是世界的本源，其余都是相对而生的，如善恶、美丑、好坏、义利等。老子谈及善必涉及恶，因为它们是相互依存、彼此包含，相互转化，求其一必得二，只有义利双遣才能“返璞归真”。比较而言，庄子较老子有过之而无不及。由此形成了道家独树一帜的义利观。

四是重利轻义，以公灭私。这是法家的义利观，代表人物是商鞅和韩非。“重利轻义，以公灭私”的观点建立在法家有关人性趋利避害的论点基础之上。商鞅在《商君书·算地第六》中说：“故民生则计利，死则虑名”。韩非在《韩非子·备内》中说：“医善吮人之伤，含人之血，非骨肉之亲也，利所加也。”法家认为，人皆有追求私利的本性，施行仁义只能弱乱天下，唯有明法制、去私恩，功利才可求。《商君书·画策第十八》记载：“圣王者，不贵义而贵法”。《韩非子·诡使》中记载：“夫立法令者，以废私也。法令行而私道废矣。私者，所以乱法也。”

公私之辩由义利论衍生而来，义分公私，利也分公私，公私是检验人生道德观的重要尺度。在我国传统道德范畴内，公私之意较为宽泛，要结合一定的历史条件加以理解。人们一般认为“公”为公利范畴，既有整体、全局、国家之说，又有公有、公平、公正之意。“私”

清廉名臣颜真卿

为私利之说，既含有自我利益、局部利益，又包括私情、私意等。公私是一对哲学范畴，也是历史范畴，就其总体演化发展而言，人们对其认识是趋同的，基本观点有以下四个方面：

一是清正廉明，克己奉公。这是在公私关系上对为政者基本的道德要求。孔子在《论语·颜渊篇第十二》中说道：“政者，正也。子帅以正，孰敢不正？”这体现了为政者自正正人的道理，所以“为政以德”才能公正无私，赢得人民的信任。

二是公利为重，精忠报国。公利是古代道德思想的精髓。墨家的“杀己以利天下”即是此意。许多仁人志士也是公利大义的实践者，如霍去病、岳飞、文天祥等。

三是先人后己，克己利他。很显然，这是对公利之意的拓展，将除我之外的人都涵盖其中。墨子的“兼爱”已阐述此意，孔子也用“君子”“小人”来区分，一味地追逐个人利益的为“小人”，先人后己、克己利他则是“君子”之所为。

四是公正无私，见义勇为。公私对立、冲突是常理，两者兼顾是理想。如何面对公私冲突？《尚书二十五篇·周书》中论到：“以公灭私，民其允怀”。《论语·为政篇第二》中也说：“见义不为，无勇也。”

(四)明智忠勇论

《中庸》中说道：“知、仁、勇三者。”此处“知”通“智”，将智、勇与仁视为同等重要，认为“仁者”必须具备此三种德行。孔子在《论语·里仁篇第四》中说：“仁者安仁，知者利仁，”对于勇，孔子认为：“仁者必有勇，勇者不必有仁。”可见，此三种德行以“仁”为核心。“智”主要为智慧之意，是人的一种体会、感悟、思维能力，区别于反映客观对象的知识。《易传》记载：“形而上者谓之道，形而下者谓之器。”对“器”的认知得来的是知识，而对“道”的感悟得来是智慧。智慧只可意会不可言传。很显然，古人较之知识则更看重智慧。对于“勇”，诸子百家都强调其对人修为的重要性。“勇”取勇敢之意，有四层含义：一为“不惧”。《论语》中两次提及“勇者不惧”，可见“不惧”是勇的应有之意。二为“知耻”。《中庸》中提到“知耻近乎勇”，“知耻”需要自尊心、荣誉感，更要有自我反省的勇气。一个视荣誉、尊严胜过生命的人，一个懂得自我检视反省的人能不勇吗？三为“刚毅”。《论语·子路篇第十三》里说：“刚、毅、木、讷近仁”，仁者也是需要有刚毅的品质。四为“执着”。《中庸》中说：“择善而固执之者也”，意为选择善的事情坚持做下去。坚持做正确的事情也是需要勇气的，这是执着之勇。

纵观历史典籍，明智忠勇论的基本观点主要有以下四个方面：

一是勤奋好学，知人自知。儒家倡导“学而知之”，《论语·雍也篇第六》所述：“君子博学于文，约之以礼，亦可以弗畔矣夫。”即博学多识、崇德律己，就可以避免数典忘祖、离经叛道。韩愈在其著作《进学解》中亦写道“业精于勤荒于嬉”。知人者先自知，自知是知人的前提和基础。对自身的认识一直以来得到各家的重视，如儒家的“反求诸己”、道家的“静观玄览”、佛家的“止观”等都是对自身状态的检视。所谓“自知之明”也是一种大智慧。

二是明智审慎，洞察真伪。《中庸》中描述儒家治学五步：“博学之，审问之，慎思之，明辨之，笃行之”，无一例外都与“智”“勇”有关，可见广博的学识、审慎地思考和询问才是辨明是非、洞察真伪之道。

三是无私无畏，知耻改过。勇者无畏，而无畏必先无私，无私方能刚毅，这种品质可以催生勇。《论语·公冶长篇第五》中记载：“枨也欲，焉得刚？”“无欲”是“刚”的前提条件。“知耻”而“改过”是勇的表现。孔子认为，孰能无过，改之则视为无过。《论语·学而篇第一》所述：“过，则勿惮改。”要做到有错就改实属不易，需要十分的勇气。朱熹在《朱子大全·答蔡季通》中说道：“改过贵勇”，就是这个意思。

四是威武不屈，杀身成仁。勇来自两个方面：一曰气；一曰义。小勇于气，大勇于义。孔子认为小人因气而勇，君子因义而勇。《论语·为政篇第二》中记载：“见义不为，无勇也”。《左传·哀公十六年》中记载：“率义之为勇”。由此可见，古人推崇因义而为的君子之勇。孔子提出“杀身成仁”，认为要有为维护正义或实现崇高理想而牺牲生命的勇气。《论语·卫灵公篇》中说道：“志士仁人，无求生以害仁，有杀身以成仁”即属此理。

三、古代清廉教育的主要原则和主要方法

（一）古代清廉教育的主要原则

我国古代德育内容广泛，恪守清廉之德尤受各家珍视。古人清廉教育遵循一定的原则，主要有以下四点：

一是有教无类。此“类”解释为类别、种类。这是孔子首倡并获得广泛认同，他提出教育对象应当不分贵贱、族类，一律可教。孔子的弟子来自诸侯列国各族，所涉阶级、阶层各异，可谓率先垂范。

二是因材施教。因材施教出自《论语·为政》。孔子对弟子的同一个问题有不同的回答，意指根据人的才能、品行等情况施加不同的教育。时至今日，此原则仍然广泛适用于教育界。

三是德主刑辅。关于德治与法治孰轻孰重的问题，在先秦时期争论较大，其中以儒家和法家为代表。后世学者和政治家们的主张大多倾向于德法并举，道德教化与法律惩戒并行。德治具有基础性、根本性、广泛性、渗透性、感化性及价值引领性，法治具有强制性、威慑性、惩戒性、保障性，两者缺一不可，都在维护社会正常运行中发挥着不可替代的重要作用。

四是知行合一。“知”是指人对事物的认识，即知识、学问，“行”是指人的实际行动，即实践、践履。“知行合一”就是学以致用之意。孔子创立儒学之初即重视两者的结合，称此是用道德实践成就圣贤的学问，即“圣人之学”。

（二）古代清廉教育的主要方法

古人在清廉教育的长期实践中，逐渐形成了一整套行之有效的清廉教育方法。古代清廉教育采取的主要方法如下。

第一，正心明志，注重表率。从为人的角度，推崇君子之法，即修德于心，志存高远。《论语·子罕篇第九》中记载：“三军可夺帅也，匹夫不可夺志也。”从为政的角度，倡导仁君

之法，即德施天下，率先垂范。《论语·颜渊篇第十二》中有言"政者，正也。子帅以正，孰敢不正？"可见，为政者的正心正派、公平公正及其表率引领作用至关重要。

第二，循循善诱，寓教于乐。"循循善诱"意为擅于有步骤地启发学生。"寓教于乐"是指教育者针对受教育者的实际，通过启发引导、培养兴趣、开智增慧、提升育人魅力等方式施以教化，使受教育者乐于进取、乐于思考、乐于求知、乐于实践。孔子是启发式教化方法的鼻祖，可谓擅教乐学。《论语·述而篇第七》提到"不愤不启，不悱不发……"，意为老师的启发引导必须把握时机，以学生的渴求为前提。《论语·学而篇第一》有记载："学而时习之，不亦说乎？"即在实践中善于运用所学并形成良好习惯是一件令人高兴的事情，可见"乐"在其中。

第三，由近及远，修齐治平。儒家思想中关于君子内外兼修的方法为"内圣外王"。《大学》中记载："故之欲明明德于天下者，先治其国；欲治其国，先齐其家；欲齐其家者，先修其身；欲修其身者，先正其心；欲正其心者，先诚其意；欲诚其意者，先致其知；致知在格物。"即"八条目"。其中，格物（穷究事物的规律）、致知（获得真知）、诚意（使自己的意念诚恳）、正心（端正心思）是修身进德之法，为"内圣"；齐家（善治家政）、治国（治理国家）、平天下（使天下太平）是亲亲爱民之法，为"外王"。

第四，慎独自省，知耻改过。《论语·里仁篇第四》提到"见贤思齐焉，见不贤而内自省也。"意为见到贤德之人要向其看齐，见到不贤之人要反思自身。《论语·子罕篇第九》说到"过则勿惮改"，即有过错就要勇于改正。曾子说"吾日三省吾身"即是此理。

第五，防微杜渐，锲而不舍。《荀子·大略》认为："祸之所由生也，生自纤纤也。"意思是灾祸的产生是由细微的萌芽状态开始，一点点发展起来的。所以，对于任何可能导致灾祸的苗头，人们都不可掉以轻心，对灾祸要注意防微杜渐。《三国志·蜀志传》刘备训子之遗诏曰："勿以恶小而为之，勿以善小而不为。"除恶要从小恶开始根治，行善也要从小善开始积累。《荀子·劝学》有言："锲而舍之，朽木不折；锲而不舍，金石可镂。"荀子强调，学习、修身、做事都需要持之以恒的精神。

第六，持敬节欲，勤俭自强。《说理会编·易》记载："敬义夹持，直上便可达天德。"该书提出以"敬"治心以成就天道之法：一曰涵养，以道正心，以德养心；一曰操存，就是坚守操行不懈怠。要守清廉之德必先治心，心廉人自清，至于勤俭、节欲自然更不是问题。

第七，好学慎思，笃行不怠。《论语·学而篇第二》记载："君子食无求饱，居无求安，敏于事而慎于言，就有道而正焉，可谓好学也已。"何为好学？即少说多做，不追求吃好住好，多向德行好的人请教并改正。《论语·为政篇第二》记载："学而不思则罔"，就是缺乏思考会使人迷茫，不知所措。所以，我们要善于学中思、思中学，做到学思结合。《礼记·儒行》有言："儒有博学而不穷，笃行而不倦。"其意是君子儒者应广泛地学习永不满足，身体力行永不懈怠。

第八，广施教化，敦厚民风。"教化"为教育感化之意。教化兴，德行立，则世风正、民风淳。明末清初的学者顾炎武在《顾亭林诗文集》卷之四中说道："目击世趋，方知治乱之关，必在人心风俗。而所以，转移人心，整顿风俗，则教化纪纲为不可缺矣。"所以，历代学者和为政者都重视教化的实施。

第九，肃贪倡廉，整顿吏治。廉与贪相对，廉洁守正是秉公执法的基础。清廉之士往往受人推崇；贪腐之徒则饱受诟病，被归类为社会之害，为后人所不齿。历代统治者为维护政权的稳定性及根本的、整体的、长远的利益，都会采取措施肃贪治吏，养廉倡俭，这在一定程度上缓和了阶级矛盾，维护了社会稳定，促进了社会发展。

【解疑释惑】

为什么说儒家的"仁爱"有别于墨家的"兼爱"？

儒家的"仁爱"和墨家的"兼爱" 产生的时代背景相仿，都倡导人与人之间要相爱，两者都是"爱人"的方式之一，但是在本质上是相异的。儒家的"仁爱"是按照封建宗法血缘关系产生"别爱"，即有差别之爱，主张视亲疏尊卑来定义爱的多寡。墨家的"兼爱"是一种"均爱"，即无差别之爱，主张消除人与人之间的差别，不分亲疏尊卑，彼此的利益兼而为一，天下同仁。

在封建宗法血缘关系盛行的时代，墨家的"兼爱"显然缺乏实践的基础，且"兼爱"的目的是"互爱"，即以自身之爱去换取别人对等的爱，在没有约束的前提下是很难实现的。反观儒家的"仁爱"思想，"仁"发自内而"爱"施于外，是建立在亲疏有别、爱有差别的现实基础上的道德思想，更易于被当时的人们所接受。

【案例分析】

雍乾时期的肱股贤臣——陈宏谋

陈宏谋，字汝咨，号榕门。1696 年，他出生于广西临桂县(今属桂林市)横山村一农户家庭。1723 年，正值雍正元年，他考中进士。从此步入仕途历经四十八载，历任翰林院检讨、浙江道御史、扬州知府、江南驿盐道、云南布政司、直隶天津道、江苏按察使、江苏江宁(今南京)布政司等职；其后，又历任甘肃、江西、陕西、湖北、河南、福建、湖南、江苏等省的巡抚和陕甘、两广、两江、湖广等地总督之职。乾隆二十八年(1763 年)他奉调进京，历任吏部尚书、工部尚书、协办大学士、东阁大学士等职。乾隆三十六年(1771 年)他因病告老还乡，乾隆准奏并加封太子太傅衔，谕令所经处的官员二十里内迎送。同年六月，船行至山东兖州韩庄时，于舟中病逝，终年七十六岁，谥号文恭。

陈宏谋为官清廉，勤政务实，造福于民，政绩显赫。他带领百姓兴修水利、发展生产，倡导开荒、增加耕地，设立"社仓"、灾时赈民，兴办义学、发展教育。他提倡抵制物质诱惑，过俭朴的生活，强调"以俭养廉"并身体力行，深受百姓称赞。

陈宏谋既是雍乾时期清官廉吏的代表，也是清代的理学名士。他治宋代二程、朱熹之学，强调明体达用、知行合一。他任外官 30 多年，历 12 省，研究各地民心风俗的得失利弊，分明兴革，逐条钩考，加之勤奋学习，遂成为学识渊博、编著甚丰的学者。他的主要著作有《纲鉴正史约》(增订)、《司马文公年谱》(辑)、《三通序目》(录)、《甲子纪元》(辑)、《培远堂偶存稿》、《大学衍义辑要》(辑)、《大学衍义补辑要》(辑)、《吕子节录》(辑)、《女训约言》、《培远堂文集》、《手札节要》、《课士直解》、《培远堂文录》、《湖南通志》(监修)、《五种遗规》(辑)、《陈榕门先生遗书补遗》等,著作总集有《培远堂全集》和《陈榕门先生遗书》。其中,《五种遗规》作为清代社会教育和蒙童教育教材、清末中学堂修身科教材,乃是前人关于养性、修身、治家、为官、处世、教育等方面的著述事迹的集大成之著作。陈宏谋无论是为官还是治学,都是一代楷模。

分析

纵观清朝历史,在广西籍官员中,陈宏谋官拜吏部尚书、东阁大学士等职可谓最高,任官四十八载可谓最长,经略十多省政务可谓最广,官声清廉而学术卓著在民间的影响可谓最大,堪称一代楷模。《清史稿·陈宏谋传》称"乾隆年间,论疆吏之贤者,尹继善与陈宏谋其最也……宏谋学尤醇;所至拳拳民生风俗,古所谓大儒之效也。"陈宏谋一生清廉、勤政务实、造福于民,其主要原因是他有为官利民的志向、以俭养廉的修为、抵制诱惑的定力、知行合一的坚持。

因贪贿而丧命的伯嚭

伯嚭,春秋晚期吴国太宰,此人贪财好色,善于玩弄权术、阿谀奉承,深得吴王夫差的喜爱。公元前494年,吴国大败越国,占领了越国的都城会稽(今浙江绍兴),将越王团团围困在会稽山上。越王乞降,吴王不准。越国大夫文种献计:"用珠宝美人贿赂伯嚭,使之帮助说服吴王,此事可成。"穷途末路的越王立即备足金银珠宝,并精选8名容貌姣好的越女,遣文种献于伯嚭。伯嚭大悦,使出浑身解数成功说服吴王同意越国议和之请。此后,越国多次贿赂伯嚭,使之谄媚吴王放松了警惕。历时数年,吴越的实力此消彼长,越王利用吴王夫差会盟于中原、国内兵力空虚之机,攻入吴国,迫夫差自杀。越王进入吴都,以贪贿不忠之罪斩杀伯嚭。

分析

伯嚭,身居吴国太宰之位,却善于玩弄权术、阿谀奉承。他身居高位却不思报效吴国,因贪贿而误国。他暗通敌国,误导吴王,最终使国都陷落,吴王自杀。他也落得身首异处的悲惨下场,为后人所耻笑。正如《周易》所言,"德不配位,必有灾殃。"历史事实一再证明,"德薄而位尊"于国于民于己都是极为不利的。坚持修清廉之德是利国利民、建功立业的人生必修课。

【拓展阅读】

资料一：

季文子勤俭守节

春秋时期，鲁国宰相季文子忠贞守节，勤勉于邦，节俭于家。其位居上卿大夫，掌握国家实权，自有田邑无数，其妻儿仍然衣无绸缎，马无粟米而食青草。孟献子的儿子仲孙对季文子这种做法很不屑，问季文子："你贵为正卿大夫，妻子不穿绸缎，马匹不喂粟米，就不怕百官耻笑你吝啬吗？不顾及诸侯对鲁国的看法吗？"季文子回答："我看国中百姓都吃粗粮穿布衣，我不能和他们不一样。我只听说君子品德高尚才能使国家有尊严，没听说过美妾良马会让国家有尊严的。"孟献子知之大怒，将儿子禁足 7 天以示惩戒。此后，仲孙洗心革面，效仿有加。消息不胫而走，鲁国俭朴之风日盛，传颂良久，为诸国赞。

资料二：

清廉者两袖清风①

古往今来，凡为官清廉、不贪钱财者，常以"两袖清风"自喻。

元代诗人陈基曾作《次韵吴江道中》："两袖清风身欲飘，杖藜随月步长桥。功名利禄皆淡泊，悠哉游哉自逍遥。""两袖清风"在这里首次引申出持守清白、不沾不贪之义。

说起"两袖清风"，不得不提到明朝名臣于谦。明正统年间，宦官专权，朝政腐败，贿赂公行。各地官僚进京朝见皇帝都要从老百姓那里搜刮许多钱财，献给皇帝和朝中权贵。于谦每次进京奏事却不带任何礼品。他的同僚劝他："你就算不献金宝、攀求权贵，也应该带一些土特产，送点人情呀！"于谦潇洒一笑，甩了甩他的两只袖子，说："带有清风！"

于谦并作《入京诗》一首："绢帕蘑菇与线香，本资民用反为殃。清风两袖朝天去，免得闾阎话短长。"诗中的闾阎是里弄、胡同的意思，引申为民间、老百姓。民间之物本是供人民享用的，当取之于民、用之于民。若官吏征调搜刮，反倒成了百姓的祸殃。

后来，于谦遭陷害而死，死后又被抄家。抄家时任凭官兵翻遍犄角旮旯，并无多余之物，只有一间屋子被锁得严严实实。众人都以为金银财宝必都藏在其中，打开一看，里面只有明代宗朱祁钰赏赐给他的蟒袍和剑器，除此以外，别无他物。

"两袖清风"也是明代苏州知府况钟一生的写照。况钟为官清廉，对于治理腐败有自己独到的做法。因为苏州繁华富庶，地方上的贪官比较多。况钟上任之前，皇帝特别允许他直接向皇帝选送奏章，方便惩处犯罪的官员。况钟到苏州上任后，没有马上拿出皇帝的"敕令"，而是故意把自己掩饰成一个愚蠢平庸之人。下属官员都认为来了一个糊涂上司，继续胡作非为、贪赃枉法。况钟都一一看在眼里记在心上。

一个月后，况钟下令召集地方官员到府衙听审。人员到齐后，况钟仪表威严，当众大

---

① 朱广志．两袖清风[EB/OL]．(2021-11-03)[2023-01-20]．https://www.ccdi.gov.cn/lswh/wenhua/wen yuan/202111/t20211102_253609.html.

声宣布:某天某官员在某件事上受贿多少,一一列出,有凭有据。满堂官员大惊失色,只好低头认罪。况钟当众处死 6 名贪官,并告知对余下的官员要逐步进行考核,官员们都心有余悸,再也不敢胡作非为了。

据记载,况钟生活简朴,不拿不贪。在他治理苏州 13 年的时间里府衙内无任何豪华之物,一日三餐只是一肉一菜。况钟曾写诗云:"清风两袖朝天去,不带江南一寸棉。惭愧士民相饯送,马前洒酒注如泉。"

【知与行】

古代清廉教育思想内容丰富,源远流长,影响深远。请同学们每人搜集 15 条古代清廉名言警句并制作成手抄报在班级展示分享。

第二节　中国近代清廉教育

【基本理论】

一、近代清廉教育的目的和作用

我国近代清廉教育是指从 1840 年鸦片战争爆发到 1949 年中华人民共和国成立我国开展的清廉教育,旨在培养具有清廉素质的致力于挽救民族危亡的爱国志士。鸦片战争以后,由于西方列强入侵和封建统治腐败,我国逐步成为半殖民地半封建社会,国家蒙辱、人民蒙难、文明蒙尘,中华民族遭受了前所未有的劫难。为了实现民族独立、人民解放和国家富强、人民幸福,我国人民进行了艰苦卓绝和不屈不挠的斗争。1921 年 7 月中国共产党成立后,我国人民在党的领导下经过多年的浴血奋战,取得了新民主主义革命的伟大胜利,建立了中华人民共和国,从此,中国人民站起来了。在近代,我国清廉教育不仅肩负着净化社会、教化四方的责任,更肩负着传播并弘扬中华民族自立自强、爱国奋斗的精神,培育爱国志士,力挽国破家亡的重任。清廉教育在一定程度上增强了民族凝聚力,催生了一批忧国忧民、报国利民的爱国志士,为挽救民族危亡、共御外侮,实现民族独立、人民解放发挥了重要作用。同时,我国近代清廉教育延续了中华民族的文化精髓,符合社会发展进步的要求,彰显了与时俱进的品质。

近代清廉教育是我国道德教育的一部分,在半殖民地半封建社会的历史背景下产生,具有深刻的救亡图存的时代烙印,体现了强烈的爱国主义精神。在中国共产党清廉教育的感召和培育下,近代中国涌现了一大批报国为民、清正廉明的仁人志士,助推并最终实现了中华民族的独立自主和人民大众的解放。

二、近代清廉教育的主要内容

近代清廉教育以反对侵略、救亡图存，追求民族独立和人民解放为核心，以爱国主义为主线，以爱国御侮、知耻兴邦，忘私遏欲、扬善抑恶，追求公理、义利统一，天下为公、振兴中华，立党为公、清廉利民等为主要内容。

（一）爱国御侮、知耻兴邦

林则徐长期为官，始终保持清廉和忧国忧民的作风。虎门销烟、抵抗侵略，体现了他的爱国主义精神。林则徐抗英有功，却遭投降派诬陷，被革职后忍辱负重，在赴戍途中他写下了"苟利国家生死以，岂因祸福避趋之"的名句。林则徐被贬戍新疆伊犁后，他不仅在当地兴修水利、发展生产、造福百姓，而且仍然关心国家的安全，写下"关山万里残宵梦，犹听江东战鼓声"的诗句。两次鸦片战争击碎了清朝一直以来延续的"天朝上国"梦。以魏源、龚自珍等为代表的地主阶级开明派高举救社稷、民族于危难之大义，力主改革。魏源提出"君子用世，随大随小，皆全力赴之"。[①]要求每个人都要具有忧国忧民之心，尽自己所能承担一份责任，呼吁"正人心、厉风俗、兴教化"，教化兴则人心正，世风善则国运昌，主张向西方学习，取其长补己短。龚自珍认为人之初无善恶之分，都是后天教育使然。他在《明良论二》中强调："以教之耻为先"并指出："历览近代之士，自其敷奏之日，始进之年，而耻已存者寡矣。"这说明封建宗法伦理进入近代，世风日下，社会知耻懂爱者较少。少爱如何御侮，寡耻何来兴邦！近代仁人志士从教化兴国的愿望出发，言传身教，把"爱国御侮、知耻兴邦"作为清廉教育的重要内容。

（二）忘私遏欲、扬善抑恶

太平天国运动是一场声势浩大的农民起义，"忘私遏欲、扬善抑恶"就是贯穿其整个革命运动的理论之一。其后期领导人之一洪仁玕认为信仰上帝为"善"，私心私欲即为"恶"。他在《克敌诱惑论》强调："私欲为罪根"必须祛除。其《钦定军次实录》中记载："不可先有获福之心，宜先有遏欲之实，而真福自慰乎心乎。"每个人都要先有遏欲之心，这样才能坚定自己的信念，避祸得福。其论述虽然带有一定的片面性，但是对于当时的清廉教育也颇有积极意义，在近代德育史上占有一席之地。维新运动的代表人物之一康有为也主张"节欲"，他在《大同书》中写道："人生而有欲，天之性哉，欲无可尽，则当节之。"

（三）追求公理、义利统一

梁启超在《论独立》中写道："群者，天下之公理也。"这反映了个人和群体的关系，是爱国主义思想的具体体现。其在《十种德性相反相成义》中强调："以一身对于一群，常肯绌身而就群"，阐述了当个人利益与群体利益发生冲突时，应该顺大义而去私利。梁启超在《爱国论》中从"言爱国必自兴民权始"得出了爱国教育的正确结论，即民权兴则国权立的主张，兴民权就是要用教育的手段培养出具有爱国心和社会责任感的有德之人。可见，作

---

① 罗炽，等．中国德育思想史纲[M]．武汉：湖北教育出版社，2003：626.

为维新运动时期资产阶级维新派的重要代表人物之一，梁启超的“新民”学说的重要内容是“追求天下公理”，实施爱国主义教育，这在当时具有积极意义。

在我国传统中，“义”一般指人的行事方式必须符合特定时期社会的道德准则。“利”乃物质利益与精神利益。自古重义轻利的思想广受赞许，封建教化甚至极端地将利与小人等同起来即所谓“闭言利之门”。但是，自近代以来，伴随商品经济的不断发展，“义利之辩”再次兴起。严复对传统义利观提出质疑，他在《原富》中提出：“礼生于有，而废于无。”他强调从长远计，道德的广泛传播必须要有一定的经济基础作前提条件，并就此提出了义利合的观点，其意有三个：其一，义在利前，强调得利必须符合道义；其二，共赢之利，也就是既利自己又利他人；其三，义利统一，即得利须遵守一定的社会规范，符合道义。以上三点符合其提出的“新民德”的道德重建要求，对当时的社会发展具有一定的进步作用。

（四）天下为公、振兴中华

《礼记·礼运》中写道：“大道之行也，天下为公。”上古五帝所开创的制度就是天下是公众的，天子之位，传贤而不传子。自古以来，“天下为公”就成为世人对美好社会制度的向往。近代资产阶级革命先驱孙中山先生以此表达了自己对民主公正社会的追求和向往，推崇备至。这里的“公”已非儒家“家天下”之意，而是以自由、平等、博爱为主要内容的“三民主义”，即民族、民权、民生为“公”，后来发展为联俄、联共、扶助农工的“新三民主义”。为此，孙中山提出“替众人服务”“为主义奋斗”的人生观，并指出其实践方向：其一，立高远之志，即要有以“天下为己任”的志向，目光远大；其二，勇于为主义献身，即舍生取义，这里的“义”就是“三民主义”，就是“公”；其三，要因公废私，反对自私自利、损公肥私的不道德行为。革命者“要存心做大事，切不可存心做大官”。唯有此才能实现民主公正社会的夙愿。

（五）立党为公、清廉利民

五四运动之后，我国救亡图存的领导力量发生了根本的变化，一支新的更进步的社会力量逐渐走上了历史舞台，这就是无产阶级及其先锋队——中国共产党。中国共产党从成立之日起，就高举爱国主义的伟大旗帜，自觉担负起为人民谋幸福、为民族谋复兴、为世界谋大同的历史使命，广泛发动和组织包括无产阶级、农民阶级等在内的人民大众开展了波澜壮阔的新民主主义革命。中国共产党人不忘初心、牢记使命，在革命道路上始终坚持人民至上、立党为公、清廉利民。中国共产党人把全心全意为人民服务作为党的根本宗旨，写入《中国共产党章程》并贯彻到一切活动之中。毛泽东等老一辈无产阶级革命家在新民主主义革命时期的每个历史阶段都旗帜鲜明地坚持反腐倡廉，积极倡导艰苦奋斗、勤俭节约。土地革命战争时期，毛泽东强调应该使一切政府工作人员明白，贪污和浪费是极大的犯罪，号召全党要和贪污浪费行为做斗争。抗日战争时期，针对一些党员干部的越轨行为，毛泽东指出：“……自私自利，消极怠工，贪污腐化，风头主义等，是最可鄙的；而大公无私，积极努力，克己奉公，埋头苦干的精神，才是可尊敬的。”[①]解放战争时期，毛泽东在党

① 毛泽东．毛泽东选集（第二卷）[M]．北京：人民出版社，1991：522.

的七届二中全会上，要求全党在胜利面前要保持清醒头脑，在夺取全国政权后要经受住执政的考验，“务必使同志们继续地保持谦虚、谨慎、不骄、不躁的作风，务必使同志们继续地保持艰苦奋斗的作风”。[①] 毛泽东用“两个务必”来告诫广大党员干部要时刻保持清廉的优良作风，要抱着“赶考”的心态去面对即将到来的新局面。

三、近代清廉教育的主要原则和主要方法

（一）近代清廉教育的主要原则

近代以来，闭关锁国的状态被打破，加速了中西方德育文化的碰撞和交流，清廉教育思想也有明显的融合重塑倾向，其主要原则归纳为以下五个方面：

第一，尊心宥情。“尊心”就是遵从内心体验，即自愿之意。“宥情”就是宽容和尊重自己的情感。近代早期主观主义思想盛行，认为世界由“我”之“心力”造成。龚自珍在《壬癸之际胎观第四》中写道：“报大仇，医大病，解大难，谋大事，学大道，皆以心之力。”[②]所以，自愿才是为人处世的基本原则。而情是人与生俱来的最真实自然的，不能人为去之。“自性清净心”才是净心清欲的关键，有别于程朱理学“去欲存理”之说。

第二，转化塑造。“开人之蒙蔽以慰其心”即转化教育，对有不道德的思想和行为的人，进行启发引导，提高其自觉性，使其“洗心革面”；“广人之智慧以善其行”即塑造教育，也就是按照上述的原则和要求去培养和塑造人们应有的道德品质。[③] 这一原则指导近代农民起义蓬勃发展，也是洪仁玕《资政新篇》关于德育的主张之一。

第三，变器立道。即“变器不变道”，“道”乃维护封建统治之“三纲五常”的道德制度，如封建典章制度、伦理道德、史经之学等。“器”是益智之技能、方法，如西方技艺等，由近代洋务派提出。沈寿康在《匡时策》中提出“中西学问本自互有得失，为华人计，宜以中学为体，西学为用”，这是首次提出“中体西用”的观点，随后两广总督张之洞大加赞赏并极力推崇，他在自己的《劝学篇》中全面论述了这一思想，其中的“中学为内学，西学为外学；中学治其心，西学应世事”强调中国要自强，就必须“师夷之智”，这一教育观点的提出对造就一批洋务之士，推动近代工业在我国的发展发挥了重要作用。

第四，开启民智。即清廉教育的对象是平民，而不仅仅是封建地主阶级。这一思想由蔡元培等进步人士提出，强调“务应顺应时势，养成共和国民健全之人格”“私德为立身之本，公德为服务社会国家之本……发挥平民主义，俾使人人知民治为立国之本，养成公民自治习惯，俾使人人能负国家社会之责任”。[④] 可见，近代清廉教育就是强调平民教育的重要性，唤起民众自治的意识，提高民众的思想觉悟和阶级觉悟，旨在改革封建教育，推行平民教育，培养更多服务社会和国家的清廉之士。

---

① 毛泽东．毛泽东选集(第四卷)[M]北京：人民出版社，1991：1438-1439.

② 罗炽，等．中国德育思想史纲[M]．武汉：湖北教育出版社，2003：634.

③ 罗炽，等．中国德育思想史纲[M]．武汉：湖北教育出版社，2003：664.

④ 罗炽，等．中国德育思想史纲[M]．武汉：湖北教育出版社，2003：81.

第五，群众路线。即一切为了群众，一切依靠群众，从群众中来，到群众中去。这是中国共产党在长期的革命斗争中总结出来的非常重要的原则，被誉为毛泽东思想活的灵魂之一。党的群众路线清晰地明示了中国共产党打碎旧世界建立新国家的目的、力量来源和具体工作原则，同时通过加强群众路线教育使党员干部牢记自己肩负的历史使命，保持清正廉明、无私忘我的本色，从而赢得了广大人民群众的信任和拥护，最终在中国的大地上建立了人民当家作主的国家政权，实现了旧貌换新颜。

(二)近代清廉教育的主要方法

近代中国社会的主要矛盾是帝国主义和中华民族的矛盾、封建主义和人民大众的矛盾。伴随社会主要矛盾的日益加剧，以救亡图存、振兴中华，民族独立、人民解放为主基调的清廉教育呈现出推陈出新、中体西用、方法多样等特征，归纳如下：

第一，经世致用，厚德载物。“经”为上下贯通，“世”为理、道，“经世”即为治理世事之意。“致用”即不务虚学，尽其所用之意。“厚德载物”意为道德高尚之人能成就大业，现在多指以深厚的德行育人利物。“经世致用，厚德载物”根源于儒家德育思想，以修己治人、内圣外王之道为本，主张把经世致用、自强不息、厚德载物作为立世处身的圭臬，①体现了中华民族重德行、倡自强、尚践履的思想，是特定历史时期的图存之法。

第二，守本知足，造化自我。“本”乃基础之意，这里指人的衣食住行等基本条件；“足”即满足。人要懂得知足，守本知足就是善，越本贪婪就是恶。人们要从内心提高自己的德行，即“养心”去抵御外界的诱惑，这才是根本去欲的方法。“造化自我”即我定造化，由我来创造变化。《默觚上·学篇五》中“万物皆备于我矣”即属此意。魏源在《皇朝经世文编叙》中“事必本乎心”“法必本乎人”“物必本乎我”就阐述了“造化自我”的观点，强调主观之人、心、我对客观事物变化的重要作用，提出了救世必须从改变人心、广施教化开始的主张。

第三，教法兼行，讲明道理。这是太平天国所推行的清廉教育方法。其创始人洪秀全推行政教合一的模式，将太平天国的制度以及其所创立的“拜上帝教”的教义制定成“法”，通过日常教育来传播扩散以达到克制私欲、维持管理和征战的目的。“教”的形式可以多样，可以三五成群围聚一起学习教义、说明制度、讨论问题；也可以召集成百上千之众，以大会的形式宣讲道理。洪仁玕认为“教者”必须身体力行，倡导“亲身以倡之，真心以践之”，这样方能上行下效，最终达到除妖气、正鸿规的目的。太平天国初期的清廉教育效果良好，对不断夺取胜利发挥了重要作用。太平天国后期，由于洪秀全等人逐渐背离清廉，追求享乐、争权夺利，走向腐化与内部分裂，在本国封建势力和外国侵略势力的联合打击下，太平天国运动最终失败。这启示人们：清廉教育务必坚持以上率下、知行统一、一以贯之，否则必然招致衰败。

第四，格物诚意，至诚力行。“格物诚意”出自《大学》，“格物”即探究事物原理，“诚意”就是使自己的意念真诚。曾国藩认为格物诚意是致知之事也，而至诚力行为笃行之事也。

① 罗炽，等．中国德育思想史纲[M]．武汉：湖北教育出版社，2003：629.

其提出"以礼自治"到"以礼治人"就是恢复礼教的本意，倡导"正人心，易风俗"。曾国藩主张凡事要勤俭廉劳，为官戒自傲。他严以修身律己，重视家风家教。他提出要倡廉正之风，行礼治之仁政，反对暴政、扰民，严惩贪赃枉法、鱼肉百姓的官吏。曾国藩治军重视选拔不畏死、淡名利、耐苦劳的"忠义血性"之将，并以儒家的仁义礼智信作为治军之本去引导官兵，以达"先自治，而后制敌"的目的。曾国藩作为清朝地主阶级的代表人物，勤政倡廉、治军自强，其根本目的是维护风雨飘摇的封建剥削制度和地主阶级的根本利益。这给人们的启示是：清廉教育是具有阶级性的，为谁服务的问题是清廉教育的根本问题；一个政权，当整体上走向贪腐没落的时候，局部的清廉教化和"善治"虽然可以延长这个政权的统治，但难以改变其最终垮台的命运。因此，坚持清廉教育、倡廉反腐，需要"至诚力行"，即以坚决、全面、彻底、坚韧的态度和精神，施清廉之教、践清廉之行、除贪腐之祸。由于阶级和历史的局限性，在剥削阶级占统治地位的社会，这是难以真正实现的。

第五，中学为体，西学为用。洋务派后期的领军人物张之洞继承前辈"正人心，易风俗"的教育理念，结合时局的发展趋势，推崇沈寿康的"中体西用"的观点，强调"中学"是"道"，是封建礼教，亘古不可变；"西学"是"器"，是西洋科技，承认其先进性，可以借鉴以自强。洋务运动历时 30 多年，创办了一批我国近代新式企业。虽然坚持中学为体、西学为用的洋务运动在客观上有利于我国资本主义的发展，但是这种不改变封建制度的自强运动并没有使中国走上富强之路。在 1894—1895 年的中日甲午战争中，北洋水师全军覆没，标志着洋务运动的最终失败。

第六，改造人心，感化人群。孙中山先生提出了"行易知难"的观点，认为实践容易，但通晓其道理却很困难。为此，他提出革命成功之法，首推教育，通过"感化人群"来改造人的心理，重点在树立正确的认知，这样才能催生革命热情，将革命运动推向高潮。孙中山指出："大凡一个国家所以能够强盛的缘故，起初的时候都是由于武力的发展，继之以种种文化的发扬，便能成功。但是要维护民族和国家的长久地位，还有道德问题，有了很好的道德，国家才能长治久安。"①于是，孙中山先生大声疾呼"亟拯斯民于水火，切扶大厦之将倾"，高扬反对封建专制统治的斗争旗帜，提出民族、民权、民生的三民主义，率先发出"振兴中华"的呐喊。"在孙中山先生领导和影响下，大批革命党人和无数爱国志士集聚在振兴中华旗帜之下，广泛传播革命思想，积极兴起进步浪潮，连续发动武装起义，推动了革命大势的形成。"②

第七，修养整风，互帮互助。1921 年 7 月中国共产党成立伊始，面对国内严峻的斗争环境，我们党就坚持边斗争边培养干部的发展策略，加强宣传和鼓动，积极培养并积蓄革命的后备力量。党组织对要求入党的同志进行严格审查并制定了切实可行的制度保障，对党员更是通过不断地加强学习、提高修养来树立马克思主义信仰，培育坚定的斗争意

① 孙中山，孙中山文集(上)[M]. 北京：团结出版社，2016：70.

② 习近平．在纪念辛亥革命 110 周年大会上的讲话[N]. 光明日报，2021-10-10(02).

志。遵义会议后我们党印发了一系列的党员学习材料，如 1939 年 7 月，刘少奇在延安发表了《论共产党员的修养》，提倡正气，反对邪气，是保持共产党员先进性的教科书。刘少奇强调："教育和改造已经加入党的多少带有非无产阶级的思想意识的党员，是我们党内一项重要的经常的任务。"《论共产党员的修养》系统回答了共产党员为什么要进行修养、在哪些方面进行修养、怎样进行修养等问题，很有教育意义和针对性。20 世纪 40 年代，我们党开展了延安整风运动，这是中国共产党历史上一次全党范围的普遍的马克思主义教育运动，也是一次伟大的思想解放运动。通过延安整风运动，全党在坚定理想信念、提高理论水平、坚持实事求是、坚守清正廉明、增强革命本领、促进团结统一等方面均得到普遍提高，为夺取抗日战争和解放战争的胜利奠定了思想基础。总之，在新民主主义革命时期，中国共产党的清廉教育主要采取了"两个结合"的方法，即坚持党员干部廉洁自律、率先垂范、吃苦在前、享受在后与加强清廉宣传激励、积极倡导自我修养、大力开展整风运动相结合；坚持清廉思想教育、清廉道德教育、清廉纪律教育与力行法治、惩治贪腐、打击犯罪相结合。由此培育了一大批政治素质高、革命本领强、务实担当为民的清廉之士，在党领导的革命根据地、抗日根据地形成了崇尚清廉、风清气正、军民团结、积极向上的良好社会风气，与国统区的贪腐盛行、奢靡颓废、争权夺利、民不聊生的社会景象形成鲜明对比。

【解疑释惑】

为什么说爱国主义是清廉教育应有之义？

清廉教育的内容非常丰富，其中，爱国主义是清廉教育的一项十分重要的内容，是清廉教育应有之义。

清廉教育就是要培养具有清廉素质的爱党、爱国、爱人民、爱社会主义的公民。具有清廉素质的公民必须是一个真正的爱国主义者，任何危害祖国利益、背叛祖国的人绝不是真正的清正廉明之人。

清廉教育是清、正、廉、明的教育，内在地包含着爱国主义教育。

具体来说，清廉教育是尚清祛浊的教育，就是要培养清清白白做人、干干净净做事之人，具有爱国爱民情怀的人方可真正成为清白做人、干净做事之人。因此，清廉教育必须大力培育受教育者的爱国爱民情怀。

清廉教育是倡正祛邪的教育，就是要培育受教育者具有正直、正派的品行，办事公道、公正的品格，崇尚正义的品质，这是需要强化爱国主义教育。因为只有把祖国和人民的利益看得高于一切，才能真正成为正直正派、公道公正、追求正义之人。

清廉教育是倡廉祛贪的教育，就是要培养受教育者成为廉洁自律、奉公守法之人。这是需要加强爱国主义教育的，因为只有真正的爱国爱民者才能始终做到廉洁奉公、报国为民，而私欲膨胀、祸国殃民的腐败分子则是背叛祖国和人民的败类。

清廉教育是倡明戒昏的教育，就是要培育受教育者具有光明磊落、光明正大、明智理性的素养，这也需要加强爱国主义教育。因为一个为满足贪婪私欲和野心而搞阴谋诡计的人、一个昏庸阴暗的人，是不可能成为忠诚、明智、理性的爱国者的，因为真正的爱国主义者是对祖国和人民高度负责的光明正大的人。

总之，清廉教育作为清、正、廉、明的教育，是祛除污浊、邪恶、贪腐、昏庸的教育，内在地包含着爱国主义教育。污浊、邪恶、贪腐、昏庸与爱国主义背道而驰，只有加强爱国主义教育，使受教育者具有正确的爱国认知、深厚的爱国情感、执着的爱国信念、坚定的爱国意志、丰富的爱国智慧、务实的爱国实践、优秀的爱国品格，能够正确处理个人、集体和国家的关系，才能更好地达成清廉教育的目的。

【案例分析】

红军"管家"余贲民[①]

余贲民(1888—1933)，湖南平江县人，1922年在长沙由毛泽东介绍入党，曾任平江县农会会长、工农义勇队队长，秋收起义时任工农革命军第一军第一师副师长。

1927年10月，毛泽东率领工农革命军来到井冈山，开创了井冈山革命根据地。为了粉碎湘赣两省敌人对根据地的经济封锁，井冈山军民想尽一切办法，积极开展生产自救，并创办了工农革命军早期的军需工厂。其中，创办被服厂的重任就落到了副师长余贲民的身上。

一天晚上，毛泽东把余贲民请进了八角楼，向他征求意见："我们在井冈山虽然站稳了脚跟，但还得继续扩大地盘。既然是一个'家'，就得有经济来源。我想把你留在后方搞经济工作，筹建一个被服厂怎么样？"

一位统兵作战的师级干部，一下子变成了小小的被服厂厂长，这不是大材小用吗？但余贲民没有去考虑这些，他一心想的是履行一名共产党员、一个高级军事指挥员的职责，那就是"服从组织，执行命令"。余贲民二话没说，愉快地接受了任务。

接受任务后，余贲民来到了位于黄洋界山脚下的桃寮村。首先将有80平方米大的张家祠选做厂房，然后从遂川县赤卫队挑选10多名会缝纫的队员。不久，工农革命军从遂川、永新缴获了6台缝纫机及一批棉花和布匹。工人们采取手工操作与机器加工相结合的方法进行生产，借老乡家的门板做工作台，用五倍子、茶子灰制成复合染料。就这样，工农革命军的第一家被服厂正式成立并开工了。

第一批军服出场了，有棉衣、棉裤、棉被，还有绑腿、米袋、子弹袋等。时值井冈山天寒地冻，工农革命军得到这一批冬装的补充，真如雪中送炭。余贲民看着战友们分批穿上了工农革命军自己设计、自己加工的军装，心里有说不出的高兴。留守处主任杨立三知道余贲民有严重的风湿性关节炎，他对余贲民说："这套棉衣棉裤和棉被就给你留着吧，不能老这么熬下去！"余贲民却婉言谢绝了。

后来，余贲民担任了湘赣边界工农兵政府财政部部长兼红四军军部财务总管。这时的余贲民成了名副其实的红军"管家"。地方上和红军打土豪收缴的金银，统一由财政部

---

① 《井冈山革命故事》编撰组. 井冈山革命故事[M]. 南昌：江西人民出版社，2017：132-134.

管理调配，而那些金条、金砖、金镯子、金戒指等，都由余贲民用一个木箱亲自保管。可就是这样一个“财神爷”，连一双6角钱的雨鞋都舍不得买，一年到头就是穿一双自己编织的草鞋。在井冈山，他与桃寮村的一位姑娘相爱，快要结婚了，岳母要他送一枚戒指给女儿作为信物，他断然回答说：“我这里是有不少的戒指、金条等，但这些都是公家的，半个我也不能动。”岳母见如此，叹道：“你们红军的官呀，我算是服了。”最后只得作罢。

1932年，余贲民调任中共湘鄂赣省委军事部长，负责领导地方武装的建设和作战。同年12月，省委获悉敌人出动一个师的兵力进攻省委驻地小源地区。为掩护省委机关和区乡干部2 000余人向浏阳方向转移，余贲民指挥前卫连，打垮守在石鼓山上的一支地主武装，为部队转移扫清了道路。数小时后，敌军追上来，将我撤退机关拦腰截断，医院和兵工厂被阻在后边。余贲民急率战士们，猛回头冲进敌阵，打开了一条通路，救出了医院和兵工厂的人员。这时，一颗子弹从树林里飞来，穿透了余贲民的肩胛，鲜血浸透了军衣，他咬着牙从地上爬起来，阻止了要背他撤退的战士，提着手枪再次冲向敌人。由于流血过多，没走几步他就昏倒在地。1933年4月9日，余贲民因伤势恶化在江西省万载县小源红军医院逝世，为革命流尽了最后一滴血，终年45岁。

后来，毛泽东同志在长征途中、在延安、在中南海都多次提到余贲民为红军发展壮大作出的功绩，赞扬他忠诚于革命事业的无私品德。

分析

红军将领余贲民同志是清正廉明的优秀共产党员，他跟随毛泽东同志参加了湘赣边界秋收起义，为创建井冈山革命根据地做出了重要贡献。他始终坚持把党和人民的革命事业放在首位，从不计较个人得失，坚决服从党组织安排，体现了共产党人服从大局、浩然清正的政治品质；他始终坚持秉公用权，即使掌握再大的权力，自己的生活再艰苦，也决不以权谋私，做到了拒腐蚀、永不沾，体现了共产党人艰苦奋斗、清廉为民的高风亮节；他始终坚持身先士卒、冲锋在前，他曾参加过许多次战斗，作战机智勇敢、不怕牺牲，体现了共产党人无私无畏、敢于斗争的英雄气概。余贲民同志的事迹感人至深，他清正廉明、服从大局、无私奉献、英勇无畏的崇高品质和革命精神必将继续激励着我们奋进新征程、建功新时代！

【拓展阅读】

刚直不阿、清廉爱国的民主人士——白鹏飞[①]

在桂林市七星区普陀山北麓，有一座朴素庄重的陵墓。这里安葬着一位令人仰慕、治学严谨、正气凛然、爱憎分明、不畏强暴、一生清廉的爱国民主人士白鹏飞先生。白鹏飞先

---

① 潘茨宣．首创中国行政法学的白鹏飞[N]．广西日报，2008-04-22(11)．

生墓右侧立有桂林籍我党秘密工作战线上的卓越工作者、原白崇禧的机要秘书谢和赓题书的"学人楷模 高风亮节"八字篆刻。

白鹏飞(1889—1948),字经天,号擎天,祖籍苏州,自十三世祖迁居桂林,便入桂林籍。幼年家境贫寒,苦读成才。早年在广西蚕业学堂、桂林陆军测量学校、广东高等化工学堂学习。从1911年起,他怀着一腔爱国热情,寻求济世救民的真谛,赴日本留学共11年,遍习兽医、统计、政治、经济、法律,获得了5个硕士学位。1924年他在日本东京帝国大学毕业回国,先后任无锡国学专科学校、江苏民众教育馆教授,接着任暨南大学校长。他在中国教育界、法学界均享有盛名,在百姓中素有"包公再世""白青天""铁面御史"等称号。

一次在进步学生集会上,白鹏飞发表支持学生反对军阀的讲话,被特务学生掏出手枪来威胁和殴打,从而对国民党的专制独裁及特务政治深恶痛绝,愤而辞去校长职务。到了北平,他先后任北京的朝阳大学、民国大学、法政大学、辅仁大学、清华大学、北京大学、北平大学等高校教授。后来,他又出任北平大学法商学院院长、广西大学校长、广西政府顾问、国民政府中央监察委员等职。

一、创建中国行政法学

我国"对行政法学的研究,大约从清末戊戌变法开始",共翻译、编译出版外国行政法学著作8部。进入民国后,法科兴盛,行政法被列为必修课程之一,受过近代教育的中国行政法学者开始登台执教。白鹏飞等最早在朝阳大学、北京大学等校讲授行政法,还撰写教材和教学大纲。到20世纪20～30年代,旧行政法学基本完成了创建工作,形成了较大规模的行政法学者群体。其中,白鹏飞是这一群体的代表人物,也被后人誉为"中国现代行政法学家和教育家"。

白鹏飞的著作有《法学通论》《行政法总论》《劳动法大纲》《比较劳动法学大纲》《行政法大纲》等10余种。它们都是中国行政法学的开创性著作。时至今天,仍是研究中国行政法学的必读经典书。

二、支持学生抗日救亡

北平大学校长徐诵明是白鹏飞留日的同窗,对白鹏飞的才识很了解,想请老同学助一臂之力。于是,白鹏飞便在1931年到北平大学法商学院当了院长。这一年,九一八事变爆发,一夜之间,河山变色。日寇步步进逼,蒋介石节节败退。全国学生、民众掀起抗日救亡运动。白鹏飞在法商学院召开记者招待会,驳斥北师大一教授污蔑爱国学生的汉奸谬论,反对蒋介石"攘外必先安内"政策,支持爱国师生的抗日救亡运动。北京各报都在显著位置全文刊登了白鹏飞的讲话,大长了爱国师生的志气。

1933年,国民党特务到法商学院逮捕中共党员学生张友渔、韩幽桐。白鹏飞冒险亲自用汽车将二人从北京送至天津港登上开往日本的轮船。中华人民共和国成立后,张友渔、韩幽桐夫妇成了我国法律界的权威。

1935年七八月,白鹏飞和李达秘密赴泰山为抗日将军冯玉祥讲课。这一年,日本侵略华北的野心更露骨了。北平爱国学生在中国共产党领导下,于12月9日举行了声势浩大的示威游行,掀起了抗日救国运动的新高潮,这就是著名的一二·九运动。在一二·九运动前后,领导运动的中共地下党组织在学校里的活动都得到白鹏飞的积极支持、配合和掩护。

白鹏飞坚决拥护中国共产党的抗日民族统一战线政策。1936年1月27日,白鹏飞、马叙伦、张申府、许德珩、李达等一批各校抗日爱国教授发起组织了"北平文化界救国会",推选马叙伦为主席,白鹏飞为副主席。救国会发表了由马叙伦、白鹏飞等149人署名的宣言,明确支持爱国学生发动的救国运动,指出:"中国的危机显然已到最后关头",并向全国人民发出了惊天地、泣鬼神的壮烈誓言:"我们宁为自由而死,不为奴隶而生!"

1936年1月28日,马叙伦、白鹏飞、张申府等出席北平学联召开的一·二八抗战四周年纪念会,誓愿与同学们共赴国难。接着,北平文化界救国会与北平学联共同发起组织"华北民众救国联合会",于1月30日在燕京大学举行成立大会。从此,在中国共产党领导下,爱国学者和青年学生联合起来,共同发动群众进行抗日救亡斗争。

三、参加桂林抗战文化运动

1937年7月7日,全民族抗日战争爆发,不久,北平沦陷。白鹏飞拒绝日奸的诱逼,秘密回到广西。由于他的渊博学识及在国内学界的巨大威望,后来被当时的广西省政府聘为广西大学校长。白鹏飞就职后,首先聘中共一大代表李达为经济学教授兼系主任,讲授马克思主义哲学和经济学,深受学生欢迎。白鹏飞还准备聘用陈豹隐、郭沫若、夏征农、马寅初、马叙伦等30多位进步教授到广西大学任教。众所周知,这些教授都是中国顶尖的学者,但桂系广西当局却害怕他们的共产党背景会带来麻烦,于是便通过教育部免掉白鹏飞的校长职务,任命他为闲职的"省府顾问"。白鹏飞虽怨气冲天,但也乐得有时间和精力投入正在轰轰烈烈开展的桂林抗战文化运动中去。他出任中华全国文艺界抗敌协会桂林分会名誉理事、中苏文化协会桂林分会理事等职。

1937年年底,马君武、白鹏飞等组织成立了"广西戏剧改进会",由马君武出任会长,白鹏飞、陈俊卿为副会长。白鹏飞出面邀请在国内早负盛誉,并有"南欧阳,北梅兰"之称的欧阳予倩来桂林,对桂剧进行全方位的改革。后建南华剧院为桂剧改良基地,以演出传统的桂剧为主,同时也演出改良的桂剧及京剧。欧阳予倩曾演出田汉编剧的《江汉渔歌》。1938年夏天,欧阳予倩应邀编导戏剧,首次上演的剧目为《梁红玉》,融桂剧、评剧、话剧于一炉而编成,一改桂剧守旧的作风,兼有号称"四大名旦"的如意珠、小金凤、小飞燕、金小梅扮演梁红玉,反映了军民联合共同抵御外患的爱国行动和民族气节。

1944年2月15日至5月19日,西南八省上千名戏剧工作者汇聚桂林,举行了轰动一时、震动中外的"西南第一届戏剧展览会"(以下简称"西南剧展")。它既是中国抗战戏剧运动的一次大检阅,也是国统区进步戏剧运动的一次大总结,是标志中国抗战戏剧运动走向成熟的一个里程碑。白鹏飞为"西南剧展"做了很多幕后工作,在"西南剧展"期间还写了一封信给剧展会,说:"前宵一瞥《戏剧春秋》,不胜感佩,坎坷艰困,初不限于剧人也。"他还捐了400元作招待戏剧工作人员之用。

中国共产党领导的抗日报纸《救亡日报》已于广州沦陷前夕被迫停刊。《救亡日报》要在桂林复刊。报社与国民政府政治部部长陈诚几番交涉，只同意每月给津贴200元。这点钱实在太少了。为此，白鹏飞又煞费苦心，到处筹款募集资金，在白鹏飞的大力支持下，《救亡日报》终于在桂林复刊了。

共同的抗日救亡目标使白鹏飞和在桂林的文人学者们融合成一体，并肩战斗。

【知与行】

清廉教育在近代中国被无数忧国忧民之志士所倡导，“正人心，明大义”就是其最好的体现。清清白白做人，干干净净做事才能心正、义明。请以班级为单位结合近代以来中国人民救亡图存的斗争实践，以新时代大学生应如何继承和发扬老一辈无产阶级革命家一心为民、忠心报国、艰苦奋斗、清廉无私的优良革命传统为主题，组织一次主题班会。

第三节　中国现代清廉教育

【基本理论】

一、现代清廉教育的目的和作用

中国现代清廉教育是指从1949年中华人民共和国成立至今我国开展的清廉教育，旨在培养具有清廉素质的社会主义建设者和接班人。中国现代清廉教育是在马克思列宁主义、毛泽东思想、邓小平理论、“三个代表”重要思想、科学发展观、习近平新时代中国特色社会主义思想指导下，继承和发扬我国古代清廉教育的优秀传统，继承和发展近代清廉教育，尤其是中国共产党在新民主主义革命时期清廉教育的经验，借鉴世界其他国家清廉教育的优秀成果，结合我国的实际和时代的要求，在社会主义革命和建设时期、改革开放和社会主义现代化建设新时期以及中国特色社会主义新时代的伟大实践中形成的，为提高干部、群众特别是青少年的清廉素质发挥了重要作用，助推党和国家各项事业不断地发展进步。

(一)现代清廉教育的目的

任何教育都是培养人的，我国现代清廉教育也不例外，关键是为谁培养人、培养什么人、如何培养人。我国现代清廉教育是社会主义性质的清廉教育，其发展方向和目的要同我国发展的现实目标和未来方向紧密联系在一起，“为人民服务，为中国共产党治国理政服务，为巩固和发展中国特色社会主义制度服务，为改革开放和社会主义现代化建设服务"[1],不断提升受教育者的清廉素质,培养德、智、体、美、劳全面发展的社会主义建设者和接班人,培养和造就担当民族复兴大任的时代新人。

(二)现代清廉教育的作用

我国现代清廉教育的作用主要包括以下几个方面:一是促进受教育者沿着正确的人生道路不断地发展进步;二是提升受教育者家庭的清廉素养与和谐水平,不断增加其家庭福祉;三是助推我国经济社会高质量发展和可持续发展,助力国家长治久安;四是促进"四个全面"战略布局的落实,促进中华民族伟大复兴的实现;五是促进人类和平与发展的崇高事业、推动构建人类命运共同体。

具体来说,我国现代清廉教育就是教育者通过开展一系列有目的、有计划的教育教学活动,使受教育者提高清廉意识、提升清廉认知、丰富清廉情感、坚定清廉信念、锤炼清廉意志、启迪清廉智慧、践行清廉实践、养成清廉习惯、形成清廉品质,从而培养造就大批具有崇高理想、家国情怀和清廉素质的党和人民需要的优秀人才,助力中国特色社会主义现代化强国和中华民族伟大复兴的实现,助推人类命运共同体的构建的实践活动。为此,通过加强清廉教育,可以促进"守正教育""底线教育""向善教育""免疫教育""祛病教育""启智教育""幸福教育"。

二、现代清廉教育的主要内容

(一)为人民服务

坚持全心全意为人民服务是我国现代清廉教育的核心内容。"我们的共产党和共产党所领导的八路军、新四军,是革命的队伍。我们这个队伍完全是为着解放人民的,是彻底地为人民的利益工作的。……因为我们是为人民服务的,所以,我们如果有缺点,就不怕别人批评指出。"[2]1944 年 9 月在纪念张思德同志的讲话中,毛泽东首次提出"为人民服务"的德育思想。随后在 1945 年《论联合政府》一文中毛泽东再次强调:"紧紧地和中国人民站在一起,全心全意地为中国人民服务,就是这个军队的唯一宗旨""全心全意地为人民服务,一刻也不脱离群众;一切从人民的利益出发,而不是从个人或小集团的利益出发;向人民负责和向党的领导机关负责的一致性;这些就是我们的出发点"。[3] 这是毛泽东对革命军人和革命工作者的要求,中国共产党第七次全国代表大会,将"全心全意为人民服务"这一精神写入党章,作为全党的行动指南。可见,中华人民共和国成立前,"为人民服务"已经成为共产党人的德育目标和清廉教育的核心内容。1954 年,"为人民服务"被写入新中国首部宪法,1982 年《中华人民共和国宪法》(以下简称《宪法》)再次确认党和国家机构要以"为人民服务"为根本宗旨。

---

① 习近平在全国高校思想政治工作会议上强调 把思想政治工作贯穿教育教学全过程 开创我国高等教育事业发展新局面[N]. 光明日报,2016-12-09(01).

② 毛泽东. 毛泽东选集(第三卷)[M]. 北京:人民出版社,1991:1003.

③ 毛泽东. 毛泽东选集(第三卷)[M]. 北京:人民出版社,1991:1039,1095.

始终坚持"为人民服务",是崇高的、科学的马克思主义人生观,回答了人为什么活着,如何活着才更有意义这个命题。"全心全意为人民服务"是我们党一切行动的根本出发点和落脚点,它保证清廉教育始终朝着正确方向发展,始终服务于社会主义革命和建设。改革开放以来,历代领导集体都将"为人民服务"作为执政理念的内核来加以倡导。邓小平强调"全心全意为人民服务",提出把"人民拥护不拥护""人民赞成不赞成""人民高兴不高兴""人民答应不答应"作为检验一切工作得失成败的标准,从而告诫党员领导干部必须全心全意为人民服务。江泽民提出"三个代表"重要思想,强调我们党要始终"代表中国最广大人民的根本利益"。胡锦涛阐述科学发展观时强调:"发展为了人民、发展依靠人民、发展成果由人民共享"。[①] 习近平把坚持以人民为中心作为治国理政始终如一的施政理念。2012 年 11 月,习近平庄严宣告:"人民对美好生活的向往,就是我们的奋斗目标"。[②]在学习《胡锦涛文选》座谈会上,习近平强调:"我们要坚持以人民为中心的发展思想,抓住人民最关心最直接最现实的利益问题,不断实现好、维护好、发展好最广大人民根本利益,努力使全体人民学有所教、劳有所得、病有所医、老有所养、住有所居。"[③]

(二)"五爱"

"五爱"教育是我国现代清廉教育的基础性内容。"五爱"是在长期的革命斗争和社会主义建设实践中形成、丰富并确定下来的,是建设具有中国特色的社会主义德育体系的重要组成部分,是全体公民必须共同遵循的五种基本道德规范的简称。1949 年,《中国人民政治协商会议共同纲领》第四十二条首次提出:提倡爱祖国、爱人民、爱劳动、爱科学、爱护公共财物为中华人民共和国全体国民的公德;1982 年《宪法》第二十四条提出:国家提倡爱祖国、爱人民、爱劳动、爱科学、爱社会主义的公德。为顺应国家建设和社会发展需要,"五爱"教育的内容也不断得以扩充。

"五爱"既是新社会德育的基本要求,也是社会主义清廉教育的前提基础。

第一,爱祖国。这是中华民族千百年爱国主义精神的传承和延续,在中国近代集中表现为"不甘屈服于帝国主义及其走狗的顽强的反抗精神"[④]。中华人民共和国成立后,掀起了全民建设社会主义国家的热潮,此时爱祖国又有了新的寓意,即增强民族自尊心和自信心,坚决抵制腐朽思想袭扰,清廉为人,全力以赴为新中国的建设和发展而奋斗。

第二,爱人民。对人民群众的爱体现在四个方面:一是倾听人民呼声,遇到涉民问题,要到群众中去倾听他们的意见和要求,多和群众商量,做出符合群众利益的决策。二是关爱人民,关心人民群众疾苦,心中时刻惦记并积极寻求为群众排忧解难的办法,让人民生活更幸福。三是虚心向人民学习,尊重人民群众的首创精神,帮助群众认识到自己的价值并发挥出来。四是对人民负责,一切工作得失的衡量标准就是人民群众满意与否,要勇于

① 十六大以来重要文献选编(下)[M]. 北京:中央文献出版社,2008:616.

② 习近平. 习近平谈治国理政[M]. 北京:外文出版社,2014:424.

③ 习近平. 在学习《胡锦涛文选》座谈会上的讲话[N]. 人民日报,2016-09-30(01).

④ 毛泽东. 毛泽东选集(第二卷)[M]. 北京:人民出版社,1991:632.

维护人民群众的利益，将对党忠诚和对人民群众负责统一起来。

第三，爱劳动。劳动是人类区别于其他物种的类本质，其对人类的形成起到决定性作用。古往今来，人类的智慧创造都来源于劳动之中。新中国的建设和发展，需要广大的劳动者发扬主人翁的精神，在劳动中积极主动地树立劳动光荣、懒惰可耻的意识，抓住国家发展的战略机遇期迎难而上，实现更大的跨越式发展。

第四，爱科学。科学技术是人类实践的结晶，是人类认识和改造客观世界的有力武器。科学技术推动了人类生产方式和生活方式的变革，科技创新是实现社会永续发展的不竭动力。随着社会的发展日新月异，人类对科学技术的需求也与日俱增。毛泽东将“爱科学”视作共产主义社会德育不可或缺的内容之一，中华人民共和国成立伊始就注重对科学技术人员的培养与保护，即使在国家发展困难时期仍然一如既往地重视科学技术人员。邓小平强调“科学技术是第一生产力”，掀起了尊重科学、崇尚知识的新风尚。

第五，爱社会主义。自古财物就有公私之分，社会主义国家财物的公是指国有和集体所有的一切财产，是全体人民共同的劳动成果，这是建设国家和保障人民生活水平的物质基础。爱护公共财物是爱祖国、爱集体、尊重劳动者的具体表现，培养自觉爱护公共财物的习惯，树立以爱护公共财物为荣、破坏公共财物为耻的道德操守。1982 年《宪法》将“爱护公共财物”进一步引申为“爱社会主义”，体现了国家性质对公民德育的决定性影响，同时，社会主义的国家性质也决定着公民德育建设的方向。在建设中国特色社会主义国家的新征途上，“爱社会主义”也是爱国主义具体的表现，两者在新时期的历史进程中是一致的。2001 年中共中央印发的《公民道德建设实施纲要》中明确“爱护公物”是社会公德之一，“爱社会主义”是“五爱”之一，也是公民道德基本要求之一。2019 年 10 月中共中央、国务院印发的《新时代公民道德建设实施纲要》进一步强调要“以爱祖国、爱人民、爱劳动、爱科学、爱社会主义为基本要求”。①

(三)“四有”

“四有”教育是我国现代清廉教育的方向性内容。“四有”即有理想、有道德、有文化、有纪律。它是培养社会主义新人思想的重要部分，邓小平明确提出“培养社会主义新人就是政治”②，这继承和发展了马克思主义关于人的全面发展以及培养社会主义新人的观点，适时提出了培养社会主义新人的“四有”内容。江泽民又进一步强调社会主义德育目标为培育德、智、体、美全面发展的“四有”新人。

第一，有理想。邓小平指出：“我们一定要经常教育我们的人民，尤其是我们的青年，要有理想。”③“要特别教育我们的下一代下两代，一定要树立共产主义的远大理想。一定不能让我们的青少年做资本主义腐朽思想的俘虏，那绝对不行。”④中国是中国共产党领导

---

① 中共中央，国务院．新时代公民道德建设实施纲要[N]．光明日报，2019-10-28(01).

② 邓小平．邓小平文选(第二卷)[M]．北京：人民出版社，1994：256.

③ 邓小平．邓小平文选(第三卷)[M]．北京：人民出版社，1993：110.

④ 邓小平．邓小平文选(第三卷)[M]．北京：人民出版社，1993：111.

的社会主义国家，以实现共产主义为最高理想和奋斗目标，而现阶段全国各族人民的共同理想就是建设中国特色社会主义，把我国建设成为富强、民主、文明、和谐、美丽的社会主义现代化强国。

第二，有道德。社会主义"新人"必须要有新的道德规范来调整人与人以及人与社会之间的行为。这种道德有两个层次：一是大公无私全心全意为人民服务的共产主义道德，这是对社会主义建设中的先进分子的要求；二是遵守社会主义社会公德和职业道德，这是对一般社会公众的要求。邓小平一贯倡导"全心全意为人民服务""大公无私""毫不利己，专门利人"的共产主义道德，强调要用共产主义道德要求共产党员的言行。因此，大力弘扬共产主义道德，对于提高全民族的道德水平，保证社会主义道德建设方向，推进社会主义现代化建设具有重要作用。①

第三，有文化。社会主义新人一定要具有再学习的能力，不断提高自身的科学知识储备和实践能力。邓小平将科学文化视为建设社会主义的必备条件，强调："没有专业知识，又不认真学习，尽管你抱了很大的热心建设社会主义，结果做不出应有的贡献，起不到应有的作用，甚至还起相反的作用。"②可见，我们要建设中国特色社会主义必须掌握科学文化，只有科学文化素质提高了，才能更好地为社会主义事业贡献更大的力量。

第四，有纪律。中国是礼仪之邦，自古就有"无规矩不成方圆"之说，在革命年代我们党的军队就以纪律严明著称，是革命成功的秘诀之一；在改革开放和社会主义现代化建设新时期，社会主义新人更应该讲纪律，步调一致，才能众志成城。邓小平指出："我们这么大一个国家，怎样才能团结起来，组织起来呢？一靠理想，二靠纪律。组织起来就有力量。没有理想，没有纪律，就会像旧中国那样一盘散沙，那我们的革命怎么能够成功？我们的建设怎么能够成功？"③

（四）"三个代表"重要思想

"三个代表"重要思想教育是我国现代清廉教育的导向性内容。中国共产党要始终"代表着中国先进生产力的发展要求，代表着中国先进文化的前进方向，代表着中国最广大人民的根本利益。"④这是以江泽民同志为主要代表的中国共产党人在研究新时期建设什么样的党、怎样建设党的问题时，总结历史经验后向世人发出的最强音：一是铸共识。明确作为一名共产党人的责任意识，不断强化党组织"两个先锋队"的性质，告诫广大党员同志做到"三个代表"是我们党长期执政的群众基础，同时也是立党之本、力量之源。在全党范围内形成理论共识、认知共识、行为共识，进而合力共建美好家园。二是严要求。就是对广大党员同志加强管理，严明纪律，从严治党。不断健全党内民主制度，严肃党员作风建设，加强党员组织生活，提倡先锋模范作用，同时对以权谋私、贪污腐败、违纪违法的

---

① 罗炽，等．中国德育思想史纲[M]．武汉：湖北教育出版社，2003：885.

② 邓小平．邓小平文选(第二卷)[M]．北京：人民出版社，1994：264.

③ 邓小平．邓小平文选(第三卷)[M]．北京：人民出版社，1993：111.

④ 江泽民．江泽民文选(第三卷)[M]．北京：人民出版社，2006：2.

党员领导干部采用雷霆手段，发现一起，查处一起，坚决铲除损害人民利益的害群之马。三是强监督。加强党内监督、政府监督、司法监督之余，引入舆论监督和群众监督形式，发动群众参与到维护清廉、揭发贪腐渎职的行动中来，在全社会对贪腐渎职的行为筑成威慑态势，形成“过街老鼠，人人喊打”的局面。

（五）社会主义荣辱观

社会主义荣辱观教育是我国现代清廉教育的引领性内容。社会主义荣辱观是以胡锦涛同志为主要代表的共产党人用浅显易懂的形式对广大群众行为方式的一种引导，目的就是号召广大党员干部和人民群众树立正确的荣辱意识，自觉践行社会主义核心价值观，进而为构筑社会主义核心价值体系打下坚实的群众基础。“坚持以热爱祖国为荣、以危害祖国为耻，以服务人民为荣、以背离人民为耻，以崇尚科学为荣、以愚昧无知为耻，以辛勤劳动为荣、以好逸恶劳为耻，以团结互助为荣、以损人利己为耻，以诚实守信为荣、以见利忘义为耻，以遵纪守法为荣、以违法乱纪为耻，以艰苦奋斗为荣、以骄奢淫逸为耻。”[①]加强以社会主义荣辱观为主要内容的社会主义荣辱观教育，对树立社会正气、消除歪风邪气，帮助人们明是非、辨善恶、知美丑起到了引领作用。

（六）纠“四风”

纠“四风”丰富了我国现代清廉教育的实践性内容。“四风”即形式主义、官僚主义、享乐主义和奢靡之风。党的十八大伊始，以习近平同志为核心的党中央抓住作风建设这条主线，持之以恒纠正“四风”，党风政风为之一新。“四风”主要存在于党员领导干部的作风方面：形式主义之风主要体现为工作不务实，花拳绣腿摆空架子，阳奉阴违、欺上瞒下，做表面文章多、真抓实干少；官僚主义之风主要体现为对群众关心、关切的事情不关注不作为，对维护群众的利益不热心，脱离群众、高高在上，脱离实际、瞎指挥；享乐主义之风主要体现为利己主义思想作祟，及时行乐变成其生活的主旋律，精神懈怠、不思进取，讲究排场、玩风盛行，追名逐利、贪图享受；奢靡之风主要体现为攀富比阔，生活堕落，铺张浪费，严重滋生权贵思想。纠“四风”的目的在于“纠”，而自上而下的自查自纠无疑是最好的开端。实现中华民族伟大复兴的中国梦，必须把我们党建设好。党风廉政建设和反腐败斗争，是党的建设的重大任务。为政清廉才能取信于民，秉公用权才能赢得人心。为此，在全党开展了一场声势浩大的纠“四风”实践活动，中央陆续出台了一系列纠“四风”的组合拳：中央出台“八项规定”，要求转作风、简会风、改文风，轻车简从，厉行勤俭节约等；中央军委颁布“禁酒令”严肃军纪，从严治军；加强对“裸官”的监管力度；建立“廉洁政府”，停建一切政府性楼堂馆所设施；各级纪检机关不断加大巡视巡察工作力度；构建集中统一、权威高效的监察体系，实现对所有公职人员监察全覆盖；在中纪委内部实行“清卡”行动，坚持“打铁必须自身硬”等。

---

① 胡锦涛．胡锦涛文选（第二卷）[M]．北京：人民出版社，2016：430.

（七）学“四史”

党史学习教育丰富了我国现代清廉教育的信仰性内容。学“四史”是指学习党史、新中国史、改革开放史、社会主义发展史，要以学习党的历史为重点。开展党史学习教育，是坚定信仰信念，在新时代坚持和发展中国特色社会主义的必然要求。习近平指出：“中国革命历史是最好的营养剂，重温这部伟大历史能够受到党的初心使命、性质宗旨、理想信念的生动教育，必须铭记光辉历史、传承红色基因。”“信仰信念任何时候都至关重要。对共产主义的信仰，对中国特色社会主义的信念，是共产党人的政治灵魂，是共产党人经受住任何考验的精神支柱。在新时代，坚定信仰信念，最重要的就是要坚定中国特色社会主义道路自信、理论自信、制度自信、文化自信。党的百年奋斗历程和伟大成就是我们增强‘四个自信’最坚实的基础”。[①] 通过开展党史学习教育，达到学史明理、学史增信、学史崇德、学史力行，做到学党史、悟思想、办实事、开新局。

在全党开展党史学习教育，增强了用党的创新理论武装头脑的政治自觉性，增强了推动党和国家事业发展的历史主动性，深化了对党的性质宗旨的认识，提高了应对风险挑战的能力水平，进一步弘扬了艰苦奋斗的精神，进一步增强了党的团结和集中统一领导，助力全党和全国各族人民开启新征程，建功新时代。

三、现代清廉教育的主要原则和主要方法

（一）现代清廉教育的主要原则

中国共产党成立伊始就秉承马克思主义世界观和方法论，强调以为人民服务为核心的德育理念，清廉教育的主要原则也要围绕和坚持这个德育核心。从中华人民共和国成立至今，我国现代清廉教育的原则主要有以下几点。

第一，集体主义原则。集体主义是我们构筑社会主义和共产主义道德的基本原则，是用来调节公私利益的尺度，加强集体主义的教育就是要协调好国家、集体和个人三者之间的关系。毛泽东提出集体主义原则，并多次强调其在党和国家建设发展中的重要性。他说：“共产党员无论何时何地都不应把个人利益放在第一位，而应以个人利益服从民族和人民群众的利益。”[②]邓小平也指出：“在社会主义制度之下，个人利益要服从集体利益，局部利益要服从整体利益……我们提倡和实行这些原则，绝不是说可以不注意个人利益，不注意局部利益，不注意暂时利益，而是因为在社会主义制度之下，归根结底，个人利益和集体利益是统一的，局部利益和整体利益是统一的，暂时利益和长远利益是统一的。我们必须按照统筹兼顾的原则来调节各种利益的相互关系。”[③]可见，社会主义中国必须倡导集体主义原则，这是指导人们面对利益取舍时的行动指南。

第二，理论与实践相结合原则。此原则来自马克思主义的基本原则“理论联系实际”，

---

① 习近平．在党史学习教育动员大会上的讲话[J]．党建，2021(4)：4，6.

② 毛泽东．毛泽东选集(第二卷)[M]．北京：人民出版社，1991：534.

③ 邓小平．邓小平文选(第二卷)[M]．北京：人民出版社，1994：175.

它是贯穿马克思主义中国化的理论精髓，就是坚持把马克思主义基本原理同中国的具体实际相结合。我们坚持理论与实践相结合原则必须从两个方面做好工作：一方面抓紧理论的学习和研究，吃透精神，更好地指导革命和建设工作；另一方面开展工作必须脚踏实地，实事求是，善于总结提炼实践经验并上升到理论，用于指导新的实践并在实践中检验和发展理论。

第三，发扬民主与正确指导相结合的原则。民主集中制由列宁提出，并作为俄共的组织原则，围绕这一原则，俄共先后构建了一系列配套的制度和程序。毛泽东创造性地将民主集中制原则引入社会主义德育之中，在开展社会主义德育工作时，要坚持民主的原则，充分发扬人民群众的集体智慧，尊重人民群众的民主权利，坚持民主作风，使用民主方法。党员干部以平等的心态与人民群众进行交流，积极听取群众反映的新情况，及时开展批评和自我批评。同时，在德育工作开展的全过程进行积极、正确的指导，在发扬民主的基础上，适时指导，从而有效地开展德育工作。

第四，精神鼓励与物质鼓励相结合的原则。辩证唯物主义认为：物质决定意识，意识可以能动地反作用于物质。精神鼓励和物质鼓励相结合符合此理。邓小平指出："革命精神是非常宝贵的，没有革命精神就没有革命行动。但是，革命是在物质利益的基础上产生的，如果只讲牺牲精神，不讲物质利益，那就是唯心论。"①必须始终坚持辩证唯物主义并运用到中国社会主义建设的实践中去。同时，邓小平强调："我们实行精神鼓励为主，物质鼓励为辅的方针，颁发奖牌、奖状是精神鼓励，是一种政治上的荣誉，这是必要的。但物质鼓励也不能缺少。"②因此，坚持精神鼓励与物质鼓励相结合，是社会主义建设过程中应当坚持的德育原则之一。

第五，解决思想问题与解决实际问题相结合的原则。我国正在经历的经济建设具有跨越性的发展特性，广大人民群众在建设社会主义的过程中会遇到许多新问题，既有思想认识上的问题，也有涉及自身利益的问题，多数时候两者可能交叉产生。这就要求我们的德育工作要深入实际，通过调查研究了解群众的思想动态，并结合实际问题，有针对性地提出解决的方案。必须杜绝浮躁的工作态度，如果不能及时地解决群众在生产、工作、学习及生活中遇到的各种问题，我们的德育工作就无从开展。

第六，言教与身教相结合的原则。教育工作重在示范，尤其是德育工作。言教是靠说，通过讲道理去启发受众，提高其认识能力和道德水平；身教是靠做，通过身体力行的示范去影响受众，坚定其严格要求自己的决心。邓小平强调："群众对干部总是要听其言，观其行的。"③在清廉教育中，广大党员和教育工作者更要坚守自己做人的底线，以身作则、遵纪守法，做到言教与身教相结合。这样才有资格率领人民群众建设社会主义，实现共同富裕，才能得到人民群众的信任和拥护。

---

① 邓小平．邓小平文选(第三卷)[M]．北京：人民出版社，1993：47.

② 邓小平．邓小平文选(第二卷)[M]．北京：人民出版社，1994：27.

③ 邓小平．邓小平文选(第二卷)[M]．北京：人民出版社，1994：127.

第七，德治与法治相结合的原则。“以德治国”是在我国建设社会主义法治国家的进程中，于21世纪初由江泽民提出来的，其目的是促进德治与法治的相互结合，更好推进我国法治建设的进程，提升社会道德水平。德治与法治相结合的理论和实践不断丰富和发展。“德”是社会主义道德、中国革命道德和中华民族传统美德的结合体。“法”是指中国特色社会主义法治体系。习近平指出：“法律是成文的道德，道德是内心的法律。”①法安天下，德润人心。德治与法治相互补充、相互促进、相得益彰。

（二）现代清廉教育的主要方法

第一，开展运动，集中教育。新中国成立后，党和政府通过一系列运动来打击贪腐和不法行径，营造风清气正的社会环境。1951—1952年期间，党和政府分别在党政机关和私营工商界开展了“三反”（反对贪污、反对浪费、反对官僚主义）和“五反”（反对行贿、反对偷税漏税、反对盗骗国家财产、反对偷工减料、反对盗窃国家经济情报）运动。其中，影响最大的就是大贪污犯刘青山、张子善被处决。“三反”运动对清正廉明的党风政风和健康的社会风气的形成起了很大作用。“五反”运动有力打击了不法资本家严重的“五毒”行为，为后来用和平方式逐步改造资本主义工商业创造了有利条件。

开展集中教育是我们党进行自我革命、永葆清廉为民本色的有效方法。改革开放以来，我们党开展了整党、“三讲”教育、保持共产党员先进性教育活动、深入学习实践科学发展观活动、创先争优活动等。党的十八大以来，从党的群众路线教育实践活动到“三严三实”专题教育，从“两学一做”学习教育到“不忘初心、牢记使命”主题教育，从党史学习教育到学习贯彻习近平新时代中国特色社会主义思想主题教育，在一次次集中教育中，党的自我净化、自我完善、自我革新、自我提高能力不断增强，党和国家的政治生态不断优化，清廉为民务实的好作风不断助推社会发展和民生改善。

第二，讨论说服，批评教育。从延安整风运动开始，摆事实、讲道理，民主讨论、以理服人就成为我们党开展清廉教育工作的方法之一。用“团结——批评——团结”的教育方式，达到统一思想、团结同志的目的。毛泽东提出“惩前毖后，治病救人”的方针，其目的是达到既要弄清思想又要团结同志。对待犯错误的同志，要采取慎重的态度，做到既不含糊敷衍，又不伤害同志，实行惩戒与教育相结合。习近平就如何正确对待批评和自我批评提出明确要求：“对自己的缺点错误，要敢于正视、主动改正。对别人的缺点错误，要敢于指出、帮助改进。对同志的提醒批评，要闻过则喜、虚心接受。自我批评要一日三省，相互批评要随时随地，不要等小毛病发展成大问题再提。批评要出于公心、态度诚恳、讲究方法，要实事求是、分清是非、辨别真假，切忌从个人恩怨、得失、利害、亲疏出发看事待人。”②

第三，培育典型，树立榜样。先进典型和榜样的力量是无穷的。加强清廉教育尤其需要广泛宣传和学习先进模范人物，如雷锋、焦裕禄、王进喜、史来贺、钱学森、郭明义、袁隆

① 习近平．论坚持全面依法治国[M]北京：中央文献出版社，2020：165.

② 习近平．在第十八届中央纪律检查委员会第六次全体会议上的讲话（2016年1月12日）[M]．北京：人民出版社，2016：26-27.

平、钟南山、黄文秀等，这些先进人物的事迹体现了时代的精神风貌。对人民群众来说，他们的先进事迹非常真实、直观，具有强大的说服力和感召力。先进典型和榜样是社会道德的标杆、清正廉明的表率。学习和表彰先进典型和榜样能够正确引导大众舆论、引领社会风尚，帮助受教育者培养志气、正气、骨气、底气和豪气。

第四，加强教育，厉行法治。自中华人民共和国成立以来，党和国家高度重视思想教育和法治建设，为清廉教育创造了良好条件，推进了清廉教育不断健康发展。强化理论武装，坚定信仰、信念、信心，夯实清廉思想根基，不断增强政治定力和抵腐定力，筑牢拒腐防变思想防线。用革命文化淬炼公而忘私、甘于奉献的高尚品格，用社会主义先进文化培育为政清廉、秉公用权的文化土壤，用中华优秀传统文化涵养克己奉公、清廉自守的精神境界。中国共产党自成立之日起，就领导人民不断追求法治、探索法治、建设法治、厉行法治。中华人民共和国成立后，我国法治建设更是取得重大成就，为实现干部清正、政府清廉、政治清明提供了有力的法治保障。党的十八大以来，以习近平法治思想为指引，以建设中国特色社会主义法治体系、建设社会主义法治国家为总目标，深入推进全面依法治国，坚持依法治国、依法执政、依法行政共同推进，坚持法治国家、法治政府、法治社会一体建设，谱写出中国法治建设史乃至世界法治文明发展史上新华章，助力风清气正、海晏河清、民族复兴。

第五，惩防并举，标本兼治。全面从严治党是新时代党的自我革命的伟大实践，为进一步推进清廉教育创造了良好条件。党的十八大以来，全面从严治党取得了历史性、开创性成就，产生了全方位、深层次影响。以下“十个坚持”是全面从严治党取得历史性、开创性成就的主要经验，即坚持党中央集中统一领导，坚持党要管党、全面从严治党，坚持以党的政治建设为统领，坚持把思想建设作为党的基础性建设，坚持落实中央八项规定精神、以严明纪律整饬作风，坚持以雷霆之势反腐惩恶，坚持增强党组织政治功能和组织力凝聚力，坚持构建自我净化、自我完善、自我革新、自我提高的制度规范体系，坚持抓住“关键少数”以上率下，坚持完善党和国家监督制度，形成全面覆盖、常态长效的监督合力。

【解疑释惑】

为什么改革开放以来贪腐奢靡之风屡禁不止，甚至在一定时期、一定范围、一定程度上呈现出前“腐”后继、愈演愈烈以致塌方式的趋势？

腐败，自有人类文明史以来就一直存在，古今中外，概莫能外，只不过有时轻有时重。任何公权力都面临被腐蚀的危险，执政党永远会面对与腐败的斗争。[①]

改革开放以来贪腐奢靡之风屡禁不止，甚至在一定时期、一定范围、一定程度上腐败呈现出前“腐”后继、愈演愈烈以致塌方式的趋势，这绝不是危言耸听，而是事实。例如，周永康、薄熙来、郭伯雄、徐才厚、孙政才、令计划等数百只“大老虎”严重违纪、违法、犯罪的

① 十八届中央纪律检查委员会．向中国共产党第十九次全国代表大会的工作报告[N]．人民日报，2017-10-30(01)．

事实触目惊心，山西省系统性、塌方式腐败问题令人震惊，湖南衡阳破坏选举案、四川南充拉票贿选案、辽宁省系统性拉票贿选案震动全国（三大案件共查处 1 899 人）。减少腐败存量、遏制腐败增量的任务依然艰巨。

习近平指出："党风廉政建设和反腐败斗争形势依然严峻复杂。从党的十八大以来查处的中管干部违纪违法案件看，腐败分子往往集政治蜕变、经济贪婪、生活腐化、作风专横于一身。当前，腐败问题依然存在。有的仍心存侥幸，搞迂回战术，卖官帽、批土地、抢项目、收红包，变着花样收钱敛财，动辄几百万、几千万甚至数以亿计。"[①]他还指出："我们必须清醒认识到，腐败和反腐败较量还在激烈进行，并呈现出一些新的阶段性特征，防范形形色色的利益集团成伙作势、'围猎'腐蚀还任重道远，有效应对腐败手段隐形变异、翻新升级还任重道远，彻底铲除腐败滋生土壤、实现海晏河清还任重道远，清理系统性腐败、化解风险隐患还任重道远。"[②]

贪腐奢靡之风屡禁不止的原因比较复杂，既有内因的作用，也有外因的影响；既有历史原因，也有现实因素的影响；既有国内自身的原因，也有国际因素的影响。归纳起来，主要有以下几个方面的原因：

第一，理想信念丧失，宗旨意识丢弃。物必先腐，而后虫生。唯物辩证法认为，在事物发展的过程中，外因是变化的条件，内因是变化的根据，外因通过内因而起作用。一些党员干部走上贪腐道路，首先是从放松主观世界的改造、放松个人品德的修养、缺少精神之"钙"开始的，表现为放弃马克思主义信仰、共产主义理想和为人民服务的宗旨，世界观、人生观、价值观扭曲，金钱观、权力观、地位观、义利观、生活观变形，精神颓废、脱离群众，私欲膨胀、见利忘义，目无法纪、胆大妄为。一些人思想滑坡、蜕化变质，拒腐防变的思想防线崩溃，这是滑向腐败泥潭的内在原因。

第二，环境复杂严峻，考验长期存在。我们党作为执政党，长期执政面临的环境是极其复杂和严峻的，需要经受的各种考验也是无时不有、无处不在。例如，封建主义、资本主义等剥削阶级腐朽思想和文化的渗透与侵蚀；市场经济条件下，等价交换原则超越经济生活界限而在政治生活、社会生活等领域被滥用，造成等价交换原则的泛化，催生了权钱交易、权色交易、权权交易等腐败行为；国内外各种反动和邪恶势力相互勾结，联合实施"和平演变"战略，运用互联网等各种手段，腐蚀、拉拢、收买党员干部、公职人员中意志薄弱分子。可以预料和难以预料的风险挑战将长期存在。

第三，法治不健全，制度执行不力。邓小平强调："制度好可以使坏人无法任意横行，制度不好可以使好人无法充分做好事，甚至会走向反面。"[③]习近平指出："产生腐败问题的

---

① 习近平．在第十八届中央纪律检查委员会第六次全体会议上的讲话[N]．人民日报，2016-05-03(02)．

② 习近平．在十九届中央纪委六次全会上的重要讲话[N]．光明日报，2022-01-19(01)．

③ 邓小平．邓小平文选(第二卷)[M]．北京：人民出版社，1994：333．

一个重要原因，是一些体制机制存在漏洞，必须坚持以改革思路推进工作，加强制度创新。”[①]此外，法治意识不强、以权压法、以言代法、徇私枉法以及有法不依、执法不严等问题在一定范围、一定程度上仍然存在。这是贪腐奢靡之风屡禁不止的一个重要原因。

第四，权力制约不够，监督问责乏力。不受制约的权力，必然产生腐败。在现实生活中，一些人有权就任性，恣意妄为、以权谋私，其中一个重要原因就是缺乏对权力的有效制约和监督，尤其是对“一把手”掌握的权力缺乏有效制约和监督。一旦出现违纪问题，有的没有依规依纪及时问责、追责，搞无原则的一团和气、下不为例，从而使一些人由小错不改到有恃无恐，最终酿成大错以致违法犯罪。

第五，精准惩治滞后，利益固化仍存。一些“大老虎”潜藏在党和国家机关多年才被发现、清除、追究，这些人在仕途上曾多次被带“病”提拔，严重污染和败坏了政治生态。如果对“老虎”“苍蝇”不能及时精准识别、依法精准打击，就会助长腐败分子的嚣张气焰，就会出现劣官驱逐良官，就会出现腐败蔓延、窝案、串案不断，甚至发生大面积塌方式腐败。不敢腐的震慑力度弱一寸，腐败就会进一尺。此外，“政治腐败和经济腐败相互交织形成利益集团，严重危害党和国家政治安全。”[②]一些人在走向政治蜕变、经济贪婪、生活腐化、作风专横的过程中，与不法商人、黑恶势力相互勾结、沆瀣一气、狼狈为奸，形成横跨经济、政治和社会领域的利益集团和恶势力，这种利益集团和恶势力依靠贪官的权力、不法奸商的财力、黑恶势力的暴力、腐朽文化的腐蚀力的杂交融合，对国家和人民利益具有极大的破坏力，对党和国家有机体的侵害就像癌细胞一样具有极强的扩散力和毁伤力。

总之，贪腐奢靡之风屡禁不止的原因虽然复杂，但不想腐的自觉、不能腐的制度、不敢腐的震慑仍存在不足是最主要原因。

令人高兴的是，党的十八大以来，在以习近平同志为核心的党中央坚强领导下，我们党着眼于新的形势任务，把全面从严治党纳入“四个全面”战略布局，把党风廉政建设和反腐败斗争作为全面从严治党的重要内容，正风肃纪，反腐惩恶，着力构建不敢腐、不能腐、不想腐的体制机制，党风廉政建设和反腐败斗争取得新的重大成效。[③] 习近平反复告诫全党，腐败对党的执政基础破坏力最大，杀伤力也最大，最容易颠覆政权的就是腐败，腐败是党面临的最大威胁，反腐败斗争是一场输不起也决不能输的重大政治斗争，必须决战决胜。“民心是最大的政治，人民群众最痛恨腐败，不得罪成百上千的腐败分子，就要得罪14亿人民，这是一笔再明白不过的政治账、人心向背账，必须坚持以正风肃纪反腐凝聚党

---

① 习近平．在第十八届中央纪律检查委员会第五次全体会议上的讲话(2015年1月13日)[N]．人民日报，2015-01-14(01)．

② 十八届中央纪律检查委员会．向中国共产党第十九次全国代表大会的工作报告[N]．人民日报，2017-10-30(01)．

③ 十八届中央纪律检查委员会．向中国共产党第十九次全国代表大会的工作报告[N]．人民日报，2017-10-30(01)．

心军心民心，厚植党执政的政治基础。”①

党的十八大以来，用霹雳手段、零容忍的态度坚定不移惩治腐败，“老虎”“苍蝇”一起打，“全国纪检监察机关共立案464.8万余件。其中，立案审查调查中管干部553人，处分厅局级干部2.5万多人、县处级干部18.2万多人。查处涉及教育医疗、养老社保、执法司法等民生领域的腐败和作风问题65万多件。”②国家统计局民意调查显示，群众对全面从严治党、党风廉政建设和反腐败工作成效的满意度为97.4%。这再次印证党风廉政建设和反腐败斗争顺党心、合民意，有着广泛和坚实的政治基础和群众基础。只要我们管党治党不放松、正风肃纪不停步、反腐惩恶不手软，就一定能赢得这场输不起也决不能输的斗争！③

经过坚决斗争，全面从严治党的政治引领和政治保障作用充分发挥，党的自我净化、自我完善、自我革新、自我提高能力显著增强，管党治党宽松软状况得到根本扭转，反腐败斗争取得压倒性胜利并全面巩固，消除了党、国家、军队内部存在的严重隐患，党在革命性锻造中更加坚强。④

纵观人类政治发展史、政党发展史，能够像中国共产党这样，始终坚定地站在最广大人民的立场上，以壮士断腕的决心和勇气进行自我革命，依规依法坚决铲除生长在党和国家有机体中的腐败毒瘤，规模之广、力度之大、速度之快、人民满意度之高，史无前例。在致力于全面从严治党的伟大实践中，中国共产党探索出依靠党的自我革命跳出历史周期率的成功路径。在反腐败的伟大斗争中，“我们走出了一条依靠中国共产党领导反对腐败、依靠社会主义法治严惩腐败、依靠社会主义制度优势治理腐败的中国道路”。⑤ 这充分彰显了中国共产党是真正为人民谋幸福、为民族谋复兴的马克思主义执政党，中国特色社会主义制度具有无可比拟的优越性和强大生命力。

【案例分析】

毫无戒惧“杰出青年”赴末途⑥

简纯林在很多人眼中是幸运的。他从基层干部成长为海南省供销合作联社党委书记、理事会主任，属于正厅级。他聪明干练、年轻有为，家人、朋友皆以他为荣。他还曾经获得过第八届中国十大杰出青年、海南省十大杰出青年等荣誉。

这位昔日的“杰出青年”，因为胆大妄为、目无法纪，使自己从一个深受组织信任的党

---

① 习近平．反腐败斗争是党自我革命必须长期抓好的重大政治任务（2021年1月22日）[G]//中共中央党史和文献研究院．十九大以来重要文献选编（下）．北京：中央文献出版社，2023：98.

② 新华网．党的二十大新闻中心举行第二场记者招待会介绍坚定不移全面从严治党有关情况[EB/OL].（2022-10-18）[2023-03-26]. http://cpc.people.com.cn/20th/n1/2022/1018/c448334-32546923.html.

③ 十八届中央纪律检查委员会．向中国共产党第十九次全国代表大会的工作报告[N]. 人民日报，2017-10-30(01).

④ 中共中央．关于党的百年奋斗重大成就和历史经验的决议[N]. 人民日报，2021-11-17(01).

⑤ 肖培．自我革命是我们党百年奋斗锤炼出的最鲜明品格[EB/OL].（2021-06-28）[2023-03-26]. https://www.ccdi.gov.cn/specialn/jdybzn/yaowenjdybn/202106/t20210628_148609.html.

⑥ 申晚香，张璐，谭龙圆．毫无戒惧，“杰出青年”赴末途——海南省供销合作联社原党委书记、理事会主任简纯林严重违纪问题剖析[N]. 中国纪检监察报，2018-01-03(7).

员领导干部，蜕变成为一个违纪违法的反面典型。

一、负隅顽抗，对抗组织调查

当执纪人员把他带往办案点的时候，他依然气焰嚣张：你们这样做，你们领导知道吗？然后，他就开始了自己的“表演”：装病，伪造证据、串供并指使他人翻供。他总是自作聪明，以为能瞒天过海，其实他的违纪问题就是从他向组织提供虚假情况暴露出来的。

2016年5月，省委巡视组在核实省供销社违规发放奖金的问题时，简纯林为了隐瞒真相，授意省供销社财务审计处副处长陈某某起草了虚假说明，并提交给省委巡视组，称省供销社不存在任何违规发放津补贴的情况，意图欺骗、干扰巡视组的工作。

2017年3月，简纯林在得知省纪委在核查其违纪问题后，立即找到涉案的老板许某，要求其按照自己的口径把一笔300万元的贿款说成是正常的借贷。

假的真不了，正是简纯林的做贼心虚，充分暴露了他的违纪事实。

二、自作聪明，大搞权钱交易

简纯林除了违规发放奖金外，还违规公款吃喝、购送购物卡，违规报销应由个人承担的餐费……他利用手中的权力指挥供销社的财务人员安排下属几家单位拆分报销，甚至明目张胆地将白酒、洋酒等项目直接入账。偶尔有下属企业的会计对此提出质疑时，身后有简纯林撑腰的财务总监便呵斥说：“没有简主任，你会有这个钱吗？钱是简主任给的，让你怎么报就怎么报！”

2007年下半年，简纯林要求省供销社超标准购买一辆价值约45万元的越野车作为自己的公务用车，为规避车价超标不能纳入公车编制的问题，将车价拆分为3张发票报销。后因群众举报，简纯林便指使他人以虚假出让的方式将该车登记在一公司名下。该车继续由他使用到2009年。

会计出身的简纯林懂经济、擅财务，但作为一把手的他，并没有把所学知识运用到企业经营和干事创业上，反而把心思放在了隐蔽谋财上。2002—2015年期间，简纯林先后利用职务便利，为老板陆某在承揽工程及拆借2 000万元流动资金等方面提供帮助。陆某多次向简纯林赠送财物，共计320万元。为规避风险，其中250万元，简纯林要求以陆某的名义办理了房产认购手续，但实际购买人为简纯林。

2011年，“老朋友”郑某找到简纯林，让其帮忙推动股权转让，将省供销社与该公司合资成立的海南省农资公司的60%股份转给第三方。简纯林帮郑某促成此事之后，郑某便以“投资款”的名义，送给简纯林300万元。为了掩人耳目，简纯林又将钱款改为“借贷合同”，并伪造虚假的还息凭证。

三、无心学习，忙于培植羽翼营销自己

简纯林深耕省供销社近十年，在此期间，他不断培养自己的亲信，扩大势力范围。财务总监是他从别的部门调过来的，一些核心岗位上全是他安排的“自己人”。这样，他就越发能一手遮天、独断专行。“小圈子”里的人为了报答他的“提拔重用”，便“投桃报李”，只要是他的“招呼”，无不“绿灯放行”，这更加助长了他的嚣张气焰。

简纯林经常和一些老板称兄道弟、勾肩搭背，受人蛊惑，往往将一些不靠谱的项目拿到会上与领导班子谈论，并大肆宣扬这些项目未来的前景多么可观。在省供销社，民主集中制形同虚设。在会议决策时，偶尔有人提出反对意见，简纯林便撂下狠话："如果谁不同意，就离开！"久而久之，也就没人敢反对了。

经他拍板投资的项目，有的钱投出去便不了了之了，有的则变成债务纠纷，至今仍在打官司。曾与其共事的一名干部坦言："只要简纯林插手的项目，最后都得亏损，给供销社造成了巨大的损失。"

他不再学习研究业务，做什么都是随心所欲。对单位组织的学习活动，仅做表面功夫，或以自己有事、忙为借口缺席。对中央的政策、要求更是一问三不知。平常，工作人员也很难在办公室看到他，因为比起政治学习、经营企业，简纯林更热衷于到上级领导面前"营销"自己，大讲特讲自己的"成绩"，把自己打扮成"改革家"。但经他"改革"后的省供销社，实际上亏损连连。

经查，简纯林严重违反政治纪律、中央八项规定精神、廉洁纪律，且在党的十八大后仍不收敛、不收手，性质恶劣、情节严重。2017 年 7 月 24 日，简纯林被开除党籍、开除公职，其涉嫌犯罪问题及线索移送司法机关依法处理。

分析

简纯林出生于农村家庭，小时候家里很困难，生活很艰苦，凭着刻苦、努力的精神，他在工作中做出了成绩，得到组织的信任并逐步升职为厅级干部。职位高了，权力大了，他本应该更加严格自律、清廉为民、率先垂范。然而，因放弃政治学习和思想改造，在金钱、利益诱惑面前，简纯林利用党和人民给的权力收取钱财、谋取私利，走上违纪违法的道路。正如其在"忏悔书"中所言："见钱眼开，为企业办事，人家给钱就要，毫无顾忌，把党纪国法放在脑后，忘记了党规、党纪，忘记了一个共产党员的责任，忘记了当时的入党宣誓，忘记了组织多年的培养，辜负了组织和领导的栽培，辜负了组织和领导的希望。"因毫无戒惧，昔日的"杰出青年"，终赴末途，教训十分深刻！

【拓展阅读】

沈浩精神：一面高高飘扬的旗帜①

2014 年 4 月 16 日，《光明日报》刊发了一篇介绍共产党员沈浩先进事迹的文章，内容如下：

作为安徽省财政厅的选派干部，39 岁的沈浩来到小岗村这片厚重的土地，担任村党支部第一书记。他用一腔热血激活了小岗村一潭春水，直至 2009 年 11 月 6 日，疲倦的沈浩

① 赵达，李陈续．沈浩精神：一面高高飘扬的旗帜[N]．光明日报，2014-4-16(04)．

睡下后再没有醒来……

斯人已逝，但沈浩精神却在江淮大地上树起了一面新的旗帜。

勇于探索、艰苦奋斗的求实作风
“这个书记是来干实事的！”

2004年2月，沈浩带着组织的重托踏上了小岗村的土地。

“身”入基层、“心”入百姓。上任伊始，沈浩就开始起早贪黑、挨家逐户地耐心访谈……30多个日夜，将全村100多户人家门头“数”了两遍，对小岗村的实际情况更是了然于胸。

小岗村究竟该如何发展，怎样才能尽快走向共同富裕？沈浩以所学专长，结合小岗村实际，与村两委一班人确立了“三步走”的发展规划，调整产业结构，发展现代农业；加快设施建设，发展旅游业；跳出小岗村求发展，着力办好工业园。

改造村里“友谊大道”东头的一条泥巴路，成为沈浩上任后的第一把火。沈浩没有采取招投标的形式，而是将全村男女老少组织起来，按劳取酬。这是为了省钱，更是为了唤起每位村民对小岗村事业的参与感。

沈浩一有时间就到工地上扛水泥、拌砂浆，什么活都干。不久，这条水泥路高质量完成，还节余了一半的资金。“这个书记是来干实事的！”村民们竖起大拇指。

心系群众、服务人民的公仆情怀
“这样的好干部，谁能不拥护？”

任职6年间，沈浩时刻关心、牵挂着小岗村村民。

为方便村民随时进来，他的房间从不上锁。2008年3月，小岗村与石马、严岗三村合并，找他的人更多了。

“有困难，找沈浩”，这是小岗村村民的口头禅。沈浩坚持群众利益高于一切，村民谁家有困难，他都会想方设法去解决。

2005年，一个大雨滂沱的夜晚，早已躺下的沈浩，不放心住在危房中的村民徐庆山，撑着雨伞冲进大雨中。由于泥路湿滑，他的鞋子掉了，就干脆打赤脚来到徐庆山家，直到为徐庆山安排好住处睡下，才一手撑着雨伞一手拎着鞋子离开。

大包干带头人关友章的遗孀毛凤英家境贫寒、常年生病，沈浩在入户走访中发现后，立即把她送到医院，跟院长说：“尽管给她治病，出院了我来结账！”

村民们感慨地说：“沈书记处处为小岗村着想，这样的好干部，谁能不拥护？”

艰苦朴素、廉洁奉公的道德情操
“我爱你爸爸，别做贪官。”

新落成的沈浩同志先进事迹陈列馆，参观的人络绎不绝。

一张照片引得诸多观众驻足深思。这是沈浩到小岗村任职后，女儿沈王一送他的一张个人照，女儿特意在照片背面留下几行稚嫩的文字：“我爱你爸爸，祝你身体健康，万事如意，还有，别做贪官。”

任职期间，沈浩清正廉洁，一心为公，始终以共产党员的标准严格要求自己。

6 年中，沈浩为小岗村村民都翻建了新房，而他始终租住在村头一间不足 20 平方米的小屋里。

2008 年春节，沈浩一家三口回老家过年。除夕晚上，兄弟几家在一起吃团圆饭。饭桌上，一个侄子问："小叔，听说明年你们要上不少大项目，能不能介绍点工程给我做做。"沈浩听了，把筷子一放，严肃地说："这可不行，上面把我派到小岗村，是让我把小岗村搞好，而不是谋私利的，这个忙我不能帮！"当时饭桌上的气氛很尴尬，年夜饭最后也不欢而散。

沈浩在小岗村任职的 6 年里，没有节假日，没有周末，除了外出开会、招商，基本都在村里。每年春节都忙到大年三十中午才回家，年初二又回到村里……

沈浩一心为公、无私奉献的精神永存！

【知与行】

请利用节假日，以 3～5 人为一个学研小组，就近参观爱国主义教育基地、清廉教育或廉政教育基地，并把了解到的清廉故事讲给身边的同学、朋友或家人听一听。

【课外作业】

请利用课余时间，每人搜集一首清廉诗词，并在班级组织一次清廉诗词书法比赛。

第二讲 清廉教育困与策

——清廉教育的现状与路径

做好高校思想政治工作，要因事而化、因时而进、因势而新。要遵循思想政治工作规律，遵循教书育人规律，遵循学生成长规律，不断提高工作能力和水平。要用好课堂教学这个主渠道，思想政治理论课要坚持在改进中加强，提升思想政治教育亲和力和针对性，满足学生成长发展需求和期待，其他各门课都要守好一段渠、种好责任田，使各类课程与思想政治理论课同向同行，形成协同效应。

——习近平

【导语】

实现经济社会的健康稳定和可持续发展，实现“建成富强民主文明和谐美丽的社会主义现代化强国”的第二个百年奋斗目标，实现中华民族伟大复兴的中国梦，迫切需要培养和造就大批德、智、体、美、劳全面发展的具备清廉素质的优秀青年人才。加强大学生清廉教育，是培养和造就高素质人才的必然要求。分析大学生清廉教育现状，探讨大学生清廉教育的特点，探索走出大学生清廉教育困境的对策，有利于增强大学生清廉教育的针对性、科学性和实效性。

第一节 大学生清廉教育现状分析

【基本理论】

一、大学生清廉教育取得的主要成就

（一）对大学生清廉教育重要性的认识不断提升

加强大学生清廉教育是大学生成长成才和平安幸福的必要条件，是增进大学生家庭和谐与福祉的必然选择，是促进我国经济社会科学发展和国家长治久安的重要举措。

1. 高校重视大学生清廉教育

高校重视大学生清廉教育表现在：一些高校逐步形成了“党委统一领导，党政齐抓共管，各部门各单位分工负责，干部师生广泛参与”的清廉教育管理和工作机制。明确大学生清廉教育目标，制订活动方案，并在财力、物力、人力等方面提供了必要的保障。积极探索和创新大学生清廉教育活动新途径：有的高校成立了大学生清廉教育社团并举办“大学生清廉教育研讨会”，不断探索新形势下大学生清廉教育面临的问题和走出困境的对策；有的高校加大清廉教育的宣传力度，普及清廉知识、渗透清廉理念，通过思想政治理论课、宣传栏、校园广播站、互联网、文艺表演、微电影作品以及开展五四青年节、建党节、建军节、国庆节等节庆活动等途径大力弘扬正气、传播清廉思想，使清廉教育进课堂、进教材、进头脑；有的高校把清廉教育与入学教育、就业指导、毕业教育、入党教育等有机结合，使清廉教育贯穿于大学生成长成才的全过程。

2. 大学生积极参与清廉教育活动

任何教育活动都是教育者与受教育者相互作用、相互影响的实践过程。大学生清廉教育的有效开展离不开大学生的积极参与，离不开他们才华和智慧的发挥。近年来的实践表明，在组织大学生进行清廉教育时，大学生能以积极的态度、饱满的热情、创新的精神、顽强的意志、合作的意识配合学校开展清廉教育：一是学生会、学生社团、学生自律委员会等积极参与到大学生清廉教育活动中来，自主举办清廉文化活动；二是配合相关职能部门、教师积极开展活动。大学生积极参与清廉教育活动，这充分说明其对清廉教育重要性的认识在不断提升。

（二）大学生清廉教育形式丰富多样

许多高校在开展大学生清廉教育的过程中主题鲜明、思路清晰、重点突出、措施具体，狠抓清廉教育队伍建设、创新活动形式、加大监督力度、始终以人为本，做了大量卓有成效的工作，使大学生清廉教育彰显特色、形式多样、内容丰富。多数高校在清廉教育中能够因势利导、就地取材、整合资源。高校不仅注重发挥包括清廉教育内容在内的思想政治理论课的主渠道、主阵地作用，把清廉教育与思想政治理论课建设有机结合，做到清廉教育进课堂、进网络、进头脑，而且还注重校园清廉文化的建设，使大学生在丰富多彩的活动中受到感染和熏陶：一是发挥校园宣传平台的作用，着力营造清廉教育良好氛围。例如，有的高校建设清廉教育长廊或宣传橱窗，举办清廉教育图片展、书画展等；有的高校建立大学生清廉教育网站或运用校内的报纸、广播、电视等媒体，开设“清廉教育”等栏目，宣传古今清廉思想、清廉故事、党风廉政建设和反腐败斗争情况等。二是利用清廉教育或廉政教育基地，开展大学生清廉教育。三是开展清廉文艺活动，寓清廉教育于文艺学习与欣赏之中。四是依托各种实践活动开展清廉教育。例如，把清廉教育与学生党团建设、校训校风校纪教育、诚信考试、推优评先、奖（助）学金评定、志愿服务、“三下乡”等活动有机结合，寓清廉教育于多彩的实践活动之中。

(三)大学生清廉教育的成效显著

大学生清廉教育的成效主要体现在大学生的清廉意识得到增强、清廉行为养成得到加强、清廉品质逐渐养成等方面。

1. 大学生的清廉意识得到增强

清廉意识是激励和推动人们追求清廉的精神动力。清廉意识的培养是大学生践行清廉的前提和基础。据调查,多数大学生认同"清廉品质是一位合格公民应具备的基本素质",并愿意积极参加学校学生社团组织的清廉教育活动。绝大多数大学生反对以请同学吃饭或者送礼的方式来实现当学生干部的目的,认为靠请客送礼当上学生干部既不公平也不道德,表示要反对校园腐败和不清廉行为。这些都说明当代大学生的清廉意识在得到增强。

2. 大学生的清廉行为养成得到加强

大学生清廉教育活动的开展,既要培养大学生的清廉意识,又要促进大学生清廉行为的养成。例如,许多高校通过坚持开展"诚信考试、杜绝作弊"教育,绝大多数大学生不仅在思想上提高了诚信考试意识,而且还在行动上能够严格遵守考试纪律,自觉维护考试公平。由此,我们可以看出,通过学校清廉教育,大学生的清廉行为养成得到加强。

3. 大学生的清廉品质逐渐养成

高校清廉教育的开展,在提高大学生清廉意识、促进大学生清廉行为养成的基础上,其清廉品质得到锤炼并逐渐养成,从而为国家经济社会发展培养造就了一大批具有清廉品质、文化教养和专业能力的高素质优秀人才。

二、大学生清廉教育存在的主要问题

(一)部分高校对大学生清廉教育重视程度不够

目前,虽然各高校都不同程度地开展了大学生清廉教育工作,但是一些高校对大学生清廉教育的重视程度还不够,仍需进一步提高。这主要表现在以下几个方面:

1. 在思想认识上存在误区

有人认为,清廉教育的重点是社会而非学校,只要把社会上的清廉文化建设搞好了,就能消除腐败并刹住各种歪风邪气,就有可能形成良好的社会风气;有人对大学生清廉教育的重要现实意义和深远历史意义表示怀疑,认为清廉教育的重点是干部而非大学生,大学生无权无钱无势,开展大学生清廉教育是流于形式,部分高校的管理者在思想上没有引起高度重视,导致大学生清廉教育缺乏系统有效的组织与管理;有些高校认为,开展清廉教育活动主要是为了应付上级检查,清廉教育名不符实。另外,有些高校对部分大学生诚信缺失、盲目攀比、追求享乐等问题的严重性认识不足。

2. 对大学生清廉教育投入不够

任何一项教育活动要想达到预期的目的和效果,都要有一定的人力、物力和财力做支撑。当前，部分高校对大学生清廉教育存在不同程度的经费投入不足问题，尤其在清廉教育理论研究、实践开展、课程开发等方面无法提供必要的经费，严重制约了教育活动的开展；有些高校在时间和精力等方面无法保障大学生清廉教育的实施。

此外，在大学生清廉教育方面，一些高校还不同程度地存在有效的激励机制和相关管理制度缺失的问题。

（二）大学生清廉教育水平亟待提高

尽管部分高校在大学生清廉教育方面探索出一些成功的教育经验，取得了一些成就，但是在教育的内容和方式方法等方面也存在一些不容忽视的问题，主要表现在两个方面。

1. 清廉教育的内容存在不足

大学生清廉教育的内容应根据党和国家的教育方针、实现第二个百年奋斗目标和中华民族伟大复兴对高素质人才的需要、国家经济社会发展的需要和大学生思想实际而确定。但是，由于种种原因，目前的大学生清廉教育的内容还存在一定的不足。例如，清廉教育的内容和范围狭窄化倾向明显。清廉教育即关于清正廉明的教育，其内容应包括清、正、廉、明四个基本方面的教育，而现实的清廉教育往往只重视“廉”的教育，而在一定程度上忽视了“清”“正”“明”等方面的教育，有的人则简单化地把清廉教育仅仅理解为廉洁教育、廉政教育，甚至仅仅理解为反腐败教育（清廉教育包含倡廉戒贪的反腐败教育，但不限于此），致使清廉教育内容的全面性、基础性、根本性弱化；清廉教育的内容脱离实际的倾向明显，重理论学术性，轻现实针对性，缺乏地域特色、职业特色、专业特色；清廉教育内容重理论阐释，轻联系大学生的思想实际解疑释惑、分析案例，致使教材内容的可读性、生动性、吸引力不够。

2. 清廉教育的方式比较单一

大学生清廉教育在一定程度上忽视大学生的主体作用，高校多以“灌输式”的教学为主，课堂缺乏互动交流，教学枯燥乏味、机械呆板，大学生对清廉教育缺乏兴趣，甚至有可能会产生抵触心理。忽视实践养成教育，知行统一弱化。传统“灌输式”“说教式”的清廉教育方式、知行脱节的教育方式已经不适应新时代大学生清廉教育的新要求。

（三）大学生清廉教育的整体效果欠佳

近年来，随着国家对大、中、小学生清廉教育的高度重视与各项措施的实施，大学生清廉教育意识有所增强，但是整体效果不够明显。大学生清廉意识、清廉认知是否提高，清廉理念、清廉情感是否形成，清廉信念、清廉意志是否坚定，清廉行为、清廉习惯是否养成，清廉智能、清廉素质是否提升，这些是评价和衡量大学生清廉教育效果的重要依据和标准。当前，部分大学生存在清廉教育认知误区，认为清廉教育与自己成长成才没有多大关系，只是被动地接受教育或非自愿性地参加清廉教育主题活动，把参与清廉教育仅仅当作拿学分或不得不完成的任务来对待，没有把清廉素质养成作为人生的必修课以及个人与社会发展进步的必然要求来对待。部分大学生不能做到清廉认知、情感、信念、意志和行为的有机统一，其主要表现是：清廉信念不坚定，知行合一不到位。虽然他们具有崇尚清廉，反对污浊、邪恶、贪腐、昏庸的意识，但在实践中往往不能严格要求和约束自己，习惯要求别人、监督别人，一旦在涉及自己切身利益时，总是放松自我监督、自我约束，有的大学生甚至通过拉选票、请客送礼、贿赂别人等手段来实现自己的目的。当身边出现假恶丑等不良现象时，往往事不关己、高高挂起，或视而不见、听之任之，不愿、不敢、不善于与不良现象做斗争。

三、大学生清廉教育存在问题的主要原因

（一）客观环境中消极因素的制约性

环境是构成大学生清廉教育过程的要素之一，是大学生清廉教育的外部条件，也是大学生清廉品质形成和发展的客观基础。环境中的积极因素有利于提高清廉教育的实效性，有利于促进人的全面发展；而环境中的消极因素则对清廉教育实效性的增强产生阻碍作用，阻碍人的全面发展。当前，环境中的消极因素在一定程度上成为高校对大学生进行清廉教育的制约因素，成为大学生清廉教育存在问题的外部根源。

1. 社会环境中消极因素的影响

党的十八大以来，以习近平同志为核心的党中央，以伟大的历史主动精神、巨大的政治勇气、强烈的责任担当，统筹国内国际两个大局，贯彻党的基本理论、基本路线、基本方略，统揽伟大斗争、伟大工程、伟大事业、伟大梦想，坚持稳中求进工作总基调，出台一系列重大方针政策，推出一系列重大举措，推进一系列重大工作，战胜一系列重大风险挑战，解决了许多长期想解决而没有解决的难题，办成了许多过去想办而没有办成的大事，推动党和国家事业取得历史性成就、发生历史性变革。[①] 党风政风焕然一新，社风民风持续向好，形成了惩恶扬善、纠治并举的良性循环。以上伟大成就和伟大变革为大学生清廉教育创造了良好的社会环境条件。然而，社会环境中存在的消极因素和负面因素的影响也不可低估。拜金主义、拜权主义、享乐主义、极端个人主义、利己主义、自由主义、分散主义、官僚主义、形式主义、好人主义、帮派文化、码头文化等在不同程度上恶化着社会环境、政治生态。“滋生腐败的土壤依然存在……一些地方和部门不正之风和腐败问题仍然多发，‘四风’问题反弹回潮隐患仍然存在……群众身边的腐败问题依然多发。”[②]以上社会环境中的负面因素比较容易对大学生造成不良影响，这是由于大学生正处在世界观、人生观、价值观形成的重要时期，其辨别是非、善恶、美丑的能力还不够强，抵御各种诱惑和腐蚀的能力也不够强。受不良风气和腐朽思想的影响，部分大学生在价值追求上崇尚拜金主义、享乐主义、利己主义，表现为以金钱来衡量一切，心浮气躁、急功近利，追求享乐、盲目攀比，荒废学业、考试作弊，私欲膨胀、庸俗功利等。

---

① 中共中央．关于党的百年奋斗重大成就和历史经验的决议[N]．人民日报，2021-11-17(01)．

② 十八届中央纪律检查委员会．向中国共产党第十九次全国代表大会的工作报告[N]．人民日报，2017-10-30(01)．

2. 学校环境中消极因素的影响

学校环境对大学生清廉教育的影响是巨大的、潜移默化的、全面渗透的。党的十八大以来，高校党的建设不断加强，思想政治教育、舆论宣传、意识形态阵地建设等工作扎实推进，培育和践行社会主义核心价值观成效显著，全面贯彻党的教育方针、落实立德树人根本任务取得可喜成就，这为更好地开展大学生清廉教育创造了良好的学校环境。然而，学校环境中存在的消极因素和负面因素的影响也不容忽视。高校出现的经济腐败、学术腐败、招生腐败、基建腐败等不仅严重污染了高校的政治生态和教育环境，也产生了极其恶劣的社会影响，对大学生清廉教育造成巨大冲击。此外，在大学生中不同程度存在的失信作弊、盲目攀比、奢侈浪费、拉帮结派、追逐权力、贿选拉票、违规违纪等腐败亚文化也给大学生清廉教育带来了严峻的挑战。

3. 网络环境中消极因素的影响

网络环境具有开放性、虚拟性、便捷性等特点，伴随智能手机等无线移动通信技术的普及应用，其影响力超越了时空限制，无处不在、无时不有，网络环境对青年学生的影响之广、之深、之常、之长超乎人们的想象。党的十八大以来，党中央高度重视建设网络良好生态，充分发挥网络引导舆论、反映民意的作用，高度重视网络安全和信息化建设工作，本着对社会负责、对人民负责的态度，依法加强网络空间治理，加强网络内容建设，加强网上正面宣传，培育积极健康、向上向善的网络文化，用社会主义核心价值观和人类优秀文明成果滋养人心、滋养社会，使正能量更加充沛、主旋律更加高昂，努力为广大网民特别是青少年营造风清气正的网络空间。这都为更好地开展大学生清廉教育创造了十分有利的网络环境条件。然而，由于种种原因网络空间在一定程度、一定范围、一定时期内也存在一些不容忽视的消极、负面、反动的因素，例如，有的人利用网络散布虚假、诈骗、攻击、谩骂、恐怖、色情等不良信息。网络环境中存在的消极、负面、反动的因素对大学生清廉教育产生了非常不利的影响。

此外，家庭教育的理念、内容、方式、方法的失当也会对大学生清廉教育产生不利影响。

(二)主观认识的片面性

目前，关于大学生清廉教育还存在重视程度不够、效果不佳等问题，主要原因之一就是对清廉教育的认识存在片面性。

1. 部分高校对大学生清廉教育的地位和作用认识不到位

部分高校对“为什么要开展大学生清廉教育、怎样开展大学生清廉教育”这一根本性问题没有完全搞清楚，没有从培养社会主义事业合格建设者和可靠接班人、推动实现中华民族伟大复兴的中国梦的高度，以及实现大学生全面发展、健康成长、家庭幸福的角度来认识大学生清廉教育的重要地位和战略意义，没有对“怎样开展大学生清廉教育”进行系统性、全面性、科学性、前瞻性研究，缺乏具有整体性、战略性、针对性、可行性的大学生清廉教育实施方案和计划。认为"大学生清廉教育多此一举、没有必要"的有之,认为"清廉教育是纪检监察、公检法司等部门的事,与高校关系不大"的有之,对大学生清廉教育仅仅满足于"上传下达、敷衍了事,做做样子、应付检查"的有之。这些都对大学生清廉教育产生了不利影响。

2. 部分教师对大学生清廉教育的认识有偏差

有些教师把清廉教育完全等同于思想政治教育,认为高校已经开设了思想政治理论课,不必再进行专门的清廉教育,同时,有些教师也没有将清廉教育与专业教育、课程教学、实习实训、社会实践、社会服务有机结合起来,有针对性地开展清廉教育。有些教师认为清廉教育的对象应是国家公职人员、党政干部,而不应是在校大学生,没有认识到大学生清廉教育是爱党报国、向善为民、尚清除浊、守正祛邪、崇廉戒贪、启智明道的教育,也没有认识到大学生清廉教育是人生"免疫"教育、底线教育、幸福教育。部分教师思想认识上的偏差、教育行动上的盲目性严重削弱了大学生清廉教育的实效。

3. 部分大学生对清廉教育的认识模糊

有些大学生把清廉教育完全理解为党风廉政建设和反腐败斗争教育,对清廉教育的基础性、广泛性、根本性认识不足,没有把清廉教育与自身成长成才、家庭幸福,与社会进步、国家富强、民族振兴、人民幸福紧密联系起来,在清廉教育过程中缺乏主动性、积极性和自觉性。思想认识上的模糊与偏差,必然导致行为失范,甚至出现大学生"亚腐败""模拟腐败"等不良现象。也有大学生对党风廉政建设和反腐败斗争不能辩证地看待,没有看到反腐败斗争的长期性、复杂性、艰巨性,没有认识到青年在反腐倡廉建设中应承担的社会责任,只是看到社会的一些阴暗面,对反腐败斗争缺乏信心,甚至认同和模仿腐败。大学生思想认识上的模糊与偏差及其导致的行为失范,在很大程度上消解了大学生清廉教育的效果。

(三)缺乏清廉教育长效机制

目前,虽然大多数高校开展了不同形式的大学生清廉教育,并取得了一定成效,但与党和政府的要求、人民的期待仍有较大差距。关于"清廉教育创新发展不充分、不平衡突出,清廉教育系统性、针对性、实效性不强,清廉教育常态化、规范化、科学化不足"等问题,虽然其原因复杂,但没有建立科学的清廉教育长效机制是重要原因之一。据调查,缺乏清廉教育长效机制的主要表现是:清廉教育的制度体系不健全;清廉教育的领导管理、组织实施、监督检查、考核评价缺失或弱化;清廉教育的多元主体不明确、职责分工不明晰;清廉教育的激励措施、反馈和改进措施不到位;清廉教育的课程设置、教材编写、学分分配、师资培训等严重滞后。

【解疑释惑】

如何区分清廉教育与廉政教育?

在现实中,有人常常把清廉教育等同于廉政教育,或把廉政教育等同于清廉教育,这是因为两者皆含有"廉"的教育。其实,从更严格意义上说,清廉教育与廉政教育是既有联系，也有区别的两个概念。

第一，从教育对象来看，清廉教育的教育对象比廉政教育的教育对象范围更广，虽然有人认为廉政教育也可以面向全体公民，但作为“廉洁从政的教育”，其教育的主要对象、重点对象应是担任公职的各级各类干部（如在党政军部门和企事业单位担任公职的人员）。而清廉教育的教育对象不仅包括担任公职的各级各类干部，也包括其他各行各业的从业人员，大、中、小、幼学生等在内的所有公民。

第二，从教育内容来看，清廉教育即关于清、正、廉、明的教育，是清、正、廉、明四个方面内容有机统一的教育，是包括清廉从政、清廉从工、清廉从农、清廉从商、清廉从教、清廉从军等在内的清廉从业教育，是清廉做人与清廉做事有机结合的教育，而廉政教育与清廉教育虽然在教育内容方面存在许多交集，但其教育内容主要是与“为政”密切相关的关于廉洁从政、从政为民、从政规范、从政智慧等方面的教育，其教育内容的范围相对窄一些。

第三，从教育作用来看，清廉教育的作用比廉政教育的作用更具有基础性、广泛性、根本性，清廉教育含有廉政方面的教育但不限于廉政教育，清廉教育与廉政教育互为补充、相得益彰。

第四，从教育主体来看，廉政教育的主体主要是党和国家机关及其所属教育、宣传、纪检、监察、检察等部门、机构和单位，而清廉教育的主体更具有多元性、广泛性、多层次性，党和国家机关及其所属相关部门、机构和单位，社会各行各业的各类组织和单位，学校、家庭等都是清廉教育的主体，是党和国家机关与人民群众相互结合的具有十分广泛性的教育主体。

关于清廉教育与廉政教育异同的分析，由于种种主客观原因会有所差异，但有一点需要特别明确，也就是两者相互区别、相互交融、相互补充、不可割裂，两者都应受到重视和加强，尤其需要统筹谋划、协调推进，使清廉教育与廉政教育同向同行、合力倍增。

【案例分析】

从优秀大学生到阶下囚[①]

肖明辉，1980 年生。2002 年于郑州工业大学土木系本科毕业，后以优异成绩考入清华大学土木系硕士研究生，2006 年获得工学硕士学位。研究生毕业后作为引进人才，进入海南省洋浦经济开发区规划建设土地局，担任建设工程管理主管，先后完成了环境监测站、滨海路，接下景观路、洋浦中学、洋浦中心医院等众多政府投资工程项目的管理工作，出色完成了第二出口路、居民安置区及服务设施工程等重大项目的筹备工作，为洋浦保税港区建设顺利推进，创造了有利条件。在洋浦青年中起到了积极进取的模范作用，并于 2007 年荣获洋浦经济开发区第一届十大“杰出青年”荣誉称号，2008 年又被评为海南省第九

① 傅勇涛．千万元“好处费”撂倒 80 后高学历副局长[N]．经济参考报，2013-04-12(5)．

届十大“杰出青年”荣誉称号，并授予“海南青年五四奖章”。2011 年 8 月 13 日，肖明辉因涉嫌受贿罪被刑事拘留，同年 8 月 25 日被执行逮捕；2012 年 7 月 4 日上午案件在海南省第二中级人民法院开庭审理时，检方认为，其在担任洋浦规划局副局长期间，利用职务上的便利，多次伙同其司机张某非法收受他人财物 1 611 万余元，单独收受他人现金 6 万元。2012 年 10 月 12 日，肖明辉因犯受贿罪被判处无期徒刑，剥夺政治权利终身，并处没收个人全部财产。

分析

一名原本优秀的青年在参加工作后的短短几年内思想道德迅速滑坡并沦为阶下囚，其犯罪行为不仅对国家和人民利益造成严重危害，而且对个人和家庭来说也是一场难以挽回的悲剧。青年是祖国的希望和未来，被称为“天之骄子”“栋梁之材”的大学生更是被社会寄予厚望。然而，一部分大学生却为了一己私利铤而走险，最终难逃法网，断送美好前程，成为一现“昙花”，怎不令人扼腕！

大学生犯罪案件大都是个人、家庭、学校或者社会等多方面原因作用下的综合产物，也是社会多方面消极因素的综合体现。因此，减少和预防大学生犯罪需要个人、家庭、学校、社会高度重视、综合施策、综合治理，共同创造一种有利于大学生全面发展的环境和氛围，才能取得明显效果。

肖明辉的人生观、价值观、权力观、金钱观、生活观、法制观的扭曲是导致其走向腐败深渊的根本原因，肖明辉案给大学生清廉教育提供了一个值得剖析的贪腐标本，加强对年轻干部的选用、教育和监管，成为迫切需要解决的问题，也是反腐倡廉面临的新课题。同时这也折射出加强清廉教育尤其是大学生清廉教育的极端重要性。高校能否通过卓有成效的清廉教育，为每一位学子精心种上保持清廉、健康成长的“疫苗”，不仅关系到大学生个人和家庭的幸福，也关系到国家和人民的根本利益和长远利益。所有高校都应通过坚持不懈、形式多样的清廉教育，为大学生崇尚清廉、遵纪守法、报效祖国、服务人民打下坚实的清廉素质基础，帮助大学生树立科学的世界观、人生观、价值观和清廉权力观、地位观、金钱观、利益观、生活观、法制观，使他们具备崇尚和践行清正廉明的良好素质，增强抵制诱惑、拒腐防变、抵御风险的能力，使他们能在纷繁复杂的社会环境中，始终如一地自觉践行清廉，自觉把个人理想融入为实现中华民族伟大复兴的中国梦而奋斗的事业之中，用青春书写无愧于时代、无愧于历史、无愧于人民的华彩篇章。

【拓展阅读】

还高校一片廉洁天空[①]

部分高校存在腐败问题，虽然腐败程度各不相同，但其对高校政治生态，尤其是对育人环境的破坏和危害不可低估。高校作为培育人才的地方，坚持不懈地推进党风廉政建设至关重要，坚决维护高校一方“净土”不仅对优化大学生清廉教育环境具有重大意义，而且事关国家和民族前途命运。高校“关键少数”的主要领导干部成为腐败的重点人群，特别是“一把手”腐败成为当前高校腐败案件的显著特征。加强对高校“一把手”的监督制约刻不容缓。

一、多起高校领导干部违纪违法案件被通报

2020 年 10 月 16 日，安徽省安庆市中级人民法院对安徽中医药大学原校长王键受贿案作出一审公开宣判，以受贿罪判处其有期徒刑 10 年。北方工业大学党委副书记、校长丁辉，上海工程技术大学校长夏建国，广西中医药大学党委副书记、校长唐农……近来密集通报的高校腐败案一再警示，高校绝非清净之地，也不是清水衙门，对高校腐败问题必须大力整治，坚决把“象牙塔”里的蛀虫清除出去。2020 年，中央纪委国家监委网站在已通报的约 30 名高校厅局级领导中，高校党委书记、校长（院长）占比超七成。自 2020 年以来，高校反腐持续发力，始终保持高压态势。在通报的高校领导中，有多人已经退休。这也表明了反腐没有休止符，无论是退休还是在岗，只要违反党纪国法，都要受到严惩。

高校承担着立德树人的根本任务，肩负着培养社会主义建设者和接班人的历史使命。其中，高校党委书记、校长作为主要负责人，肩上的责任更为重大。高校领导落马背后的原因是什么？这一岗位存在哪些廉政风险点？如何加强对高校“一把手”的监督，从而确保其廉洁用权、规范履职……这一系列的问题，引发舆论高度关注。

二、高校腐败的行业特点与危害

从查处的案件可以发现，高校腐败既有一般腐败的特性，又有教育行业特点。高校腐败多集中在基建后勤、选人用人、招生考试、科研经费、校办企业等领域。这些领域与社会关系比较密切，资源和权力都比较集中，问题也比较突出。

王键受贿案一审公开宣判时，法院审理查明，王键主要在“承接工程项目、校企合作、医药器材经销、职务晋升等方面”为他人谋利，并收受财物折合人民币 600 余万元。

随着高校扩招和国家不断加大教育投入，国内高校的基建规模越来越大。一些高校领导与开发商、承建商互相利用，结成利益同盟，共同侵蚀学校基建项目费用。

中国裁判文书网显示，肖剑平 2015 年任内蒙古民族大学党委副书记期间，帮助通辽市政通建筑工程有限责任公司实际承建内蒙古民族大学蒙医药楼工程项目，2019 年，该公

---

① 张胜军．破解高校一把手监督难[N]．中国纪检监察报，2020-10-19(4)．

司法定代表人肖某以转账汇款的方式送给肖剑平人民币 30 万元。

高校教师入职、干部调整、职称评聘，这些权力基本上掌握在校领导手里，人事权也是容易产生腐败的环节。

随着招生制度越来越健全，招生考试环节的腐败行为被有效遏制。但在特殊类型招生考试、研究生招生面试等环节，廉洁风险仍然存在。

侵贪科研经费，也是高校常见的腐败行为。高校"蛀虫"从充值电话费，到重复报销车票，再到虚开发票、编造虚假账目——套取科研经费的手段可谓花样百出。相比基建腐败，贪占科研经费具有更大的欺骗性、隐蔽性和危害性。

高校"一把手"问题易发多发，误导了教师和学生的价值观，带坏了一个单位的政治生态，严重破坏了公平和谐、向上向善的校园人文环境，严重损害了高校形象和国家教育事业。

三、高校"一把手"问题频发，与高校权力缺乏有效的监督和制约有关

高校权力集中，资源富集，"一把手"往往在人权、事权、财权方面有着很大的话语权和支配权。在这种情况下，高校"一把手"很容易用行政权力谋取个人经济利益。由于高校内部具有相对独立性，高校主要领导干部特别是"一把手"在决策过程中如果不能受到有效的监督和制约，就极易滥用权力从而导致腐败。"花钱一支笔、用人一句话、决策一言堂"存在较大廉政风险。

高校具有"小社会、大基层"的特点，属于典型的"熟人社会"。一些高校校长长期在一个单位任职，利益关系交织，很容易出现问题。

丧失理想信念和党性原则，甘于被"围猎"，将公权力变成谋取私利的工具，是高校"一把手"腐败的又一重要原因。

出现问题的症结，还在于有些高校党委领导的作用发挥不够充分、全面从严治党主体责任落实不够到位、基层党组织建设薄弱、处理违纪问题宽松软等。一些高校纪委监督责任发挥不够，结合实际监督执纪问责、运用"四种形态"等方面不够有力，也是导致"一把手"出问题的重要原因。

因此，要按照现代大学制度要求，科学配置高校内部权力，形成有效的高校权力制约机制，构建科学完善的权力运行体系；完善高校党建顶层设计，从重点领域和关键环节入手，瞄准权力与利益紧密相连的关节点，建立健全廉政风险预警和防控机制。

要推进形成高校内部自我监督和外部监督的合力，在纪检监察机关发挥专责监督职能基础上，充分动员高校师生员工监督和社会监督力量。同时，进一步推动高校权力事项的公开力度，通过信息公开降低腐败风险。

四、高校纪检监察体制改革稳步推进，监督效果呈现强化态势

前不久，由北京市纪委监委第七监督检查室领办，抽调 4 所市属艺术类高校纪检监察机构工作人员，查处了中国音乐学院艺术招生有关问题。这是推进高校纪检监察体制改革、推动高校反腐持续加码的一个缩影。

2018 年 10 月，中共中央办公厅印发《关于深化中央纪委国家监委派驻机构改革的意见》。目前，31 所中管高校纪委书记的提名、考察，由中央纪委国家监委会同主管部门党组进行，对中管高校纪委书记的考核工作由中央纪委国家监委进行。

在地方，省属高校纪检监察体制改革也在紧锣密鼓地推进。譬如，北京市属高校保留纪委设置，纪委书记任命为监察专员，设立监察专员办公室，与纪委合署办公。安徽省纪委监委加强省属高校纪检监察组织建设，向 30 家省属高校派驻监察专员。2020 年上半年，虽受疫情影响，但省属高校纪委处置问题线索数、立案数较 2019 年同期分别增长了 15.4%、26%。

高校纪检监察体制改革的几个变化值得关注：第一个变化是高校纪委书记的提名考察发生变化，增强了独立性和权威性；第二个变化是赋予高校纪检监察机构监察权，大大提升了监督能力，监督效果呈现强化的态势；第三个变化是高校纪检监察机构和力量不断增强。尤其是，高校纪委注重监督高校党委发挥领导核心和政治核心作用，实现主体责任和监督责任同频共振、同向发力，在高校全面从严治党格局中发挥着越来越重要的作用。

五、高校巡视巡察持续深化，利剑作用不断彰显

高校纪检监察体制改革不断转化为治理效能的同时，巡视巡察利剑作用也在强化高校领导干部监督上得到彰显。31 所中管高校党委全部建立了巡察制度。各省(区、市)党委加强对省(区、市)属高校党组织的巡视。各巡视组紧盯高校“关键少数”，监督领导干部政治上对不对、纪律上严不严、作风上正不正；紧盯重要事项，监督高校在项目招标、工程建设、物资采购、资金管理、科研经费、招生入学、干部选用和人才引进等方面有没有违规操作、以权谋私、钱权交易等现象。

近期多名高校书记校长被查，印证了高校纪检监察体制改革、巡视巡察监督等方面取得了明显成效。下一步，上级党组织要着力加强对高校领导干部特别是“一把手”行使权力的监督，高校纪检监察机构要协助高校党委落实好全面从严治党主体责任，自身认真履行好监督责任，坚决清除“象牙塔”内污染源，还高校一片廉洁天空。

六、高校反腐要坚持标本兼治，抓住关键，多措并举

第一，要对高校腐败行为持续保持高压态势，惩治腐败力度决不减弱、零容忍态度决不改变，有多少查处多少，决不姑息纵容、养痈遗患。着力强化不敢腐的震慑。第二，要深化高校治理改革，完善高校治理体系，提高高校治理能力，强化对“关键少数”，尤其是“一把手”的监督，把权力关进制度的笼子里，不断深化高校纪检监察体制改革，持续推进高校巡视巡察全覆盖，形成自我监督、巡视监督、师生监督、社会监督、舆论监督等全方位全过程监督的强大合力。着力构建不能腐的监督制约机制和制度体系。第三，要加强高校清廉文化建设，强化理想信念、纪律法治教育，补足精神之“钙”，让崇廉尚洁之风涵养校园文化。不断提高不想腐的道德境界和政治自觉。只有制度笼子扎紧了，思想闸门把住了，才能从源头上防止腐败的发生，还高校一片净土。

【知与行】

对本校或本院学生干部选拔情况开展一次调查，重点考察是否存在以请吃饭、送“纪念品”等方式拉选票当学生干部的情形，如果有该情形，请分析其原因，在此基础上以“如何做好学生干部的选拔任用”为主题并以班级为单位组织一次班级研讨会。

第二节　大学生清廉教育主要特点

【基本理论】

大学生清廉教育的主要特点包括教育内容的综合性、教育对象的针对性、教育载体的多样性、教育环境的开放性、教育实效的滞后性等。

一、教育内容的综合性

大学生清廉教育内容的综合性是指清廉教育内容的全面性、丰富性、系统性、层次性、有机统一性等特点，清廉教育内容既要体现党和国家对大学生清廉素质的根本要求，也要体现地区经济社会发展对大学生清廉品质的基本要求；既要体现传承中华优秀清廉文化，也要体现传承地方优秀清廉文化；既要体现高校培养高素质人才对大学生清廉品行的要求，又要体现实现大学生全面发展、健康成长成才、家庭幸福的需求。各项清廉教育的内容互为补充、相得益彰、有机统一，共同构成大学生清廉教育内容体系。

具体来说，大学生清廉教育内容：一要充分体现党的教育方针，为培养中国特色社会主义事业优秀建设者和可靠接班人服务。二要充分体现落实新时代新征程目标任务，为把我国建设成为富强、民主、文明、和谐、美丽的社会主义现代化强国，为实现中华民族伟大复兴的中国梦，培养大批具备清廉素质、德才兼备的优秀人才。三要充分体现落实地方经济社会发展目标任务所需要的具备清廉素质的优秀人才。四要充分体现以人民为中心的发展思想，加强热爱人民、服务人民的教育。五要充分体现爱国主义思想，加强热爱祖国、报效祖国的教育。六要充分体现社会主义核心价值体系和社会主义核心价值观教育要求，加强马克思主义基本理论教育，加强毛泽东思想和中国特色社会主义理论体系教育，加强习近平新时代中国特色社会主义思想教育，树立共产主义信仰、中国特色社会主义共同理想，树立正确的世界观、人生观、价值观、权力观、地位观、金钱观、婚恋观、利益观、生活观，加强法治和诚信教育，加强社会公德、职业道德、家庭美德和个人品德教育。七要充分体现党风廉政建设和反腐败斗争方面的方针政策、法律法规等要求，不断提高大学生的道德自律意识，增强拒腐防变的政治觉悟和意志力，逐步形成清正廉明、艰苦奋斗、求真务实、诚实守信、爱岗敬业、遵纪守法的优良品质，使广大学子成为创造和维护海晏河清的中华清廉文化生态的生力军。八要充分体现清廉认知、清廉情感、清廉信念、清廉意志、清廉行为、清廉习惯、清廉品格、清廉智慧、清廉能力、清廉素质的协调发展、有机统一，体现“清”“正”“廉”“明”四个方面教育的协调发展、有机统一。

大学生清廉教育是高校思想政治教育体系的重要组成部分，大学生清廉教育内容体系既要体现高校思想政治教育的总体要求，也要遵循大学生思想品德形成发展和成长成才的规律，同时又要体现清廉教育的特点，从而提高大学生清廉教育的针对性和实效性。大学生清廉教育要与思想政治教育、廉政文化教育、心理健康教育、职业教育、素质教育、创新创业教育、法治教育、劳动与社会实践教育等相互渗透，优势互补，形成合力。高校要创新清廉教育内容，综合运用各种教育资源，寓大学生清廉教育于社会主义核心价值观教育、群众性精神文明创建活动、校园文化活动、法治教育活动、社会实践与社会服务等活动之中，不断增强大学生清廉教育的渗透性、吸引力和感染力。

二、教育对象的针对性

大学生清廉教育对象的针对性有两层基本含义：一是其教育对象主要是指本科院校（含职业本科院校）及高职高专院校的在校大学生，而不是泛指所有类别的学校的学生；二是在清廉教育过程中，高校要根据大学生的年级、专业、特点的不同，有的放矢地开展清廉教育，体现大学生清廉教育因材施教的原则。

加强大学生清廉教育，高校要坚持贴近实际、贴近生活、贴近学生。第一，大学生与中小学生、社会青年比较，在知识基础、认知能力、思维特点、学习习惯、智能结构、兴趣爱好等方面存在一定的差异性，因此，清廉教育必须从大学生的实际出发，既要体现理论性、科学性、学术性（创新性），也要体现现实性、艺术性、可行性。第二，不同年级的大学生具有不同的特点，大学生清廉教育要根据不同年级的特点，有针对性地开展教育活动。例如，在大一新生中，高校要把清廉教育与专业教育、入学教育有机结合起来，与立志感恩教育、理想信念教育以及爱国主义、集体主义、社会主义教育有机结合起来，与世界观、人生观、价值观教育等有机结合起来；在毕业班学生中，把大学生清廉教育与大学生“职业梦”“创新创业梦”“报国梦”教育有机结合起来，开展以爱岗敬业、诚实守信、廉洁奉公、遵纪守法为主题的就业创业指导和毕业教育等。第三，不同专业的大学生具有不同的特点，清廉教育要根据不同专业大学生的特点，有针对性地开展教育活动。例如，教师可以针对财会专业的学生开展“市场经济条件下该不该做假账”的辩论赛等教育活动，使大学生清廉教育更具有针对性，更符合大学生的实际。

三、教育载体的多样性

大学生清廉教育的载体以其特定的内涵、功能和作用在大学生清廉教育体系中居于重要地位。大学生清廉教育是一种系统性、开放性、动态性的思想政治教育，是家庭清廉教育、学校清廉教育、社会清廉教育的协调统一。文化作为大学生清廉教育的载体，可以把大学生清廉教育寓于文化建设之中，或在文化建设中挖掘、融入清廉教育元素。文化载体具有渗透性、全面性、可塑性的特点。文化涉及社会生活的各个方面，其中包括物质文化、精神文化、制度文化、行为文化等。文化本身就蕴含着大量清廉教育的内容，它能潜移默化地影响教育客体的价值取向、价值判断和行为习惯。具体来说，清廉教育载体是多种多样的，包括课程载体、管理载体、大众传播载体、语言载体、活动载体等。

第一，大学生清廉教育的课程载体。大学生清廉教育的课程载体是指教师通过组织课程教学来实施的清廉教育活动。大学生清廉教育的课程载体形式稳定，有制度保障，清廉教育内容明确，教育者通过清廉教育课程载体进行的教育活动具有较强的影响力和主导作用，是大学生清廉教育的主渠道和主阵地。

第二，大学生清廉教育的管理载体。高校要把大学生清廉教育融入管理活动之中，在推进科学管理、民主管理、依法管理中渗透清廉教育。例如，在大学生勤工俭学的招聘和录用、奖学金的评选、各种评先评优等管理活动中，高校要坚持公开、公平、公正原则，坚持阳光操作、反对暗箱操弄，坚持秉公做事、反对以权谋私。其实，在任何管理实践中，如果管理者秉持清廉原则，能够做到一心为民、为人正派，办事公道、无私奉献，光明磊落、明辨是非，那么，其管理的过程在一定程度上就是清廉教育的过程，管理者的清廉作风、清廉形象本身就具有示范效应，具有清廉教育的意义和价值。

第三，大学生清廉教育的大众传播载体。清廉教育的大众传播载体是指教育者利用印刷媒介、电子传媒和网络等大众传播工具，向受众传输清廉教育内容，使受众在接收广泛的社会信息的同时接受清廉教育的方式和途径。大众传播载体在大学生清廉教育中的优势日益凸显，其传播渠道、传播途径较多，通过新媒体、广播、电影、电视、报纸、杂志等都能及时、便捷地把大学生清廉教育的内容渗透于大学生的日常生活之中，形成良好的舆论氛围，从而实现大学生清廉教育的广覆盖、全天候、高效率。

第四，大学生清廉教育的语言载体。在大学生清廉教育过程中，语言载体以不同的表现形式起着不可替代的作用。语言和文化有着不可分割的关系，在文化的形成、发展、传递的过程中，语言发挥着媒介、记录、载体的作用。语言是人类敞开心扉的交流形式，是人类搭架心灵桥梁的快捷方式，是人类情感交流的抒发模式，是人类释放悲喜的表达公式。就高校而言，结合大学生清廉教育，在校徽的设计解读、校风校训的诠释，名家讲座、大师论坛、教师课堂授课等过程中，教育者都会以语言形式给大学生以心灵的震撼、感化和净化，起到“春风化雨、润物无声”的作用。

第五，大学生清廉教育的活动载体。大学生清廉教育的活动载体是指教育者有目的、有计划地开展各项活动，把清廉教育的内容寓于活动之中，使受教育者在活动的过程中受到清廉教育，提高清廉觉悟的方式和途径。大学生清廉教育的活动载体主要包括校园文化活动、社会实践活动、社团活动、学生创新创业活动、跟岗与顶岗实习活动、专业服务活动等。

大学生清廉教育的主体和客体通过各种载体相互联系、相互作用，共同推动大学生清廉教育目标的实现。

四、教育环境的开放性

大学生清廉教育作为一项教育实践活动，它总是在一定的环境中存在和发展。在经济全球化趋势不断发展，科学技术突飞猛进，互联网快速发展，遍及世界范围的各种思想文化相互交流、交融、交锋的历史背景下，清廉教育环境越来越具有开放性特征，一系列新的环境要素为大学生清廉教育提供了前所未有的机遇，也带来了前所未有的挑战。

大学生清廉教育环境的开放性主要表现在清廉教育环境影响因素在时空上没有固定界限。在现代社会，科学技术的进步，尤其是现代通信技术的进步和社会信息化程度的不断提高，为人们跨区域、跨国界的交往、交流提供了快速便捷的途径和方式，互联网极大地改变了人与人交往、交流的时间和空间限制，成为大学生获取信息最重要的方式之一，网络上时时刻刻都有来自天南地北的海量信息，其中，许多信息在一定程度上承载、包含着多元多变的社会心理、社会思潮、价值取向、行为方式等，这些信息对大学生必然会产生潜移默化的影响。

大学生清廉教育环境可以分为现实环境和虚拟环境，也可以分为宏观环境、中观环境和微观环境，无论何种清廉教育环境都不是封闭的、不变的，而是开放的、动态的。因此，学校清廉教育要与家庭教育、社会教育互相结合、互为补充，同时还要充分运用互联网开展清廉教育。马克思曾经说过："既然人的性格是由环境造成的，那就必须使环境成为合乎人性的环境。"[①]因此，党和政府要在不断优化清廉教育各种环境的基础上，采取更加有力的措施构建学校、社会和家庭协同开展清廉教育的体制机制，既要发挥高校清廉教育课的主渠道、主阵地作用，发挥高校党团组织的政治优势和组织优势，发挥高校清廉文化建设重要载体的作用，又要充分利用社会清廉教育资源，包括爱国主义教育基地、清廉教育或廉政教育基地、优秀电影电视网络作品等，还要加强学校教育工作者与学生家长的沟通和交流，发挥家庭清廉教育功能，推动学校、家庭、社会清廉教育同向同行、协调发展、科学发展。

五、教育实效的延迟性

大学生清廉教育实效的延迟性是指大学生清廉教育的实际效果无法在短时间内全部显现，也难以在短时间内完全衡量，具有延迟的特点。

大学生清廉教育是一项长期的、复杂的、艰巨性的系统工程，其实际效果不可能立竿见影。大学生清廉品质的形成也不可能一蹴而就。大学生清廉教育的效果不能以简单的课堂教学或其他教学考试的方式来评价和衡量。大学生清廉教育课程考试或考核主要是考查大学生对清廉知识的掌握情况，即考查清廉认知，大学生的清廉行为、清廉品质究竟

---

① 中共中央马克思恩格斯列宁斯大林著作编译局．马克思恩格斯文集(第一卷)[M]．北京：人民出版社，2009：335.

如何是很难通过考试答卷来衡量的。校园环境相对比较简单，对大学生来说，金钱、权力、地位等利益诱惑相对较少，大学生滑向腐败泥潭的机会和现象较少，所以大学生清廉品质如何、清廉教育实效如何很难以大学生的在校行为做出全面、客观的判断，只能做出部分评判。

鉴于清廉教育实效的延迟性，高校应建立健全大学生清廉教育的科学评价机制，要定期或不定期地对大学生步入社会后的行为表现进行追踪调查。只有把清廉教育评价的机制延伸到大学生毕业以后踏上工作岗位，考查他们在职业生活中，当面对各种利益诱惑时能否经得起考验、真正做到清廉从业，才能在更大程度上对大学生清廉教育实效做出实事求是的评价。

【解疑释惑】

应如何看待当前的党风廉政建设和反腐败斗争形势？

要正确看待当前的党风廉政建设和反腐败斗争形势，必须运用马克思主义的立场、观点和方法进行全面、客观、辩证地分析，既要看到取得的成就，也要看到存在的问题；既要看到主流，也要了解支流；既要看到过去和现在的状况，也要看到未来变化的趋势；既要看到整体，也要看到局部；既要看到现象，也要看到本质；既要看到长期性、艰巨性、复杂性，也要看到紧迫性、压倒性、坚韧性；既要增强信心和决心，也要保持清醒和定力。

第一，中国共产党在革命性锻造中更加坚强，反腐败斗争取得压倒性胜利并全面巩固。在党中央领导下，反腐败已经形成了无禁区、全覆盖、零容忍的战略态势，已经形成了利剑高悬、震慑常在，发现一起、查处一起的常态，已经形成了不敢腐、不能腐、不想腐的体制机制，这就是压倒性胜利。

党坚持不敢腐、不能腐、不想腐一体推进，惩治震慑、制度约束、提高觉悟一体发力，确保党和人民赋予的权力始终用来为人民谋幸福。坚持无禁区、全覆盖、零容忍，坚持重遏制、强高压、长震慑，坚持受贿行贿一起查，坚持有案必查、有腐必惩，以猛药去疴、重典治乱的决心，以刮骨疗毒、壮士断腕的勇气，坚定不移“打虎”“拍蝇”“猎狐”。坚决整治群众身边腐败问题，深入开展国际追逃追赃，清除一切腐败分子。党聚焦政治问题和经济问题交织的腐败案件，防止党内形成利益集团，查处周永康、薄熙来、孙政才、令计划等严重违纪违法案件。党领导完善党和国家监督体系，推动设立国家监察委员会和地方各级监察委员会，构建巡视巡察上下联动格局，构建以党内监督为主导、各类监督贯通协调的机制，加强对权力运行的制约和监督。①

党的十八大以来，在以习近平同志为核心的党中央坚强领导下，我国开展了史无前例的反腐败斗争，全面从严治党取得了历史性、开创性成就，产生了全方位、深层次影响。党的十九大以来，保持反腐败斗争永远在路上的政治定力，不断巩固拓展全面从严治党成果。2017—2022 年，全国纪检监察机关共立案 306.6 万件，处分 299.2 万人；8.1 万人向纪检监察

---

① 中共中央．关于党的百年奋斗重大成就和历史经验的决议[N]．人民日报，2021-11-17(01).

机关主动投案;“天网行动”追回外逃人员 7 089 人,追回赃款 352.4 亿元,“百名红通人员”以有 61 人归案;查处民生领域腐败和作风问题 53.2 万个,给予党纪政务处分 48.9 万人。[①]

我们党在革命性锻造中浴火重生,焕发出新的强大生机活力。全面从严治党,维护了党中央集中统一领导,使党的面貌焕然一新,党心民心更加凝聚,党执政的政治基础更加牢固,中国特色社会主义道路自信、理论自信、制度自信、文化自信更加坚定,为党和国家事业发展提供了坚强政治保证。

第二,腐败和反腐败较量还在激烈进行,并呈现出一些新的阶段性特征。防范形形色色的利益集团成伙作势、“围猎”腐蚀还任重道远,有效应对腐败手段隐形变异、翻新升级还任重道远,彻底铲除腐败滋生土壤、实现海晏河清还任重道远,清理系统性腐败、化解风险隐患还任重道远。[②]

在充分肯定成绩的同时,要清醒地看到,党风廉政建设和反腐败斗争形势依然严峻复杂,滋生腐败的土壤依然存在,消除存量、遏制增量任务依然艰巨繁重,全面从严治党依然任重道远。影响党内政治生活、政治生态的消极因素尚未根除,党的领导弱化、党的建设缺失、全面从严治党不力问题还没有彻底解决,有的党组织执行党章党规党纪不严格,贯彻党的路线方针政策不坚决、不到位,一些地方和部门不正之风和腐败问题仍然多发,“四风”问题反弹回潮隐患仍然存在。有的领导干部管党治党责任意识不强,缺乏担当精神,压力传导存在层层递减现象,群众身边的腐败问题依然多发。实践“四种形态”特别是用好第一种形态,真正落实抓早抓小还需做大量工作。

第三,坚持严的主基调不动摇,反腐败永远在路上。人民群众最痛恨腐败现象,腐败是我们党面临的最大威胁。只有以反腐败永远在路上的坚韧和执着,深化标本兼治,保证干部清正、政府清廉、政治清明,把自我革命进行到底才能跳出“历史周期率”,确保党和国家长治久安。落实全面从严治党主体责任、监督责任,提高党的建设质量。坚持严的主基调不动摇,坚持不懈把全面从严治党向纵深推进,不断增强党自我净化、自我完善、自我革新、自我提高能力。锲而不舍落实中央八项规定精神,持续纠治“四风”。要坚持无禁区、全覆盖、零容忍,坚持重遏制、强高压、长震慑,坚持受贿行贿一起查。坚决防止党内形成利益集团。不管腐败分子逃到哪里,都要缉拿归案、绳之以法。坚持抓住“关键少数”以上率下。坚持完善党和国家监督体系,加强政治监督,强化对公权力运行的制约和监督,形成全面覆盖、常态长效的监督合力。坚持完善反腐败的法治体系,以法治思维、法治方式惩治腐败。一体推进不敢腐、不能腐、不想腐,强化不敢腐的震慑,扎牢不能腐的笼子,增强不想腐的自觉,通过不懈努力换来海晏河清、朗朗乾坤。

第四,正确看待党风廉政建设和反腐败斗争形势,对巩固和发展反腐败斗争取得的压倒性胜利成果、打赢反腐败斗争攻坚战持久战具有重要意义。腐败是生长在党和国家有

---

① 十九届中央纪律检查委员会. 向中国共产党第二十次全国代表大会的工作报告[N]. 人民日报,2022-10-28(01).

② 习近平. 在十九届中央纪委六次全会上的讲话[N]. 光明日报,2022-01-19(01).

机体上的致命的恶性毒瘤，是危害人民利益的毒蛇猛兽，也是人类社会健康和可持续发展的绊脚石。自从人类进入阶级社会，腐败毒瘤就始终没有得到根本消除，腐败不仅现在有、过去也有，不仅社会主义国家有、资本主义国家也有，不仅中国有、西方国家和其他国家也有。我国在中国共产党的坚强领导下反腐败斗争取得压倒性胜利并不断巩固，但反腐败斗争形势依然严峻复杂。因此，既要清醒地认识到反腐败斗争的长期性、艰巨性和复杂性，要有反腐败永远在路上的清醒和坚韧，持之以恒、永不停息、久久为功，又要看到党和国家持续强力开展反腐倡廉工作的坚定决心、坚强意志以及取得的重大成就，增强对夺取党风廉政建设和反腐败斗争新胜利的信心和决心，坚决贯彻落实党的二十大作出的战略部署，全面打赢反腐败斗争攻坚战持久战。

【案例分析】

清廉奉献　桃李芬芳——张桂梅的故事①②

张桂梅出生于1957年，1975年参加三线建设从黑龙江支边到云南，现任云南丽江华坪女子高级中学党支部书记、校长，华坪县儿童福利院(华坪儿童之家)院长。

2021年2月和6月，张桂梅先后获得“全国脱贫攻坚楷模”荣誉称号和“七一勋章”，习近平同志两次为她颁奖。

面对一项项崇高的荣誉，张桂梅依然是胸前戴着党徽的一身素装，依然每天扶着栏杆查看校园每一个角落，依然举着小喇叭为参加高考的学生们加油助威，依然睡在学生宿舍的一张高低床的下铺……

2021年9月8日，教师节前夕，张桂梅再次说出了作为人民教师的不悔誓言：“我有一颗教育者的初心在跳动，只要我还有一口气，我就要站在讲台上，九死亦无悔，这是我对党和人民的庄严承诺!”

“心有所信，方能行远，让有信仰的人讲信仰，培养的学生才能远方有灯，脚下有路，眼前有光，哪怕在山沟里也能看到外面精彩的世界，看到美好的未来，这是我矢志不渝的追求!”面对西南林业大学、云南师范大学和昆明第一中学的师生们，张桂梅分享了自己的成长故事。上中学时，张桂梅第一次主演了《江姐》，从此江姐的英雄形象在她心中打上深深的烙印，她决心要做江姐那样的共产党人。在华坪女子高中，江姐的事迹在学校传扬，《红梅赞》的歌声在校园中飘荡，红色的种子在莘莘学子的心中生根发芽。

“我们用革命传统立校，红色文化育人的办学模式，实现了用红色基因树人、启智、铸魂，正因为有理想信念的引领和支撑，华坪女高才能克服各种困难，帮助2 000多名山区女孩走出大山，走进大学!”张桂梅畅谈了自己创办华坪免费女子高中13年的体会。

通过教育，改变山区贫困女孩的命运，始终是张桂梅不懈的追求。2021年暑假，张桂

---

① 张勇．张桂梅：有一颗教育者的初心在跳动[N]．光明日报，2021-09-10(08)．

② 庞明广，周磊，宋晨．张桂梅：大山深处的“燃灯校长”[N]．光明日报，2021-06-21(04)．

梅又走访了80多个学生家庭。家访13年,今年的家访让她有了许多新感受:“到山区村寨的路好走多了,许多贫困家庭的生活好起来了,政府帮助盖了新房,温饱不愁了,以前冬天穿凉鞋的家长也穿上皮毛靴子了。在家访华坪船房乡一户家庭时,我正准备给她家2 000元资助,这家的学生却哭着说不用给,因为她的银行卡里有8 000元,都是学校和社会各界资助的,够她和家里用了。”

“过去山区农村贫困,您才办免费女子高中教育扶贫,现在农村脱贫了,还需要继续办免费高中吗?”记者问。

“需要的,因为乡村振兴首先就要从教育振兴,现在山区农村虽然脱贫摘帽了,但经济底子还比较薄,有些贫困群众虽然温饱不愁了,但交很多钱读书还是有困难,我们学校贫困的特殊学生家庭还比较多。要彻底阻断贫困、防止返贫,要真正实现乡村振兴,还是要靠教育。”张桂梅的回答很坚决。

张桂梅老师对教育事业无限热爱,她的崇高风范和奉献精神是教师的好榜样!

分析

张桂梅同志自创办华坪免费女子高中以来,始终坚持运用革命传统立校、红色文化育人的办学模式,实现了用红色基因树人、启智、铸魂,正因为有理想、信念的引领和支撑,华坪女高才能克服各种困难,帮助2 000多名山区女孩走出大山,走进大学。在职业生涯中,张桂梅始终如一地坚持和践行全心全意为人民服务的宗旨,爱校如家、爱生如子,兢兢业业、呕心沥血,两袖清风、一身正气,充分体现了一名共产党员对党无比忠诚、对人民无限热爱、对事业高度负责的高尚情操。她以自己的实际行动生动诠释了“四有”(有理想信念,有道德情操,有扎实知识,有仁爱之心)好老师的内涵,不愧是清廉务实、无私奉献、艰苦奋斗的光辉典范。

【拓展阅读】

高等学校学生行为准则

1. 志存高远,坚定信念。努力学习马克思列宁主义、毛泽东思想、邓小平理论、“三个代表”重要思想、科学发展观和习近平新时代中国特色社会主义思想,面向世界,了解国情,确立在中国共产党领导下走社会主义道路、实现中华民族伟大复兴的共同理想和坚定信念,努力成为有理想、有道德、有文化、有纪律的社会主义新人。

2. 热爱祖国,服务人民。弘扬民族精神,维护国家利益和民族团结。不参与违反四项基本原则、影响国家统一和社会稳定的活动。培养同人民群众的深厚感情,正确处理国家、集体和个人三者利益关系,增强社会责任感,甘愿为祖国为人民奉献。

3. 勤奋学习,自强不息。追求真理,崇尚科学;刻苦钻研,严谨求实;积极实践,勇于创新;珍惜时间,学业有成。

4. 遵纪守法，弘扬正气。遵守宪法、法律法规，遵守校纪校规；正确行使权利，依法履行义务；敬廉崇洁，公道正派；敢于并善于同各种违法违纪行为做斗争。

5. 诚实守信，严于律己。履约践诺，知行统一；遵从学术规范，恪守学术道德，不作弊，不剽窃；自尊自爱，自省自律；文明使用互联网；自觉抵制黄、赌、毒等不良诱惑。

6. 明礼修身，团结友爱。弘扬传统美德，遵守社会公德，男女交往文明；关心集体，爱护公物，热心公益；尊敬师长，友爱同学，团结合作；仪表整洁，待人礼貌；豁达宽容，积极向上。

7. 勤俭节约，艰苦奋斗。热爱劳动，珍惜他人和社会劳动成果；生活俭朴，杜绝浪费；不追求超越自身和家庭实际的物质享受。

8. 强健体魄，热爱生活。积极参加文体活动，提高身体素质，保持心理健康；磨砺意志，不怕挫折，提高适应能力；增强安全意识，防止意外事故；关爱自然，爱护环境，珍惜资源。

【知与行】

假如你即将毕业，但工作还没有着落，同时还有必修课程没有通过考试。在毕业前夕仅有最后一次机会的考试中，你是否会选择考试作弊？为什么？

第三节　如何加强大学生清廉教育

【基本理论】

一、创新大学生清廉教育理念，充分发挥大学生的主体作用

（一）树立清廉教育是培养担当民族复兴大任的时代新人的战略理念

大学生是未来我国社会主义现代化建设的生力军。实现第二个百年奋斗目标，需要千百万大学生投身到波澜壮阔的社会主义现代化伟大事业之中。习近平指出，中国梦归根到底是人民的梦，必须紧紧依靠人民来实现，必须不断为人民造福。全国广大青少年，要志存高远、增长知识、锤炼意志，让青春在时代进步中焕发出绚丽的光彩。加强大学生清廉教育是促进大学生健康成长成才的需要，也是党和国家作出的具有重要和深远意义的决策。加强大学生清廉教育是培养堪当民族复兴大任的时代新人的必然选择。

1. 以正确的指导思想统领大学生清廉教育

我们要以马列主义、毛泽东思想、邓小平理论、“三个代表”重要思想、科学发展观、习近平新时代中国特色社会主义思想作为指导思想，深入贯彻落实《关于加强新时代廉洁文

化建设的意见》、中国共产党关于党风廉政建设和反腐败斗争的方针政策和战略部署，在大学生中间倡导富强、民主、文明、和谐，倡导自由、平等、公正、法治，倡导爱国、敬业、诚信、友善，积极培育和践行社会主义核心价值观，遵循教育教学规律和大学生成长成才规律，突出重点，整体推进，把清廉教育作为实施素质教育的重要内容，促进大学生健康成长，努力培养担当民族复兴大任的具有清廉素质的时代新人。

2. 以科学的工作态度对待大学生清廉教育

我们要高度重视大学生清廉教育工作，不断加强理论研究和实践探索。清廉是中华民族的传统美德，清廉教育关乎党和国家前途命运。对大学生进行清廉教育，促进其身心健康发展，既是一项具有前瞻性地从源头上预防腐败现象滋生蔓延的系统工程，又是培养担当民族复兴大任的时代新人的重要政治保证，也是清廉国家建设的基础。我们要消除关于大学生清廉教育的肤浅的、片面的认知，加强对大学生清廉教育的督导评价和调查研究，了解大学生清廉教育的动态和进程，建章立制，使大学生清廉教育有章可循、有据可依，形成大学生清廉教育常态化机制。

(二)充分发挥大学生的主体作用

任何教育活动都是教育者和受教育者之间双向互动的过程。大学生清廉教育过程是一个教育主体和教育客体互动的、开放的、辩证发展的过程，既要发挥教育者的主导作用，也要充分发挥受教育者的主体作用，引导其在校内外因地制宜地开展自主教育活动。

1. 坚持以人民为中心的原则

坚持以人民为中心是大学生清廉教育的重要原则。"'思想'一旦离开'利益'，就一定会使自己出丑。"[①]因此，坚持以人民为中心的原则，就要把加强大学生清廉教育与帮助大学生解决实际的困难和问题有机结合起来。如果漠视大学生的合理诉求及其遇到的难题，就难以更好地发挥大学生的主体作用，清廉教育就难以取得良好效果。坚持以人民为中心的原则，就要在大学生清廉教育中始终站稳人民立场，始终坚持清廉教育为人民的正确方向。

2. 构建自我教育的体系

自我教育可分为个体自我教育和集体自我教育两种基本形式。[②] 在自我教育过程中，个体自我教育不能脱离集体自我教育而孤立地进行，必须与集体自我教育有机结合，既要发挥集体教育对个体的促进作用，也要发挥个体自我教育对集体自我教育的积极影响，只有形成良好的互动关系，才能既完善个体，又提高集体的清廉道德水平。学生会、共青团和学生社团等组织是在党委、团委领导下，实行"自我教育、自我管理、自我服务"的群众性

---

① 中共中央马克思恩格斯列宁斯大林著作编译局．马克思恩格斯文集(第一卷)[M]. 北京：人民出版社，2009：286.

② 教育部社会科学研究与思想政治工作司．思想政治教育学原理[M]. 北京：高等教育出版社，1999：223-224.

学生“自治”组织。高校要加强对它们的管理和指导，充分发挥它们密切联系大学生的组织优势，积极鼓励它们自主开展内容健康、形式活泼的清廉教育活动，使大学生在活动中实现自我教育。

3. 丰富自我学习的形式

自我学习是自我教育的关键环节，自我学习分为个体自我学习和集体自我学习。个体自我学习的方式有通过读书和课堂进行学习，通过新华网、人民网、中央纪委国家监委网和学习强国平台等开展网络学习，通过社会实践开展学习，通过传承和弘扬中华优秀传统文化、革命文化和社会主义先进文化开展学习，通过搜集、宣讲英雄人物、先进典型的事迹开展学习等。集体自我学习的方式有集体讨论、集体竞赛、辩论、班会、展览、典型示范、文明公约、制度建设、批评与自我批评等。大学生通过开展丰富多彩的个体自我学习和集体自我学习，不断提高清廉认知、情感、信念、意志和行为水平，不断把清廉道德要求内化于心、外化于行，从而形成良好的清廉素质。

二、充实大学生清廉教育内容，切实增强清廉教育的全面性、系统性

(一)以社会主义核心价值体系为引领，加强理想信念教育

大学生清廉教育是信仰教育，因此，要把社会主义核心价值体系教育作为大学生清廉教育的核心内容。社会主义核心价值体系是社会主义意识形态的本质体现。马克思主义指导思想、中国特色社会主义共同理想、以爱国主义为核心的民族精神和以改革创新为核心的时代精神、社会主义荣辱观是社会主义核心价值体系的基本内容，也是大学生清廉教育的核心内容。大学生清廉教育要以社会主义核心价值体系为引领，以倡导富强、民主、文明、和谐、自由、平等、公正、法治、爱国、敬业、诚信、友善的社会主义核心价值观为遵循，对大学生进行正确的世界观、人生观和价值观教育，促进大学生清廉认知、情感和践行能力的建构、培育和提升。

社会主义核心价值体系是激励全民族奋发向上的精神力量，是社会主义思想道德建设的重要内容。因此，在开展大学生清廉教育过程中：第一，要加强马克思主义信仰教育。要坚持不懈地用马克思主义中国化最新成果武装大学生的头脑，帮助他们树立科学的世界观、人生观和价值观。第二，要加强中国特色社会主义共同理想教育。以共同理想引领个人理想，有助于大学生领会清廉教育的长远意义，确立为实现中华民族伟大复兴而奋斗的共同理想和坚定信念。第三，要加强以爱国主义为核心的民族精神和以改革创新为核心的时代精神教育。就是要引导大学生热爱祖国、服务人民、立志成才、勇于创新，始终保持艰苦奋斗的作风和追求卓越的精神状态。第四，要加强社会主义荣辱观教育。提高大学生辨别是非、善恶、美丑、对错的能力，为确立正确的行为价值取向提供理念支撑。

(二)以提升法治素养为追求，加强大学生法治教育

大学生清廉教育是底线教育，尊法、学法、守法、用法、护法，增强法治思维能力，提高

依法办事、依法履职、依法维权的本领是学习和践行清廉的必然要求，因此，加强大学生法治教育是清廉教育的应有之义。遵纪守法是践行清廉的基本要求，违法乱纪是背离清廉的行为表现。加强大学生清廉教育，要以学习法律知识、增强法治意识、提高法治思维能力等为主要目标和内容进行法治教育。教育大学生自觉遵守纪律和法律法规，培养严格遵纪守法的良好品质，形成适应现代社会生活所必需的纪律观念和法治观念。做到清廉自律，学会严格依法办事，用纪法严格约束自己，在提高法治素养的过程中提升清廉素质。

加强大学生法治教育，提高大学生法治素养。第一，树立社会主义法治理念，坚持走中国特色社会主义法治道路，坚决维护宪法法律权威，坚持依法治国、依法执政、依法行政共同推进，坚持法治国家、法治政府、法治社会一体建设。第二，丰富社会主义法治知识，加强对大学生进行法治教育，结合思政课和专业课学习，加强与自身专业和未来职业生活需要的相关法律知识的学习，把有关的法治知识与清廉道德和科学文化知识有机融合，内化为专业能力与职业素养。第三，增强法治意识、强化法治思维，尊崇宪法法律，坚持法律面前人人平等，增强规则与程序意识，依法维权、护权，善于运用法律的思维判断是非、解决问题。第四，维护和弘扬社会主义法治文化，大学生要做弘扬社会主义法治精神和信仰法治的表率，要带头树立起崇高的法治信仰、坚定的法治信念、饱满的法治信心、良好的法治风范，成为在未来社会主义法治建设中良好的依法执政、依法行事、依法办事的重要组织者、推动者和实践者，成为社会主义法治的忠实崇尚者、自觉遵守者和坚定捍卫者。①

（三）以增强拒腐防变的自觉性和能力为目标，加强大学生反腐倡廉教育

大学生清廉教育是“免疫”教育，增强拒腐防变的自觉性和能力是大学生清廉教育的一个重要目标，反腐倡廉教育是大学生清廉教育的内在要求和重要内容。反腐倡廉教育的内容主要包括党的反腐倡廉理论、党风廉政建设理论和反腐败政策法律法规、国内外廉政思想理论教育等。通过理论教育提高大学生的清廉理论素养，增强拒腐防变的自觉性和能力。

中国共产党自成立以来，就高度重视党风廉政建设和反腐败工作，积累了许多宝贵经验，形成了系统的理论，通过这些理论知识的灌输与讲授，引导大学生牢固树立马克思主义清廉观的基本立场、基本观点，学会辩证地分析反腐倡廉的问题。对大学生进行反腐倡廉理论知识教育，重点是向大学生介绍党在长期反腐倡廉实践中形成的指导思想、基本原则、工作方针和成功经验；正确分析评价当前国内外反腐倡廉的形势，教育大学生既要清醒地认识到反腐败斗争的长期性、艰巨性和复杂性，也要让大学生看到党和国家开展反腐倡廉工作的坚定决心、坚强意志和重大成果，增强其对党领导的反腐倡廉工作的信心；引导大学生学习党风廉政建设和反腐败方面政策、法律法规、制度等基本内容；引导大学生学习古今中外廉政思想理论和实践经验。通过加强反腐倡廉教育，提高大学生对各种腐朽思想侵蚀以及各种诱惑威逼侵害的“免疫力”，增强其拒腐防变的自觉性和能力。

---

① 陈赞宇，尹奎杰．培养新时代大学生法治素养[N]．光明日报，2018-09-20(14)．

(四)以新时代公民道德规范为遵循,加强大学生道德品质教育

大学生清廉教育是道德品质教育的重要组成部分,新时代公民道德规范为大学生清廉教育提供了重要遵循。加强大学生道德品质教育是深化大学生清廉教育的基石。开展大学生清廉教育,要以公民基本道德规范教育为基础教育,进行社会公德、职业道德、家庭美德和个人品德教育。2019年10月中共中央、国务院印发了《新时代公民道德建设实施纲要》。新时代公民道德既是对中国优良道德传统和中国革命道德传统的继承与弘扬,又体现了新的时代条件下对道德建设的新要求。公民基本道德规范,不仅是人们判别善与恶、道德与不道德的基本尺度,也是人们在行为选择中应当怎样做和不应当怎样做的基本标准。

社会公德教育能引导大学生正确处理国家、集体、个人之间的利益关系。职业道德教育能为大学生今后在职业活动中全心全意为人民服务、依法办事、清廉奉公打下坚实的基础。家庭美德教育可以增强大学生对婚姻和家庭的责任感,促进大学生养成尊老爱幼、勤俭节约的优良作风。个人品德教育能引导和鼓励大学生在日常生活中养成好品行。因此,在开展大学生清廉教育的同时,结合新时代公民道德教育,能够从源头上防止大学生道德失范,抑制拜金主义、享乐主义、极端个人主义的滋长,减少大学生步入社会后违法乱纪、以权谋私、腐化堕落行为的发生。

三、拓宽大学生清廉教育载体,切实提高清廉教育实效性

(一)强化课堂教学主导载体

目前,我国高校的大学生清廉教育大多数以主题教育活动、社会实践活动等方式进行,缺乏完善的教学体系。高校要加强大学生清廉教育,就必须要发挥课堂教学的重要作用。课堂教学是大学生清廉教育的主阵地,我们必须要强化这一载体,推动大学生清廉教育理论进教材、进课堂、进头脑。各门课程要充分挖掘清廉教育资源并有机融入教学中,努力形成协同育人效应。

抓好清廉教育课堂教学,教师是关键。教师只有把大学生清廉教育作为教书育人的职责,才能自觉地把清廉教育贯穿到自己的教学过程中。教师要将清廉教育目标的实现和教学内容的完善有机结合起来,正确处理清廉教育教学与其他学科教学的关系,充分挖掘清廉教育资源,使大学生在学习知识、增强能力和提高认识的过程中受到清廉教育。强化清廉教育课堂教学也离不开学校的统筹保障作用。高校要将大学生清廉教育纳入教学计划,在师资力量、教学学时、实践教学、财政经费等方面予以保证,充分发挥课堂教学的载体作用。高校要通过思想政治理论课、清廉教育课、清廉知识专题讲座、清廉教育报告会等形式增强大学生的清廉素养。

(二)丰富校园文化内涵载体

校园文化是学校所具有的特定的精神环境和文化气氛,是学校发展、进步的灵魂。清廉文化也是高校校园文化的重要组成部分。把清廉文化融入校园文化建设,用先进健康、积极向上的清廉文化引导大学生健康成长,是高校的重要任务。校园文化活动形式多样,

内容丰富，参与性强，吸引度高，是大学生全面发展的重要途径。每所大学都有自己的文化特色，要依托各自所在地悠久的历史文化资源，积极挖掘本校的历史和当地的人文积淀，寓大学生清廉教育于校园文化活动之中。教育者要精心设计和组织内容丰富、形式新颖的建设活动，传播清廉知识，弘扬清廉精神，建设清廉文化。教育者要充分发挥学校的报纸、杂志、广播站、电视台、宣传栏、文化长廊的舆论宣传阵地作用，开展清廉主题征文、知识竞赛、文艺演出、演讲辩论等活动，免费发放相关书籍或宣传册供大学生阅读，组织崇尚清廉的主题班会，参观红色教育基地等。我们要鼓励大学生发挥想象，创新大学生清廉教育的模式和内容，提高大学生清廉教育的实效性。

（三）创建教育基地外延载体

加强大学生清廉教育，要积极创建和完善外延载体——清廉教育基地。清廉教育基地是大学生培养清廉意识、弘扬清风正气的重要阵地，是大学生学习清廉知识、陶冶道德情操的重要课堂。一是爱国主义教育基地，如八一南昌起义纪念馆、井冈山革命纪念地、延安革命纪念地、百色起义纪念馆等。二是警示教育基地，通过在法院、监狱等地共建警示教育基地，组织大学生到法院旁听各类贪污受贿案件的审判，或者组织大学生到监狱与服刑人员进行面对面交流，用现实案例开展警示教育。三是“大思政课”实践教学基地，如组织大学生到军队参观，感受军人的风采；组织大学生到新农村参观，聆听乡村振兴的奋斗故事；组织大学生参观新中国发展成就展、改革开放成就展，了解祖国发展进步的光辉历程。四是校企合作企业教育基地。产教融合、校企合作是许多高校的人才培养模式，生产实习、顶岗实习是人才培养的重要环节，高校可以选择重要的企业协商设立清廉教育基地，利用企业正反两方面的案例开展教育，帮助大学生形成正确的行业、专业和岗位的清廉意识，同时把清廉教育贯穿于大学生实习的全过程，让大学生在真实情境中获取清廉知识，发现岗位清廉风险，树立清廉意识。

（四）占领网络教育创新载体

网络以开放性、交互性、便捷性和隐匿性等特点吸引着当代大学生，改变着他们的行为方式和思维方式。因此，大学生清廉教育必须高度重视网络的教育作用，强化网络教育功能，牢牢占领网络教育阵地。首先，加强网络清廉文化的宣传，比如高校可以开发建设适合大学生使用，融思想性、教育性、知识性于一体的清廉教育平台。高校要鼓励大学生参与到网络教育的过程中去，可以聘请大学生做版主，鼓励他们在张扬个性、展现才华的同时进行清廉教育的自我管理、自我教育。高校也可以通过微信公众号、QQ群、手机短信平台等形式多样的网络通信工具传播清廉文化信息，调动大学生参与清廉文化建设活动的积极性。其次，加强网络管理，净化网络环境。网络空间不是法外之地，政府要多措并举营造生态良好的网络空间，相关职能部门要加强对网络的管理，构筑“网络绿盾”，利用网络技术对教育网和公共网络的信息进行监控、鉴别和过滤。国家还要制定和完善网络规范，加强网络立法，树立正确的舆论导向，弘扬社会正气。

四、优化大学生清廉教育环境，营造清正廉明的良好氛围

（一）优化大学生清廉教育的舆论环境

大学生清廉教育是一项直面大学生思想的铸魂工程，特别容易受到社会舆论环境的影响。坚持正确的舆论导向，既是促进环境改善的现实需要，也是大学生清廉教育的重要内容，加强大学生清廉教育离不开强有力的舆论引导。强化舆论引导，高校必须树立“抢阵地”的意识，坚持以正面宣传为主的方针，让正面舆论成为一种强大的舆论导向，加强对大学生清廉教育的宣传，使全社会都重视大学生清廉教育。同时，我们要以社会主义核心价值观引领舆论环境，把优化舆论环境与大学生清廉教育有机结合起来，牢牢掌握舆论的主导权和话语权。

（二）创建良好的清廉教育家庭环境

家庭是个体生命的摇篮，是人生的第一个课堂，也是非常重要的清廉教育阵地。充分发挥家庭环境的教育功能对大学生清廉品质的形成具有至关重要的作用。首先，家庭要高度重视子女清廉品质的养成，加强家庭清廉文化建设。以增强素质为根本，提高家庭成员拒腐防变能力，并以科学的理论来武装家庭成员的头脑，培育清廉家风使其努力提高思想觉悟，练好清廉内功，做到“富贵不能淫，贫贱不能移，威武不能屈”。要以和谐家庭为目标，营造一种和睦、平等、民主、积极的家庭氛围，强化对子女的清廉品质的培育。其次，家长要充分发挥榜样作用，帮助子女增强社会责任感。家长是孩子最早学习的榜样。榜样的力量是无穷的，这就要求家长注重清廉修养及其示范作用。最后，以家庭美德为灵魂，大力倡导勤劳俭朴、清廉向善、厚德自强的优良家风。

（三）打造和谐的清廉教育校园环境

构建和谐的校园环境是优化大学生清廉教育环境的重要内容。和谐的校园环境主要由校园的物质环境、文化环境和人际环境三个方面的内容构成。

清廉高校建设

1. 美化校园的物质环境，建设美丽校园

优美的校园物质环境以整体的风貌构成某种暗喻的符号，无声地反映出学校倡导的思想、风范和审美准则，对大学生身心的发展具有熏陶功能、凝聚功能和导向功能。因此，高校必须高度重视校园的物质环境建设，加大经费投入，搞好基础设施建设，如绿化校园、建好图书馆、购置先进的仪器设备等。同时，高校还可以通过花园、草坪、树木、喷泉、雕塑等环境建设涵养人文精神。

2. 打造良好的文化环境，培育优良的校风

一要加强师德师风建设。教师要弘扬“德高为师，身正为范”的优良传统，通过自己良好的思想和行为影响大学生。二要端正学风。高校要加强大学生思想政治工作，改革和创新考核评价机制，加强教学质量监控体系建设，进一步端正学风，调动大学生的学习积

极性和主动性。

3. 营造和谐的人际环境，促进大学生的健康成长

大学生的健康成长不仅需要一定的物质方面的硬环境作支撑，而且还需要一个以良好人际关系为基础的软环境作必要条件。高校中各种各样的人际关系直接影响着大学生清廉教育活动。营造和谐的校园人际环境，一是要注重建立民主平等的师生关系，表现为师生双方的相互关心、相互信任、相互配合。稳定、和谐的师生关系能感染、激励学生，促进双方的思想交流。二是要引导学生建立良好的同学关系，平等、友好、互助、共进的同学关系能逐步内化成良好的基本道德品质。此外，要加强对非教学工作人员的教育，使其在管理和服务的过程中保持热情、诚信、友善的良好态度，以和谐的人际关系促进大学生清廉教育"全员育人"功能的发挥。

(四)营造健康的清廉教育社会环境

社会存在决定社会意识。从长远来看，生产力越发达，人们的需求和利益相对获得满足的程度越高，文化修养、道德意识、礼仪观念赖以构建的客观条件的层次也越高。因此，优化清廉教育环境需要加快构建新发展格局，着力推动高质量发展，提高综合国力和人民生活水平。在改革和发展的过程中，国家要注重社会公平、缩小贫富差距、完善社会保障体系。同时，国家要加强民主法治建设。当前，要加强党风廉政建设，着力推动全面从严治党向纵深发展，坚持开展批评和自我批评，积极运用监督执纪"四种形态"，防微杜渐，加强纪律教育，强化纪律执行，让党员、干部习惯在受监督和约束的环境中工作生活；要坚持科学执政、民主执政、依法执政的原则；建设法治政府，要防止行政权力的缺位和滥用，防止国家机关工作人员等各级各类掌握公权力的人滥用职权、贪污、受贿等腐败现象的发生；同时，要在全社会加强法制宣传，提高公民法治意识。

五、加强大学生清廉教育的队伍建设，提供大学生清廉教育的组织保证

(一)建设一支部门协同、齐抓共管的工作队伍

大学生清廉教育是加强党风廉政建设、构建和谐社会的基础性工程，具有重大的理论意义和现实意义，高校党委必须高度重视，深入贯彻落实《新时代公民道德建设实施纲要》、中共中央办公厅印发的《关于加强新时代廉洁文化建设的意见》，以及教育部《关于在大中小学全面开展廉洁教育的意见》等文件精神，实行党委统一领导，党政齐抓共管，学校纪委、监察室、宣传部、学工处、团委、马克思主义学院等部门协同配合的教育管理制度，将大学生清廉教育纳入高校宣传思想政治工作和校园文化建设的整体规划之中，加大高校惩治和预防腐败的力度，营造清正廉明、公平正义、崇尚科学、遵纪守法的育人环境，以良好的校风学风感染和教育大学生。加大大学生清廉教育的监督检查力度，目标明确、责任到人、精心管理、落实到位，确保大学生清廉教育扎实有效地开展。

(二)建设一支政治合格、业务精湛的工作队伍

大学生清廉教育工作不同于其他的教育工作，有其自身的政治性和科学性。因此，大

学生清廉教育工作者必须坚定政治立场，提高政治站位。要坚持不懈地用习近平新时代中国特色社会主义思想武装头脑，增强政治鉴别力和政治敏锐性，加强对人文社会科学的学习和研究，开展富有成效的工作。要建立严格的准入制度，保证清廉教育工作者具有较高的综合素质。要建立和完善清廉教育教师队伍培训体系，采取个人自学、集中培训、脱产进修、相互交流等措施，全面拓宽培训途径和培训内容。要制订明确的培训计划，不断提高教师的教学水平。要组织教职工深入学习《新时代公民道德建设实施纲要》、中共中央办公厅印发的《关于加强新时代廉洁文化建设的意见》，以及教育部《关于在大中小学全面开展廉洁教育的意见》，深刻领会清廉教育的意义，明确清廉教育的目标和内容，强化责任意识，充分调动教职工的积极性和创造性。广大教育工作者要不断创新清廉教育方法，要把清廉教育与日常业务工作有机结合，扩大清廉教育的覆盖面，增强清廉教育的影响力。

（三）建设一支公正严明、狠抓落实的监督考评队伍

清廉教育方案制订以后，关键在于落实和实施。大学生清廉教育不仅需要科学、合理的教育方案，而且还要看实施的效果。为此，需要建立一支监督考评队伍，具体负责对大学生清廉教育的监督、检查和考评。要深入大学生中间及时了解他们对开展大学生清廉教育的认识、态度和要求，并把获取的信息第一时间反馈给相关部门和相关教师，完善解决问题的机制，提高大学生清廉教育的效果。监督考评人员可以通过随机听课、问卷调查、学生座谈等多种监督形式，在大学生清廉教育的教学计划、教学方法、教学效果等教学环节，对党团组织、学生团体、师资培养等方面开展活动的情况进行监督检查。对开展大学生清廉教育的方案、过程、效果等量化，以事实为依据，实行全面考核，并把考评的结果与师生员工的评先评优、选拔任用挂钩，切实提高清廉教育效果的长效性。

高校要把大学生清廉教育纳入学校思想政治工作体系，与思想政治理论课建设、课程思政建设、“三全”育人工作、党建团建等育人工作有机结合、一体化推进，做到统一部署、统一落实、统一检查、统一考核，努力形成同向同行、协同育人的强大合力。

总之，队伍建设搞好了，就能夯实各级领导干部和教职工清廉教育的思想基础，调动各部门和全体教职工的积极性；就能把清廉教育纳入学生培养体系，各部门结合实际各司其职、各负其责；就能使清廉教育不停留在一般的号召和只写在计划上，而是在实践中得到真正的落实。

【解疑释惑】

应如何看待家庭、家教、家风？[①]

家庭、家教、家风在清廉教育中占据重要地位，具有重要作用。党的十八大以来，习近

---

① 中央纪委国家监察委员会网站．注重家庭、注重家教、注重家风，习近平总书记这样说[EB/OL].（2017-02-10）[2023-03-10]. http://www.ccdi.gov.cn/toutiao/201702/t20170209_125355.html.

平在不同场合多次谈到要“注重家庭、注重家教、注重家风”，强调“家庭的前途命运同国家和民族的前途命运紧密相连”。以下是摘录的习近平有关家庭、家教、家风的部分论述。

中华民族自古以来就重视家庭、重视亲情……家庭是社会的基本细胞，是人生的第一所学校。不论时代发生多大变化，不论生活格局发生多大变化，我们都要重视家庭建设，注重家庭、注重家教、注重家风，紧密结合培育和弘扬社会主义核心价值观，发扬光大中华民族传统家庭美德，促进家庭和睦，促进亲人相亲相爱，促进下一代健康成长，促进老年人老有所养，使千千万万个家庭成为国家发展、民族进步、社会和谐的重要基点。①

无论时代如何变化，无论经济社会如何发展，对一个社会来说，家庭的生活依托都不可替代，家庭的社会功能都不可替代，家庭的文明作用都不可替代。无论过去、现在还是将来，绝大多数人都生活在家庭之中。我们要重视家庭文明建设，努力使千千万万个家庭成为国家发展、民族进步、社会和谐的重要基点，成为人们梦想启航的地方。

家庭是社会的细胞。家庭和睦则社会安定，家庭幸福则社会祥和，家庭文明则社会文明。历史和现实告诉我们，家庭的前途命运同国家和民族的前途命运紧密相连。我们要认识到，千家万户都好，国家才能好，民族才能好。国家富强，民族复兴，人民幸福，不是抽象的，最终要体现在千千万万个家庭都幸福美满上，体现在亿万人民生活不断改善上。同时，我们还要认识到，国家好，民族好，家庭才能好……只有实现中华民族伟大复兴的中国梦，家庭梦才能梦想成真。

家庭是人生的第一个课堂，父母是孩子的第一任老师。孩子们从牙牙学语起就开始接受家教，有什么样的家教，就有什么样的人。家庭教育涉及很多方面，但最重要的是品德教育，是如何做人的教育。也就是古人说的“爱子，教之以义方”“爱之不以道，适所以害之也”。青少年是家庭的未来和希望，更是国家的未来和希望。古人都知道，养不教，父之过。家长应该担负起教育后代的责任。家长特别是父母对子女的影响很大，往往可以影响一个人的一生。

广大家庭都要重言传、重身教，教知识、育品德，身体力行、耳濡目染，帮助孩子扣好人生的第一粒扣子，迈好人生的第一个台阶。②

领导干部的家风，不仅关系自己的家庭，而且关系党风政风

领导干部的家风，不是个人小事、家庭私事，而是领导干部作风的重要表现。

从近年来查处的腐败案件看，家风败坏往往是领导干部走向严重违纪违法的重要原因。不少领导干部不仅在前台大搞权钱交易，还纵容家属在幕后收钱敛财，子女等也利用父母的影响经商谋利、大发不义之财。有的将自己从政多年积累的“人脉”和“面子”，用在为子女非法牟利上，其危害不可低估。古人说：“将教天下，必定其家，必正其身”“莫用三爷，废职亡

---

① 习近平．在2015年春节团拜会上的讲话[N]．光明日报，2015-02-18(02)．

② 习近平．在会见第一届全国文明家庭代表时的讲话[N]．光明日报，2016-12-16(02)．

家”“心术不可得罪于天地，言行要留好样与儿孙”。[①]

家风是社会风气的重要组成部分。家庭不只是人们身体的住处，更是人们心灵的归宿。家风好，就能家道兴盛、和顺美满；家风差，难免殃及子孙、贻害社会，正所谓“积善之家，必有余庆；积不善之家，必有余殃”。诸葛亮诫子格言、颜氏家训、朱子家训等，都是在倡导一种家风。毛泽东、周恩来、朱德同志等老一辈革命家都高度重视家风。

广大家庭都要弘扬优良家风，以千千万万家庭的好家风支撑起全社会的好风气。特别是各级领导干部要带头抓好家风。《礼记·大学》中说：“所谓治国必先齐其家者，其家不可教而能教人者，无之。”领导干部的家风，不仅关系自己的家庭，而且关系党风政风。[②]

每一位领导干部都要把家风建设摆在重要位置，廉洁修身、廉洁齐家

必须管好亲属和身边工作人员，决不允许他们擅权干政、谋取私利，不得纵容他们影响政策制定和人事安排、干预日常工作运行，不得默许他们利用特殊身份谋取非法利益。[③]

在培育良好家风方面，老一辈革命家为我们做出了榜样。每一位领导干部都要把家风建设摆在重要位置，廉洁修身、廉洁齐家，在管好自己的同时，严格要求配偶、子女和身边工作人员。干部子弟也要遵纪守法，不要以为是干部子弟就谁都奈何不了了。触犯了党纪国法都要处理，而且要从严处理。[④]

各级领导干部特别是高级干部要继承和弘扬中华优秀传统文化，继承和弘扬革命前辈的红色家风，向焦裕禄、谷文昌、杨善洲等同志学习，做家风建设的表率，把修身、齐家落到实处。各级领导干部要保持高尚道德情操和健康生活情趣，严格要求亲属子女，过好亲情关，教育他们树立遵纪守法、艰苦朴素、自食其力的良好观念，明白见利忘义、贪赃枉法都是不道德的事情，要为全社会做表率。[⑤]

【案例分析】

并蒂“廉”花香益远——甘祖昌和龚全珍的家风故事[⑥]

在江西省萍乡市莲花县有一位传奇人物，他叫甘祖昌。

甘祖昌参加过井冈山斗争、五次反“围剿”、长征、抗日战争、解放战争……1955年甘祖昌被授予少将军衔，但两年后他毅然解甲归田，和妻子龚全珍回到家乡当农民。夫妻两人领着乡亲们架桥梁、修水库，解民困、分民忧，践行着共产党员的本色。

---

① 习近平．在第十八届中央纪律检查委员会第六次全体会议上的讲话[EB/OL]．(2016-05-03)[2023-01-28]．http://www.xinhuanet.com/politics/2016-05/03/c_128951516.htm.

② 习近平．在会见第一届全国文明家庭代表时的讲话[N]．光明日报，2016-12-16(02).

③ 习近平．在中国共产党第十八届中央纪律检查委员会第五次全体会议上的讲话[EB/OL]．(2016-05-03)[2023-01-28]．http://www.xinhuanet.com//politics/2015-01/13/c_1113982249.htm.

④ 习近平．在第十八届中央纪律检查委员会第六次全体会议上的讲话[EB/OL]．(2016-05-03)[2023-01-28]．http://www.xinhuanet.com/politics/2016-05/03/c_128951516.htm.

⑤ 习近平．在会见第一届全国文明家庭代表时的讲话[N]．光明日报，2016-12-16(02).

⑥ 景国成，李小斌．并蒂“廉”花香益远——甘祖昌和龚全珍的家风故事[N]．中国纪检监察报，2017-02-27(1).

1975 年 4 月 18 日，《人民日报》以《万里征途不歇脚——记红军老战士、共产党员甘祖昌》为题，对甘祖昌先进事迹进行了报道。1977 年，该文被选入江西省初中《语文》课本。龚全珍数十年来，一心为民、无私奉献，当选为第四届全国道德模范、全国优秀共产党员。2016 年 12 月龚全珍家庭荣获第一届全国文明家庭。

甘祖昌和龚全珍的家风故事，被传为佳话。

龚全珍住在她三女儿甘公荣家里。“爸爸从小就教育我们要淡泊名利、艰苦奋斗，一生为党、一心为民，这是爸爸留给我们最宝贵的精神财富。”面对笔者的采访，甘公荣娓娓道来。

1926 年夏天，甘祖昌在老乡陈竞进的介绍下认识了方志敏，在方志敏等影响下，甘祖昌走上了革命道路，丹心一片，赤诚报国。

1957 年，甘祖昌从新疆军区回到莲花县坊楼镇沿背村。有一次生产大队的水库捞鱼，按每户 3 斤分给社员，队长有意照顾，抓了一条大鱼给他家。甘祖昌得知自己的鱼比别人家大时，硬是去厨房将鱼一分为二，留下一半，让队长把另一半拿走了。

甘公荣说她在读小学五年级的时候，有一次把一双破了的鞋子扔在门后，不想穿了。到了晚上，甘祖昌拿着补好的鞋子语重心长地对她说：“公荣，穿破鞋不丢人，贪图享受才不好。艰苦奋斗是我们党和国家的优良传统，我们不能把这个传统丢了。”

1957 年至 1984 年间，甘祖昌工资收入加原有存款共计 102 452 元，其中支付用于国家建设的有 79 032 元，占总收入的 70%多。他带领乡亲们修建了 3 座水库、25 公里长的渠道、4 座水电站、3 条公路、12 座桥梁。

为了让孩子接过艰苦奋斗的传家宝，甘祖昌告诫子女最多的一句话是“要挑老红军的担子，不能摆老红军的架子”。

甘祖昌在生命的最后时刻，交代家人：“领了工资，先交党费，留下生活费，其余的全部买农药化肥支援农业。”

并蒂“廉”花齐绽放。龚全珍毕业于西北大学，受到过良好的教育和中华优秀传统文化的熏陶，甘祖昌去世后，她继续保持和发扬勤俭朴素、无私奉献的优良传统，经常帮助留守儿童、困难群众。

龚全珍的日记里多次表达了要捐赠器官的意愿，“自己哪里有用就捐哪里”。2015 年 3 月 17 日上午，龚全珍签订了遗体捐赠书。随后，她对身边人说：“作为一个平凡人，能帮助别人，能用得上我的器官，是我最开心的事。”

受甘祖昌夫妇的影响，其孩子都在平凡的岗位上老老实实做人，勤勤恳恳做事。甘公荣在家乡基层岗位上，默默坚守了几十年，获得了“全国劳动模范”、全省优秀共产党员、全省“三八红旗手”等荣誉。甘公荣热心公益事业，捐款 5 万多元资助贫困学生，还担任了社区“龚全珍工作室”志愿服务队队长，她的儿子、儿媳、侄女，都成了志愿者。

这些年，甘公荣被井冈山干部学院聘为红军后代宣讲团成员，为传承优良传统贡献力量。

分析

在内忧外患、民不聊生的旧中国，为了实现民族独立和人民解放，甘祖昌毅然参加了革命，驰骋疆场、无私无畏，克己奉公、勤勤恳恳，为革命献出青春和热血。中华人民共和国成立后，为让家乡的父老乡亲过上好日子，身为少将的甘祖昌毅然解甲归田，带着妻子龚全珍和孩子回乡，带领乡亲们艰苦奋斗，希望能改变家乡的落后面貌。龚全珍风风雨雨几十年，不忘初心，始终保持清廉为民、无私奉献的共产党员本色，赢得了人民的衷心爱戴和崇高敬意。甘祖昌、龚全珍夫妇不仅率先垂范、严以律己，而且还高度重视家庭文明建设，家教严格、家风清廉。受其影响，他们的孩子都在平凡的岗位上遵纪守法、老老实实做人，敬业奉献、勤勤恳恳做事，以实际行动为传承奉献为民、清廉务实、艰苦奋斗的优良传统贡献力量。2013 年 9 月，习近平在会见全国道德模范时，向将军夫人龚全珍致敬并郑重提出要世世代代传承和弘扬甘祖昌、龚全珍清廉为民、艰苦奋斗的优良传统和精神。习近平饱含深情地表示，“我刚才看到这位老前辈，她就是我们的老将军甘祖昌的夫人龚全珍，她今年 90 多岁了，我看到她以后心里一阵阵的感动。”习近平对在场的 300 多位与会者介绍，甘祖昌是我们共和国的开国将军，江西籍的老红军。中华人民共和国成立后，他当了将军，但是他坚持回家当农民。我当小学生时就有这篇课文，内容就是将军当农民，我们深受影响。至今半个世纪过去了，看到龚老现在仍然弘扬着这种精神，今天看到她又当选全国道德模范，出席我们今天的会议，我感到很欣慰。习近平强调，我们要弘扬这种艰苦奋斗精神，不仅我们这代人要传承，我们的下一代也要弘扬，要一代一代传承下去。我再次向龚老前辈表示致敬。[①] 甘祖昌、龚全珍夫妇之所以得到党和国家领导人的高度评价和人民衷心敬仰，在于他们始终不忘初心、清正廉明、忠心耿耿，为实现人民幸福和民族复兴而艰苦奋斗、无私奉献，并做出突出贡献。

【拓展阅读】

各地的清廉建设为大学生清廉教育创造了良好环境

党的十八大以来，在大力推进全面从严治党的伟大自我革命进程中，全国各地坚持以党的自我革命引领社会革命，其中包括不断推动各领域清廉建设走深走实，这在很大程度上推动了大学生清廉教育环境的持续优化，为增强大学生清廉教育的实效性创造了良好条件。以下是对部分省（自治区）推进清廉建设的情况介绍。

---

① 徐京跃，隋笑飞．习近平：向龚老前辈致敬！[N]．人民日报，2013-09-27(01)．

浙江：清风正气朗乾坤 清廉建设固基石①

浙江城乡居民收入位居全国前列，脱贫攻坚任务最先完成，全面建成小康社会实现程度位列各省（区、市）第一……凭借“八八战略”这把“金钥匙”、清廉浙江这块好“基石”，浙江打开了一扇高质量发展建设共同富裕示范区的“大门”。

2017 年 6 月 12 日，省第十四次党代会提出：“在全面从严治党上更进一步、更快一步，努力建设清廉浙江。”五年后的今天，全省上下共同努力，用实际行动书写了一份亮丽的答卷。

一、努力打造新时代新征程清廉建设高地

2018 年 7 月 19 日，省委十四届三次全会审议通过了《中共浙江省委关于推进清廉浙江建设的决定》。20 日，省纪委召开十四届三次全会，审议通过了《中共浙江省纪委关于开展“八大行动”、为建设清廉浙江提供坚强政治和纪律保证的决定》。

省委有号令，纪委有部署，全省有行动。两份决定，向全省上下传递出清晰明确的信号——建设清廉浙江势不可当。

2020 年 11 月，省委十四届八次全会深入贯彻习近平考察浙江重要讲话精神，明确提出以全面从严治党为主线，深入推进清廉浙江建设，并将其作为争创社会主义现代化先行省的“十三项战略抓手”之一。

站在“两个一百年”的历史交汇点上，浙江整装再出发。2021 年 2 月，省委出台《中共浙江省委关于纵深推进清廉浙江建设的意见》，明确提出到“十四五”末，各清廉单元建设全面推进并基本成型；到 2035 年，清廉浙江建设各项制度机制成熟定型，清廉浙江全面建成，中国特色社会主义监督制度优越性充分彰显。

从省市到镇村，从山区到沿海，从企业到院校，新一轮声势浩荡的清廉浙江建设浪潮汹涌而来。

二、紧盯关键岗位关键领域做优清廉单元

五年来，浙江省推进清廉浙江建设全方位全领域深化，特别是聚焦打造清廉机关、清廉企业、清廉医院、清廉学校、清廉村居等清廉单元标杆，把示范清廉单元建设的标准范式向其他领域辐射，形成清廉浙江建设以点带面、全域共进的良好态势。

浙江省把“建设清廉机关、创建模范机关”作为机关党的建设总牵引、总抓手、总载体，加强对领导干部特别是“一把手”等“关键少数”监督。在国企领域，2020 年，浙江省印发《关于全面实施“八大行动”深入推进清廉国企建设的实施方案》。2021 年 4 月，浙江省印发《关于推进清廉民营企业建设的实施方案》。同时，以强化基层公权力监督为着力点，重拳整治群众身边腐败问题和不正之风。2020 年起，全省部署开展“强化清廉村居建设有力推动基层治理”专项工作，实现村（社区）监察工作联络站全覆盖。

---

① 颜新文，黄也倩，宋哲源，戴睿云. 清风正气朗乾坤——深化清廉浙江建设工作综述[N]. 浙江日报，2022-06-19(01).

三、绘就共同富裕示范区建设的鲜明底色

清廉建设的理念、措施，贯穿于高质量发展建设共同富裕示范区的全过程。始终坚持“严”的主基调，坚决整治损害共同富裕的腐败行为。推动打造亲清政商关系升级版，制定《关于规范领导干部廉洁从政从业行为　进一步推动构建亲清政商关系的意见》……政商关系“亲而有度”“清而有为”。同时，浙江省出台《关于加强新时代廉洁文化建设的实施意见》，推动清廉文化与各个单元有机结合，发扬文明风尚、新风正气，为共同富裕示范区建设提供思想保证和文化支撑。

湖南：明确清廉湖南建设“时间表”“路线图”[①]

2021 年 8 月 3 日，《中共湖南省委关于推进清廉湖南建设的意见》（以下简称《意见》）全文发布，这是省委对当前和今后一段时期推进清廉湖南建设的纲领性文件。

一、着眼全省大局，聚焦重点、难点任务

清廉湖南建设的总体目标是营造干部清正、政府清廉、政治清明、社会清朗的政治生态和发展环境。分 5 年和 15 年“两步走”战略。建设清廉湖南，是推动全面从严治党向纵深发展、向基层一线和群众身边延伸，一体推进不敢腐、不能腐、不想腐的实际行动，有助于为湖南在中部地区崛起中实现高质量发展提供坚强保障和良好环境。

《意见》结合湖南实际，着眼于全省大局作出了系统部署安排。清廉湖南建设是一项面广线长的系统性工程，聚焦重点、难点任务。坚持当下和长远结合，既注重解决目前群众反映强烈的突出问题，从清廉感知度较强的行业、领域入手，在“治标”上立竿见影；又注重提出一些诸如深化改革、完善体制机制等深层次、根本性问题，并在推进清廉湖南建设中逐步加以解决，在“治本”上下功夫。提出充分发掘利用湖南红色文化教育资源，在传承红色基因中涵养清风正气。

二、“四清”目标构成清廉湖南建设的“四梁八柱”

《意见》明确了推进清廉湖南建设的具体任务，主要围绕“四清”目标提出要求。政治清明，主要是发挥政治建设统领作用，围绕强化理论武装、优化政治生态、加强基层党建等方面展开；政府清廉，主要考虑通过深化改革，打破部门固有利益藩篱，进一步规范党政权力，促进权力运行规范公开高效；干部清正，注重从约束、预防和惩治等正反两方面加强干部队伍建设，明确严把选人用人关口，防止干部“带病提拔”“带病上岗”，真正做到“干净用人、用干净人”。同时，严格干部教育管理，把“严”的主基调长期坚持下去；社会清朗，提出以清廉机关、清廉企业、清廉学校、清廉医院、清廉乡村五个单元为重点，以当前存在的突出问题为突破口，以点带面、示范带动清廉湖南建设，重点抓好清廉机关建设，推动领导机关和领导干部带头管好手中权力，一级抓一级，进而带动企业、学校、医院、乡村全面推进清廉建设。

---

① 刘燕娟. 清廉湖南建设有了“时间表”“路线图”——解读《中共湖南省委关于推进清廉湖南建设的意见》[N]. 湖南日报，2021-08-04(02).

三、全省联动，汇聚各方智慧和力量

建设清廉湖南是涉及全省上下、联动各行各业的系统工程，单打独斗是行不通的，需要汇聚全省各方面的智慧和力量。

《意见》明确了清廉湖南建设的保障措施。提出完善监督体系，推动党内监督和党外监督优势互补、同向发力，强调紧盯各级“一把手”以及重点领域、关键环节。

提出各级党委（党组）要坚决扛起清廉湖南建设的政治责任，抓好推进落实。各级纪检监察机关要切实履行协助职责，充分发挥监督保障执行、促进完善发展作用。压紧压实各条块主体责任，强化行业管理、属地管理，充分激发主观能动性。把推进清廉建设情况纳入党委政府目标考核评价体系，做好理论创新研究和宣传教育工作，强化文化引领、化风成俗作用，让以清为美、以廉为荣在三湘大地蔚然成风。

广西：大力推进清廉广西建设　让清风正气充盈八桂大地①

《中共广西壮族自治区委员会关于大力推进清廉广西建设的意见》（2022 年 1 月 23 日）的印发实施，拉开全区各级党组织、广大党员干部全面开展清廉机关、清廉企业、清廉学校、清廉医院、清廉社区、清廉乡村、清廉家庭创建活动的序幕，继续打好党风廉政建设和反腐败斗争攻坚战持久战，力推“清廉”成为新时代中国特色社会主义壮美广西的金色名片。

近年来，自治区党委把推进清廉建设作为一项政治工程、书记工程、民心工程、系统工程。自治区第十二次党代会提出，永葆自我革命精神，贯通落实“两个责任”，大力推进清廉广西建设。2023 年 1 月 24 日，自治区党委主要领导同志在自治区纪委十二届二次全会再动员再部署，要求全区各级党委（党组）认真贯彻落实关于大力推进清廉广西建设的意见，充分调动各方积极性，努力实现政治清明、政府清廉、干部清正、社会清朗。

抓好“一把手”和领导班子，重在推动“两个责任”贯通落实，以“关键少数”带动“绝大多数”，营造山清水秀的政治生态，实现政治清明；完善监督体系，重在规范权力运行，以党内监督为主导，贯通各类监督，推动建设服务政府、责任政府、法治政府、廉洁政府，实现政府清廉；把纪律挺在前面，重在严管厚爱结合、激励约束并重，加强年轻干部教育管理监督，促进党员干部勤勉尽责、担当实干、廉洁自律，实现干部清正；弘扬新风正气，重在调动全社会激浊扬清的主动性创造性，全面创建清廉机关、清廉企业、清廉学校、清廉医院、清廉社区、清廉乡村、清廉家庭，形成以清为美、以廉为荣的鲜明价值取向，实现社会清朗。

全区明确各领域清廉单元建设责任分工，进一步贯通“两个责任”。自治区党委区直机关工委、自治区国资委、自治区教育厅、自治区卫生健康委、自治区党委组织部、自治区农业农村厅、自治区妇联党委（党组）分别牵头实施清廉机关、清廉企业、清廉学校、清廉医

---

① 广西壮族自治区纪委监委. 广西：大力推进清廉建设[EB/OL]. (2022-02-12)[2023-03-13]. https://www.ccdi.gov.cn/yaowenn/202202/t20220208_170092.html.

院、清廉社区、清廉乡村、清廉家庭建设。各级纪检监察机关负责组织协调、督导检查，督促牵头单位以及责任单位党委（党组）履行主体责任，实现清廉广西建设全覆盖。

【知与行】

在线观看中央纪委宣传部、中央电视台联合制作的大型电视专题片——《永远在路上》，[①]以 3～5 人为一个学研小组，开展讨论，分享观看后的体会和收获。

【课外作业】

学校要举办大学生清廉教育系列活动，主题为“清廉，我们共同的责任”，请结合实际，以 3～5 人为一个学研小组，为本次系列活动的成功举办提前开展调研、组织讨论、集思广益，在此基础上撰写一份活动方案。

① 中央纪委宣传部、中央电视台．大型电视专题片：《永远在路上》[EB/OL]．(2016-10-17)[2023-03-16]．https://tv.cctv.com/2016/10/17/VIDEAfR8Pxzb47Ez3MbI8zzG161017.shtml.

第三讲 清廉是做人的本分
——扬正气忠心报国

我们共产党人为的是大公、守的是大义、求的是大我，更要正心明道、怀德自重，始终把党和人民放在心中最高位置，做一个一心为公、一身正气、一尘不染的人。

要教育引导学生正确认识世界和中国发展大势，从我们党探索中国特色社会主义历史发展和伟大实践中，认识和把握人类社会发展的历史必然性，认识和把握中国特色社会主义的历史必然性，不断树立为共产主义远大理想和中国特色社会主义共同理想而奋斗的信念和信心；正确认识中国特色和国际比较，全面客观认识当代中国、看待外部世界；正确认识时代责任和历史使命，用中国梦激扬青春梦，为学生点亮理想的灯、照亮前行的路，激励学生自觉把个人的理想追求融入国家和民族的事业中，勇做走在时代前列的奋进者、开拓者；正确认识远大抱负和脚踏实地，珍惜韶华、脚踏实地，把远大抱负落实到实际行动中，让勤奋学习成为青春飞扬的动力，让增长本领成为青春搏击的能量。

——习近平

【导语】

习近平强调，青年兴则国家兴，青年强则国家强，广大青年要坚定理想信念，练就过硬本领，勇于创新创造，矢志艰苦奋斗，锤炼高尚品格，在实现中国梦的生动实践中放飞青春梦想，在为人民利益的不懈奋斗中书写人生华章。富有朝气、富有梦想的大学生，无论是在校学习生活，还是走进社会就业创业，只有坚守清廉这个做人的本分，把个人的前途命运与祖国的前途命运紧密结合起来，立为人民服务之志，修德砺能，带头倡导清廉、践行清廉，才能使自己真正成为报效祖国、服务人民的有用之才。

第一节　志存高远——甘守清廉报国家

【基本理论】

一、社会清廉与否是国家治乱兴衰的风向标

（一）贪腐盛则国运衰

贪腐对国家的危害是极其严重甚至是致命的。它助长奢靡之风、糟蹋国家资源，扰乱经济秩序、阻碍经济发展，败坏社会公德、污染社会风气，损害公平正义、激化社会矛盾，破坏法治环境、危及社会稳定，违背民心民意、动摇执政根基。古今中外，贪腐盛而导致国运衰的实例，实在数不胜数，正如习近平所言："中国历史上因为统治集团严重腐败导致人亡政息的例子比比皆是，当今世界上由于执政党腐化堕落、严重脱离群众导致失去政权的例子也不胜枚举啊！"[①]邓小平曾指出："我们自从实行对外开放和对内搞活经济两个方面的政策以来，不过一两年时间，就有相当多的干部被腐蚀了""要足够估计到这样的形势""这股风来得很猛""如果我们党不严重注意，不坚决刹住这股风，那末，我们的党和国家确实要发生会不会'改变面貌'的问题。这不是危言耸听"。[②] 江泽民在党的十四大报告中也指出："要充分认识这个斗争的紧迫性、长期性和艰巨性。在改革开放的整个过程中都要反腐败，把端正党风和加强廉政建设作为一件大事，下决心抓出成效，取信于民。"[③]胡锦涛在党的十八大报告中告诫道：腐败问题解决不好，就会对党造成致命伤害，甚至亡党亡国。[④]2013 年 1 月 22 日，习近平在第十八届中央纪律检查委员会第二次全体会议上的讲话中强调："腐败是社会毒瘤。如果任凭腐败问题愈演愈烈，最终必然亡党亡国。我们党把党风廉政建设和反腐败斗争提到关系党和国家生死存亡的高度来认识，是深刻总结了古今中外的历史教训的。"[⑤]"以猛药去疴、重典治乱的决心，以刮骨疗毒、壮士断腕的勇气，坚决把党风廉政建设和反腐败斗争进行到底。"[⑥]这些科学论断和党的反腐实践一再表明了中国共产党不但与腐败水火不容，而且对腐败的危害性有着清醒的认识，并坚持不懈地开展反

---

① 习近平．在十八届中央纪律检查委员会第二次全体会议上的讲话（2013 年 1 月 22 日）[EB/OL].（2013-01-23）[2023-03-13]. http://politics. people. com. cn/n/2013/0123/c70731-20301083. html.

② 邓小平．邓小平文选（第二卷）[M]. 北京：人民出版社，1994：402-403.

③ 江泽民．江泽民文选（第一卷）[M]. 北京：人民出版社，2006：248-249.

④ 胡锦涛．胡锦涛文选（第三卷）[M]. 北京：人民出版社，2017：657.

⑤ 习近平．在十八届中央纪律检查委员会第二次全体会议上的讲话（2013 年 1 月 22 日）[EB/OL].（2013-01-23）[2023-03-13]. http://politics. people. com. cn/n/2013/0123/c70731-20301083. html.

⑥ 习近平．习近平谈治国理政[M]. 北京：外文出版社，2014：394.

腐败斗争。

(二)清廉兴则国运昌

清正廉明的社会风气必然助推国家政治清明、经济发展、文化繁荣、生态美丽，助力社会公平、和谐、稳定与可持续发展，促进家庭和睦幸福，促进个人全面发展。我国历史上的“贞观之治”开启了大唐盛世，唐太宗李世民以隋朝灭亡为镜鉴，把人民和君主的关系比作水与舟，认识到“水能载舟，亦能覆舟”的道理，因此秉持民本思想，率先垂范，从严治吏、选贤任能，广开言路、虚怀纳谏，戒奢从简、轻徭薄赋，滥用职权和贪污渎职的现象大大降低，从而使唐王朝在政治、经济、文化上都走在了世界的最前列。

中华人民共和国成立以来，中国共产党在领导全国人民为实现人民共同幸福、民族伟大复兴、国家繁荣富强而不懈奋斗的过程中，始终坚持反腐倡廉建设，从过去“三反五反”运动，枪毙贪污犯刘青山、张子善的枪声，到如今“老虎苍蝇一起打”的反腐风暴，都彰显了党和政府坚守清廉、惩治贪腐的高度自觉。反腐倡廉是社会主义中国取得举世瞩目的伟大成就、昂然屹立于世界的政治保障和必要条件。

事实证明，清廉兴则民心顺，民心顺则国运昌。因此，构建清廉社会已成为国际社会的共识。《联合国反腐败公约》于 2005 年 12 月 14 日正式生效。这是联合国历史上通过的第一个用于指导国际反腐败斗争的法律文件，对加强各国反腐行动、提高反腐成效、促进反腐国际合作具有重要意义。联合国把每年的 12 月 9 日确定为“国际反腐败日”。每年的这一天，联合国都会呼吁世界各国举行相关宣传活动，倡导“帮助消除腐败是每个人应尽职责”的理念。

那么什么样的社会才是清廉的社会？清廉社会是相对于贪腐社会而言的，是人们努力追求的一种理想社会状态。虽然世界各国很难在短时间内完全达成公认、统一、科学的清廉社会标准，但现代清廉社会还是有一些共同的特征。现代清廉社会的主要特征体现为以下三点：

第一，政治清廉。清廉社会的公共权力得到有效的监督制约，公职人员奉公守法，廉洁自律。法律在社会系统中居于最高的地位并具有最高的权威，任何组织和个人都不能凌驾于法律之上，权力在阳光下运行。公职人员严格按照国家法律规定办事，恪守职业道德，自觉谋求公共利益，抵制住各种诱惑，不损公肥私和谋求不正当利益。建设廉洁政府，做到干部清正、政府清廉、政治清明是我们党提出的中国特色社会主义政治建设的重要目标之一。

第二，社会有序。一个清廉的社会，不仅要求公共部门清正廉明，而且要求非公共部门也要清廉。在社会主义市场经济条件下，非公共部门活动领域不断扩大，既有非公共部门之间的联系，也有非公共部门和公共部门之间的联系。任何部门的内部活动以及部门之间的交往活动都要依法依规、公平公正、阳光透明，反对不正当竞争和商业贿赂等各种违法乱纪行为。

第三，公民自律。公民自律意识强，道德和法治素质较高。公道正派、廉洁自律，光明磊落、实事求是，是非分明、遵纪守法，爱岗敬业、诚实守信，真诚相待、团结互助，做到堂堂正正做人、踏踏实实做事、清清白白奉公，不要小心眼、不搞小动作，不弄虚作假、不阳奉阴违，不贪恋不义之利。

二、立报国之志　守清廉之德

（一）个人前途和祖国命运息息相关

国家繁荣富强是个人安定幸福的保障。习近平在庆祝中国共产党成立100周年大会上的讲话指出："1840年鸦片战争以后，中国逐步成为半殖民地半封建社会，国家蒙辱、人民蒙难、文明蒙尘，中华民族遭受了前所未有的劫难。"①这一论断深刻揭示了个人前途与国家命运息息相关。今天，我国在中国特色社会主义道路上不断发展壮大、繁荣富强，综合国力与世界影响力不断跃升。国家的发展、进步不仅为每一位中国人提供了人生出彩的舞台和机会，也为人民过上有尊严高品质的幸福生活提供了可靠保障。国家的利益是无数个人利益的集中体现，国家的命运事关个人的发展和前途。国家贫穷落后、动荡不安，人民也跟着遭殃；国家富强、和谐稳定，人民才能扬眉吐气、生活幸福。当今中国，人民当家作主，百姓安居乐业，这与国家繁荣进步、日益强盛是密不可分的。

青年兴则国家兴，青年强则国家强。青年学生要成长为中国特色社会主义的优秀建设者和可靠接班人，必须将个人理想与祖国的发展紧密结合起来，在为实现中华民族伟大复兴中国梦的奋斗中书写人生华章。2013年5月2日，习近平在给北京大学学生的回信中勉励当代青年："中国梦是国家的梦、民族的梦，也是包括广大青年在内的每个中国人的梦。'得其大者可以兼其小。'只有把人生理想融入国家和民族的事业中，才能最终成就一番事业。希望你们珍惜韶华、奋发有为，勇做走在时代前面的奋进者、开拓者、奉献者，努力使自己成为祖国建设的有用之才、栋梁之材，为实现中国梦奉献智慧和力量。"②我们国家的发展、社会的进步为每个青年创造出彩人生和幸福生活提供根本保障。同时，国家的发展、社会的进步也离不开广大青年的团结奋斗，一个国家的希望和未来就寄托在青年身上。广大青年具有清正廉明、艰苦奋斗和无私奉献的精神，是一个国家走向繁荣富强的必要条件。这两个方面互相联系、辩证统一，归根到底，就是青年人要把自己的命运和祖国的命运连在一起。

（二）立志报国与坚守清廉的关系

立志报国是坚守清廉的动力源泉和指南针。毛泽东、周恩来、朱德、刘少奇、邓小平、陈云等老一辈无产阶级革命家能够一生坚守清廉，其根本原因就是他们都从青年时期就确立了报效祖国、为中华之崛起而奋斗终身的坚定志向，树立了为共产主义而奋斗终身的崇高理想和坚定信念。只有真正确立报国之志、树立崇高理想信念，才能正确处理个人利益与集体利益、国家利益的辩证关系从而始终把祖国和人民的利益放在首位，才能坚守清廉，始终做到严以修身、作风正派、祛除偏私邪念，严以律己、淡泊淳朴、戒除损公肥私，才

---

① 习近平．在庆祝中国共产党成立100周年大会上的讲话（2021年7月1日）[N]．人民日报，2021-07-02(002).

② 汪晓东，王洲．让青春在奉献中焕发绚丽光彩——习近平总书记关于青年工作重要论述综述[N]．人民日报，2021-05-04(01).

能严以用权、明辨是非、铲除昏庸腐化。有的人不能坚守清廉，甚至滑向贪腐，虽然其原因是多方面的、复杂的，但崇高理想信念和报国之志的缺失导致其私欲膨胀、邪念丛生，把个人、家庭、家族或小集团的利益凌驾于国家、人民利益之上，是内在的、根本的原因。当一个人的奋斗目标只是为了自己的时候，一旦遇到各种利益的诱惑，他就很难守住清廉底线，支撑他的精神支柱很容易垮塌；当一个人的奋斗目标是立足于报效祖国、服务社会的时候，无论面对何种诱惑，也无论遇到多大的困难和挫折，他都不会冲破清廉的堤坝，迷失方向，自暴自弃。马克思说："如果我们选择了最能为人类福利而劳动的职业，我们就不会为它的重负所压倒，因为这是为全人类所作的牺牲；那时我们感到的将不是一点点自私而可怜的欢乐，我们的幸福将属于千万人，我们的事业并不显赫一时，但将永远存在。"[①]许多杰出的人物，正如马克思说的那样，把为民谋福、为国分忧作为自己的奋斗目标，因而在坚守清廉中创造出不平凡的业绩。

坚守清廉是立志报国的必然选择和净化器。立报国之志是崇高的，但在报国的路上却并非一帆风顺，人们会面临各种各样的诱惑、困难甚至生命危险的考验，而要想抵制诱惑、战胜困难、经受考验，坚守清廉是必然选择。

首先，我们只有坚守清廉才能在践行报国之志的过程中抵制住各种诱惑。在革命年代，无数革命者坚守清廉，面对威逼利诱，报国之志从未动摇。例如，抗日英雄杨靖宇面对敌人的重兵围剿，率部顽强战斗，使敌人坐卧不安，惶惶不可终日。日寇对他又怕又恨，调集重兵围困。有人曾以高官厚禄为诱饵劝他投降，他斩钉截铁地说："不，我有我的信念。"凭借坚定的信念，杨靖宇坚持到最后，直至弹尽粮绝，壮烈牺牲。如今，随着我国全面深化改革和不断扩大对外开放，以及社会主义市场经济的不断发展，各种思想相互激荡，新旧文化相互碰撞，各种诱惑无时不有、无处不在。一些人经不住权力、金钱等的诱惑，看到社会上有一些人过着花天酒地、声色犬马的生活，难免产生盲目攀比的心理，导致思想失衡、行为失范，甚至铤而走险、以身试法，最后成为阶下囚。因此，大学生只有坚守清廉，才能抵制住各种"糖衣炮弹"的攻击，才能最终实现自己的报国之志，创造有价值的人生。

其次，我们只有坚守清廉才能在践行报国之志的过程中战胜各种困难、风险和挑战。刚进入大学校园时，同学们都会憧憬美好未来，但等到走上工作岗位，看到现实与理想的差距时，难免失落、沮丧。面对各种困难、挫折和失败，一些人可能会丧失信心、一蹶不振，一些人可能丧失报国之志而随波逐流，一些人可能最终放弃正道、趋炎附势、投机钻营而与"老虎""苍蝇"沆瀣一气。但是，如果一个人能坚守清正廉明，就会坚持走正道、拒贪腐、明是非、辨善恶，最后有所作为，成为国家有用之才。

三、做清廉忠诚理性的爱国者

爱国主义是爱国认知、爱国情感、爱国信念、爱国意志、爱国智慧、爱国实践、爱国品格

---

① 马克思，恩格斯．马克思恩格斯全集（第40卷）[M]．北京：人民出版社，1982：7.

等要素有机结合的系统。从宏观上来看，这一系统包括爱国知识理论、爱国制度机制、爱国道德法治、爱国行为实践、爱国条件保障等诸多子系统。爱国主义的基本形态包括理论形态、实践形态和制度形态等。爱国主义是道德要求、政治原则和法治规范的统一，具有时代性、民族性、实践性、发展性、开放性等特点，在阶级社会，爱国主义具有阶级性。一个人要想做清廉忠诚理性的爱国者，就要正确处理个人利益与国家利益的关系，始终如一地维护国家和人民的利益，必须有远见、有主见、有智慧。

（一）做清廉的爱国者必须正确处理国家利益和个人利益的关系

社会主义国家利益是最广大人民的根本利益和长远利益。个人利益是个人的一切需求及满足需求的条件的总和。在现实生活中，每个人都会面临着如何处理国家利益和个人利益的问题。如果个人贪欲过重，损公肥私，损害国家利益，最终将损害个人利益。我们要想正确处理国家利益和个人利益的关系，必须把握好三个方面：

第一，国家利益高于个人利益。在我们社会主义国家，必须把整个国家、整个民族的利益放在首位。当国家利益和个人利益发生矛盾时，个人要顾全大局，要以国家利益为重，在必要的情况下，个人应当为国家利益而放弃个人利益。当然，强调国家利益高于个人利益，并不意味着在任何情况下都要无条件地牺牲个人利益，更不意味着对个性的束缚和对个人利益的抹杀。强调国家利益高于个人利益，只是要求我们在处理两者的关系时把整个国家、整个民族的利益放在首位。

第二，要重视保护个人的正当利益。也就是说，在强调国家利益高于个人利益的前提下，必须同时强调国家要尽力保障满足个人的正当需求，维护个人的正当权益，促进个人价值的实现，并力求使个人的个性和才能获得全面和充分的发展。

第三，国家利益和个人利益有机统一，相辅相成，辩证发展。邓小平指出："在社会主义社会中，国家、集体和个人的利益在根本上是一致的。"[①]国家利益体现着个人长远的根本的利益，是国家中每一个成员的正当合理利益的有机统一，每一个成员的正当合理利益又是国家利益和集体利益不可分割的组成部分。国家利益的发展和实现本身就蕴含着个人正当利益的发展和实现。

（二）做忠诚的爱国者必须始终如一地维护国家和人民的利益

爱国主义是中华民族的优良传统，是中华民族生生不息，屹立于世界民族之林的强大精神动力。一个人要想做忠诚的爱国者，就要有爱国的坚定信念和坚强意志，无论面对何种艰难险阻也永不叛国。汉朝有个叫苏武的人，率领 100 多人出使匈奴。不料他被扣留下来，并被要求背叛汉朝，臣服匈奴单于。最初，单于派人向苏武游说，许以高官厚禄，苏武严词拒绝了。单于见劝说没有用，就决定用酷刑。严冬时节，大雪纷飞，单于命人把苏武关入一个露天的大地窖，禁食禁水，苏武备受摧残，濒临死亡，仍然不屈服。单于见软硬不行，于是决定把他流放到西伯利亚的贝加尔湖一带，让他去牧羊。这样日复一日，年复

---

① 邓小平．邓小平文选（第二卷）[M]．北京：人民出版社，1994：337.

一年，苏武牧羊达19年之久。后来，得益于新单于执行与汉朝和好的政策，苏武才终于回到自己的国家并受到官民的热烈欢迎，人们纷纷向这位富有民族气节的英雄表达敬意。

(三)做理性的爱国者必须有远见、有主见、有智慧

首先，做理性的爱国者，要有远见。在经济全球化背景下，世界各国的交往和联系日益频繁密切，中国的前途命运愈加紧密地和世界的前途命运联系在一起，中国梦同世界各国人民的美好梦想息息相通，中国的发展离不开世界，世界的发展也离不开中国。当今世界，粮食安全、资源短缺、气候变化、网络攻击、人口爆炸、环境污染、疾病流行、跨国犯罪等全球非传统安全问题层出不穷，对国际秩序和人类生存都构成了严峻挑战。正如习近平所言："当前，和平发展的时代潮流更加强劲，但世界仍然很不太平，局部动荡此起彼伏，恐怖主义、毒品威胁、重大疫情、自然灾害等非传统安全挑战层出不穷。"①不论人们身处何国、信仰什么、是否愿意，实际上已经处在一个命运共同体中。因此，无论是实现中国梦，还是迎接全球性挑战，我们都必须着眼长远、努力倡导"人类命运共同体"意识，以世界眼光、宽阔胸怀和战略思维来审视和处理国际关系以及人类面临的各种共同挑战，既要维护好自己国家的核心利益，也要体现出一个负责任大国的国际形象。大学生要努力学习、勤于实践，了解时事、开阔眼界，关心国家大事、关注人类命运，不断地丰富和充实自己，努力提高自身的综合素质，为以后创造有价值的人生打下坚实基础，为实现中华民族伟大复兴的中国梦、为促进人类进步事业做出应有贡献。

其次，做理性的爱国者，要有主见。有主见的人，不会人云亦云、随波逐流，不会轻易改变自己的志向。一个有主见的爱国者，不会受别有用心之人的煽动和指使，不会听信政治谣言，不会因感情用事而做出有损国家利益的事情。当前，意识形态领域面临严峻挑战，西方反华势力动辄对我国政治制度、民族关系、经济形势、社会问题、文化传统等方面进行恶意"唱衰"、攻击污蔑、造谣抹黑，而国内一些人极力宣扬所谓的"普世价值""宪政民主""新闻自由"等论调，恶意攻击党的领导、攻击社会主义制度、歪曲党史国史、造谣生事。正如习近平所言："从国际上看，世界政治经济秩序正在大变革大调整，思想文化领域交流交融频繁、斗争深刻复杂，尤其是西方把中国崛起视为对其价值观和制度模式的挑战，加紧通过互联网等各种渠道进行渗透分化。从国内看，随着经济社会深刻变革和对外开放不断扩大，各种问题和矛盾叠加凸显，价值观念多元多样多变，一些人理想信念动摇、思想道德滑坡，拜金享乐主义、极端个人主义等腐化落后的东西滋长泛滥，还有一些人醉心于制造传播错误观点，社会主义核心价值观、党史国史、四项基本原则、改革开放等都被拿来混淆、质疑甚至否定。"②由于意识形态领域的斗争和较量具有长期性、复杂性、严峻性和紧迫性，做理性的爱国者必须站稳人民立场、明辨是非曲直、保持亮剑精神，做到有主见、有

---

① 习近平．共建伙伴关系，共创美好未来——在金砖国家领导人第七次会晤上的讲话(2015年7月9日)[N]．人民日报，2015-07-10(03)．

② 习近平．意识形态领域斗争要敢于亮剑[EB/OL]．(2013-09-02)[2023-03-20]．http://news.eastday.com/chyauto/2013-09-02/665932.html．

定力，不怕鬼、不信邪，敢于斗争、敢于亮剑，坚决维护我国意识形态安全、国家政权安全和社会和谐稳定。坚持总体国家安全观，坚决维护我国各领域安全。

最后，做理性的爱国者，要有智慧。古今中外，不乏这样的实例，即有些人虽然在主观上是爱国的，但由于缺乏理性与智慧，其自认为爱国的行为反而损害了国家利益。做理性的智慧爱国者，我们要注意以下几个方面：

第一，正确区分敌我友，这是维护国家主权安全和发展利益的首要前提。如若混淆敌我友的界限，其爱国行为必然是盲目的，甚至是危险的。

第二，自觉维护国家团结统一，团结一切可以团结的人，结成最广泛的爱国统一战线，这是实现国家繁荣富强的动力源泉。

第三，大力增强综合国力，这是国家兴旺发达的主要标志，是维护国家长治久安的重要基础。

第四，始终坚持和改善党的领导，坚定走中国特色社会主义道路，这是实现国家繁荣富强的政治保证和正确方向。

第五，敢于并善于同危害国家利益的言行做斗争，这是每一位爱国者的责任和义务。在对危害祖国利益的各种言行做斗争中，坚持原则性与灵活性相结合，坚持有理、有利、有节，切实维护国家的长远利益和根本利益。

第六，善于运用法治思维、法治方式，依法维护国家利益。有智慧的爱国首先是合法爱国，而不是违法爱国。违法爱国不叫爱国，叫害国。爱国和害国有时候只是一步之遥，理性是两者的分界线。面对错综复杂的局面，绝非靠“泄愤”“匹夫之勇”就能解决，需要的是智慧。保持理性，才能应对复杂的局面，才能依法合理地表达意愿和诉求，才能获得更多的支持和尊重。而一旦偏离了理性，就容易踏踩法律红线，造成事与愿违的后果。因此，缺乏理性智慧的所谓爱国，往往以爱国的初衷开始，以损害国家利益的结果告终。

【解疑释惑】

当我国的主权安全和发展利益受到威胁、侵害时，我们应如何理性地表达爱国情感？

爱国是一种最朴素最真挚的情感，也是每一个公民的光荣责任。当国家的主权安全和发展利益受到威胁、侵害时，每一个有正义感和爱国心的公民都会义愤填膺，每一个有血性的中华儿女都会慷慨激昂，表达捍卫祖国的坚定决心，诉说追求和平正义的拳拳期待。这种赤子之心、爱国之情弥足珍贵，这种公民表达天经地义，我们应该理解尊重、倍加呵护，让广大人民群众充分表达爱国热情，向世界展示中华民族爱好和平、反对威胁和侵害的正义力量。

爱国不仅要有真挚深厚的爱国之情，而且要有爱国的理性、智慧和行动。爱国主义从来就不是抽象的，它和国家的根本利益紧紧联系在一起。我们在表达自己的爱国主义热情时，应该坚守文明法治的底线。只有以大局为重，冷静理智、合法有序地表达自己的爱国情感，自觉维护社会秩序，忠于职守、敬业奉献，万众一心、自立自强，敢于斗争、善于斗争，让世界看到中国人民维护世界和平、促进共同发展，推动构建人类命运共同体的坚定决心、坚强意志和强大能力，让世人看到中华民族维护自身正当合法权益的坚定与自信、团结与实力、智慧与勇气，才能更有效地凝聚起捍卫民族尊严、国家利益的强大力量，赢得国际社会更多的理解、尊重与支持，才能更好地维护国家的主权安全和发展利益。

【案例分析】

“极限人生”——朱彦夫的故事①

朱彦夫，1933 年 7 月出生于沂源县张家泉村。14 岁参军，16 岁入党，经历过上百次战斗，十次英勇负伤，三次荣立战功。在抗美援朝长津湖战役中失去了四肢和左眼，是特等革命伤残军人。他放弃荣军休养院特护待遇，毅然回到家乡，并以惊人的毅力，创造了生命的奇迹。他担任张家泉村党支部书记 25 年，带领群众治理荒山，兴修水利，发展教育，彻底改变了山乡面貌。2019 年 9 月 17 日，朱彦夫被授予“人民楷模”国家荣誉称号。

一、他是活着的“烈士”

朱彦夫在朝鲜战场重伤回国，入院治疗初期，一直是“活死人”。他所在部队确认他所在连队已经全部阵亡，被确认为“烈士”。

他伤势严重，昏迷不醒，医院采取抢救措施——截肢、剖腹。而且，不止一次地截肢、剖腹。主治医生叹息道：“他如果能够活上三年，就是奇迹！”

截肢手术以后，他各部位伤口深度感染。高烧不退，出现中毒性化脓症状。历经反复抢救，他的病情仍然没有起色。进入“太平室”93 个日夜之后，他出乎所有人意料地复活了！他的意识逐渐恢复后，感知到伤口的疼痛。他愤怒而又绝望地大喊大叫：“为什么把我的手和腿都割掉了？没有腿咋走路？没有手咋扣扳机？你快给我找回来！”院长耐心地对他说：“你能够死而复生，就是很大的奇迹。”

他从“太平室”重新搬回“特号床”，终日郁郁寡欢。他想结束生命解脱自己，又想到指导员高新坡的遗嘱，想到战友杜玉民、万中祥、徐凤明等烈士的托付……他在生与死的抉择中，苦不堪言。主治医生认真地对他说：“像你这种情况，有勇气活下去才是英雄！轻生是自私，自杀是孬种！”这些话像一把重锤敲击着他的心，使他打消了轻生的念头。他在医院先后经历 47 次手术——颅脑取弹、面颊植皮、腹内排异、眼部摘取弹片、四肢反复截取……

他以超常的生命力不断地创造着奇迹：坐起来了，能大声说话了，手术部位愈合了……痛楚渐渐远去，大脑日趋清醒……

---

① 邢彪．朱彦夫：人民楷模　生命丰碑[EB/OL]．(2021-06-14)[2023-02-10]．http://sd.people.com.cn/n2/2021/0614/c391433-34775631.html.

二、他一直是在“拼命”

朱彦夫不甘心在荣军休养院“重残所”被人照顾着度过一生，他毅然决定回家乡张家泉村。

张家泉村是沂蒙腹地一个小山村，村里 200 多户人家分布在东西长 10 公里、南北宽百余米的峡谷地带。

他在任何陌生场所，都竭尽所能保持一个完整人的形象。不卸假腿，不摘帽子，不摘墨镜，避免让陌生人感到惊讶。就连吃饭、喝水、穿衣这些生活琐事，他也极想独自一人“秘密”进行。

他负伤截肢以后第一顿“自食”，是用断臂搓掉帽子，推掉墨镜，四肢扑在床上一点儿一点儿地爬到桌边儿，伸嘴叼着碗下压呈半立状态，慢慢地吸食。他的臂碴触扶桌沿，伤口末端神经就会剧烈疼痛。因为疼痛，他每一次只能够坚持半分钟左右。

他难过得想哭，想让情感在哭声中迸发。他在床上攒了攒力气，“腾”地一下子坐了起来。暗自骂道：笨蛋！连哭一场都不能，这“哑巴”的滋味比哭还要难受。战场上头颅被烧得半熟没有哭，骨肉散架“大搬家”没有哭。现在反倒想哭了？没出息！

他顷刻间来了精神，身立臂摇，不知不觉中站立起来。他感到自己与受伤前一模一样，依然是一位整装待发、威风凛凛的军人。他挺胸立正，抬腿迈步，却“哐当”一声，囫囵个儿从床上栽了下来。想象中的英姿，也一下子被“哐当”没了。

医生判定他最多只能够活 3 年。可是，他经过 6 年苦涩煎熬艰难锤炼，不但活了下来，还逐渐做到了生活自理。他在一望无际的艰难中，一寸寸、一点点、一步步，向着生命的亮光挺进。

随着时光流逝，他的自理能力越来越强。他已经不满足于简单地活着，他生发出强烈的愿望——我要工作！

他挑起村党支部书记的重任，一干就是 25 年。为了让乡亲们吃饱肚子，过好日子，他竭尽所能，竭尽所有，吃苦受累，不在话下。

他在崎岖的山路上，“站”着走，“跪”着走，“爬”着走。他一般都是晚上行动，因为白天出来怕被人们发现而特殊照顾。他穿着假肢行走山路，经常摔倒，有很多次跌倒滚下山去，摔得鼻青脸肿。

他在无数次的跌倒和滚爬中，带领乡亲棚沟造地，治山改水，劈山修田，重整家园。世世代代在山沟里面刨食的村民，全凭手抬肩扛搬运来 2.3 万吨土石方，垒筑起 1 500 多米长的暗渠，修整出 40 多亩土地，穷山村第一次有了良田。

张家泉村除了地少，更缺水。他在数九寒天，带着大伙找水源，打机井。沂蒙山区十一月的天气非常寒冷，打了 20 多米的水井不出水，他非要下到井底去看看。当人们把他从井下拉上来的时候，冷水、血水、汗水交集，把他的假肢和断腿硬生生地冻在了一起。村民们心疼他，埋怨他：“你这不是在当书记，你这是在拼命啊！”

25 年里，17 斤重的假肢他磨坏 7 副。当年的穷乡僻壤，如今已经是万亩桃园，十里桃花，果实累累，繁荣昌盛。漫山遍野的桃花，"美景看不够，人在画中游"。他没有手，却把山村装点得花果飘香。他没有脚，却和乡亲们走出了一条幸福之路。

三、他的人生很"壮美"

朱彦夫有一句名言："与其腐烂，不如燃烧。"战士在战场上英勇杀敌是英雄，在寻求生活自理这个新战场上，同样不能够当孬种！

失肢者的潜能，只有从嘴巴上开发！他练习过很多次，终于可以用嘴写字了。只是神经失控，补皮弹性差，张合吃力，需要逐步适应。他用假腿倚住桌棱，躬腰低头，张大嘴巴咬住笔杆，笔尖在舌口的搓托下，在纸上徐徐蠕动。每一笔，每一画，都是两片嘴唇和舌头一翘一收、一伸一缩、一探一动指挥的结果。

写着写着，口涎顺笔而下，流到笔尖，洇在纸上，同落纸未干的墨迹融合，成了一滩滩淡灰色污渍。衔笔久了，口劲小了，写着写着，"呱叽"——笔掉了！那就歇一歇，再衔再写。短短十几分钟内，钢笔滑掉十多次，累得汗流浃背，也就能够写成几个字。写出来的字大得怪异，既不像汉字，又不像外文，只有自己认得出、看得懂。

他说："只要活着，只要有信念，就没有啥做不到的。"他看过《钢铁是怎样炼成的》《把一切献给党》《牛虻》。为了教育、激励后人，他用嘴衔笔，用残肢抱笔，历时 7 年，创作完成两部震撼人心的自传体长篇小说《极限人生》《男儿无悔》，被誉为"中国当代保尔"。

他的人生与保尔形成对照：保尔也是重残在身，朱彦夫好像重残更甚。保尔重残后处处不顺，朱彦夫重残后异军突起。保尔和冬丽娅黯然分手，朱彦夫与陈希永伉俪情深。保尔独自一生孑然一身，朱彦夫儿孙满堂后继有人……

说起来，朱彦夫真是命大福大造化大呀！1955 年，在人民公社医院工作的 21 岁护士陈希永嫁给了他。从此，陈希永成了他的双眼、双手和双腿，相依相伴 55 年。闷热的夏天，家里面既没有空调，也没有电风扇。妻子给他扇着芭蕉扇，他用两支残臂夹着笔写作。每写完一页都由妻子取下，然后再把一页页的书稿用针线装订起来。朝夕相处的妻子，成为他的第一位读者。

夫妻俩相濡以沫，相敬如宾，不嫌不弃，不分不离，为儿女们树立了人生的榜样。他们的六个儿女，人人优秀。他们的六个孙子孙女，有的毕业于清华北大，有的就职于国家部委，有的就读于高等院校。

大女儿朱向华说："父亲坚韧顽强，不屈不挠，经历坎坷，很不容易。受母亲的教育影响，做一个忠厚、诚信、善良、勤俭的人，我们一生都要一贯坚持。"

2010 年，陈希永因病去世，朱彦夫撕心裂肺，哭得晕了过去。老将军迟浩田闻讯，称赞陈希永是"新时代的沂蒙红嫂"。

朱彦夫，百次参战，十次负伤。九死一生，肢残眼障。他挑战极限，超越极限，精神伟大，人生不凡。他是人民楷模，他是生命丰碑，他是民族的骄傲与荣耀。

分析

2019年，朱彦夫被授予“人民楷模”国家荣誉称号，这是祖国和人民给予他的最高荣誉，他当之无愧。朱彦夫的英雄事迹可歌可泣，他的奋斗精神鼓舞人心，他的赤胆忠心可昭日月。朱彦夫是共产党人、革命军人的优秀代表，是我们学习的楷模。

学习朱彦夫，就要学习他不怕牺牲、保家卫国的爱国精神。朱彦夫14岁参军，16岁入党，经历过上百次战斗，10次英勇负伤，3次荣立战功。为了祖国和人民的利益，他面对强敌，敢于斗争，无所畏惧，出生入死，屡立战功，这种大无畏的革命精神和敢于亮剑的军人血性是保卫祖国、保卫和平的强大精神力量。

学习朱彦夫，就要学习他身残志坚、百折不挠的顽强意志。朱彦夫在长津湖战役中失去了四肢和左眼，是特等革命伤残军人。他主动放弃荣军休养院特护待遇，毅然回到家乡，并以惊人的毅力创造了生命的奇迹。他克服常人难以忍受的痛苦和磨炼，实现生活自理，这一生命的奇迹靠的就是钢铁般的坚强意志。

学习朱彦夫，就要学习他对党忠诚、一心为民的高尚情操。他挑起村党支部书记的重任，一干就是25年。为让乡亲们吃饱肚子，过上好日子，他竭尽所能，竭尽所有，吃苦受累，无怨无悔。他带领乡亲们经过长期不懈的奋斗，把一个穷乡僻壤的小山村变成了“美景看不够，人在画中游”的富裕、美丽的新农村。他没有手，也没有脚，却和乡亲们走出了一条幸福之路。

学习朱彦夫，就要学习他信念坚定、书写人生的育人情怀。他为了教育、激励后人，用嘴衔笔、残肢抱笔，历时7年，创作完成了两部震撼人心的自传体长篇小说《极限人生》和《男儿无悔》，被誉为“中国当代保尔”。

【拓展阅读】

以担当奉献精神　织就反腐败“天网”①

光阴似箭，纪检监察外事工作已经走过了30个年头，我作为从事纪检监察外事工作的外语专业干部，亲身见证和经历了纪检监察外事工作从无到有、从小到大、从弱到强的发展过程。②

一、外事工作的起步

1987年监察部（现国家监察委员会）恢复组建后不久，对外交流便提上了日程。我是1988年5月调到监察部工作的。那时，中纪委的对外交流是由中联部负责的。我们国家行政监察工作中断20多年了，怎么个搞法没有经验，一方面，要在实践中探索积累；另一

---

① 中央纪委国家监委离退休干部局．传承——我亲历的中央纪委故事[M]．北京：中国方正出版社，2019．

② 作者简介：孔祥仁（中央纪委原外事局局长），男，汉族，1953年12月生，山东人，1989年2月加入中国共产党。1988年5月进入监察部工作，先后在监察部办公厅、监察综合室、中央纪委外事局工作，2014年3月退休。

方面，也要向国外学习借鉴。按照监察部领导同志的要求，办公厅很快行动起来。当时负责外事的就两个人，一个是办公厅主任李至伦同志，后来他担任了中纪委副书记、监察部部长。对外，他是外事工作负责人，我是唯一的工作人员。我们两个人就开始跑使馆，开展工作。

最初的主要工作就是组织代表团出访考察，一个是考察了解社会主义国家是怎么搞行政监察工作的，再一个是考察了解发达资本主义国家的监察体制及其工作情况。后来监察部成立了外事办公室，也就三五个人。但是短短几年，监察部同苏联、波兰、新加坡、英国、埃及等 20 多个国家的监察机构建立起交往关系。除继续派团出访外，我们还邀请这些国家的监察机构组团来访，共同交流做好监察工作的经验。外事工作对于如何做好行政监察工作发挥了促进作用。

二、外事工作的大发展时期

1993 年中纪委和监察部合署办公后，专门设立了外事局。可以说，从那个时候起，纪检监察外事工作进入了大发展的时期。当时的工作思路是：继续保持和发展同社会主义国家和主要发达国家的交往关系，同时开辟同广大发展中国家纪检监察机构的交流合作关系，并将政党之间在纪律监督方面开展交流列为工作重点之一。到 20 世纪末，中央纪委监察部同世界上近 80 个国家和地区建立起交流合作关系。

第二次世界大战之后，世界整体上进入经济和平发展时期，伴随经济的发展和巨额财富的积累，腐败问题也日益突出。治理腐败成为国际大家庭的共识。到 90 年代末，世界上绝大多数国家和国际组织都开展了反腐败斗争。我们国家也是一样。对外交流合作的重点也相应集中到反腐倡廉上来。为此，我们的交流合作对象扩展到各国的反腐败机构，并加入国际性和地区性反腐败合作机制。1995 年，我们在北京举办了第七届国际反贪污大会，在国际上产生巨大影响。在反腐败领域，我国开始站到了国际舞台。

三、从参与者到引领者

进入 21 世纪，全球反腐败进入一个新的时期，反腐败国际合作成为趋势，世界各国携手治理腐败形成共识。我国纪检监察外事工作同样进入一个新的阶段，积极参与国际反腐败合作机制的建立，发挥大国的作用。

在双边合作方面，与我们建立起交往关系的国家扩展到近 90 个国家，我们有选择地同近 20 个国家的监察及反腐败机构签署了交流合作协议，把合作用协议的形式固定下来。特别值得一提的是，2005 年中美两国在执法合作框架下设立了反腐败工作组，开展实质性合作，特别是将追逃追赃列入合作的范围。

在多边合作方面，我们代表国家参与了《联合国反腐败公约》的制定和谈判。我们同美国联合发起成立了 20 国集团（G20）反腐败工作组。我们发起建立了金砖国家反腐败合作机制，加入了亚太经合组织（APEC）反腐败与提高透明度工作组。2014 年在北京举行的 APEC 峰会，我国主导起草了《北京反腐败宣言》。2016 年在杭州举行的 G20 峰会，我国将反腐败国际合作列为会议的重要议题之一，起草了《2017—2018 年反腐败合作计划》。

我国从反腐败国际合作的参与者逐步成为合作的引领者和积极推动者。

四、反腐败国际追逃追赃风暴

曾几何时，贪官"贪了就跑""跑了就了"，国外仿佛成为他们的避罪天堂。这既是公共利益和公平正义的痛点，也是广大百姓的关注。党的十八大后，以习近平同志为核心的党中央高度重视追逃追赃工作，将其列为反腐败工作的重要内容。我们提出了开展反腐败国际追逃追赃的 6 条建议：在中央、省两级设立专门的追逃追赃协调机构；制定引渡法、国际刑事司法协助法等相关法规；组织人事、纪检、海关、边防等部门加强管理预防外逃；打击地下钱庄和洗钱行为；将外事局改名为国际合作局，增设追逃追赃处；建设专业队伍，搭建平台，拓宽合作渠道。中央采纳了这些建议，中央反腐败领导小组设立了反腐败国际追逃追赃办公室，由中央纪委牵头，成员单位有外交部、最高人民检察院、最高人民法院、监察部、公安部、司法部、国家安全部、人民银行、海关总署等。各省区市参照中央建立各自的追逃追赃协调机制，由省纪委牵头，相关单位参加。随即，追逃追赃大戏拉开了帷幕。

追逃办精心部署，多管齐下、综合施策，形成了追逃追赃工作的整体合力。2014 年 3 月，最高人民检察院下发《关于进一步加强追逃追赃工作的通知》。7 月 22 日，公安部部署代号为"猎狐 2014"的行动。2015 年 4 月 22 日，国际刑警组织中国国家中心局集中公布了针对 100 名涉嫌犯罪的外逃国家工作人员名单的红色通缉令，将他们置于全球围捕之中。到 2019 年 7 月，已有近 60 名红通外逃贪官归案，追回外逃人员 4 141 人，其中公职人员 825 名，追赃超百亿元。同时采取一系列防逃措施，如加强对公职人员的日常监管，对配偶子女移居国（境）外等重大事项报告情况进行审查核实，强化因私护照和出入境管理，推行大额可疑资金报告制度，打击地下钱庄和非法资金流动，斩断资金链，压缩外逃贪官在外生存空间。外逃人员人数直线下降，2014 年 101 人，2015 年 31 人，2016 年 19 人，2017 年 4 人。

追逃追赃工作之所以在短期内取得了这么大的成绩，得益于党中央的高度重视和坚强领导，得益于中国综合国力的增长、国际地位的提升，得益于各部门的密切协作，也离不开长期外事工作打下的良好基础和逐步建立起的全球反腐败合作网络。

【知与行】

2013 年五四青年节到来之际，习近平在给北京大学学生的回信时谈道：中国梦是国家的梦、民族的梦，也是包括广大青年在内的每个中国人的梦。"得其大者可以兼其小"。只有把人生理想融入国家和民族的事业中，才能最终成就一番事业。作为大学生，你应该如何制定学习计划，做好职业规划，把自己的奋斗目标与国家的前途命运有机结合起来？如何在人生的广阔舞台上充分发挥聪明才智，尽情展现人生价值，让青春在为国家和人民建功立业中焕发出绚丽的光彩？

第二节　人民至上——俯首甘为孺子牛

【基本理论】

一、社会清廉与否是人民福祸乐忧的指示器

(一)社会清廉是人民之福

社会清廉是指整个社会崇尚清廉、践行清廉,尤其是社会公职人员要做到清廉履职、勤政为民。社会清廉有许多表现,例如,社会公平正义、做人正直正派体现的是清正,见利思义、义利统一、公而忘私体现的是清廉,光明正大、明辨是非、明智理性体现的是清明。社会清廉是世界各国人民的共同期盼和不懈追求,因为唯有社会清廉才能确保社会安定和谐、良性运行、持续发展,才能不断增进人民的福祉。

党的十八大强调,要做到干部清正、政府清廉、政治清明。干部清正、政府清廉,自然一心为民,不与民争利,也易于形成公平正义、积极向上的社会风气,实现人人安居乐业,社会和谐稳定。一个地区社会清廉是该地区人民之福,一个国家社会清廉则是该国人民之福。例如,新加坡曾经历过腐败猖獗、民怨沸腾的时期,但短短几十年该国成功摸索出一条切实可行的反腐倡廉之道,成为举世公认的清廉国家,不仅实现了工业化和现代化的跨越,而且新加坡人民的生活水平也大为改善。

(二)贪腐泛滥是人民之祸

贪腐泛滥的社会,是污浊横流、邪气弥漫的社会,是私欲膨胀、巧取豪夺的社会,是是非颠倒、善恶混淆的社会。我国古代社会中的贪腐泛滥不仅导致"朱门酒肉臭,路有冻死骨"的社会不公,而且还导致"积尸草木腥,流血川原丹"的战乱惨景,甚至导致"故国不堪回首月明中"的亡国之恨。

党的十八大以来,党中央以对腐败"零容忍"的态度,以猛药去疴、重典治乱的决心,以刮骨疗毒、壮士断腕的勇气,领导部署、依法开展了声势浩大的反"四风"以及"打虎""拍蝇""猎狐""天网"等一系列重大行动,沉重打击了腐败分子的嚣张气焰,反腐败斗争取得压倒性胜利。在治标的同时,加大制度反腐、法治反腐等治本的力度,进一步彰显了中国共产党与腐败水火不容的崇高品格,宣示了把党风廉政建设和反腐败斗争进行到底的钢铁意志。全面从严治党、铁腕治吏,领导建设清廉政党、清廉政府、清廉社会、清廉国家的实践和成效不仅得到我国人民的大力支持和高度赞赏,而且还赢得了世界人民的高度评价。

为人民服务

二、坚持为人民服务的历史必然性

(一)坚持为人民服务是贯彻历史唯物主义的必然要求

历史唯物主义群众观充分肯定人民群众在历史创造中的决定作用。社会历史是由人的实践活动构成的,虽然人们在历史发展中所起作用的性质和大小不同,但是每个人都在一定程度上参与了历史的创造。人民群众是历史的主体,是历史的创造者。首先,人民群众是社会物质财富的创造者。广大劳动群众创造了衣食住行等必需的生活资料。正因为有了人民群众的辛勤劳动才有人类社会的进步和发展。其次,人民群众是社会精神财富的创造者。人民群众的生活和实践活动是一切精神财富、精神产品形成和发展的源泉。人民群众的实践为精神财富的创造提供了必要的物质条件和设施。人民群众还直接创造了丰富的社会精神财富。自古以来,我国许多文学作品都是在民间神话、传说、故事、歌谣、谚语的基础上加工而成的。众多的文化名人也来自人民群众。这些都充分证明了人民群众才是社会精神财富的创造者。最后,人民群众是社会变革的决定力量。社会发展是由社会基本矛盾运动推动的,而生产力是社会发展的最终决定力量,劳动群众是生产力的主导因素,劳动群众不断积累和总结生产经验、改进生产技术、发明新的生产工具,推动生产力的发展,引起生产关系的变革。生产关系的变革又决定着上层建筑或早或迟的变化,决定着社会形态由低级到高级的转变。因此,人民群众是推动社会变革的最终和最重要的力量。

(二)坚持为人民服务是实现中国梦的价值追求和必要条件

2012 年 11 月 29 日,习近平带领十八届中共中央政治局常委参观中国国家博物馆《复兴之路》展览时指出,实现中华民族伟大复兴,就是中华民族近代以来最伟大梦想,而且满怀信心地表示这个梦想“一定能实现”。首先,坚持为人民服务、为人民谋幸福是实现中国梦不可或缺的价值追求,是中国梦的题中应有之义和本质内涵。2013 年 3 月 17 日,在第十二届全国人民代表大会第一次会议举行的闭幕会上,习近平进一步阐述中国梦。他在将近 25 分钟的讲话中 44 次提到“人民”,并向世人郑重宣示:“生活在我们伟大祖国和伟大时代的中国人民,共同享有人生出彩的机会,共同享有梦想成真的机会,共同享有同祖国和时代一起成长与进步的机会……”从本质上说,中国共产党领导人民实现中国梦的根本目的,就是实现好、维护好、发展好最广大人民根本利益,就是要实现国家富强、民族复兴、人民幸福。习近平一再强调,中国梦归根到底是人民的梦,“中国梦是民族的梦,也是每个中国人的梦”①“国家好,民族好,大家才会好”②“人民对美好生活的向往,就是我们的奋斗目标”。③ 中国梦的出发点与落脚点是人民,这句话体现了以人为本、执政为民的根本

---

① 习近平. 在中法建交 50 周年纪念大会上的讲话[EB/OL]. (2014-03-27)[2023-05-14]. http://www.xinhuanet.com/world/2014-03/28/c_119982956.htm.

② 习近平. 习近平谈治国理政[M]. 北京:外文出版社,2014:36.

③ 习近平. 在纪念马克思诞辰 200 周年大会上的讲话[N]. 光明日报,2018-05-05(02).

价值取向。其次，坚持为人民服务、为人民谋幸福是实现中国梦的必要条件。中国梦是人民的梦，中国梦如果没有广大人民的积极参与是根本不可能实现的，实现中国梦必须紧紧依靠人民，坚持为民逐梦。因此，只有坚持为人民服务的根本宗旨，坚持为人民谋幸福的不懈追求，才能确保中国道路不改向、中国精神不变质、中国力量不减弱，实现中国梦才有希望。习近平强调，实现中国梦必须走中国道路，必须弘扬中国精神，必须凝聚中国力量。中国道路、中国精神、中国力量与为人民服务的根本宗旨、为人民谋幸福的价值追求有机融合、密不可分，共同构成实现中国梦的现实路径和必要条件。

（三）坚持为人民服务是个人生存发展的必然选择

马克思主义认为，就其现实意义上，人的本质是一切社会关系的总和。人的社会性决定人是目的和手段的辩证统一，任何人都不能脱离社会而生活，任何人的生存都依赖于其他人的存在。我们要坚持“我为人人、人人为我”的价值取向。我为他人服务，他人是目的，我是手段；他人为我服务，我是目的，他人是手段。只要求他人、社会、人民为自己付出，而自己不愿做任何贡献和牺牲，是极端个人主义或极端利己主义的表现，与为人民服务的思想背道而驰，在理论上是错误的，在实践中也是十分有害的，必然受到人们的鄙视、厌恶和唾弃，甚至因损人利己、违法乱纪而受到法律制裁。因此，我们要真正实现自己的人生价值，必须坚持为人民服务。

三、坚持清廉是为人民服务的重要保证和现实表现

坚持清廉是为人民服务的重要保证。唯有坚持清廉才能确保我们在为人民服务的实践中，始终做到纯洁不污、公正不偏、奉公不贪、明辨不昏，使为人民服务的思想扎根心中、为人民服务的实践笃实有效。一位真心、真正为人民服务的人，也一定是一位清廉之人，清廉是为人民服务的重要保证。很难设想一个沾染污浊的不清之人、一个行事邪恶的不正之人、一个贪婪贪腐的不廉之人、一个昏庸阴暗的不明之人能够真心、真正地为人民服务。“老虎”“苍蝇”正是由于背弃清廉、私欲膨胀才滑向贪腐的泥潭、走上危害国家和人民利益的道路，其祸国殃民、违法犯罪的行为与党的全心全意为人民服务的宗旨背道而驰。与他们形成鲜明对照的是，以焦裕禄、孔繁森、郑培民、任长霞、牛玉儒、杨善洲等为代表的党的优秀儿女坚守清廉、两袖清风，忠实践行党的宗旨，用生命和热血谱写了一篇篇全心全意为人民服务、一心一意为人民谋幸福的壮丽诗篇。

坚持清廉还是为人民服务的现实表现。清廉与为人民服务是一致的、统一的，前者是后者的现实表现，后者是前者的必然选择和归宿。在社会主义市场经济条件下，清廉为民有不同的表现形式和层次，例如，毫不利己、专门利人、无私奉献是为人民服务，而热心公益、助人为乐、扶贫帮困也是为人民服务；爱岗敬业、认真做好本职工作是为人民服务，而社会成员之间仁爱友善、守望相助、和谐共进也是为人民服务。由此可见，在社会主义中国，一个人不论在何种岗位、不论能力大小、不论职务高低，只要清正廉明、踏实做事，就是在为人民服务。

【解疑释惑】

为什么说“主观为自己，客观为别人”是错误的价值取向？

“主观为自己，客观为别人”是合理利己主义的一种表现，它以个人为目的，以他人和社会为达到个人目的的手段，虽个体在实现个人目的的过程中直接或间接地也为社会做了一定贡献，但其实质是利己主义的价值取向，自身不能解决目的和手段之间的冲突，所以是一种错误的价值取向。

【案例分析】

隐姓埋名 30 年的“拓荒牛”——彭士禄[①]

彭士禄（1925—2021 年），核动力专家，中国核动力事业的开拓者和奠基人之一，被誉为“中国核潜艇之父”。1925 年 11 月生于广东海丰，革命烈士彭湃之子。他主持设计建造了我国第一座核潜艇陆上模式堆、成功研制第一艘核潜艇、组织引进第一座百万千瓦级核电站、指挥自主设计建造第一座大型商用核电站，为我国核潜艇实现从无到有的历史性突破、第一座核电站技术路线确定做出了突出贡献。2021 年 5 月，中宣部决定，追授著名核动力专家、中国核潜艇首任总设计师彭士禄院士“时代楷模”称号。

一、名字和事业 曾是中国最高机密

2020 年 11 月 8 日，第十三届光华工程科技奖揭晓仪式在京举行。彭洁代表父亲彭士禄站上中国工程界最高奖项——“光华工程科技成就奖”的领奖台。他成为继朱光亚、钱正英、钟南山等院士之后，第八位获得此项殊荣的科学家。

彭士禄，中国工程院院士、中国核潜艇的首任总设计师。他是我国核潜艇第一任总设计师、第一个核动力装置的主要设计者，也是第一座核电站的主要技术负责人。彭院士多年以来不负使命，不计较个人得失，放弃私利，默默无闻奋战在核工业第一线，为我国核动力发展做出了巨大贡献！

1991 年 4 月，中国导弹核潜艇的诞生历程被撰写，彭士禄的事迹才为人知晓。而在这之前，他隐姓埋名 30 年，他的名字和他从事的工作一样，都是中国的最高机密。

二、4 岁被通缉 颠沛流离两度入狱

回顾过往，彭士禄总是饱含深情地说，“坎坷的童年经历，磨炼了我不怕困难艰险的性格，我对人民永远感激，无论我怎样努力，都感到不足以回报他们给予我的恩情”。

生于 1925 年的彭士禄，是革命烈士彭湃的儿子。1928 年，海陆丰农民运动失败。“一个漆黑的夜里，奶妈背着我逃难。”这是彭士禄关于人生最早的记忆。1928 年，他 3 岁，母亲蔡素屏被捕，英勇就义。1929 年，彭湃在上海被捕，慷慨赴死。

4 岁的彭士禄不仅成了孤儿，还成了敌人的“眼中钉”、全国悬赏搜捕的“通缉犯”。为

---

① 徐莉莎．彭士禄：隐姓埋名 30年的“拓荒牛”[N]．四川日报，2020-12-29(09)．

躲避国民党的搜捕，彭士禄过起了姓百家姓、吃百家饭、穿百家衣的生活。他先后在几十个贫苦百姓家生活，每到一家，都要改名。8岁时，彭士禄被国民党当局抓进监狱。1935年，在监狱受了一年苦、差点被饿死的彭士禄终于出狱。10岁时，他开始沿着铁道流浪，一度靠乞讨度日。后来，彭士禄再度被捕，这一次，祖母周凤将其营救出狱。此后他在党组织的安排下，在香港、澳门学习和生活。

直至1940年，在重庆八路军办事处，彭士禄第一次见到了周恩来和邓颖超。后来，15岁的彭士禄在党组织的帮助下来到了延安。1945年，他光荣地加入了中国共产党。

三、结缘核动力　“只要祖国需要，我当然愿意”

1951年，彭士禄凭借优异的成绩，被派到苏联喀山化工学院化机系学习。相比父辈的青年意气，他要内敛得多。在苏联的七年间，他白天学习，晚上整理学习资料，没有一天是在晚上12点以前睡觉的。他决心学好本领，用自己的双手和智慧建设新中国。

每一名留学生心中都秉持着“学好本领，奉献祖国”的信念。1956年，他以五年大学每门功课均为五分全优成绩毕业，并获得优秀化工机械工程师证书。

就在彭士禄留学期间的1954年，发生了一件举世瞩目的大事。美国研制的第一艘核潜艇“鹦鹉螺”号，悄然从美国东海岸转眼潜入太平洋，途经欧亚非三大洲后又回到了美国东海岸。所有的动力，原本需要燃烧90节车皮的石油，但核潜艇竟是靠一块高尔夫球大小的铀燃料。

1956年，根据祖国需要，彭士禄自愿改行学原子能核动力专业。9月，他又被送到莫斯科动力学院，与另外20几名同学一起，进修核动力专业，这为他后来回国从事核动力工作打下了坚实、牢固的基础。

四、入川啃硬骨　铸就“水下钢铁长城”

1965年，中央专委批准正式研制核潜艇。为了核潜艇能一次建造成功，必须先建一个环境条件一模一样的陆上模式堆进行模拟试验。于是，科技人才从祖国四面八方汇聚到四川西南部大山深处的一个代号叫“909”的基地，彭士禄也是其中的一员。此时的他，已由红色孤儿成长为顶尖的技术负责人。

在没有技术资料、没有援助专家、生活条件艰苦的情况下，彭士禄和同事们开始为“巨龙”铸“芯”，为大国造“盾”。

当时“909”基地的生活条件有多差？喝的水，来自稻田、池塘、河沟，经常拉肚子，只得用明矾进行处理，一缸水用完，缸底会沉淀起很厚一层泥；住的房，是就地取材用石头和泥巴垒起来的“干打垒”房；走的路，是在泥土上垫一层石子，晴天“洋（扬）灰”，雨天“水泥”的碎石路。

核潜艇技术极为复杂，全艇设备、仪表、附件达2 600多项，4.6万多台件，电缆总长90余公里，管道总长30余公里。“那时没有电脑，就拉计算尺、敲算盘。那么多的数据，就是这样没日没夜算出来的。”彭士禄回忆说。当时主要参考的是苏联“列宁”号核动力破冰船、德国“奥托汉”号核动力矿砂船和美国“希平港”核电站的一些照片及零星的报道。一遍遍的计算，一次次的试验，各项研究工作取得重大突破。

1970年8月30日，中国第一座潜用核动力装置陆上模式堆首次达到设计满功率。奇迹诞生时有的同志高兴得跳了起来！

奇迹还在延续：1970年12月26日，我国第一艘核潜艇下水。1974年8月1日，名为"长征一号"的中国第一艘核潜艇正式列入海军战斗序列。至此，中国正式成为继美、苏、英、法之后，第五个拥有核潜艇的国家。

一个个奇迹如愿而至，可彭士禄却险些付出生命的代价。在核潜艇制造厂进行最后一次调试时，彭士禄胃部剧痛，汗湿全身，医生诊断为急性胃穿孔，海军派直升机接来海军总医院的外科主任现场开刀，在手术刀切开他的胃的那一刻，主刀医生差点哭了出来：胃上竟然有一个已经穿孔而自愈的疤痕……

五、"拓荒牛"风骨　"国家给我的太多了"

核潜艇建造成功之后，跟核动力打了一辈子交道的彭士禄，又领受了新的任务：建造核电厂。

早在20世纪70年代，彭士禄就曾提交过秦山核电站的设计方案。改革开放后，中国启动广东大亚湾核电站项目，彭士禄被任命为筹建总指挥，后成为大亚湾核电站首任董事长兼总经理，再后又担任秦山核电站二期董事长。多年来，彭士禄被誉为"我国核动力领域的开拓者和垦荒牛"，为我国核电持续发展做出了重要贡献。

在荣誉面前，彭士禄从不计较个人得失，也从不提个人要求。什么时候调级，什么时候评职称，什么时候涨工资，彭士禄一概不知，也不打听。评院士也是单位申请的。房子还越住越小：他从七间的将军楼搬到四室一厅的单元房里，把大房子让给别人。彭士禄担任过不少单位的顾问，从不拿报酬。他总说："国家给我的太多了。只要对国家民族有利，比拿点小钱更有价值。"

2021年3月22日中午，彭士禄在京逝世，享年96岁。

分析

彭士禄同志的先进事迹感人至深，无愧于"时代楷模"的光荣称号，是我们学习的光辉榜样。彭士禄始终坚持人民的利益高于一切，为了人民的利益不惜牺牲个人利益；始终坚持科技强军、科技报国的初心使命，为了建设强大国防，不让落后挨打的历史悲剧重演，他呕心沥血、不畏艰险、勇攀科技高峰，为我国的国防和军队现代化建设做出重大贡献；始终坚持清廉本色，从不计较个人得失，隐姓埋名、默默奉献，吃苦在前、享受在后，艰苦朴素、永不忘本；始终坚持时刻听从党和人民的召唤，祖国和人民的需要，就是自己的奋斗方向，对改行学习和研究原子能核动力专业无怨无悔；始终感恩人民、跟党走，他曾深情地说："坎坷的童年经历，磨炼了我不怕困难艰险的性格，我对人民永远感激，无论我怎样努力，都感到不足以回报他们给予我的恩情。”

学习彭士禄，就要学习他报效祖国、服务人民、无私奉献的崇高精神；学习彭士禄，就要学习他一心向党、忠于人民、不负使命的政治自觉；学习彭士禄，就要学习他坚守清廉、淡泊名利、矢志不移的高风亮节；学习彭士禄，就要学习他攻坚克难、不懈奋斗、百折不挠的顽强意志；学习彭士禄，就要学习他谦虚谨慎、爱岗敬业、追求卓越的职业素养；学习彭士禄，就要学习他开拓创新、敢为人先、勇攀高峰的科学精神。

【拓展阅读】

郑培民：做官先做人　万事民为先①

郑培民，生于1943年7月，1969年12月加入中国共产党。生前曾任中共湖南省委副书记，湖南省人大常委会党组副书记、副主任等职务。2002年3月，因突发心脏病在京逝世，年仅五十九岁。以三件遗物和一句遗言让无数人为之感动。这三件遗物是一个防腐账本、一本廉政记录和几十本日记。他最后的遗言是一句普普通通的话语——不要闯红灯。有人说，这平平常常的五个字，正是郑培民一生官风人格最好的总结和诠释。

他从来不搞特殊化，从来不做违规事，两袖清风做了几十年官，光明磊落做了一辈子人。

20世纪90年代初，郑培民从湘潭市委书记调任湘西州委书记，他率领全州干部群众紧紧围绕扶贫开发这根主线做文章——力推农业生产新技术，实现粮食自给；引进大电网，破解制约发展的电力因素；为偏远山村通水通电……

两年多时间，郑培民跑遍了全州218个乡镇，住过30多个乡镇。除去在省里州里开会、办公的时间，在“开门见山”的湘西，这组数字意味着他难有喘息之机。

郑培民曾在湘西土家族苗族自治州担任州委书记，他爬过湘西最难爬的山，走过湘西最难走的路，去过湘西最穷的村子，住过湘西最穷的人家。湘西是湖南最穷的地区之一，为了尽快解决群众的温饱问题，郑培民大力推广粮食新品种新技术并且经常亲自下田示范。有一次连日劳作之后，郑培民体力不支，摔下了3米多高的田埂。这一年，郑培民添了一项病症，脑震荡。但也就是这一年，湘西粮食产量翻了一番，实现了自给有余。

1998年夏天，长江流域发生特大洪水，时任中共湖南省委副书记的郑培民在抗洪一线坚守数十天。他坚持靠前指挥，情况紧急时，甚至上前线搬麻袋抢险。400公里的长堤他踏过不止一遍。回到家里，掉了20多斤肉的郑培民对妻子杨力求说：“这次抗洪，是对我生命极限的挑战！”

---

① 谭畅．郑培民：做官先做人 万事民为先[N]．光明日报，2020-01-16(04)．

分管干部工作时，和他有过接触的干部都反映，郑培民不居功、不诿过，敢于承担责任；他当面敢于批评人，背后却保护人；在他手下工作，觉得安全、踏实。

郑培民一直心系人民。凡是群众写给他的信，郑培民总是坚持自己拆看。下农村，他要到农民家去，掀开锅盖，瞧瞧他们吃的什么饭；看看猪圈牛栏的家畜，撩开蚊帐摸摸农民床上的被褥……

郑培民在大是大非面前经得起考验，在小节上同样能固守节操。工作调动搬家、儿子升学、女儿出嫁等，他从不张扬，坚持“不给别人一点送礼的由头，不让自己有半点腐败的念头”，始终做到防微杜渐。

杨力求敬重郑培民的为人，更注重维护丈夫的形象。她有“三不”：不帮人向郑培民带任何信，不传口信，不接受任何礼品。他的儿子郑海龙说：“在廉政问题上，爸爸把前门，妈妈守后门。”

他是一个高官，但他更像一介平民。他是一个深爱妻子和儿女的普通男人，他更是一个忠心耿耿的人民公仆。郑培民被评为 2002 年“感动中国”人物。他树立了一个共产党人的品德风范，他在人民心里树立起一座务实为民清廉的丰碑。

【知与行】

人民群众是历史的主体，是历史的创造者。大学生应该利用课外时间多深入群众，主动和群众交朋友，尊重群众的首创精神，把群众当成自己的社会老师，在服务群众中增见识、长才干。请同学们运用所学知识，组织开展大学生“三下乡”等志愿服务活动。

第三节　与时俱进——时代呼唤清廉者

【基本理论】

一、经济全球化呼唤清廉者

（一）经济全球化与社会清廉的关系

在科技革命和生产力不断发展的推动下，世界经济生活日益国际化，各国之间的相互交流、相互依存日益加深。经济全球化与社会清廉的关系主要体现在以下两个方面：

第一，经济全球化对社会清廉的影响具有双重性。一方面，经济全球化推动经济社会发展，为实现社会清廉奠定物质基础。经济全球化加速了生产要素在全球范围内的自由流动，形成了统一的全球市场，从而推动跨国公司的全球化经营和全球产业结构的调整，对世界范围内的资金、技术、产品、市场、资源、劳动力进行有效合理的配置。我国作为一个发展中国家，充分抓住这一机遇，合理利用外资，优化经济结构，学习借鉴国外先进的管理经验，发挥后发优势，实现跨越发展，为实现社会清廉奠定了物质基础。古人云："仓廪实而知礼节，衣食足而知荣辱"就是这个道理。另一方面，经济全球化在推动国际经济交流日益频繁的同时，也给社会清廉建设带来严峻挑战。伴随经济全球化的不断发展，腐败毒瘤也随之跨越国界成为世界性难题，给人类社会清廉建设带来许多不利影响。经济全球化加速了腐败的全球化，即腐败主体以及腐败的其他相关要素同时涉及两个或两个以上国家，腐败主体组织化、腐败范围扩大化、腐败手段智能化、腐败渗透隐蔽化、腐败危害严重化等特征明显。具体来看，腐败全球化主要表现有跨国贿赂、贪官外逃、腐败资金跨国流动等。腐败严重破坏一个国家的经济运行、危害国家安全稳定、败坏国家公共信誉、损害社会公平正义，它已经成为国际社会普遍关注的一种全球性公害。一个国家如果没有参与国际的有效合作，单靠一国之力来治理腐败，往往孤掌难鸣，"望腐兴叹"。2003 年 10 月 31 日第 58 届联合国大会全体会议审议通过了《联合国反腐败公约》并决定将每年的 12 月 9 日确定为国际反腐败日。2005 年 12 月 14 日，《联合国反腐败公约》正式生效。它是世界上第一部具有法律约束力的国际性反腐败法律文件，体现了国际社会治理腐败的共同意愿和决心，对于促进各国反腐败工作、加强反腐败国际合作具有重要意义。我国政府积极参与了该公约的起草、审议和履约。2014 年 11 月 8 日，时任我国外交部部长王毅表示，亚太经合组织（APEC）第 26 届部长级会议通过《北京反腐败宣言》，成立 APEC 反腐执法合作网络，在亚太地区加大追逃追赃等合作，携手打击跨境腐败行为。美国、澳大利亚、加拿大等国家参与宣言的签署释放出一个信号，即整个亚太地区携手反腐败、反贿赂。

第二，社会清廉是确保经济全球化健康发展的必要条件。经济全球化趋势不可逆转，经济全球化到底能够给各国人民带来什么，取决于其能否健康发展，而国际社会倡导和践行清廉则是确保经济全球化健康发展的必要条件。在国际经济交往中，只有坚持清正之道，倡导诚信合作、互利共赢，才能避免恶性竞争，更好地实现各自的发展利益、促进国际经济公平；只有坚持清廉之道，倡导规则意识、法治精神，才能遏制商业贿赂等腐败行为，更好地维护正常的国际市场秩序；只有坚持清明之道，倡导明智理性、优势互补，才能防止饮鸩止渴式的短视行为，更好地发挥各自的优势，保持可持续发展。总之，在国际经济合作与交流中，倡导和践行清廉才能使经济全球化更好地沿着公平、有序和可持续方向健康发展，造福世界各国人民。

（二）经济全球化对国家、企业和个人提出了更高的清廉要求

经济全球化表现为生产、资金、技术、服务、市场的全球化，以及科技开发应用和信息传播的全球化。在经济全球化背景下，无论哪个国家或地区，要想健康发展、可持续发展，要想在激烈的国际竞争中赢得一席之地，崇尚和践行清廉、预防和惩治腐败、维护社会公平正义都是必然选择。大量的事实和研究证明，从长远和战略角度看，一个国家或地区的发展进步状况与该国家或地区的社会清廉指数呈现出正相关的关系。

经济全球化为企业和个人的发展提供了更广阔的舞台，同时也给企业和个人提出了更高的清廉要求。在任何正常国家，一个背离清正而邪念丛生、背离清廉而贪腐泛滥、背离清明而是非不分的企业或个人都是令人鄙视和厌恶的。一个企业要想走出国门，开拓国际市场，只有确保质量过硬、服务优质、信誉良好、定价合理、适销对路才能在激烈的国际市场竞争中立于不败之地。减少和杜绝商业贿赂等腐败行为、建立全球良性市场秩序已经成为越来越多国家的共同要求。因此，企业应坚守正道、倡行清廉，努力把经济效益和社会效益结合起来。此外，在经济全球化背景下，一个人不仅在国内要践行清廉、遵纪守法，而且走出国门同样要践行清廉，了解和遵守所在国家或地区的法律法规，严于律己。这是顺应经济全球化发展大潮流的要求。

二、社会主义市场经济需要清廉者

（一）社会主义市场经济与社会清廉的关系

一方面，社会清廉是社会主义市场经济正常运行的必要条件和重要保证。在社会主义市场经济体制下，人们在社会劳动中生产出来的商品按等价交换的原则在市场上进行交换，使生产者和消费者取得各自所需要的价值和使用价值。全社会必须遵循价值规律来组织商品生产，而价值规律作用的发挥势必引起竞争，竞争又需要良好的秩序。由此可见，市场经济是竞争经济，竞争是市场经济的必然产物，是市场经济正常运行的推动力，它要求每个市场主体遵守共同的市场规则，依法经营、照章纳税。市场经济也是契约经济，各个市场经济主体之间的交换关系是靠合同形式连接的，它要求每个市场主体要守承诺、讲信誉，诚实不欺。维护市场经济秩序、促进市场经济良性发展需要市场主体崇尚和践行清正廉明，如果市场主体采用作伪欺诈、恶意违约、非法垄断、商业贿赂等各种不正当竞争手段，市场活动就会陷入恶性竞争的无序、混乱状态，社会主义市场经济就无法正常运行，必将会阻碍经济发展和社会进步，严重损害人民群众根本利益。另外，对市场经济运行肩负宏观调控、法治保障、监督管理等职责的有关国家机关及其工作人员，只有真正崇尚和践行清廉，才能把国家和人民的利益始终放在首位，做到恪尽职守、依法执政。因此，社会主义市场经济应该是清廉经济，社会清廉是社会主义市场经济正常运行的必要条件和重要保证。

另一方面，社会主义市场经济为社会清廉教育提供物质基础并提出新的挑战。我国经济发展的实践证明，社会主义市场经济体制与社会主义基本制度有机结合具有强大的制度优势。它通过价格、供求、竞争、激励、信用等机制实现各类经济主体的市场自由选择权，在优胜劣汰的过程中优化资源配置，为经济社会不断增添新的生机和活力。它通过实施有效的宏观调控，着力消除垄断，维护公平有序的竞争秩序；着力促进经济总量的基本平衡，保持经济平稳发展。它积极增加公共产品和公共服务的供给，努力形成公平合理的分配格局，使人民群众共享改革发展成果。不仅如此，社会主义市场经济的发展对社会清廉教育也产生了重大影响。改革开放以来，全国各地建立了一大批清廉教育场馆（基地）、网站和研究机构，出版了一大批清廉教育图书资料，拍摄了一大批清廉教育影视音像作品，运用了一大批清廉教育新技术(例如借助手机客户端，官方微信、微博等)，构筑了从中央到地方、从干部到群众、从机关到学校、从企事业单位到军营等各行各业开展清廉文化教育的立体化体系。所有这一切都有赖于社会主义市场经济不断发展所提供的物质基础、技术支持和资金保障。因此，社会主义市场经济的不断发展不仅促进了民生的显著改善，而且还为社会清廉教育提供了坚实的物质基础。同时，我们也要清醒地认识到，市场经济本身具有一定的趋利性、盲目性、自发性，容易诱发拜金主义、个人主义、自由主义和享乐主义；市场经济等价交换原则的泛化，容易诱发权钱交易、权权交易、权色交易等腐败行为。市场经济优胜劣汰的竞争，容易导致收入分配严重不均和两极分化趋势，加剧社会矛盾和冲突。因此，社会主义市场经济在为社会清廉教育提供物质基础的同时也提出了新的严峻挑战。

(二)社会主义市场经济对清廉人格的要求

有的人认为，市场经济奉行的是物质利益原则和等价交换原则，因此，在社会主义市场经济条件下，倡导践行清廉似乎与此不太协调。这种看法在实质上是没有认识到发展社会主义市场经济与清廉的内在统一性。其实，社会主义市场经济是道德经济，也是法治经济，它对清廉人格提出了更高要求。市场经济是同比较发达的商品生产和商品交换相联系的一种经济体制和运行机制。商品生产的目的，不是为了生产者自己消费，而是用来交换，市场主体的利益是通过商品交换来实现的。商品交换的基本原则之一就是自愿交换，交换的双方都以能获取各自的利益为前提。所以，市场经济客观上要求市场主体必须把追求自己的利益与交换方的利益结合起来。谁要想通过市场为自己谋求更大的利益，谁就应当更好地满足他人和社会的需要，即为他人、为社会更好地服务，否则自己的利益难以或无法实现。我国社会主义市场经济除了具有市场经济的一般特征外还有自己的特征。在我国，社会主义市场经济是与社会主义基本经济制度和政治制度结合在一起的，它是以公有制为基础的，以实现共同富裕、人民幸福为最终目标的。这就决定了只有坚持清廉、坚持为人民服务、坚持集体主义，才能适应社会主义市场经济的要求。只有把个人利益与社会利益、人民利益有机结合起来，把追求经济效益与实现社会效益有机结合起来，切实践行清廉为民的价值取向，诚实劳动、合法经营，才能确保社会主义市场经济的正确发展方向。

三、就业创业与清廉做人

(一)就业创业与清廉做人的关系

清廉做人是就业创业成功的前提和保证，就业创业将拓展清廉做人的舞台和影响。如何实现就业创业成功是大学生普遍关注的重要问题。就业创业成功受主观和客观多种因素的影响和制约，并且也没有统一的标准和尺度。对如何实现就业创业成功，可谓见仁见智、众说纷纭，但是有一点是公认的，那就是大方向不能偏，要践行清廉，具体来说：第一，践行清正，即坚定正确的人生方向，坚决不走歪门邪道，这是就业创业成功的根本前提；第二，践行清廉，即遵纪守法，坚决不做危害国家和人民利益的贪腐之事，这是就业创业成功的根本保证;第三,践行清明,即正大光明,坚决不做尔虞我诈、颠倒黑白、助纣为虐的卑鄙之事,这是就业创业成功的必要条件。在实现基于清廉的就业创业成功之路上,就业创业主体清廉做人的舞台不断拓展、影响不断扩大,正如《论语》所言:“德不孤,必有邻。”总之,清廉做人与就业创业相互联系、相互作用,统一于改造主观世界和客观世界的实践。

贪腐是一个人就业创业路上的绊脚石。事业的成功是需要人品、能力、人格魅力等要素做支撑的。贪腐之人的共同特征是德行不足。有贪腐倾向者主要表现为心生邪念不正派、诚信缺失不实在、盲目攀比不节俭、浪费严重不珍惜,崇尚拜金主义、个人主义、享乐主义,甚至把社会上所谓的“关系学”“潜规则”等奉为人生“宝典”,一切行为功利化。这是滑向贪腐泥潭的十分危险的信号。一个做不到清廉的人是无法谈及人格魅力的,是不会有信誉的,也不会得到社会的支持。为一己私利而放弃清廉、走向贪腐的人必将损害国家、集体或他人的利益,其后果是受人民唾弃,甚至因触犯法律而身陷囹圄。因此,贪腐是就业创业路上的“绊脚石”“拦路虎”,是事业成功的克星,是人生道路上的“定时炸弹”。

(二)做清廉的职业人

大学生要想将来有一番作为,就必须确立正确的人生观,树立牢固的清廉意识,努力做清廉的职业人。在就业创业、实现人生价值过程中,大学生要想做清廉的职业人就要特别注意:第一,要走正道、敢担当、不敷衍,忠于职守、爱岗敬业,努力做一个正直正派、公正公道、崇尚正义的厚道朴实之人;第二,要祛贪欲、守底线、不违纪,诚实守信、见利思义,努力做一个对祖国、对人民、对社会有用之人;第三,要明是非、辨善恶、不昏庸,努力做一个光明磊落、明智理性、德才兼备的坦荡明白之人。总之,在职业生涯中,大学生守住清廉,就是守住人品,就能更好地服务人民,创造有价值的人生。

【解疑释惑】

有人说:“现在搞市场经济,能赚钱就行了;‘为人民服务’是唱高调,已经过时了。”你如何看待这种观点?[①]

新民主主义革命时期,中国共产党坚持全心全意为人民服务的根本宗旨,团结带领全国各族人民经过28年的浴血奋战,推翻了压在中国人民头上的“三座大山”,实现了民族独立、人民解放,建立了人民当家作主的新中国。中华人民共和国成立后,中国共产党继续坚持全心全意为人民服务的根本宗旨,团结带领全国各族人民为实现国家繁荣富强、人民共同幸福而继续奋斗,并取得举世瞩目的伟大成就。现在,全国人民在党的领导下正满怀豪情地为实现建成社会主义现代化强国的第二个百年奋斗目标,为实现国家富强、民族振兴、人民幸福的中国梦而不懈努力。中国共产党的奋斗历程展现给世人的是一部全心全意为人民服务的波澜壮阔的历史画卷。实践已经证明并将继续证明:无论过去、现在,

---

① 覃武云,陈成志. 团结在党旗下——广西高职高专学生党课教程(第二版)[M]. 桂林:广西师范大学出版社,2013:31-32.

还是将来，全心全意为人民服务是中国共产党始终不渝的追求和根本宗旨。

在我国，坚持为人民服务是不以个人的意志为转移的。《中华人民共和国宪法》规定，我国是工人阶级领导的，以工农联盟为基础的人民民主专政的社会主义国家。我国的国家性质决定了人民在国家中当家作主的地位，坚持为人民服务是人民当家作主的重要体现和必然要求。党和人民经过艰辛探索，建立了社会主义初级阶段的基本经济制度（以公有制经济为主体，多种所有制经济共同发展）以及与之相适应的社会主义市场经济体制，这是人民当家作主的政治地位在经济上的体现和保障。我国的市场经济，是与社会主义基本制度有机结合的市场经济，是体现社会主义本质、以实现共同富裕为目的的市场经济，归根结底，是坚持为人民服务的市场经济。社会主义市场经济是道德经济，也是法治经济。因此，现在搞市场经济的前提条件是任何市场主体必须诚实劳动、合法经营，必须通过向社会提供需要的合格或优质的物质产品、精神产品或服务，为人民、为社会做出贡献，才有资格和权利获得应有的利润或回报。发展社会主义市场经济条件下，坚持“为人民服务”既不是唱高调，也根本没有过时，而是社会主义市场经济健康发展的内在的、必然的要求，是社会主义市场经济不变质的重要保证。

社会主义市场经济除了具有社会主义的本质特征外，还具有市场经济的一般特点。市场经济在以市场为决定性手段配置资源、促进竞争、提高效率等方面发挥积极作用的同时，其趋利性、盲目性等特点容易诱发拜金主义、极端个人主义。现实生活中，一些人见利忘义、唯利是图，为谋取一己私利，走歪门邪道，做出坑蒙拐骗、制假贩假、走私贩私、偷税漏税等误国害民的勾当，与为人民服务的根本宗旨背道而驰。这从反面进一步证明，坚持为人民服务，不仅没有过时，而且尤为迫切。

总之，“搞市场经济，为人民服务过时论”在理论上是极端错误的，在实践中也是十分有害的。社会主义市场经济条件下，全心全意为人民服务的宗旨不仅不能丢，而且要进一步强化宗旨意识，持之以恒地推进以为人民服务为核心的公民道德建设。

【案例分析】

愿将一生献宏谋[①]

2019 年 1 月 16 日，“两弹一星”功勋奖章得主、国家最高科学技术奖获得者、改革先锋奖章获得者、“共和国勋章”获得者于敏院士，在北京因病去世。“国之栋梁”“共和国的英雄”“中国人的脊梁”……在集体的缅怀与致敬中，我们看到了一位“大写的人”。

1926 年，于敏出生于河北省宁河县芦台镇（今天津境内）一户普通人家。他的青少年时代在抗日战争时期的沦陷区度过。亡国奴的屈辱生活给他留下深刻的惨痛的印象。1944 年，18 岁的于敏以优异成绩考进北京大学工学院，后来转到理学院。在北大，于敏如饥似渴地学习，没有路费，他寒暑假从不回家，在校攻读。1949 年，他以北大物理系第一名

① 郝思斯．愿将一生献宏谋 是为“大写的人”[N]．中国纪检监察报，2019-01-18(2).

的成绩考取了北大理学院的研究生。1951年，于敏以优异的成绩毕业。他被慧眼识才的钱三强、彭桓武调到中国科学院近代物理研究所，从事“原子核理论”研究，他的工作是开创性的。

从矢志报国到勇担重任，于敏的一生，质朴纯粹却又轰轰烈烈。1961年，钱三强找于敏谈话，让他作为副组长领导“轻核理论组”，参加氢弹理论的预先研究工作。时年34岁的于敏已在国内原子核理论研究领域耕耘了十载春秋。原子弹和氢弹虽然都是核武器，但一个属于核裂变，一个属于核聚变，是两个不同的研究领域。于敏心里很清楚，这不仅意味着要离开自己躬耕多年、已有小成的学术领域，而且是在发达国家重重技术封锁的环境中从零开始。尽管难上加难，也“不太符合我的兴趣”，但他却接过重担，只因为“爱国主义压过兴趣”。1967年6月17日，我国第一颗氢弹爆炸成功。从突破原子弹到突破氢弹，美国用时7年3个月，前苏联为6年3个月，英国为4年7个月，法国为8年6个月，而当时国力相对最弱、条件最艰苦的中国只用了2年8个月。耀眼的成功背后，是数载春秋的夜以继日、焚膏继晷。攻坚路上，于敏三次因为过度劳累与死神擦肩而过；不知道多少天站在苦寒高原的试验场上，吃着夹杂沙子的馒头、喝着苦碱水；也不知道有多少个夜晚独自翻看亲人的照片……甘于奉献一切的动力，源于炽烈的爱国情怀。“我们国家没有自己的核力量，就不能有真正的独立。面对这样庞大而严肃的题目，我不能有另一种选择。”在小家与国家的需要面前，于敏选择了后者。

干惊天动地事，做隐姓埋名人。在不少时候，为国建功，需要舍弃一己之名；为民造福，需要舍弃一己之利；为成大业，需要舍弃一己之荣。于敏这个名字，对于多数中国人来说是极其陌生的。从接受研制氢弹任务的那一刻起，于敏就开始了长达28年隐姓埋名的生涯。如果不是1999年被授予了“两弹一星”功勋奖章，也许我们永远不会知道他是为中国设计氢弹的人。于敏曾对身边人说，不要计较有名无名，踏踏实实地做一个“无名英雄”。他自言“身为一叶无轻重”，唯有“愿将一生献宏谋”，因此即便后来被人称为“氢弹之父”，却再三强调“这是集体的功劳”。“一个人的名字，早晚是要没有的。能把自己微薄的力量融进祖国的强盛之中，便足以自慰了。”而今，祖国强盛，如他所愿。未曾出国留学的于敏，自谦是“地道的国产”，但他鼓励学生出国留学，开放交流、开阔视野，但有一个条件——“开过眼界后就回国作贡献”。

在被授予“两弹一星功勋奖章”之后，73岁的于敏曾写了一首七言《抒怀》，总结了自己为国家富强、民族复兴而不懈奋斗的一生：

忆昔峥嵘岁月稠，朋辈同心方案求，
亲历新旧两时代，愿将一生献宏谋；
身为一叶无轻重，众志成城镇贼酋，
喜看中华振兴日，百家争鸣竞风流。

分析

于敏的人生追求、感人事迹、卓越功勋、精神风范……无不生动地证明了他不愧是一位“大写的人”，[①]是一位清廉报国的时代先锋、民族脊梁。

立志报国，坚定不移。于敏目睹山河破碎、积贫积弱、任人宰割的旧中国，从青少年时期就立下科学报国的远大志向，几十年如一日，他用宝贵青春和汗水心血奋力书写了报效祖国的壮丽诗篇，大长了中国人的志气，实现了“愿将一生献宏谋”的美好夙愿。

服从大局，勇挑重担。按照组织的安排，于敏毅然接过重担，从耕耘了十年的原子核理论研究领域转到从零开始的氢弹理论的预先研究工作，只因为“爱国主义压过兴趣”，这展现了他不计个人得失，服从大局，坚持国家的需要就是自己的专业，坚持党和人民的利益高于一切。

坚守初心，不辱使命。“繁霜尽是心头血，洒向千峰秋叶丹。”于敏不仅勇挑重担，而且始终不忘科学报国的初心使命，以惊人的意志力、顽强拼搏的英雄精神，团结一心，战胜了前进道路上难以想象的无数艰难险阻，圆满完成了党和人民交给的光荣任务。在当时国力相对最弱、条件最艰苦的中国，从突破原子弹到突破氢弹，只用了 2 年 8 个月，速度世界第一，超过美苏英法。

不计名利，清廉淡泊。为了研制氢弹，于敏隐姓埋名长达 28 年。如果不是 1999 年被授予了“两弹一星”功勋奖章，也许我们永远不会知道他是为中国设计氢弹的人。他说，要做一个“无名英雄”“把自己微薄的力量融进祖国的强盛之中”。后来被人称为“氢弹之父”，他却再三强调“这是集体的功劳”。

于敏崇尚清廉为人民、无私奉献报国家的崇高风范和奋斗精神将永远激励着人们为更加美好的明天而不懈努力。

【拓展阅读】

最美基层高校毕业生[②]

2022 年 5 月，中央宣传部、人力资源和社会保障部联合发布王海洋等 20 名 2021 年“最美基层高校毕业生”先进事迹。发布仪式以“让青春之花绽放在祖国最需要的地方”为主题，20 名“最美基层高校毕业生”围绕学习贯彻“志存高远、脚踏实地，不畏艰难险阻，勇担时代使命”要求，用亲身经历讲述了志存高远、成长成才，基层奉献、服务人民，至诚报国、勇于担当的感人事迹。

---

① “大写的人”出自高尔基，他早年写过一篇散文诗就叫《人》，其中的“人”一词都是像专有名词那样首字母大写，表示一种理想的人格。后来“大写的人”成为苏联很流行的一句习语。20 世纪 50 年代，随着苏联文学的流行和政治宣传，这个“大写的人”的说法在中国也风靡一时，在报刊上、课本上、作文中、纪实文学中不断复述。至今仍有使用。

② 赵兵．中宣部、人社部发布 2021 年“最美基层高校毕业生”先进事迹[N]．人民日报，2022-05-11(05).

这20名“最美基层高校毕业生”是新时代基层高校毕业生的优秀代表。他们有的在脱贫攻坚和乡村振兴一线带领群众脱贫致富，有的投身疫情防控和卫生健康事业守护人民生命安全，有的坚守三尺讲台倾情奉献乡村教育，有的科技报国矢志创新攻克技术难关，还有的扎根司法援助、就业帮扶、农业生产、志愿服务等基层一线，在解决群众急、难、愁、盼问题、推进民生事业发展中作出突出贡献，用实际行动诠释了“小我融入大我，青春献给祖国”的责任担当，成为“到基层去、到祖国最需要的地方去”的优秀榜样。

广大高校毕业生要以“最美基层高校毕业生”为榜样，积极响应党和国家号召，勇于到基层一线和艰苦边远地区建功立业，努力成为堪当民族复兴大任的时代新人。

【知与行】

请搜集清廉为民的职业人的故事，并讲给身边的同学或朋友听一听。

第四节　浩然正气——拒腐防变警钟鸣

【基本理论】

一、讲政治坚守原则

(一)把准方向，坚定立场

“举什么旗，走什么路，沿着什么方向前进”事关国家的前途和命运。中国的未来属于青年，中华民族的未来也属于青年。青年学生在旗帜、道路和方向问题上作出怎样的选择，直接关系到国运兴衰和民族强弱，因此，大学生必须把准大方向。习近平强调，“道路问题是关系党的事业兴衰成败第一位的问题，道路就是党的生命。中国特色社会主义，是科学社会主义理论逻辑和中国社会发展历史逻辑的辩证统一，是根植于中国大地、反映中国人民意愿、适应中国和时代发展进步要求的科学社会主义，是全面建成小康社会、加快推进社会主义现代化、实现中华民族伟大复兴的必由之路”“历史和现实都告诉我们，只有社会主义才能救中国，只有中国特色社会主义才能发展中国，这是历史的结论、人民的选择”。[①] 大学生把准方向，就是要在党的领导下，坚定不移地走中国特色社会主义道路，要不断增强中国特色社会主义的道路自信、理论自信、制度自信和文化自信。

大学生不仅要把准政治方向，而且还要站稳政治立场。所谓政治立场，通俗地讲，就是为了谁、相信谁、依靠谁。习近平指出，“始终站在人民大众立场上，一切为了人民、一切

---

① 习近平．习近平谈治国理政[M]. 北京：外文出版社，2014：21-22.

相信人民、一切依靠人民，诚心诚意为人民谋利益。这是马克思列宁主义的根本出发点和落脚点”。① 建党 100 多年来，中国共产党人正是秉承着这一立场不懈奋斗，才赢得了最广大人民群众的支持，推翻了“三座大山”，成立了中华人民共和国，走上了社会主义康庄大道，实行改革开放，取得了举世瞩目的伟大成就。因此，大学生坚定立场，就是要始终站在人民大众的立场上，坚持一切从最广大人民群众的根本利益出发，全心全意为人民服务。

“站得稳，行得正”是践行清廉的内在要求，而一些大学生在政治方向、政治立场等大是大非问题上存在不同程度的模糊、迷茫、动摇等问题，表明其在一定程度上背离了清廉的要求，这一现象不容忽视。《关于进一步加强和改进大学生思想政治教育的意见》指出：“国际敌对势力与我争夺下一代的斗争更加尖锐复杂，大学生面临着大量西方文化思潮和价值观念的冲击，某些腐朽没落的生活方式对大学生的影响不可低估。随着对外开放的不断扩大，社会主义市场经济的深入发展，我国社会经济成分、组织形式、就业方式、利益关系和分配方式日益多样化，人们思想活动的独立性、选择性、多变性和差异性日益增强。这有利于大学生树立自强意识、创新意识、成才意识、创业意识，同时也带来一些不容忽视的负面影响。一些大学生不同程度地存在政治信仰迷茫、理想信念模糊、价值取向扭曲、诚信意识淡薄、社会责任感缺乏、艰苦奋斗精神淡化、团结协作观念较差、心理素质欠佳等问题。”②对一些大学生在思想政治方面存在的问题，要通过加强和改进大学生思想政治教育，特别是清廉教育加以解决。

无论是在校学习还是今后走向社会，大学生只有坚定正确的政治方向，站稳正确的政治立场，才能在大是大非面前做出正确选择，才有可能真正成为中国特色社会主义事业的合格建设者和可靠接班人。大学生只有一心报国，甘愿为党、为民、为国家的伟大事业贡献一切，才能经得住各种风浪和挫折的考验，始终如一地站稳正确的政治立场，坚定不移地沿着正确方向前进。

(二)大局为重，坚守原则

“顾大局，守原则”是大学生践行清廉的必然选择。大学生考虑问题或做事，如果仅仅从个人或小集团利益出发而不顾大局，为谋取一己私利而放弃原则，就与清廉的要求背道而驰。

首先，要以大局为重。大局问题始终是一个十分重要的问题。有大局观的人总是能够把目光放得长远，能够把握好整体利益和局部利益的关系，分清主要矛盾和次要矛盾，不因小失大，对待问题能做出正确决策和快速反应。无论在哪个组织中，具有大局观的人一般是团队的灵魂人物，其所处地位和作用的发挥在很大程度上决定着该组织的未来。

其次，要坚守原则。坚守原则，必须处理好变（灵活性）与不变（原则性）的辩证关系。其实，每个人在自己的学习、工作和生活的道路上都会遇到很多选择，每个人在政治立场、

---

① 习近平．深入学习中国特色社会主义理论体系 努力掌握马克思主义立场观点方法[N]．人民日报，2010-03-02(01)．

② 中共中央、国务院关于进一步加强和改进大学生思想政治教育的意见（中发〔2004〕16 号）。

政治方向和大是大非问题上都应有自己的底线，这个底线绝不可以逾越，这就是“大事坚守原则”。但是，坚守原则并不是死板。在处理具体问题时，在坚持原则的前提下，从实际出发，因时因地制宜，采取灵活的策略，达到良好的解决问题的效果，这就是“小事学会变通”。这样才能对于别人的意见或者建议听得进去但又不盲从，会根据事物的整体发展情况进行分析后再作出选择，做到把握灵活变通与严守规矩的不同适用范围，避免过度变通与僵化规矩产生的不良影响。

最后，要科学把握大局和原则。科学把握大局和原则是做到“以大局为重，坚守原则”的前提。如果搞不清究竟何谓“大局”、何谓“原则”，那么如何做到“以大局为重，坚守原则”？大学生要科学地把握大局和原则，就必须学习和掌握辩证唯物主义和历史唯物主义，立足实践，运用马克思主义的立场、观点和方法分析问题、解决问题。

一方面，要运用历史思维、辩证思维和系统思维来把握大局。大局是历史的、具体的而不是一成不变的、抽象的；大局既是绝对的又是相对的，是绝对与相对的辩证统一；大局具有整体性、系统性、层次性和区域性。例如，具体到一个地区、一个单位、一个部门都有各自的大局，并且在不同的时期会有所变化。在中国特色社会主义新时代，党领导人民实现“两个一百年”奋斗目标和中华民族伟大复兴的中国梦，这是党和国家的工作大局，就我国而言这是绝对的。但就整个世界而言，维护世界和平、促进共同发展、实现互利共赢则是当今时代的主题和大局。一般来说，低层级的大局要服从服务于高层级的大局，高层级的大局也要顾及低层级的大局的具体实际和特殊需要。

另一方面，关于坚持原则，首要的是要真正搞清楚何为“原则”，做到既不拿原则做交易、搞变通，也不把非原则的东西加以固守而陷入思想僵化。要树立“红线”观念、运用底线思维，把握和坚守原则。在政治上，要坚持四项基本原则这一立国之本、坚持党的基本路线一百年不动摇这一大政方针，坚持思想上行动上与党中央保持高度一致，坚决遵守和维护宪法、法律、法规，中共党员还要坚持党性原则，把党性与人民性统一起来，遵守和维护党章、党规、党纪。

二、树正气遵纪守法

（一）一身正气，两袖清风

风清气正是清廉的现实表现和基本特征，清廉则是风清气正的根本和基础。践行清廉就要讲正气、树正气、扬正气。

正气，与歪风邪气相对，一般是指主体（个人或组织）具备的刚正无私、光明正大、公平公正的浩然之气以及在实践中形成的崇德尚义、积极进取、务实清廉的优良作风。

中华民族有讲正气的优良传统。我国古代著名思想家孟子曾经说过：“我善养吾浩然之气。”，孟子提出“浩然之气”这一富有创新思维的哲学概念及其精辟论述，对 2 000 多年来中华民族思想道德传统，产生了重大而深远的影响。何为浩然之气？“浩然之气”这个词，一般用来形容一种刚正宏大的精神。刚正之气，就是人间正气，是大义大德造就一身正气。孟子认为，一个人有了浩然正气，面对外界一切巨大的诱惑、威胁，都能处变不惊，镇定自若，达到“不动心”的境界。也就是孟子曾经说过的“富贵不能淫，贫贱不能移，威武不能屈”的高尚情操。社会秩序靠它维系而得以长存，道义是它产生的根本。在天下太平、政治清明时，便表现为公正祥和之气，而在国家、民族处于危难关头时，便表现为仁人志士刚正不阿、宁死不屈的气节。

中国共产党历来十分重视培育浩然正气。在中国革命、建设和改革的各个历史时期，都涌现了一大批正气凛然、清廉为民的先进人物。例如，周恩来就是这样一个人，他的一生没有留下任何私人财产，没有留下子女，没有留下骨灰，但是他却留下了一身正气、两袖清风，把自己的一生都奉献给了党和人民的崇高事业，为我们树立了共产党人的光辉榜样。周恩来不仅受到中国人民的爱戴，而且也得到了世界人民的敬仰。1976 年 1 月 8 日，周恩来逝世时，联合国为他降了半旗。当代大学生一定要学习老一辈无产阶级革命家为了人民的利益“鞠躬尽瘁、死而后已”的崇高品质和“富贵不能淫，贫贱不能移，威武不能屈”的浩然正气。在经济全球化和社会主义市场经济条件下，坚持讲正气尤为重要和迫切。讲正气，就要时刻牢记毛泽东在党的七届二中全会上提出的“两个务必”（务必使同志们继续地保持谦虚、谨慎、不骄、不躁的作风，务必使同志们继续地保持艰苦奋斗的作风），时刻牢记习近平在党的二十大报告中指出的“三个务必”（务必不忘初心、牢记使命，务必谦虚谨慎、艰苦奋斗，务必敢于斗争、善于斗争），就要在拜金主义、享乐主义、极端个人主义面前做到一尘不染、正气凛然。习近平在 2013 年 8 月召开的全国宣传思想工作会议上强调：“要加强社会主义核心价值体系建设，积极培育和践行社会主义核心价值观，全面提高公民道德素质，培育知荣辱、讲正气、作奉献、促和谐的良好风尚。”①

（二）懂法守法，崇尚法治

法治是清廉的保障，清廉是法治的根基。清廉道德品格、清廉政治和清廉社会生态的形成离不开加强个人修养和道德教化。但修养和教化不是万能的，对那些修养缺失、教化无效之人怎么办呢？孔子说经教化不改变，经教导不听从，损害道德败坏风气的人，就要用法律来惩罚。孔子的论述仍具有重要的现实意义。依法惩恶就是扬善，因为惩治劣行，让违法者受到惩罚，才能发挥对整个社会的警示教育作用。大学生践行清廉就要增强法治观念，自觉尊法、学法、守法、用法，自觉维护法律的权威。尊法就要尊重法律，敬畏法律，崇尚法治；学法，就要学习法律知识，参加法律实践，树立法治观念；守法，就要自觉遵守法律，法无授权不可为，法定职责必须为；用法，就要严格依法办事，依法行使权力，依法享有法律权利，依法履行法律义务。维护法律权威是建设社会主义法治国家的前提条件。法律权威是法律在国家和社会生活中具有的权威和尊严，是法的不可违逆性。维护法律权威需要国家采取各种有效措施，更需要每个公民通过各种方式来维护。例如，敢于并善于依法同各种违法犯罪活动做斗争，为维护法律权威贡献力量。总体而言，大学生群体是一

① 习近平．习近平谈治国理政[M]．北京：外文出版社，2014：154.

个有理想、有抱负、有知识、有文化并充满朝气的青年群体，承载着国家的未来和民族的希望。大学生自觉地尊法、学法、守法、用法，自觉维护法律权威，有利于自身成长为清廉之人和国家有用之才，对社会主义法治国家建设及清廉社会建设具有重大而深远的意义。

三、拒诱惑防微杜渐

（一）淡泊明志，出淤泥而不染

大学生践行清廉要学会抵御各种诱惑的袭扰和“糖衣炮弹”的攻击。马克思曾经说过，谁要是为名利的恶魔所诱惑，他就不能保持理智，就会依照不可抗拒的力量所指引给他的方向扑去。早在中华人民共和国成立前夕，毛泽东就预言，进城后有些共产党人在“糖衣炮弹”面前要打败仗。1952 年处决“大老虎”刘青山、张子善的枪声不仅验证了毛泽东的预言，也向人们敲响了警钟。

当前，伴随着市场经济的不断发展、科技的日益进步、生活水平的不断提高，拜金主义、享乐主义、极端个人主义等腐朽思想不断以新的形式影响着人们，各种诱惑层出不穷。一个人一时能够抵制住诱惑并不难，难的是一辈子不被诱惑俘虏，不跌入诱惑背后的陷阱。因此，大学生要想始终如一地抵御住各种诱惑和“糖衣炮弹”，不仅需要有淡泊明志的境界，而且还需要有“出淤泥而不染”的勇气、智慧和毅力。在成功抵御各种诱惑和“糖衣炮弹”方面，老一辈无产阶级革命家为我们树立了光辉的榜样。毛泽东曾强调，夺取全国胜利，只是万里长征走完了第一步。并且把进城比作进京赶考，表示一定要考个好成绩，决不当李自成。毛泽东、周恩来、刘少奇、朱德、邓小平、陈云等老一辈无产阶级革命家，无论是在艰苦的战争岁月还是在中华人民共和国成立后的和平时期，无论环境和地位怎么改变、面对什么诱惑，他们都始终如一地保持了共产党人大公无私、清廉为民的高尚品格，在广大人民心中竖起了的一座座不朽的精神丰碑。

面对社会上的不良现象及诱惑，大学生要学会做到出淤泥而不染。环境对人有重要影响，但具有主观能动性的人同样也会对环境产生影响，这就是“环境造人，人造环境”的道理。大学生要正视环境对人的影响，积极参加社会实践活动，进行社会交往，在实践中努力提高认识与改造世界的本领，在不断认识世界和改造世界中坚守做人的原则和底线，决不随波逐流，真正做到勿为名累、勿为利锁、勿为权迷、勿为欲困。

（二）不以善小而不为，不以恶小而为之

刘备去世前给其子刘禅的遗诏中写道：“莫以恶小而为之，莫以善小而不为。唯贤唯德，能服于人。”他的目的是劝勉儿子要进德修业，有所作为。不积跬步，无以至千里，好事要从小事做起，积小成大，方可成大事；千里之堤溃于蚁穴，坏事也要从小事开始防范，否则积少成多，就会坏了大事。大学生不仅要在政治方向、政治原则等大是大非问题上立场坚定、旗帜鲜明，而且在待人接物、日常生活等小事方面也要守住底线。社会上一些人出现见利忘义等道德滑坡问题，甚至滑向堕落与违法犯罪的泥潭，往往是从日常的小节开始的。大学生践行清廉，必须从点滴小事做起，一步一个脚印，努力做一个高尚的人、一个有

道德的人、一个有益于人民的人。

四、抗威逼一尘不染

（一）威武不屈，刚正不阿

大学生践行清廉，不仅要抵制住各种诱惑，做到富贵不淫、贫贱不移，而且还要抗得住各种威逼，做到威武不屈、刚正不阿。威武不屈、刚正不阿是人的一种品质，是指在权势面前，在利诱威逼，甚至在死亡威胁的情况之下，能挺得住，不颠倒是非，不背信弃义。无数党的优秀儿女在为祖国和人民利益而奋斗的征程上，用生命和鲜血生动诠释了威武不屈、刚正不阿的深刻内涵：方志敏面对反动派高官厚禄的利诱不为所动，遭受敌人的严刑拷打，宁死不屈，英勇就义；赵一曼面对日寇穷凶极恶地威逼拷打、摧残折磨，大义凛然，忠于祖国的信念始终不渝，直至血染白山黑水……正是这种可贵的英雄气节使中华民族生生不息，虽屡遭磨难仍能昂然屹立于世界民族之林。

（二）敢于斗争，善于斗争

“污浊、邪恶、贪腐、黑暗”势力与人民的美好愿望和根本利益背道而驰，它们具有较强的贪婪性与寄生性、扩张性与传染性、欺骗性与勾连性、隐蔽性与残暴性、嚣张性与野蛮性等特点。这就决定了党和人民与“污浊、邪恶、贪腐、黑暗”势力的斗争具有长期性、艰巨性和复杂性，任何时候都不要掉以轻心。一部人类阶级社会的历史，不仅是生产力不断发展的历史，而且也是纯洁与污浊、正义与邪恶、廉洁与贪腐、光明与黑暗长期斗争的历史。人类历史已经证明并将继续证明：廉洁终将战胜贪腐，正义终将战胜邪恶，光明终将战胜黑暗，因为人民才是历史的真正创造者，而廉洁、正义、光明是民心所向、大势所趋。因此，大学生践行清廉要坚定信念、增强信心，不能仅仅满足于洁身自好、独善其身，而且还要带头学习、宣传、践行清廉道德和法治，要敢于和善于依法同包括贪腐现象在内的各种危害国家和人民利益的言行做斗争，这是反腐倡廉要走群众路线的必然要求，也是新时代党和人民赋予青年的重大历史责任。

【解疑释惑】

现实生活中存在“台上讲清廉，台下搞腐败，边腐边升”现象。我们应如何看待这一现象？

习近平强调：“要守住政治关，时刻绷紧旗帜鲜明讲政治这根弦，在大是大非面前、在政治原则问题上做到头脑特别清醒、立场特别坚定，决不当两面派、做两面人，决不拿党的原则做交易。”①

不可否认，现实生活中的确存在“台上讲清廉，台下搞腐败，边腐边升”的现象。“台上

---

① 习近平．在中央党校（国家行政学院）中青年干部培训班开班式上发表重要讲话（2022 年 3 月 1 日）[N]．人民日报，2022-03-02(01).

讲清廉，台下搞腐败”的人是典型的“两面人”，他们善于伪装和表演，通过贿赂、攀附上级或骗取组织和群众信任等方式得以升迁，导致出现“边腐边升”现象。例如，中央军委原副主席徐才厚就是典型的“两面人”，他善于表演，擅长伪装，用假面具掩盖自己极其肮脏的灵魂和丑恶的行为，演出了一幕幕丑剧。

腐败分子的“两面人”特征是：“口言善，身行恶”，其表现是台上一套、台下一套，当面一套、背后一套，说一套、做一套。他们表面上好话说尽，实际上坏事干绝，凡有良知者，无不深恶痛绝。

无论“两面人”多么善于伪装和表演，其实质就是通过制造假象以掩盖自己不可告人的目的——非法攫取更多的不义之利，满足贪婪的私欲，升官发财享乐是其人生的真正追求。“两面人”的所作所为本质上是一种误国害民的政治投机、政治诈骗、政治流氓行径。

“两面人”的迷惑性、欺骗性、潜伏性特别强，因而其危害性、危险性也特别大。东窗事发之时，他们往往已蜕变为大奸巨贪，令人震惊。“两面人”的违法犯罪活动不仅败坏了党和政府的形象，而且严重撕裂了人民群众对社会主义的政治信仰、对执政党的政治信任；不仅给广大人民群众的根本利益造成严重损害，而且也危及国家的政治、经济、国防安全和社会的和谐稳定，如果任其恶性膨胀、做大做强，将会导致人民江山易帜变色、人亡政息。

近年来，贪官们做“两面人”犹如苍蝇逐臭，“趋之若鹜”。“两面人”何以屡禁不绝？其产生的土壤和根源何在？“两面人”潜滋暗长的原因十分复杂，是主观因素与客观因素、历史因素与现实因素等多种因素共同作用的结果。第一，腐败分子争做“两面人”是一种趋利避害、自我保护的本能。反腐力度不断加大，贪腐的成本和风险不断提高，为了长期安全“潜伏”，降低被查处的风险，除了加强贪腐行为的隐蔽性外，善于运用包装、表演等障眼法来欺骗舆论和公众是其必然的选择。第二，向上爬的需要。腐败分子乔装改扮以掩盖物质上的贪婪、生活上的糜烂、思想上的堕落，便于骗取组织和群众信任得以更快实现政治上的升迁，从而为攫取更多、更大的非法利益创造条件。第三，剥削阶级腐朽思想的侵蚀，厚黑学等权谋文化的熏染，是“两面人”产生的诱因。第四，一些地方和部门官僚主义蔓延、民主集中制遭到破坏、选人用人法规不落实，为“两面人”的产生提供了现实土壤。第五，党风廉政建设和反腐败斗争的主体责任和监督责任落实不到位，权力运行得不够透明，对权力的监督制约乏力，为“两面人”提供了可乘之机。

中国共产党反腐的决心从未改变，尤其是党的十八大以来，更是以零容忍的态度、猛药去疴的决心、刮骨疗毒的勇气，严厉打击和惩治贪污腐败行为。如今反腐败惩防体系建设力度不断加大，国际反腐合作更加密切，反腐技术手段日趋先进，天罗地网更加严密，反腐的铁拳更加有力。此外，人民群众十分痛恨腐败，腐败成为社会关注的热点问题，人民群众反对腐败的呼声不断高涨并通过多种方式自发地加入反腐行列，在人民群众反腐的汪洋大海中，腐败分子难以逃脱遭受惩罚的下场。只要“两面人”腐败分子存在一天，党和人民与他们的斗争就不会停止，要相信正义终将战胜邪恶，正义必胜、人民必胜。

早在延安时期，毛泽东就指出："当老实人，讲老实话，做老实事。"几代党的领袖都十分强调这一点。因此，我们大学生要努力做到言行一致、表里如一，襟怀坦荡、光明磊落，要树立为人民做好事、做大事而不是做大官的志向。在校期间，大学生要努力学习，提升自身素质，不断增强为人民服务的能力。走上工作岗位后，大学生要坚持清廉自律，踏踏实实做人，认认真真做事。

【案例分析】

一身正气　两袖清风①

2022 年暮春，解放军总医院第一医学中心芳草茵茵，鲜花盛开。躺在病床上的 101 岁老红军石养民，忆及往事，心潮起伏。

"坚决革命到底，就是死，也决不退缩"

"如果不参加革命，就不会活到现在。"石养民的一句话，打开了记忆的匣子。

"革命到底就是要不怕死，革命到底就是不能中途叛变，革命到底就是要全国人民都翻身……"

1921 年，石养民出生在陕西蓝田一户贫苦农家。全家人辛苦干一年农活，打的粮只够吃半年，还常被地方军阀部队抢劫一空。

"这个世道为什么这么黑暗？这么不公平？这么不讲理……"生活的苦难，在石养民幼小的心灵中留下一连串问号。抗争的种子，也悄然生根。

"一杆杆红旗空中飘，红二十五军上来了，来到陕甘洛河川，劳动百姓好喜欢。"一首朗朗上口的信天游，唱出 1935 年红二十五军来到蓝田县的情景。他们打开地主家的粮仓，把粮食分给穷苦百姓，对百姓秋毫不犯。

石养民对这支心系百姓、纪律严明的部队心生向往，对领导这支部队的中国共产党心生敬仰。不久后，石养民的表哥、中共地下党员胡达明来到他就读的学校任教，在教师身份掩护下负责在当地农村恢复和发展党的组织，宣传党的纲领和抗日救国主张。《童年》《少年漂泊者》……在胡达明引导下，石养民开始阅读进步书籍，接受革命启蒙教育，慢慢懂得"只有共产党才能救中国"的道理，并参加张贴标语、分发传单等革命活动。

1936 年，地下党组织安排 15 岁的石养民到西安大华纺织厂负责工人运动工作。吃的是生馍馊饭、工资无故被克扣……亲身体验资本家的残酷剥削，石养民进一步坚定了跟随共产党革命到底的决心。他积极组织工人开展争取合法权益的斗争，秘密筹建抗日工会，投入轰轰烈烈的革命事业中。

1938 年 5 月 5 日，是石养民一生中最难忘的一天。一间隐蔽简陋的屋子里，在胡达明的见证下，石养民加入向往已久的中国共产党。

---

① 刘汝山，董坤．101 岁老红军石养民——一腔热血 两袖清风[N]．解放军报，2022-05-07(07)．

“唯有竭尽全力把工作做得完美，不辜负自己的使命”

1940年8月，正在中央党校学习的石养民，被组织调到军委某部工作，负责将技术侦察所得的情报材料分类整理，抄写后准确及时呈送给中央首长。

“当时的通报都是复写，一式6份。6层通报纸加6层复写纸，上面还要加1层麻纸，总共13层……必须用很大的劲，才能写透。”情报工作关系战场胜负，容不得半点差错，石养民常常夜以继日、废寝忘食地工作，养成了严谨细致、实事求是的工作作风，“我这个家贫如洗的苦孩子，在党的培养下能有机会直接为中央首长‘站岗放哨’，是不曾想到的光荣。我唯有竭尽全力把工作做得完美，不辜负自己的使命”。

1946年，石养民由技术岗位转而负责干部工作，先后在干部科、干部处任职。“干部部门就是干部的家，一定要设身处地为干部着想，坚决不能有权力思想、衙门作风。”石养民始终秉持“既要对组织负责，也要对干部本人负责”的原则，在日常工作中反复思量，在干部问题处理上慎之又慎。

1948年，石养民跟随单位进驻河北省平山县，时任干部科副科长。当时，训练班的几名学员因历史问题未能查清，不能开展工作。石养民出于爱护人才的考虑，没有照例安排他们就地转业，而是将他们保留下来，一边设法查清他们的历史问题，一边鼓励他们为农民子弟开办小学，在实践中考验他们。这些学员工作非常努力，问题逐步查清后由组织重新分配了工作，并逐渐成长为单位骨干。

无私才能无畏，无私才敢担当。20世纪70年代，石养民调任原解放军外国语学院副政委，负责招生工作。他坚持原则、照章办事、不徇私情，大家都说：“石副政委办事公道，让人服气。”

“作为老红军，只有为党争光的义务”

“我是党员，党员要守好党规，就要从立好家规开始。”家风连着党风，石养民立下的家规，是“清清白白做人，老老实实做事”。

20世纪50年代，石养民家中上有3位老人，下有7个孩子，他和妻子的收入要维持全家人日常生活，常常捉襟见肘。石养民所在的干部处负责干部家庭困难补助费的申领，但他从来没有向组织伸手，“我们的权力是党和人民赋予的，是为党和人民做事用的，只能用来为党分忧、为国干事、为民谋利。作为一名老党员，公家的便宜一点都不能占”。

石养民担任原解放军外国语学院副政委时，外甥从老家农村找来，想让他帮忙找一份工作。一位朋友得知后表示可以先安排他的外甥干临时工，以后再安排转正，却被石养民拒绝。石养民说，凭他的职务、资历，开口给子女或亲戚安排当兵、找份工作或许看起来是人之常情，可想一想，“党是纯洁纯粹的、神圣伟大的，作为老红军，只有为党争光的义务，没有给党抹黑的权利，自己就开不了那个口”。

“官去身未轻，党员责任重”。离休后，石养民常常提醒自己，不能辜负信任，一定要多为群众谋福利。得知保姆家的孩子上不起学，石养民捐资助学直到孩子大学毕业。学院一名职工家境困难，妻子身患重病，他主动帮助联系医院，让职工妻子得到及时救治。小儿子送来一根价值不菲的拐杖，石养民外出散步时看见一名老人行动不便，当场就把拐杖送人……有时候，石养民的“大方”让子女们不理解，他却说：“我是苦孩子出身，知道吃不饱、穿不暖是什么滋味。每当看到群众有困难，就忍不住想帮一把。”

“我们主张让子女们凭自己的努力和汗水去开拓，去耕耘，去拼搏，书写自己的人生。”这是石养民和妻子的教育观。他的子女们都从平凡岗位干起，有的成长为单位技术骨干，有的成长为医院的主任医师，前行的每一步都谨遵父亲的教诲——

“不要求你们官当多大，只要求你们每个人都学好一门技术，更好地为党和国家服务。”

分析

老红军石养民为了民族解放、人民幸福、国家富强奋斗了一辈子，一身正气、两袖清风，始终保持共产党人的英雄本色。

信念坚定，革命到底。石养民少年立志，追求进步，始终感党恩、听党话、跟党走；忠于祖国、忠于人民，服从命令、勇于担当；坚持革命到底，具有不怕苦、不怕难、不怕死的英雄精神。

恪尽职守，严谨务实。石养民在革命工作中，夜以继日、废寝忘食，严谨细致、实事求是，高度负责，追求完美。

秉公用权，清廉无私。“作为一名老党员，公家的便宜一点都不能占。”石养民始终坚持权为民所用、利为民所谋，无私无畏、敢于担当，坚持原则、办事公道，践行清廉、不徇私情。即使生活捉襟见肘，也不利用手中的权力向组织伸手；拒绝自己的外甥让帮忙安排工作的请求……做到只为党争光，不给党抹黑。

为民服务，始终如一。石养民始终牢记初心使命，离休不褪色，“官去身未轻”，坚持“多为群众谋福利”，“每当看到群众有困难，就忍不住想帮一把。”

言传身教，家风优良。石养民重视家风家教，他不仅用自己的言行给子女树立了榜样，而且教育子女要凭自己的努力和汗水书写自己的人生。要求每个子女都学好一门技术，更好地为党和国家服务。

老红军石养民的家国情怀、公仆意识、清廉品格、奋斗精神是走好新的长征路的宝贵精神财富，具有重要时代价值和实践意义，必将激励人们为强国建设、民族复兴伟业作出新的更大贡献。

【拓展阅读】

于成龙——“天下廉吏第一”①

有一位清代官员病逝之日，其任职地的百姓“皆巷哭罢市，家绘像以祀之”；归葬之日，士民数万人，步行相送20里。

他是谁？何以赢得百姓如此爱戴？

此人便是被称为“天下廉吏第一”的于成龙。

于成龙是山西省永宁州（今方山县）人，字北溟，别号子山。生于明万历四十四年（1616年），卒于清康熙二十三年（1684年）。

于成龙塑像

顺治十八年（1661年），清廷委任已45岁的于成龙到遥远的边荒之地——广西罗城为县令。罗城新隶于清廷统治不到两年，由于局势未稳，两任知县一死一逃。而且当地万山环绕，瘴疠盛行，从北方到那里为官的“百无一归”。于成龙不顾亲朋的阻拦，抛妻别子到罗城赴任。当地百姓见于成龙不带家眷，生活清苦，便主动给他送来一些土特产。于成龙一概谢绝。于成龙在任期间，废寝忘食，剿匪捕盗，公正断案，抑恶扬善，当地治安改观，社会安宁。他还倡办学校，传播文化，风气为之一新。

于成龙严以律己，生活甚为清苦。但他作为朝廷命官，对百姓却是体恤有加。于成龙能够以百姓为念，为此他甚至不怕得罪上司，不怕得罪朝廷。在四川合州知州任上，他体恤战乱后生活困顿的百姓，停止百姓给府上送鱼之惯例，并上疏反复陈述地方百姓的苦难。知府为之汗颜，于是裁革扰累民间的事情10余件。在湖广黄州府任职时，正赶上灾荒，他以糠代粮，把节余下的口粮、薪俸救济灾民，甚至把仅剩的一匹供骑乘的骡子也“鬻之市，得十余两，施一日而尽”。

于成龙任两江总督时，已逾花甲。两江地处长江中下游流域，沃野千里，富庶丰腴，而于成龙不改初衷，一如既往，每餐必食萝卜青菜。主仆无茶可饮，采槐叶充之，日久，衙后槐树，枝朗叶疏。于成龙到任后，恰逢江南屡遭风雨袭击，灾情不断，他经常为了“留米赈饥”，而以稀粥青菜为食。“日食粗粝一盂，粥糜一匙，佐以青菜，终年不知肉味”，江南人为感念他，亲切地称他为“于青菜”。“于青菜”的轶事，至今还在江南流传。

于成龙深知“州县各官厉民积弊，处处皆然，而江南尤甚”，为痛加革除，提出了勤抚恤、慎刑法、绝贿赂、杜私派、严征收、崇节俭这六条戒律，使州县基层官员“朝夕观省，自为猛惕”，并要求他们“虽自己足食，当思民之无食者；自己披衣，亦当思民之无衣者”；若“无功于国，无德于民”而终日华衣美食，则虽身居官长，实与盗贼无异。

于成龙力倡节俭，身体力行，任两江总督仅三年，政风社情，焕然一新：官吏廉洁自律，

① 山西农民报记者．于成龙：“天下廉吏第一”[N]．山西农民报，2015-01-23 (16).

勤政爱民。两江百姓安居乐业，人户丰赡。

于成龙历任知县、知州、知府、道员等地方官，一直做到藩臬二司（按察使、布政使）、督抚大员，所到之处，他始终清廉自守，多行善政。

于成龙病逝后，康熙谕旨，谥号“清端”，并赐予御制碑文，以示褒奖。于成龙真不愧为清代历史上首屈一指的清官廉吏。

感言

于成龙去世300多年来一直活在人们的心中，受到人们的敬仰，因为他一生践行清廉，替百姓着想，为百姓解忧，做了许多好事、实事。初入仕途，他抛妻别子、不畏艰险毅然到遥远的边荒之地——广西罗城赴任；他对百姓体恤有加，而对自己要求甚严，为了“留米赈饥”，自己以稀粥青菜为食；他以百姓为念，为此他甚至不怕得罪上司，不怕得罪朝廷；他为官清正，不徇私情，敢于对官场潜规则说“不”；他抑恶扬善，剿匪捕盗，公正断案，保一方平安；他带头勤政廉政，并严格约束下属，提出六条戒律——勤抚恤、慎刑法、绝贿赂、杜私派、严征收、崇节俭。在特权盛行、等级分明的封建专制社会，于成龙能够做到清廉为民实属不易，其清廉之官德、利民之品行作为古代清廉文化优秀遗产值得继承和弘扬。

【知与行】

请利用节假日或周末，分组、就近参观一处廉政教育基地，并把所见、所闻、所感讲给同学、朋友或家人听一听。

【课外作业】

以小组为单位（3～5人）搜集当地清廉为民的先进人物和故事，并制作成PPT课件在班上开展讲故事比赛。

第四讲 清廉是驱邪的“照妖镜”

——抗诱惑一尘不染

要始终严格要求自己，自觉弘扬和践行社会主义核心价值观，加强道德修养，追求健康情趣，把好权力关、金钱关、美色关，做到清清白白做人、干干净净做事、坦坦荡荡为官。

权力是一把双刃剑，在法治轨道上行使可以造福人民，在法律之外行使则必然祸害国家和人民。

我们的权力是党和人民赋予的，是用来为党和人民做事的，只能用来为党分忧、为国干事、为民谋利。

当官就不要发财，发财就不要当官。

——习近平

【导语】

每个人在自己的人生旅程中都会面对形形色色的诱惑和陷阱。其实，诱惑和陷阱并不可怕，可怕的是人缺乏抵御诱惑、规避陷阱的德行、智慧、能力和意志，尤其是清廉素质。

党的十八大以来，一些“老虎”“苍蝇”纷纷落马，他们都有一个共同的特点，就是没有抵御住金钱、权力、美色等诱惑。他们私欲膨胀，贪污腐败，追逐权力，贪图享乐，迷恋美色，一步步跌入违法犯罪的泥潭，给党的事业和人民群众的利益带来极大危害，其受到法律的制裁完全是咎由自取。与此形成鲜明对照的是，千千万万优秀的中华儿女爱国敬业、清廉为民，不断书写实现中华民族伟大复兴中国梦的新篇章。大学生要成为中国特色社会主义的合格建设者和可靠接班人，成为堪当民族复兴大任的时代新人，避免成为金钱、权力和美色的俘虏，避免跌入致人身败名裂的陷阱，就必须崇尚和践行清廉，真正掌握驱邪的“照妖镜”，牢固树立马克思主义的清廉金钱观、清廉权力观和正确的爱情观、婚姻观。

第一节　不要成为金钱的奴隶

【基本理论】

一、金钱与金钱观

金钱是指金属铸成的钱，在经济学上通称为“货币”。在人类对货币的起源及其本质的探索中曾经是见仁见智、众说纷纭，有的说货币是人们协商的产物，有的说货币是人们有意识地发明出来的，有的说货币是金银天然具有的属性，有的说货币纯粹是一种符号，等等。直到马克思的《资本论》问世，人们才对货币有了一个正确的认识。

（一）金钱的产生及其作用

1. 金钱的产生

在漫长的原始社会中，生产工具极为落后，劳动生产率很低，社会生产力水平十分低下。人们在集体劳动中实行简单的协作，劳动过程不存在社会分工，只有按年龄和性别的自然分工。氏族公社成员通过狩猎和采集所获得的产品非常稀少，为了保证每个氏族公社成员都能够生存下去，只能实行“平均主义”的分配方式。人们生产的全部产品，除了用以维持自身生存的最低需要外，没有什么剩余，既不可能也没有必要进行产品的交换，因而长期以来原始社会实行的是一种自给自足的自然经济。

在原始社会末期的第一次社会大分工出现以前，交换只是一种极为偶然的现象，也就是在氏族公社之间，它们偶然才把自己公社所生产的极少量多余产品拿去同别的氏族公社的产品相交换。这时，一种商品的价值是偶然、简单地表现在和它相交换的另一种商品上，从而出现了简单的或偶然的价值形式。例如，用公式可以表示为：1 只绵羊＝2 把石斧。即绵羊的价值是通过石斧表现出来的，即 1 只绵羊的价值表现为 2 把石斧。绵羊的价值依靠石斧相对地表现出来，因而绵羊处于相对价值形式的地位，而石斧只是充当表现绵羊价值的材料，处于等价形式的地位，起着等价物的作用。

在原始社会末期，随着社会生产力的发展，出现了第一次社会大分工，即畜牧部落从其他原始部落中分离出来，商品交换发展成为一种经常的现象。这时，一种商品不只是偶然地和另一种商品相交换，而是经常地和许多商品相交换，从而使一种商品的价值表现在其他一系列商品上，等价物也不只是由一种商品来承担，而是由许多种商品来承担，从而使商品的价值表现得更充分了。这样，简单价值形式就逐渐发展到总和的或扩大的价值形式。根据上例，用公式可以表示为：

$$
1\text{只绵羊}\begin{cases}=2\text{把石斧}\\=1\text{件上衣}\\=15\text{千克粮食}\\=1\text{克黄金}\\=\text{若干其他商品}\end{cases}
$$

扩大的价值形式存在很多缺点，等价物是经常变换的，从而给商品交换带来一定困难。如绵羊的所有者需要石斧，而石斧的所有者不想要绵羊却想要粮食，粮食的所有者又需要上衣，只有上衣的所有者才需要绵羊。这样，绵羊要换成石斧，则需要经过许多周折，从而不利于商品交换的顺利实现。

随着商品交换的进一步发展，逐渐从商品世界中分离出一种商品，其他各种商品都习惯地与这一种商品相交换，都通过它来表现自己的价值。一切商品的价值都获得了简单、统一的表现形式。这样，就由扩大的价值形式逐渐发展到一般价值形式，用公式表示为：

$$
\left.\begin{array}{l}2\text{把石斧}=\\1\text{件上衣}=\\15\text{千克粮食}=\\1\text{克黄金}=\\\text{若干其他商品}=\end{array}\right\}1\text{只绵羊}
$$

任何商品只要人们首先换成作为一般等价物的商品（绵羊等），就能用其（绵羊等）换回自己所需要的任何商品。但是，一般价值形式也有不足之处，一般等价物虽然已由某种商品来充当，但一般等价物的职能还没有完全固定在某一种商品上，可以因时因地而变化。这种不完全固定的一般等价物仍然不利于商品交换的发展。

在原始社会向奴隶社会过渡的时期出现了第二次社会大分工，即手工业从农业中分离出来，出现了专门为市场交换而进行的商品生产。商品生产和商品交换的日益发展和范围逐步扩大，就要求一般等价物在时间上和地区上具有统一性，固定地由某一种特殊商品来充当。当一般等价物的职能最终被固定在某一种特殊商品上时，这种商品就成为货币，从而一般价值形式就发展成为货币形式，用公式表示为：

$$
\left.\begin{array}{l}2\text{把石斧}=\\1\text{件上衣}=\\15\text{千克粮食}=\\1\text{只绵羊}=\\\text{若干其他商品}=\end{array}\right\}1\text{克黄金}
$$

货币的本质是固定地充当一般等价物的商品，体现了商品经济条件下，商品生产者之间的社会经济关系。贝壳、毛皮等都曾充当过货币商品，以后随着生产力的发展，货币的职能才逐渐固定在黄金、白银等贵金属上。贵金属之所以能固定地充当货币商品，一方面，因为它本身也是包含一定价值的商品；另一方面，因为它具有体积小而价值大，质地均匀，易于分割，不易腐烂，便于保存、收藏和携带等自然属性，因而便于执行货币的职能。正如马克思所说：“金银天然不是货币，但货币天然是金银。”随着商品交换的发展，逐渐产生了由国家铸造的铸币，后来又产生了由国家发行的并强制流通的价值符号——纸币，它代表贵金属货币执行流通手段职能。随着计算机网络技术的发展，又出现了信用卡、数字货币等电子货币。

总之，马克思在自己创立的科学的劳动价值论的基础上，通过对商品交换发展历史的考察，分析了商品价值形式从简单的价值形式到扩大的价值形式，再到一般价值形式，最后发展成为货币形式的历史演变。马克思深刻揭示了货币是商品交换矛盾发展的产物，是价值形式发展的必然结果，是从商品世界中分离出来的固定地充当一般等价物的一种特殊商品。从而，科学地阐明了货币的起源和本质，揭开了货币之谜，创立了科学的货币学说。

2. 金钱的作用

货币，就是我们通常讲的金钱，是人类社会发展到一定历史阶段的产物，它是商品交换的媒介、计量商品价值的尺度和社会财富的一般代表。

货币因商品交换的出现而萌芽，伴随商品生产的日益发展和商品交换范围的不断扩大而产生，货币产生后又进一步促进了商品生产、商品交换的发展。具体来说，在发达的商品经济中，货币在社会经济生活中的作用体现在价值尺度、流通手段、贮藏手段、支付手段和世界货币五种职能。货币的价值尺度职能是指货币是衡量和计算一切商品价值量大小的社会尺度。货币的流通手段职能是指货币起着商品交换媒介的作用。货币的贮藏手段职能是指货币退出流通领域，作为社会财富的一般代表贮存起来，以备不时之需。货币的支付手段职能是指在出现商品赊购赊销情况下，商品买卖以后，当赊购到期需偿还货款时，货币就执行支付手段的职能。货币的世界货币职能是指货币越出一国范围，在国际经济关系中发挥一般等价物的作用。货币的价值尺度和流通手段是货币最基本的职能，是货币一产生就具有的职能，其他三种职能是随着商品经济的发展，在价值尺度和流通手段两种基本职能的基础上逐渐相继产生的。

货币作用之性质和货币作用发挥的程度因社会生产方式、社会形态的不同而不同。例如，在奴隶社会和封建社会中，自然经济占据统治地位而商品经济在社会经济生活中只是处于从属和补充的地位，货币的作用因商品经济的从属地位而受到限制。到了资本主义社会，商品经济成为占据统治地位、最普遍、最一般的经济形式，因而货币的作用日益凸显。在资本主义条件下，大量的货币转化为资本从而成为资产阶级剥削工人阶级的手段。

货币或金钱的作用是客观存在的，不能任意贬低，尤其是在商品经济发达的时代更不能忽视。但是，我们也不应任意夸大货币或金钱的作用。

有的人把金钱视为幸福的化身，认为有了钱就有了一切。有的人把金钱视为罪恶的根源，认为金钱是人类所有发明中近似恶魔的一种发明，再没有其他东西比在金钱上有更多的卑鄙和欺骗。无论是金钱幸福论、金钱万能论、金钱自由论,还是金钱灾难论、金钱无用论、金钱罪恶论,它们都没有客观、辩证、全面、历史地看待和评价金钱的作用,因而都是片面的、非科学的。其实,货币或金钱本身没有善恶之分、是非之别,关键在于生活在一定历史条件下的人是如何看待、如何获得、如何使用货币或金钱。总之,要彰显货币或金钱的积极作用,消除金钱的消极作用,除了要建设公平正义、风清气正的美好社会,营造积极向上、和谐有序的良好环境之外,还必须使人们树立并践行正确的金钱观。

(二)金钱观的内涵及其分类

1. 金钱观的内涵

金钱观是指人们在实践中形成的对于金钱的根本看法和态度,是人生价值观的一部分。

2. 金钱观的分类

(1)按金钱观性质的不同划分,金钱观可以分为正确的金钱观、错误的金钱观或清廉的金钱观、贪腐的金钱观。

正确的金钱观是指以马克思主义关于金钱的理论为指导的金钱观。马克思主义科学地揭示了金钱的产生、本质和历史作用,认为金钱即货币的产生有其历史的必然性,它是人类社会发展到一定历史阶段的产物,是固定地充当一般等价物的特殊商品,是商品交换的媒介、衡量商品价值量大小的尺度和社会财富的一般代表。金钱是人类创造的,应为人类服务,人类应当是金钱的主人,而不是金钱的奴隶。人类依靠自己的劳动和创造积累社会财富,并获取一定的报酬、金钱、财产是值得肯定的。而那种用剥削、掠夺、欺诈等恶劣、卑鄙的手段攫取金钱、财富的人是可耻的。金钱在促进商品交换的过程中起了重要作用,但金钱并非万能,世界上有比金钱更重要、更宝贵的东西。

错误的金钱观是指违背了马克思主义关于金钱的理论的金钱观,认为金钱是万能的,视金钱为上帝,爱金钱如生命,为了获得金钱而不择手段;或者表现出对金钱的憎恨和厌恶,认为"钱是肮脏的""钱是万恶之源",或者视金钱如烟云,认为金钱对人毫无意义。

清廉的金钱观是指以清廉为原则,以践行清廉为实践要求的金钱观。这是一种正确的金钱观,它倡导勤俭节约、艰苦奋斗,主张勤俭办一切事业;主张通过合乎道德和法律的正确途径获得金钱;提倡适度消费、理性消费、绿色消费;坚决反对慕虚荣、讲排场、比阔气,坚决抵制铺张浪费、享乐主义、奢靡之风。

贪腐的金钱观是一种错误的金钱观,它是指违背清廉原则,以贪腐为特征的金钱观,它过分夸大金钱的作用,认为金钱是万能的,崇拜金钱,视金钱为人生追求的唯一目的;为了获得更多的金钱而煞费苦心、不择手段。贪腐的金钱观的现实表现多种多样,有的人追求灯红酒绿、奢靡享乐、比阔斗富、纸醉金迷;有的人热衷受贿索贿、贪污腐化、偷税漏税、走私贩私、制假售假;有的迷恋偷盗抢劫、巧取豪夺、欺行霸市、敲诈勒索、拐卖人口等。

(2)按照人们对金钱的主导程度划分,金钱观可分为金钱主人型金钱观、金钱奴隶型金钱观。

金钱主人型金钱观认为,“金钱不是目的,而只是达到目的的一种手段。”(撒切尔夫人语)人应该成为金钱的主人或主宰,应正确看待金钱、合法取得金钱、合理使用金钱,不因金钱而迷失方向,不因金钱而丧失理性,不因金钱而出卖灵魂。金钱奴隶型金钱观则恰恰相反,认为人生的目的与乐趣就是为了获取金钱,一切活动都是围绕金钱而开展,人受金钱支配,受金钱奴役,是金钱的奴仆。

3. 清廉金钱观的内涵及其特征

清廉金钱观是人们在实践中形成的,以崇尚和践行清廉为原则的金钱观。其主要特征包括金钱要取之有道、用之有度和用之有益。

(1)取之有道。古人云:“君子爱财,取之以道。”孔子说:“不义而富且贵,于我如浮云。”[①]持有清廉金钱观的人认为,要通过合乎道德与法律的正当途径光明正大地取得金钱,也就是说,要通过诚实劳动创造、合法经营管理取得金钱,而不是通过违背道德和法纪的方式取得金钱。

(2)用之有度。“德,俭而有度”[②]也就是说,节俭而有限度才是美德。俭朴的人会约束自己,奢侈的人会放纵自己。因此,我们对于金钱要用之有度,要从实际出发,量入为出、适度花钱,量力而行、理性消费。例如,投资要分轻重缓急,把有限的资金用到刀刃上,提高投资效益,规避投资风险;消费要理性、节制、节俭,不要攀比性消费、奢侈性消费、炫耀性消费、非理性超前消费、败家子式消费。

(3)用之有益。用金钱行善、干好事、为人民谋福等都是金钱“用之有益”的表现。无论是国家、集体,还是家庭、个人,对待金钱都应用之有益,避免用之招害。一是把金钱用到最该用的时候,正确把握金钱使用的时间与时机。例如,当新冠病毒突袭而至,人民的生命安全和身体健康面临严重威胁的时候,按照党中央、国务院统一部署,各级财政部门及时加大疫情防控经费的投入力度。二是把金钱用到最该用的地方,正确把握金钱使用的空间和地域。例如,中央政府不断加大对边疆地区的财政投入,内地省份对口支援边疆地区发展,这对缩小东部发达地区与边疆地区的发展差距、实现共同富裕意义重大。三是把金钱用到最该用的对象身上,正确把握应该重点支持的群众和人口。例如,2021 年 2 月 25 日,习近平在全国脱贫攻坚总结表彰大会上庄严宣告:“经过全党全国各族人民共同努力,在迎来中国共产党成立一百周年的重要时刻,我国脱贫攻坚战取得了全面胜利,现行标准下 9 899 万农村贫困人口全部脱贫,832 个贫困县全部摘帽,12.8 万个贫困村全部出列,区域性整体贫困得到解决,完成了消除绝对贫困的艰巨任务,创造了又一个彪炳史册的人间奇迹!”[③]总之,金钱要用之有益,就要把金钱用到有利于国家发展、民族振兴、社会

① 《论语·述而》。

② 《艺文类聚·卷第二十一·左传》。

③ 习近平.在全国脱贫攻坚总结表彰大会上的讲话[N].光明日报,2021-02-26(01).

进步、人民幸福的地方,用到有利于帮助困难群众渡过难关、成就梦想的地方,用到有利于个人全面发展、实现人生价值的地方。

二、树立清廉金钱观的意义

树立清廉金钱观对于帮助人们(尤其是青年学子)正确地看待、获取和使用金钱,克服拜金主义倾向,对于维护社会主义市场经济秩序、促进社会安定和谐,对于实现国家政治清明、形成良好社会风尚都具有重要意义。

(一)有利于预防和克服“一切向钱看”的拜金主义倾向

从人的发展的角度来看,拜金主义与人的全面发展相背离,剥夺了人的本质的丰富性,把人降低为金钱的奴隶;从社会发展的角度来看,拜金主义盛行的社会必然是一个物欲横流、人情冷漠、尔虞我诈的社会,是一个道德沦丧、信仰缺失的社会。而大学生树立清廉金钱观,正确认识金钱的产生、地位与作用,有利于预防和克服“一切向钱看”的拜金主义倾向,自觉抵御拜金主义。人们只有真正认识到世界上还有很多比金钱更重要的东西,金钱不是人生的全部内容,更不是人生的唯一目的,而只是实现人生目的的一种手段,才能坚守自己的崇高信仰和道德底线,努力为社会创造更多、更好的物质财富和精神财富。

(二)有利于维护社会主义市场经济秩序

在经济领域,如果任由拜金主义等错误金钱观泛滥,就会导致唯利是图、诚信缺失、见利忘义的行为泛滥,使经济秩序陷入混乱,给人民的生命和财产造成危害。多年来,虽然国家在维护社会主义市场经济秩序方面采取了一系列措施并取得积极成效,但是在经济领域仍然存在一些不容忽视的问题。例如,有的地区、部门、企业在错误金钱观的驱使下,割裂经济效益与社会效益的辩证关系,片面追求经济效益,为了局部利益或小集团的利益不惜牺牲国家和民族的整体利益、长远利益;更有甚者,为了追逐金钱无视社会公德、践踏市场规则,甚至泯灭人性、不择手段,不惜以危害他人健康和生命为代价来谋取不义之财。只有树立清廉金钱观,引导人们正确地看待金钱,见利思义,自觉遵守国家的法律法规,通过诚实劳动创造、合法经营管理实现致富目标,才能更好地预防和减少经济犯罪,维护社会主义市场经济秩序。

(三)有利于实现国家政治清明

在贪腐金钱观的腐蚀、驱使下,社会出现了金钱功能人为异化、价值规律运用泛化的倾向。金钱即货币在本质上是固定地充当一般等价物的商品,既然是商品就要遵循等价交换的价值规律,这一切都应该限制在商品交换、商品经济领域。然而,有的人把人民赋予的权力也当作商品来买卖,这就使金钱这一特殊商品走出商品经济领域而进入了不该进入的政治领域,导致其功能的异化,这就使商品经济的基本经济规律——等价交换的价值规律运用到不该运用的政治领域,导致价值规律运用的泛化。金钱功能的异化、价值规律运用的泛化严重破坏了政治生态,造成了一系列严重后果。在政治领域,如果贪腐金钱观盛行,腐败蔓延,执政党和政府就会失去广大人民群众的信任和支持,就有亡党亡国的危险。只有树立清廉金钱观，才能有效地预防金钱功能异化和价值规律运用的泛化。发展商品经济就按经济规律办事，发展政治文明就按政治规矩、政治纪律办事，这有利于压缩腐败生存的空间，形成良好的政治生态，实现政治清明。

（四）有利于促进社会安定和谐

受错误金钱观的影响，一些人热衷于不劳而获、走“捷径”发财，为了金钱甚至不惜铤而走险，违法犯罪，这严重损害人民群众利益，严重危及社会和谐稳定。树立清廉金钱观，有利于遏制人们膨胀的金钱欲望，做到对金钱取之有道，有利于克服不劳而获的思想，自觉通过正当、合法的途径致富，从而预防和减少各种违法犯罪活动，促进社会安定有序，人民安居乐业，实现共同富裕。

（五）有利于形成崇尚勤俭的良好风尚

受错误金钱观的影响，社会上出现了一些非理性消费现象，使艰苦奋斗、勤俭节约的优良传统受到冲击。“中国特色社会主义进入新时代，我国社会主要矛盾已经转化为人民日益增长的美好生活需要和不平衡不充分的发展之间的矛盾……必须认识到，我国社会主要矛盾的变化，没有改变我们对我国社会主义所处历史阶段的判断，我国仍处于并将长期处于社会主义初级阶段的基本国情没有变，我国是世界最大发展中国家的国际地位没有变。”[①]非理性消费不符合我国国情，不符合中华民族崇尚勤俭的优良传统，不符合低碳消费、绿色消费和可持续消费的现代理念，不符合实现共同富裕的目标要求。我国人口众多，人均占有资源量少，非理性消费的蔓延不仅使人们的价值观扭曲，而且还加剧了资源浪费和短缺、社会消费结构不合理、社会生产导向不合理和社会不公平的趋势。“历览前贤国与家，成由勤俭败由奢”，[②]我国历朝历代的有识之士无不以勤俭节约为荣、以骄奢淫逸为耻。大学生树立清廉金钱观，不仅对金钱要取之有道，而且对金钱要用之有度、用之有益，学会理性消费、科学消费，这有利于把金钱财富的使用控制在合理有益的限度之内，预防和克服铺张浪费和奢靡之风，形成崇尚艰苦奋斗、勤俭节约的良好风尚。艰苦奋斗、勤俭节约是我们任何时候都不可丢弃的传家宝。只有树立清廉金钱观，反对铺张浪费和奢靡之风，我们的国家才有希望，我们党才能在改进工作作风、密切联系群众中始终保持艰苦奋斗、昂扬向上的精神风貌。只有树立清廉金钱观，厉行勤俭节约，才能有效净化社会环境，培育健康向上的文明风尚。

此外，树立清廉金钱观也有利于大学生成长成才。只有树立清廉金钱观，大学生才能更好地发扬艰苦奋斗的精神，克服不切实际的盲目攀比的消费心理，减轻家庭的经济负担，形成理性、绿色、健康的消费观念。只有树立清廉金钱观，大学生才能更好地抵御“一切向钱看”的拜金主义思潮的腐蚀和侵袭，克服急功近利的浮躁心态和不劳而获、走“捷径”的投机思想，才能端正人生目的，勤学苦练，掌握更多有用的知识和技能，靠劳动和创

---

① 习近平．决胜全面建成小康社会　夺取新时代中国特色社会主义伟大胜利——在中国共产党第十九次全国代表大会上的报告（2017年10月18日）[M]．北京：人民出版社，2017：11，12.

② （唐）李商隐《咏史》。

造为社会做出贡献，实现人生价值。

三、在实践中树立清廉金钱观

大学生树立清廉金钱观重在知行统一。在思想上，大学生要认清包括贪腐金钱观在内的各种错误金钱观的实质及其危害；在行动上，大学生要严格遵循清廉金钱观的要求，摆正金钱在人生追求中的地位，不断增强抵御各种错误金钱观侵蚀的能力，并结合实际情况，在实践中学会对金钱取之有道、用之有度、用之有益。

（一）正确看待金钱

当代大学生肩负着重要的历史使命，必须旗帜鲜明地反对拜金主义，客观辩证地看待金钱的作用，始终做金钱的主人。大学生要努力把个人的理想追求与祖国的前途命运紧密结合起来，牢固树立为实现中华民族伟大复兴的中国梦而奋斗的远大志向，在为实现国家富强、民族振兴、人民幸福而奋斗的实践中展现青春风采、实现人生价值、创造美好未来。

大学生要辩证地看待金钱的作用：一方面，在社会主义初级阶段，在发展社会主义市场经济的条件下，金钱有着不可替代的重要作用，金钱是促进物质文明建设的手段，商品生产的发展、市场经济的发达都离不开金钱。对个人而言，金钱是生活的手段，在商品经济条件下，个人生活所需的消费品都必须用钱来换取。另一方面，在承认金钱对发展商品生产、市场经济和提高个人生活水平的作用的同时，也要认识到金钱作用的局限性，金钱绝不是万能的。人类的终极追求和目的是幸福，马克思主义者的终极追求是人类的彻底解放和人民共同幸福，而幸福的内容十分丰富，包括物质幸福、精神幸福、政治幸福、人际幸福、生态幸福等，幸福受主观和客观多种因素的制约，由多种要素构成。因此，金钱不等于幸福，物质财富只是幸福的元素而不是幸福的全部。有的人认为有钱就有一切，把追逐金钱作为人生目的和幸福，这是不懂幸福的科学内涵的表现。因此，大学生既要重视金钱，充分发挥金钱的积极作用，也要坚决反对夸大或贬低金钱作用的各种错误金钱观，尤其要反对“一切向钱看”的拜金主义金钱观。

（二）正当获取金钱

大学生树立清廉金钱观，必须树立为人民服务和热爱劳动创造的思想；要努力学习科学文化知识，不断提高思想道德素质和法律素质，打牢服务人民、报效祖国的能力基础；要在未来的职业生涯中，通过诚实劳动、合法经营、科学管理去创造人生价值和美好生活。

在求学之路上，大学生若遇到经济困难，对金钱也要“取之有道”：一是要增强克服困难的勇气和信心；二是要了解并用好国家的助学政策，通过正确的途径和方法克服困难。目前，我国高校已经建立起包括国家助学贷款、国家助学奖学金、勤工俭学、特殊困难补助、学费减免、“绿色通道”等政策的国家奖（助）学金体系。此外，困难大学生还可以参加学校组织的大学生创新创业实践活动，在提高创新创业能力的同时按相关规定取得一定报酬，或者在确保安全的情况下，从自身实际出发利用假期勤工俭学以缓解经济困难，同时也可得到社会实践锻炼。

大学生对待金钱要“取之有道”，必须要防范和克服各种错误观念和腐朽思想的侵蚀。一要努力摒弃不劳而获的剥削阶级思想，二要努力克服急功近利的浮躁心态，三要努力祛除妄想一夜暴富的赌徒做派，四要努力抵御享乐主义的物欲诱惑，五要努力消除极端个人主义的自私心理。

党的十八大以来，中央相继出台了“八项规定”“六项禁令”，明确规定“严禁向上级部门赠送土特产，严禁违反规定收送礼品、礼金、有价证券、支付凭证和商业预付卡，严禁滥发钱物，严禁讲排场、比阔气、搞铺张浪费”等，并严格监督、严格执纪，对于各种不良风气和违法乱纪行为具有很大的遏制和震慑作用。大学生一定要抵制金钱、名利的诱惑，做到不义之钱财勿取、非法之利益勿索，干干净净做人，踏踏实实做事。

（三）合理使用金钱

在不违法乱纪的前提下，每个人都有自由支配自己金钱的权力，我们提倡合理使用金钱。合理使用金钱，不仅体现了一个人的思想道德素质，而且有利于个人的成长成才。据调查，一些大学生花钱不当，在很大程度上是虚荣心作祟。虚荣心是一种过分表现的、扭曲的自尊心，是一种追求虚荣的性格缺陷，它是人们为了取得荣誉和引起他人的注意而表现出来的一种不正常的社会情感和心理状态。虚荣心表现在消费行为上，主要是盲目攀比，追求不切实际的高消费。因此，大学生一定要加强清廉品质修养，树立正确的金钱观和消费观，学会正当获取并合理使用金钱，坚决克服爱慕虚荣、盲目攀比、崇尚奢华、讲究排场、铺张浪费、追求享乐的错误思想和错误行为。

【解疑释惑】

如何正确认识和对待拜金主义？

1. 拜金主义是一种痴迷金钱的人生价值观

拜金主义是一种认为金钱可以主宰一切，把金钱作为衡量人生价值的唯一标准，把追求金钱作为人生至高目的的观念。拜金主义者信奉金钱至上、金钱万能，视金钱为圣物，把金钱神秘化、神圣化，为了金钱可以不顾一切，可以不择手段。

2. 拜金主义是人类历史发展到一定阶段的产物

如前所述，金钱即货币作为固定地充当一般等价物的特殊商品，是伴随人类社会生产力不断发展、商品交换日益丰富和频繁而出现的。自从金钱产生以后，就逐渐有了对金钱的追逐甚至崇拜。虽然，我国传统文化的主流是重义轻利、以义为先，崇尚舍生取义、杀身成仁，但是，也存在“人不为己、天诛地灭”“有钱能使鬼推磨”等宣扬利己主义之说。拜金主义观念和思潮的盛行是在资本主义产生之后。资本主义和拜金主义宛如一对如影随形的孪生姐妹，或者说拜金主义是附着在资本主义身上去除不掉的毒瘤。资本主义之所以会盛行拜金主义，就在于资产阶级的本性（实际也就是资本的本性）就是无休止地聚敛财富，追求资本的增值；就在于金钱作为财富的化身，在资本主义社会能够左右一切。西方的一些有识之士早就认识到拜金主义的危害，并展开了对它的批判，但是拜金主义并没有被清除，也不可能在资本主义条件下被清除。改革开放后，随着国门的打开，在引进西方国家的资金、技术和优秀文化成果的同时，这些腐朽思想也传了进来。

拜金主义的滋生与市场经济自身的弱点和不足也有关系。我国建立和不断完善社会主义市场经济体制是促进我国经济发展和社会进步、改善人民生活、增强综合国力、充分发挥社会主义优越性的必由之路，具有重要意义。但同时，市场经济自身固有的市场主体追求利润最大化以及等价交换原则也会反映到精神生活中来，容易诱发人的趋利性，从而滋生出对金钱的过分崇拜心理，导致"一切向钱看"。另外，等价交换原则从经济领域容易泛化到社会生活的一切领域，从而导致违规违纪违法犯罪等行为。拜金主义表面上是对金钱的崇拜，但这种崇拜的背后实际上是享乐主义、极端个人主义在作祟。一个贪图享乐、极端自私的人在市场经济条件下成为拜金主义者带有一定的必然性。

3. 拜金主义的危害不可低估

拜金主义不仅在认识上是极端错误的，而且在实践中也是十分有害的。拜金主义因过分夸大了金钱的作用而迷失了人生的正确方向，忽视了人生内容的丰富性和幸福元素的多维性，成为引发各种假恶丑现象、造成严重恶果的重要思想根源。拜金主义的危害表现在以下许多领域：

(1)经济领域。我们在看到我国取得举世瞩目的经济建设成就的同时，也要看到一些地区、部门或单位为了本地区、本部门或本单位的局部利益而牺牲国家和民族的整体利益、长远利益。拜金主义思潮在使少数不法之徒获得暴利的同时严重破坏了国家整体经济运行，严重迟滞经济社会的科学健康和可持续发展。如果任拜金主义泛滥，就会使经济秩序陷入混乱，就会使诚实劳动创造者得不到应有的回报，使坑蒙拐骗、敲诈勒索等非法聚敛财富者大行其道。

(2)政治领域。我们在看到大多数党员干部恪尽职守、勤廉为民的同时，也应看到少数领导干部把手中的权力作为谋取钱财的手段，从而出现不少贪污腐败、行贿受贿、权钱交易、买官卖官等腐败现象。党中央对这些腐败案件坚持零容忍的鲜明态度。一系列腐败案件也反映了拜金主义思潮对党员干部队伍的严重腐蚀、对政治生态的严重破坏，以及等价交换的市场经济原则在政治领域的恶性泛化。政治领域如果盛行拜金主义，我们党和政府就会失去广大人民群众的信任和支持，因此要坚决抵制拜金主义的侵蚀。

(3)文化领域。我们在看到我国文化繁荣发展、成就斐然的同时，也应看到一些人只讲经济效益，不讲社会效益，导致低级趣味、黄色暴力、消极反动等有害文化产品屡禁不止；有的学者文人为金钱而出卖道德良心，甘心充当某些资本的吹鼓手；甚至有的人被境外反华势力收买，充当西方文化渗透、"和平演变"的急先锋。拜金主义导致文化垃圾生产不断，严重毒害人们的灵魂，严重危及我国文化安全。文化领域如果"一切向钱看"，整个社会就没有了精神支柱，没有了凝聚力，国家和民族就不会有希望。

(4)社会及生态领域。我们在看到我国社会主义和谐社会建设与生态文明建设取得巨大成就的同时，也应看到社会上还存在一些丑恶现象。拜金主义必然危害家庭和睦、社会和谐及人民的生命财产安全。拜金主义也是造成环境污染、危害生态文明建设的思想根源和罪魁祸首。例如，有的企业为了追求高额利润，以牺牲环境为代价求发展，违法把未经处理的废气废水等有害物质直接排放到大自然，而有的环境监管人员失职渎职，甚至收受企业的贿赂后主动放弃监管职责，从而导致破坏环境的案件时有发生。此外，在看到大批德才兼备的大学生满怀豪情地走上报效祖国、服务人民的工作岗位的同时，也应看到有的大学生因受拜金主义的误导和腐蚀而不重视知识与技能的积累和个人道德修养，把金钱作为个人奋斗和追求的唯一目的，其健康成长和全面发展受到严重制约。

4. 要努力克服拜金主义

克服拜金主义必须坚定地走中国特色社会主义道路。资本主义是拜金主义盛行的根源和温床，而社会主义的本质不仅要解放生产力和发展生产力，而且还要消灭剥削、消除两极分化，最终实现共同富裕。生产力的持续健康发展与社会公平度的提高，经济社会的全面、协调、可持续发展以及人的全面发展是消除拜金主义的治本之策。

克服拜金主义必须先从党员干部做起。正如毛泽东所言：政治路线确定之后，干部就是决定的因素。榜样的力量是无穷的。党员领导干部应该是社会主义先进道德的实践者、引领者。党员领导干部的作风决定着党风政风，党风政风又影响着整个社会风气。如果党员领导干部牢牢确立马克思主义的世界观、人生观和价值观，树立马克思主义清廉金钱观，坚持全心全意为人民服务的宗旨，廉洁从政，一身正气，整个社会风气就会逐渐好转，拜金主义的生存空间就会被大大压缩。

克服拜金主义必须加强马克思主义清廉金钱观教育。大学生要成为高素质人才，清廉金钱观教育不可或缺。大学生要正确看待金钱的作用，摒弃金钱万能论，做金钱的主人，不做金钱的奴隶；对金钱要取之有道、用之有度。同时，大学生要克服享乐主义和极端个人主义。

克服拜金主义必须营造积极向上向善的文化氛围。在思想宣传领域，尤其是从事文化事业和文化产业的部门和单位，要有强烈的社会责任感和使命感，始终坚持为社会主义服务、为人民服务的正确方向，始终坚持把社会效益放在首位，大力宣传积极、健康、向上的思想观念和行为，不媚俗、不迎合低级趣味，勇于、善于批判那些腐朽堕落的世界观、人生观、价值观，批判贪腐金钱观，净化社会空气和生活环境。

克服拜金主义必须健全制度、厉行法治。只有健全制度、厉行法治，才能让见利忘义的拜金主义者无漏洞可钻，才能对违规、违纪、违法行为给予必要的舆论谴责、纪律处分或法律制裁，使其付出应有的代价从而警示众人。

【案例分析】

被贪欲吞噬的王富玉

2021 年 8 月 17 日《人民日报》发布消息称，经中共中央批准，中央纪委国家监委对贵州省政协原党组书记、主席王富玉严重违纪违法问题进行了立案审查调查。

2022年1月，中央电视台推出了由中央纪委国家监委宣传部、中央电视台联合摄制的电视专题片《零容忍》，在第二集《打虎拍蝇》中，对王富玉贪腐一案进行了剖析。王富玉，任省部级领导干部长达20余年，先后在海南、贵州担任省委常委、省委副书记、省政协主席等重要职务，2018年退休。2021年2月，中央纪委国家监委宣布他因涉嫌严重违纪违法接受审查调查。经审查调查，王富玉利用职务便利和影响力在工程承揽、土地开发、企业经营等方面为他人牟利，非法收受巨额财物。专案组发现了多套涉案房产，有的是王富玉直接收受，有的是违纪违法所得购买，还有的是企业老板买下长期供他使用。有意思的是，别墅客厅里满墙挂的文字，都在标榜自己心系百姓、淡泊名利。墙上文字和豪华别墅的反差，恰是王富玉"两面人"做派的生动写照。王富玉表面上把自己包装成清正廉洁，但实际上，贪图享乐、追求奢靡生活的问题，在王富玉身上表现得非常突出，他甚至想着冬天要住三亚，夏天要住贵阳，春天、秋天要住深圳，所以他安排老板在三亚、深圳、贵阳给他买房，然后再装修。20世纪90年代，他开始接触到高尔夫球，非常痴迷，从海南打到贵州，从在职打到退休，甚至要求私营企业主安排他乘坐私人飞机到全国各地打高尔夫球。在海南工作时，王富玉就开始收受大笔贿赂，而且从一开始就产生了在境外留后路的想法，1995年就违规为本人和妻子女儿办理了移民手续，直到2009年他担心影响自己的前程才取消。王富玉用虚假身份证开设多个银行账户，累计存入上亿元钱款。在持续的反腐败高压态势下，王富玉又采取了一种规避监督的手段，先帮老板办事，等退休后再收钱，堪称"期权式腐败"典型。王富玉退休以后，他感觉脱离了官场，可能就没他的事儿了，于是他在收受贿赂时变得无所顾忌。①

1995年至2021年，王富玉利用担任中共海南省琼山市委书记、市长，中共海南省委常委、三亚市委书记，中共海南省委副书记、海口市委书记，中共贵州省委副书记，贵州省政协副主席、主席，贵州省正部级领导干部等职务上的便利，以及职权、地位形成的便利条件，通过其他国家工作人员职务上的行为，为有关单位和个人在企业经营、规划审批、职务调整、案件处理等事项上提供帮助，直接或通过他人非法收受上述单位和个人给予的财物，共计折合人民币4.34亿余元。其中价值480万余元房产尚未实际取得，属于犯罪未遂。2019年至2020年，王富玉离职后还利用影响力收受他人给予的财物，共计折合人民币1 735万余元。②

2022年1月17日天津市第一中级人民法院公开宣判天津市人民检察院第一分院提起公诉的贵州省政协原党组书记、主席王富玉受贿、利用影响力受贿一案，对被告人王富玉以受贿罪判处死刑，缓期2年执行，剥夺政治权利终身，并处没收个人全部财产；以利用

① 中央纪委国家监委宣传部，中央电视台．电视专题片《零容忍》(第二集·打虎拍蝇)[EB/OL]．(2022-01-17)[2022-03-08]．http://politics.people.com.cn/n1/2022/0116/c1001-32332430.html.

② 孝金波，薄晨棣．贵州省政协原主席王富玉受贿、利用影响力受贿一案一审宣判[EB/OL]．(2022-01-17)[2023-03-10]．http://society.people.com.cn/n1/2022/0117/c1008-32333360.html.

影响力受贿罪判处有期徒刑8年，并处罚金人民币100万元，决定执行死刑，缓期2年执行，剥夺政治权利终身，并处没收个人全部财产。同时，对王富玉受贿所得及收益和用于抵缴受贿所得的财物依法予以没收，上缴国库。王富玉当庭表示服从法院判决，不上诉。①天津市第一中级人民法院认为，王富玉受贿数额特别巨大，犯罪情节特别严重，社会影响特别恶劣，给国家和人民利益造成特别重大损失，论罪应当判处死刑。鉴于王富玉自动投案，如实供述办案机关已掌握的部分受贿犯罪事实，主动交代办案机关尚未掌握的利用影响力受贿和绝大部分受贿犯罪事实，系自首，部分受贿犯罪系未遂，且其能够认罪悔罪、积极退赃，违法所得及收益全部追缴到案，具有法定、酌定从轻处罚情节，对其所犯受贿罪判处死刑，可不立即执行，对其所犯利用影响力受贿罪予以从轻处罚。法庭遂作出上述判决。

分析

坚决查处王富玉等贪腐大案，充分彰显了以习近平同志为核心的党中央坚持全面从严治党、坚定不移惩治腐败的坚定决心。只有坚持以“零容忍”态度惩治腐败，发现一起查处一起，坚决清除一切损害党的先进性和纯洁性的因素，清除一切侵蚀党的健康肌体的病毒，才能使党永葆清正廉洁的政治本色。

王富玉走向贪腐之路的主要原因是他的世界观、人生观、价值观、权力观、幸福观严重扭曲。他丧失了理想信念，背弃了初心使命，背离了为人民服务的根本宗旨；他不知敬畏、不守规矩，道德沦丧、家风败坏、践踏法纪；他贪婪成性、奢靡腐化，把党和人民赋予的权力当成了攫取私利的“摇钱树”“聚宝盆”。

王富玉在忏悔时说：“这都是我自己出的问题，自己的世界观、人生观和价值观都出了问题，我自己走错了道。进了（海南）省委常委了，就没有敬畏了，拿纪律、拿法律不当回事儿，这就是我出问题的根本原因。”中央纪委国家监委第十监督检查室副主任王衡认为：“王富玉对组织缺乏敬畏之心，法纪意识淡薄，而且侥幸心理严重。涉嫌受贿的金额，党的十八大之后占比高达70%以上，党的十九大之后占比超过30%。”②

王富玉一路贪腐、不知收敛且步步高升，教训十分深刻。王富玉违纪违法、收钱敛财是从20世纪90年代开始的，一直到他被留置前几天，还在收私营企业主所送的钱财，延续的时间很长，隐藏得也非常深。王富玉何以隐藏如此之久、如此之深呢？其主要原因有三点：第一，王富玉十分善于伪装，阳奉阴违，搞两面派，做两面人。善于标榜自己心系百姓、淡泊名利，骗取组织和群众的信任。例如，他的别墅客厅中间挂的是康熙

---

① 李金波，薄晨棣．贵州省政协原主席王富玉受贿、利用影响力受贿一案一审宣判[EB/OL].(2022-01-17)[2023-03-10]. http://society.people.com.cn/n1/2022/0117/c1008-32333360.html.

② 中央纪委国家监委宣传部，中央电视台．电视专题片《零容忍》(第二集·打虎拍蝇)[EB/OL].(2022-01-17)[2023-03-08]. http://politics.people.com.cn/n1/2022/0116/c1001-32332430.html.

年间一位知县的名言："得一官不荣，失一官不辱，勿说一官无用，地方全靠一官；吃百姓之饭，穿百姓之衣，莫道百姓可欺，自己也是百姓。"两侧挂的是一名老板送给王富玉的一副对联："做人好心洁如玉，为民精神富若仙"，煞费苦心地将"富玉"二字藏在对联中。他把自己装扮成清廉干部形象，可谓煞费苦心。第二，王富玉善用瞒天过海之术，譬如，他不出面而是通过自己的弟弟、儿子等亲属收受贿赂，用虚假身份证开设多个银行账户收受贿赂，以打高尔夫球为掩护搞权钱交易，尤其是大搞先帮老板办事而退休后再收钱的"期权式腐败"。第三，对干部中的"关键少数"，特别是"一把手"以及对高级干部的监督仍然存在薄弱环节。

有腐必反、有贪必肃。对王富玉的查处，彰显了党中央反腐败无禁区、全覆盖、零容忍。王富玉严重错估了党中央反腐败的决心和意志，正部级级别不是"护身符"，退休也不等于上了"安全岛"。在反腐败高压态势下，仍然有一些党员干部不收敛不收手。对于这些人，不论是身居要位的高级干部，还是百姓身边的基层党员干部和公职人员，只要发现就要坚决查处，绝不姑息，没有例外。全面从严治党永远在路上，不能有任何喘口气、歇歇脚的念头，要一以贯之全面从严治党，一刻不停推进反腐败斗争。

【拓展阅读】

凡人不凡——"兰小草"[①]

从2002年开始，每年11月17日前后，一封装有2万元钱、署名为"农民的儿子兰小草"的信封都会被人交到温州市慈善总会或者《温州晚报》记者袁寿省的手上。15年来，大家只知道捐赠者叫"兰小草"，其余一概不知，就连市里授予"兰小草"荣誉称号，颁奖时都不知道该颁给谁。

距离今年（2017年）11月17日已不到一个月，"兰小草"却再也无法亲手将这2万元准备好帮助需要的人了。10月20日，年仅48岁的"兰小草"因病去世，这时世人才知道他的真实身份。

1."兰小草"到底是谁？

2002年11月17日，《温州晚报》记者袁寿省接到一个陌生电话，对方称给他的一个包裹已经放在楼下。拿到包裹后，袁寿省看到包裹里有一个盒子，盒子里装有2万元的现金，还有一封署名为"农民的儿子兰小草"的信。这封信里写道："这2万元是我们辛苦挣来的，捐给那些急需帮助的孤儿寡母""希望用33年时间，每年捐献2万元'星语心愿'善款，报答农民'粒粒皆辛苦'的养育之情"。

之后的每一年，"兰小草"都会把装有2万元捐款的信封放在温州慈善总会的办公桌

---

① 黄筱菁．隐善15年"兰小草"去世[N]．北京青年报，2017-10-24(A09)．

上，或者委托袁寿省转交，但“兰小草”从没露过面。

“兰小草”曾被授予“温州改革开放三十年十大慈善人物”“感动温州十大人物”等，但颁奖的时候他不但没有现身，也没有委托他人领奖。

15 年来，“兰小草”到底是谁始终是一个谜，但 2 万元捐款每年都准时送达。

2.“兰小草”去世后身份曝光

距离 2017 年 11 月 17 日已不到一个月，按照惯例，“兰小草”将于 11 月再次把 2 万元的款项交给温州慈善总会或者袁寿省。

但 10 月 20 日晚，袁寿省接到一个电话，电话里的人自称叫王瑜，并表明“兰小草”是他的二哥，真名为王珏，今年 48 岁，在温州洞头区大门镇岙面村当医生。王瑜带来的还有一个悲伤的消息：王珏因病于当天去世了。王瑜表示，王珏的妻子无业，儿子刚大学毕业，虽然家里经济条件并不算好，但作为家属，还是想继续完成 33 年连续捐款的心愿。

15 年中的 14 年，王珏都是委托小舅子侯海国去送的这笔钱。2002 年第一次捐款是侯海国与王珏一起送的，侯海国称，当天王珏起了个大早，让侯海国陪他到温州送个东西。那天，他们到《温州晚报》一楼送了内装善款 2 万元的包裹，仅几秒钟就转身离开，“一路上王珏省吃俭用，连打的都舍不得”。

3. 追授“最美温州人”

王珏于 1990 年来到大门岛，那时的大门岛交通闭塞，岛上医务人员紧缺，工作环境颇为艰苦。由于自小跟着父亲学医，又在浙江中医学院进修过，当时只有 20 岁的王珏来到岛上，在当地的诊所当了一名乡村医生。他待人温和，热情服务。无论何时，哪怕是深更半夜有病人来看病，他也没有不快。

除了以“兰小草”的名义捐款外，平时的王珏也做了不少善事，对于贫困的村民，他看病时少收或者不收钱；村里修桥铺路，他得知情况后积极捐助。此外，王珏夫妇每年都会到敬老院，王珏负责义诊，妻子就给老人们分发岁酒品尝。

王珏去世后，温州市政府追授他“最美温州人”荣誉称号，他还获评 2017 年感动中国十大人物。

“兰小草”——王珏为何能赢得人们的广泛赞誉，为何能深深感动千千万万华夏儿女，其原因主要在于“兰小草”的事迹既体现了仁者爱人、乐善好施、扶危济困等中华优秀传统美德，也体现了以为人民服务为核心的社会主义道德。“兰小草”用爱岗敬业、治病救人、热情服务的善举，辛辛苦苦挣钱谋生，体现了对金钱的取之有道；去温州送善款“一路上省吃俭用，连打的都舍不得”，体现了对金钱的用之有节；把个人劳动所得的善款慷慨无私地“捐给那些急需帮助的孤儿寡母”，体现了对金钱的用之有益、用之为善；15 年来省吃俭用、持续不断地捐助慈善且隐姓埋名、不求名利回报，体现了以义为先、大爱无私的崇高境界。“兰小草”的金钱观是无私奉献、竭诚为民的清廉金钱观，在金钱至上、见利忘义、坑蒙拐骗、巧取豪夺、盗窃抢劫、贪污受贿、腐化堕落等丑恶行径屡禁不止的背景下，“兰小草”的清廉金钱观弥足珍贵。“兰小草”——王珏不愧为清廉为民、无私奉献的光辉典范，其精神值得学习和发扬光大。

【知与行】

请从以下两个题目中任选一个，开展调查并写出调查报告。

1. 请结合实际，以 3～5 人为一个活动小组，组织开展一次关于大学生金钱观的调查。

2. 请结合实际，以 3～5 人为一个活动小组，组织开展一次关于大学生“校园贷”的调查。

第二节　权力是一把双刃剑

【基本理论】

一、权力与权力观

权力伴随着人类的产生而出现，对人类的社会实践活动产生重大影响。因此，人们对权力的思考和探索从未间断，也必将不断持续下去。落后、贪腐的权力观对社会发展起阻碍作用，先进、清廉的权力观对社会发展起促进作用。正确认识权力与权力观，树立先进、科学的马克思主义清廉权力观是大学生清廉教育的重要内容之一。

（一）权力的本源、内涵和特点及作用

1. 权力的本源

由于人们各自所处的环境不同，包括社会物质生活条件不同、经济社会地位不同、时空维度不同、代表的利益不同、追求的目标不同等原因，其对权力的理解往往也各有不同。统观中外历史，关于权力的本源有多种学说，例如，权力之天意、神授说，权力之祖传、世袭说，权力之强力、暴力说，权力之民意民授、社会契约说，权力之社会实践、阶级斗争说等。

无论是代表古代统治者利益的权力“天意、神授说”“祖传、世袭说”，还是代表近代资产阶级利益的权力“民意民授、社会契约说”，都是社会历史的产物，前者显然是非科学、反民主的权力本源说，后者虽然在反对封建专制和封建神权的斗争中发挥过积极的进步作用，但也不可否认其具有阶级和时代的局限性以及虚伪性、欺骗性。马克思主义的辩证唯物论和历史唯物论在人类历史上首次科学地回答了权力的本源和实质。

马克思主义认为，权力是随着人类社会的诞生而产生，并随着人类社会的发展而变

化。马克思主义强调，生产力决定生产关系，经济基础决定上层建筑，生产关系对生产力、上层建筑对经济基础具有反作用。权力属于上层建筑的范畴，它是由经济基础（即一定社会中占统治地位的生产关系的总和）决定的，最终是由生产力发展水平决定的。马克思主义哲学是解开权力之谜的金钥匙。自从人猿揖别，人类就进入了原始社会。在原始社会，生产力极端落后，人们为了生存和发展，必须实行生产资料公有制，必须共同劳动、共同分配，而共同劳动、共同分配就必须结成一定的组织或群体，要结成一定的组织和群体就必然产生凝聚组织和支配群体的权力。“权力是群体组织成员共同生存和发展的条件，群体产生权力，权力维护群体。”[①]因此，权力来源于社会，是社会组织、社会群体的衍生物。随着生产力水平的提高，产品出现了剩余，出现了贫富分化和私有制，原先的共同分配和共同劳动的关系被破坏，随之出现了阶级和阶级之间的斗争，人类便进入了阶级社会。经济上居于统治地位的阶级为了维护其阶级利益、镇压被统治阶级的反抗就建立了国家，统一行使统治权力。在阶级社会，国家权力的实质是维护统治阶级的统治地位、实现统治阶级利益的工具和手段，国家权力具有阶级性。同时，为了实现整个社会的有序发展，维护统治阶级的整体利益和长远利益，国家权力也担负一定的社会管理和服务职能，从而也就具有了社会性，国家权力是阶级性与社会性的统一。我国《宪法》规定“一切权力属于人民”。人民是国家的主人。这是对中国共产党领导中国人民推翻帝国主义、封建主义和官僚资本主义的反动统治，取得新民主主义革命伟大胜利并走上社会主义道路，实现人民当家作主的历史成果和人民权力的法律确认和法律保障。在我国，国家权力通过人民代表大会制度逐步实现了阶级性、人民性和社会性的辩证统一，有效维护了最广大人民群众的根本利益，有效推动了经济社会的不断发展，有效打击了危害人民群众利益的各种违法犯罪活动，有效推动了反对霸权主义、殖民主义，维护世界和平和发展的崇高事业。

2. 权力的内涵和特点

权力是在社会实践中形成的，由社会物质生活条件决定的，为达成一定目标或实现一定利益，在群体、组织、共同体或联合体内外交互作用和选择基础上，作为主体的人通过一定途径获取的，能够使作为客体的人服从的力量。权力一经确立，就具有了多种功能，其中包括领导、引领、指挥、协调、统御（治）、治理、支配、调度、权衡、裁决、奖惩、教化、监督、影响等功能。

结合权力的内涵，我们可以知道权力具有以下基本特点：

第一，权力是在社会实践中形成的，是社会的产物。这就与权力的天意、神授说等客观唯心主义权力观彻底划清了界限。

第二，权力是社会客观物质生活条件决定性与人的主体选择性的辩证统一。社会客观物质生活条件主要是指社会生产方式（即社会生产力与生产关系的统一）。一方面，如

---

① 王玄武．政治观教育通论[M]．北京：高等教育出版社，1999．

果说自给自足的农业文明、封建土地所有制关系决定了占据支配、统治地位的地主阶级的权力，那么，商品经济发达的工业文明、生产资料的资本家占有制关系则决定了占据支配、统治地位的资产阶级的权力。在落后的以自给自足经济为主体的古代封建社会是不可能存在资产阶级统治权力的。因为资产阶级是近代工业革命和资本主义经济发展的产物。由此可见，社会客观物质生活条件对权力具有决定性。另一方面，在社会客观物质生活条件没有根本改变的情况下，权力主体的变换，虽然具体原因复杂多样、具体形式不一而足（正常的和平交接或非常规的强力更迭等），但在很大程度上是“群体、组织、共同体或联合体内外交互作用”及主体选择的结果。坚持“权力是社会客观物质生活条件决定性与人的主体选择性的辩证统一”的观点，是历史唯物主义和辩证唯物主义基本原理在权力问题研究上的运用和体现，从而克服了“权力之英雄决定论”等历史唯心主义和“权力之物质决定论”等机械唯物主义在权力问题上的错误观点。

第三，权力是普遍性与特殊性的辩证统一。一方面，由于任何权力都是“作为主体的人使作为客体的人服从的力量”，这就说明任何权力都有一定的共性即普遍性。另外，权力的普遍性也表现在凡是有群体、组织、共同体或联合体的地方，就必然存在权力，因为权力是群体、组织、共同体或联合体得以生存、延续或发展的必要条件（社会产生权力，权力维系社会），否则，群体、组织、共同体或联合体就会变成人人各行其是的一盘散沙而名存实亡；权力的普遍性还表现在“权力”伴随人类社会发展的始终。另一方面，由于人们的社会实践以及所处社会物质生活条件的多样性、复杂性和可变性，人们的目标设定、利益诉求存在差异性，群体、组织、共同体或联合体内外交互作用及选择的差异性，作为权力主体的人与作为权力客体的人的素质能力及各自对途径、手段选择的差异性等原因，作为主体的人所具有的权力的性质、大小、范围、功能及其发挥作用的结果等各有其不同的特点，这就是权力的特殊性。总而言之，权力是普遍性（共性）与特殊性（个性）的辩证统一。

第四，权力是支配与服从的辩证统一。权力体现的是人与人之间的支配与服从关系。权力不仅来自社会，而且体现的是一种社会关系。任何权力都有三个要素：权力主体（领导者）、权力客体（被领导者）、权力主体使权力客体服从的手段或力量。对于权力的构成来说，这三个要素缺一不可。任何具有支配性的权力都是以服从为前提的，而服从又是以权力服务于社会或群体组织为前提的。当权力失去了为社会和群体服务的功能而变为谋取一己之私利的工具时，人们就有理由不再服从这种权力。

第五，权力是工具性与目标性的辩证统一。任何权力都是为达到一定目的、达成一定目标、实现一定利益诉求而存在的，不存在无目的、无目标、无利益的权力，这体现了权力的工具性。同时，任何权力的形成、确立、行使、监督、变更、废除等都是通过一定途径和手段实现的，这体现了权力的目标性（当然权力非终极目的）。

此外，权力也是相对稳定性与绝对变动性的辩证统一；如前所述，在阶级社会，权力则具有阶级性与社会性的两重属性，并且在不同形态的阶级社会以及同一形态阶级社会的不同历史阶段中，权力的阶级性与社会性的占比是不同的。

3. 权力的作用

权力是一把双刃剑。关于权力的作用，我们不能笼统地一概而论，更不能抽象地谈论其作用的好与坏，要具体情况具体分析。例如，焦裕禄、孔繁森、郑培民、任长霞、杨善洲等许多党的优秀干部秉公用权、无私奉献，他们把人民赋予的权力用来为人民谋幸福，权力充分发挥了利国利民的正面的积极作用；而刘青山、张子善、成克杰、周永康、徐才厚等少数腐败变质的干部以权谋私、巧取豪夺，他们把人民赋予的权力用来为个人或小集团谋取私利，导致权力异化变质，从而产生了祸国殃民的负面的破坏作用。无数事实证明，权力可以给人类带来福祉，也可以带来灾难，权力是一把双刃剑。

权力有不同的类别，就国家政治权力而言，其作用主要体现在以下几个方面：

第一，在阶级社会，代表统治阶级根本利益的政治权力对社会中占统治地位的生产关系（即维护统治阶级利益的生产关系）具有强力维护的作用，并在一定条件下、一定程度上、一定范围内对占统治地位的生产关系的某些方面或环节发挥调整或改革的作用。

第二，政治权力对于社会生产力的发展具有巨大的反作用。当政治权力维护的生产关系适应生产力发展需要时，或通过推进改革不断促进生产关系适应生产力发展需要时，政治权力就能够极大地推动社会生产力的发展；当政治权力维护的生产关系不适应生产力发展需要时，政治权力就会阻碍甚至破坏社会生产力的发展。

第三，政治权力对于社会思想文化领域具有巨大的影响力。政治权力影响甚至支配着社会主流思想文化的发展方向、发展进程和发展方式。

第四，政治权力影响着社会生活的其他方面。政治权力的特定性质、组织构成、运行方式、规则规范不仅影响着社会各个方面和各个领域，而且还深刻影响着每个社会成员的思想观念、价值取向、思维方式和行为方式。

另外，国家政治权力除了维护统治阶级整体的、根本的、长远的利益以外，一般来说，还具有社会管理或社会服务、处理外交事务和国际关系的作用。

（二）权力观的内涵及分类

1. 权力观的内涵

权力观是指人们对权力的基本态度和总的看法，包括对权力的本源、性质、获取、使用、服务对象等基本问题的认识。权力观是人们的世界观、人生观、价值观在权力认识问题上的集中体现，是政治观的重要内容。权力观是具体的、历史的，不同的时代或同一时代处于不同组织、群体、阶级、阶层或政党的人们，其权力观是不同的。

2. 权力观的分类

纵观人类政治思想史，人类的权力观有多种类别：（1）按权力的性质划分，既有正确权力观与错误权力观之分，也有清廉权力观与贪腐权力观之别；（2）按权力的来源划分，可分为神授权力观、天赋权力观、契约权力观、民赋权力观等；（3）按权力的服务对象划分，可分为为人民群众服务的权力观，为个人、家庭或小集团服务的权力观等；（4）按权力维护的阶级利益划分，可分为维护统治阶级利益的权力观、维护被统治阶级利益的权力观等；(5)按权力的组织形式和运行机制划分，可分为专制主义权力观、君主立宪制权力观、三权分立制权力观、民主集中制权力观(如我国的人民代表大会制权力观)等。

3. 清廉权力观的内涵及马克思主义清廉权力观的特点

(1)清廉权力观的内涵。清廉权力观是以清廉为原则，以取权有道、用权利民、运权公明、制权有效为根本特征的权力观。清廉权力观又可分为古代清廉权力观、近代资产阶级清廉权力观、马克思主义清廉权力观等。其中，马克思主义清廉权力观实现了科学性、先进性(人民性)、实践性、发展性的辩证统一。马克思主义清廉权力观认为，权力来源于人民，权力的基础是人民的支持和拥护，权力的根本目的是全心全意为人民服务；权力的功能是执行人民的意志，维护人民的权利，实现公共利益；权力运行的基本方式是民主执政、科学执政、依法执政；权力的行使要接受人民的监督。

(2)马克思主义清廉权力观的特点。马克思主义清廉权力观具有为民性、利民性、亲民性、民主性、公正性、透明性、制约性等基本特点。

第一，为民性。其主要表现为：权为民所用，勤政为民、清廉用权，秉公用权，反对公权私用。马克思主义认为，人民是历史的创造者，社会主义国家的一切权力属于人民。我国《宪法》规定：中华人民共和国的一切权力属于人民。无论是从马克思主义历史唯物论的角度，还是从党领导人民经过不懈奋斗、翻身做主人的历史角度，无论是从社会主义国家性质与政治伦理的角度，还是从国家根本大法的角度，中华人民共和国成立后党和国家的各级各类机关及其工作人员手中掌握的一切权力都是人民赋予的。权力来自人民，必须用之于人民，必须体现人民的意志和愿望，必须把权力用在为人民群众办实事、做好事上。正如习近平所言："我们的权力是党和人民赋予的，是为党和人民做事用的，姓公不姓私，只能用来为党分忧、为国干事、为民谋利。要正确行使权力，依法用权、秉公用权、廉洁用权，做到法定职权必须为，法无授权不可为，保持如临深渊、如履薄冰的谨慎，做到心有所畏、言有所戒、行有所止，处理好公和私、情和法、利和法的关系。"①

第二，利民性。其主要表现为：利为民所谋，为人民谋幸福，反对以权谋私。在人类社会历史发展中，任何权力都是基于一定物质生活条件并为维护、增进或服务一定主体的利益而产生和存在的。在阶级社会，居于统治地位的阶级的权力是维护、增进、服务统治阶级利益的工具。在资本主义条件下，居于统治地位的资产阶级虽然也标榜公权力为公而不得为私谋利，但实际情况并非如此。只有建立在以公有制为主体的经济基础之上的，实现了人民当家作主的，社会主义性质的权力，才能真正维护、增进、服务最广大人民群众的根本利益和长远利益，并在更大程度、更广范围实现"利为民所谋"。马克思主义清廉权力观强调"利为民所谋"，坚持人民的利益高于一切、全心全意为人民服务，坚持以人民为中

① 习近平．在中央党校县委书记研修班学员座谈会上的讲话(2015年1月2日)[G]//中共中央文献研究室．习近平总书记重要讲话文章选编．北京：中央文献出版社，2016：246.

心的发展理念，一切从人民的愿望出发，一心为人民谋利益。坚决反对以权谋私等不正之风和腐败行为，要求在任何时候、任何情况下都不能用人民赋予的权力为个人、家庭或小集团谋取不正当利益。

第三，亲民性。其主要表现为：情为民所系，干部与群众鱼水情深，反对脱离群众的官僚主义、形式主义。马克思主义清廉权力观强调，要真心热爱和感恩人民，对人民群众始终保持深厚感情；要真正相信和依靠人民，凝聚起推动人类社会文明进步的磅礴力量；要真诚关心和服务人民，察民情、解民忧，与人民群众始终同呼吸、共命运、心连心。坚决反对高高在上、脱离实际、脱离群众，饱食终日、无所作为、不负责任，自以为是、独断专行、衙门作风等各种官僚主义作风以及形形色色的形式主义的不良行为。

第四，民主性。其主要表现为：坚持人民当家作主，反对公仆变主人，反对骑在人民头上作威作福。马克思主义清廉权力观认为，社会主义民主的本质是人民当家作主，没有民主就没有社会主义，没有民主就没有社会主义现代化，人民民主是社会主义的生命，是社会主义的本质要求和内在属性。所有党和国家干部都是人民的公仆，绝不允许把自己凌驾于人民群众之上，更不允许骑在人民头上横征暴敛、作威作福、横行霸道、欺压百姓。权力的组织和运行要符合民主集中制原则，要体现民主科学决策、民主选举管理、民主监督制约、民主法治精神。在我国，中国共产党作为执政党，支持和保证人民通过人民代表大会行使国家权力，实行基层群众自治制度，从实践维度生动诠释了马克思主义清廉权力观的民主性。

第五，公正性。其主要表现为：权力主体要公道、正派、正直、不徇私；权力的生成、获取、使用、运行、调整、存废、监督均以公正法治作为核心价值追求。马克思主义清廉权力观的公正性特点体现在许多方面，例如，不断追求真正的实实在在的人民当家作主，而不是金主（财团、利益集团、游说集团等）操控下的实质上代表少数富人财团利益的所谓西式“普选民主”。我国“坚持依法治国、依法执政、依法行政共同推进，法治国家、法治政府、法治社会一体建设”①的政治实践，大大增强了权力运行的公正性、促进了社会公平正义。

第六，透明性。其主要表现为：用权公开透明，让权力在阳光下运行，反对权力的暗箱操作。马克思主义清廉权力观的透明性特点体现在许多方面，例如，强调要保障人民的知情权、参与权、表达权、监督权，凡是涉及群众切身利益的决策都要充分听取群众意见；推进权力运行公开化、规范化，不断完善党务公开、政务公开、司法公开和各领域办事公开制度；加强党内监督、民主监督、法律监督、舆论监督的有机结合，让人民监督权力，确保权力运行公开透明。

第七，制约性。其主要表现为：有权必有责、用权受监督、侵权要赔偿、违法必追究。马克思主义清廉权力观的制约性特点体现在许多方面，例如：强调“任何人都没有法律之

---

① 习近平．习近平谈治国理政（第四卷）[M]．北京：外文出版社，2022：293.

外的绝对权力，任何人行使权力都必须为人民服务、对人民负责并自觉接受人民监督”，[①]“任何国家机关及其工作人员的权力都要受到制约和监督……公民对于任何国家机关和国家工作人员有提出批评和建议的权利，对于任何国家机关和国家工作人员的违法失职行为有向有关国家机关提出申诉、控告或者检举的权利”；[②]强调决策权、执行权、监督权既相互制约又相互协调，以确保国家机关按照法定权限和程序行使权力；强调制度体系建设，不断健全权力制约制度，做到用制度管权、用制度管事、用制度管人，强调法治体系建设，着力推进法治国家、法治政府、法治社会一体建设，将权力置于法律框架之内，防止权力滥用。

二、树立马克思主义清廉权力观的意义

树立马克思主义清廉权力观，对保证国家长治久安、人民当家作主，预防腐败、巩固党的执政地位，促进个人成长进步、事业发展和家庭幸福都具有重要意义。

（一）有利于巩固人民民主专政的国体，确保国家长治久安

人民民主专政是我国的国体，这一国体的确立来之不易，它是中国共产党领导中国人民历尽千难万险、长期不懈奋斗的结果，是无数革命先烈用鲜血和生命换来的。人民民主专政的国体体现了人民当家作主的社会主义国家的性质，其确立结束了中国几千年以来少数统治者压迫、剥削和奴役广大人民的历史。在近代中国半殖民地半封建社会，中国人民过着暗无天日、水深火热的极端悲惨的生活，国家陷入了内忧外患、四分五裂、任人宰割的境地。为了救亡图存，中国的仁人志士在黑暗中进行了长期不屈不挠的探索和斗争。1921年，中国共产党成立后，坚持把马克思主义基本原理与中国革命的具体实际相结合，领导中国人民进行了长达28年的浴血奋战，推翻了帝国主义、封建主义和官僚资本主义的反动统治，实现了民族独立和人民解放，建立了人民当家作主的新中国，为实现国家繁荣富强、人民共同幸福开辟了广阔道路。中国共产党领导人民取得新民主主义革命和社会主义改造伟大胜利的成果也以国家根本大法——宪法的形式予以确认。我国《宪法》明确规定：“中华人民共和国是工人阶级领导的、以工农联盟为基础的人民民主专政的社会主义国家。”只有树立马克思主义清廉权力观，我们才能自觉把人民放在心中最高位置，坚持和维护人民当家作主的政权性质，反对公仆变主人骑在人民头上作威作福；才能秉公用权，用权为民，反对公权私用、以权谋私；才能密切联系群众，为群众排忧解难，反对脱离群众、脱离实际、贪图舒适、不负责任、高高在上、独断专行等官僚主义作风。不仅党员、干部要树立马克思主义清廉权力观，每个公民都应树立马克思主义清廉权力观，只有人人树立马克思主义清廉权力观，才能更有效地抵制剥削阶级的腐朽权力观对人民民主专政国体的侵蚀，才能依法正确行使民主权利、自觉参与民主监督，才能减少和祛除对干部的腐蚀

---

① 习近平．习近平谈治国理政[M]．北京：外文出版社，2014：388.

② 习近平．在庆祝全国人民代表大会成立60周年大会上的讲话[N]．人民日报，2014-09-05(02).

和“围猎”,不断铲除滋生践踏人民民主、侵害人民利益、异化人民民主专政国体的土壤,优化政治生态。大学生是祖国的未来和希望,树立马克思主义清廉权力观尤为重要和迫切,这是确保人民政权永不变色、社会主义事业后继有人的需要。因此,树立马克思主义清廉权力观,对于坚持国家的一切权力属于人民,巩固人民民主专政的国体,确保人民江山永不变色、国家长治久安和繁荣昌盛具有重要意义。

(二)有利于巩固和完善人民代表大会制度,确保人民当家做主真正落到实处

国家的一切权力属于人民,人民行使权力的机关是全国人民代表大会和地方各级人民代表大会。人民代表大会制度是实现我国人民当家作主的根本政治制度,是我国的政体。在我国实行人民代表大会制度,是我们党把马克思主义基本原理同中国具体实际相结合的伟大创造,是近代以来中国社会发展的必然选择,反映了全国各族人民的共同利益和共同愿望。树立马克思主义清廉权力观,牢固树立“权力来源于人民,也必须服务于人民”的思想,坚持和发展社会主义民主政治,用人民依法赋予的权力来为人民谋幸福,有利于巩固和完善人民代表大会制度,确保人民当家作主真正落到实处。

(三)有利于践行“立党为公,执政为民”,巩固党的执政地位

马克思主义政党执政以后,能否正确地行使人民赋予的权力,始终保持同人民群众的血肉联系,是一个关系到党的前途命运的根本性课题。一个党在长期执政的条件下,容易产生脱离群众的倾向,容易产生官僚主义。习近平指出:“人民是历史的创造者,是决定党和国家前途命运的根本力量。必须坚持人民主体地位,坚持立党为公、执政为民,践行全心全意为人民服务的根本宗旨。”[①]党员领导干部只有树立了马克思主义清廉权力观,才能从根本上解决好入党为什么、当官做什么、身后留什么的问题,才能正确处理好个人与组织、个人与群众的关系,牢固树立为党和人民的事业不懈奋斗的志向,始终保持共产党人的浩然正气,做到立党为公、执政为民,时刻把人民群众的安危冷暖挂在心上,做到权为民所用、情为民所系、利为民所谋,把最广大人民群众的根本利益维护好、实现好、发展好,从而赢得人民的信任和拥护,巩固党的执政地位。

(四)有利于实现权力规范运行,预防权力异化、权力寻租等腐败行为

习近平指出:“腐败的本质是权力出轨、越轨,许多腐败问题都与权力配置不科学、使用不规范、监督不到位有关”“中外经验告诉我们,只有坚持依法严厉惩治、形成不敢腐的惩戒机制和威慑力,坚持完善法规制度、形成不能腐的防范机制和预防作用,坚持加强思想教育、形成不想腐的自律意识和思想道德防线,才能有效铲除腐败现象的生存空间和滋生土壤”。[②] 树立马克思主义清廉权力观,不仅是促进形成不敢腐的惩戒机制和威慑力、不能腐的防范机制和预防作用、实现权力规范运行的思想基础,也是形成不想腐的自律意识和思想道德防线的至关重要的内容,对预防权力异化、权力寻租等腐败行为具有重要

---

① 习近平．论党的自我革命[M]. 北京:党建读物出版社、中国方正出版社、中央文献出版社,2023:178.

② 习近平．关于严明党的纪律和规矩论述摘编(2021 年版)[M]. 北京:中央文献出版社,2021:370.

价值。

此外,树立马克思主义清廉权力观不仅利国利民,而且有利于个人成长进步、事业发展和家庭幸福。一般来说,任何一个人,只要工作就要承担一定的职责和任务,也必然掌握一定的职权和资源,只有树立马克思主义清廉权力观才能更好地抑制不当欲望、依法正确行使权力、依规合理运用资源,把好事做好。而一旦受到贪腐权力观的支配,就会私欲膨胀、滥用职权、以权谋私、违法乱纪,甚至跌入犯罪深渊。

三、如何树立马克思主义清廉权力观

马克思主义清廉权力观是代表工人阶级和广大人民群众根本利益的权力观,是科学性与先进性辩证统一的正确的权力观。树立马克思主义清廉权力观,要加强马克思主义政治理论学习,不断修养和实践,特别是要坚持立志为民,坚持权为民所用,坚持群众路线,坚持民主集中制,坚持光明正大,坚持审慎用权。

(一)要立志做大事,不要立志做大官

树立马克思主义清廉权力观,首先"要立志做大事,不要立志做大官"。孙中山"谆谆告诫大家,'要立心做大事,不要立心做大官'"。[①] 邓小平强调,"共产党员要立志做大事,不要立志做大官"。2011 年 5 月习近平考察贵州时,勉励学子:"大学生关键是要选定奋斗的目标,树立远大、正确、崇高的理想信念。不要立志做大官,而要立志做大事。希望大学生们积极到基层去,到国家最需要的地方去成长成才,报效祖国。在报效祖国、服务人民的过程中,实现自己的人生价值。希望大学生们自强不息,做中华民族的脊梁。"[②]孙中山、邓小平、习近平都强调要立志做大事,那么,何谓"大事"?不同的人、不同的阶级或阶层,不同的组织或政党,站在不同的立场上,对"大事"的理解是不同的。在不同的历史时期,"大事"的具体内容也会有所区别。站在祖国和人民的立场上,救国救民,强国富民,都是大事。毛泽东认为,群众利益无小事。在本职岗位上,为人民群众干好事、办实事、解难事、谋利益,全心全意为人民服务,就是大事。对于青年学生来说,努力成才、报效祖国、服务人民、奉献社会,就是大事。只有立志做大事,才能更好地把握正确的人生方向、产生更强大的人生动力,才能经受住各种考验和磨炼。

为何不要立志做大官?在社会主义中国,工作有分工,但无高低贵贱之别。只要祖国和人民需要,在任何岗位上工作,都是为人民服务,都是光荣的,都应得到尊重。立志做大官,颠倒或错置了工作目的(大事)与工作平台或条件(官职)的关系,是本末倒置的表现,体现的是官本位的非马克思主义的权力观和人生观。立志做大官的人,由于本末倒置,往往做事不严不实、心浮气躁,弄虚作假、欺上瞒下,不讲原则、见风使舵,拉帮结派、团团伙伙,攀附权贵、跑官要官,这种人权欲熏心到一定程度,为了向上爬往往是不择手段,搞阴

---

① 习近平. 在纪念孙中山先生诞辰 150 周年大会上的讲话(2016 年 11 月 11 日)[N]. 光明日报,2016-11-12(02).

② 万群. 习近平考察贵州:勉励学子立志做大事[N]. 贵州日报,2011-05-12(1).

谋、耍手腕、拉山头，践踏法纪、拉票贿选、买官卖官，以权谋私、权钱交易、权色交易等什么勾当都干得出来。习近平指出：“政治野心是把领导干部推向深渊的第一罪恶之手，一个领导干部一旦政治野心膨胀，就会思想变质、心理变态、行为扭曲，甚至置党纪国法于不顾，胆大妄为做出令人难以想象、瞠目结舌的事情。”①总之，立志做大官，对国家和人民是有害的，对个人和家庭也是非常危险的。

也许有人认为，只有做了大官，才能做成大事，因此要立志做大官。这句话，听起来似乎有道理，其实，做大官与做大事之间没有必然联系，能否为人民做大事、好事关键看是否把祖国和人民的利益放在第一位。江苏省江阴市华西村原党委书记吴仁宝、安徽省凤阳县小岗村原党委书记沈浩、贵州省遵义市草王坝村原党支部书记黄大发等一批农村优秀基层干部，虽然其“官位”不高，但以其对党的事业的忠诚、为老百姓干好事、做实事、解难事的执着信念和无私奉献的精神，在平凡的岗位上创造了党和人民满意的不平凡的业绩，为人民干成了大事、好事。这与周永康、徐才厚等一些身居高位，却权欲熏心、背叛人民、篡党夺权、祸国殃民的败类形成了鲜明对照。因此，青年学生要树立马克思主义清廉权力观，就“要立志做大事，不要立志做大官”，爱岗敬业、忠于职守，在报效祖国、服务人民、奉献社会的进程中，创造有价值的人生。

当然，一个人在本职岗位上尽职尽责、踏踏实实工作并做出突出贡献，得到群众支持和拥护，因德才兼备而得到组织提拔重用，承担更大责任，担任更高职务，掌握更大权力，更好地为人民服务，这与“立志做大官”，把追求权力作为人生唯一目标，是截然不同的。

（二）树立并践行“权力来源于人民，必须用来为人民服务”的理念

树立马克思主义清廉权力观，就要树立并践行“权力来源于人民，必须用来为人民服务”的理念。习近平强调：“任何人都没有法律之外的绝对权力，任何人行使权力都必须为人民服务、对人民负责并自觉接受人民监督。”我国《宪法》规定：“中华人民共和国的一切权力属于人民。”这体现了人民在我国政治生活中的地位，体现了我国人民当家作主的社会主义国家性质，体现了“人民是历史的创造者”的马克思主义历史唯物论思想，是对中国共产党领导人民夺取革命胜利的伟大成果的法律确认。树立并践行“权力来源于人民，必须用来为人民服务”的理念，就要始终保持同人民群众的血肉联系，始终践行以人民为中心的发展思想，就“要坚持人民主体地位，顺应人民群众对美好生活的向往，不断实现好、维护好、发展好最广大人民根本利益，做到发展为了人民、发展依靠人民、发展成果由人民共享。”②“努力在推动高质量发展过程中办好各项民生事业、补齐民生领域短板。”③从而使人民群众获得感、幸福感、安全感更加充实、更有保障、更可持续。

---

① 中共中央文献研究室．习近平总书记重要讲话文章选编[M]．北京：中央文献出版社、党建读物出版社，2016：343.

② 习近平．习近平谈治国理政[M]．北京：外文出版社，2014：388.

③ 习近平．习近平谈治国理政(第四卷)[M]．北京：外文出版社，2022：60.

(三)坚持走群众路线

树立马克思主义清廉权力观,就要坚持走群众路线。群众路线,就是一切为了群众,一切依靠群众,从群众中来,到群众中去。群众路线是中国共产党的根本政治路线和组织路线,也是党的基本领导方法和工作方法,是我们的事业不断取得胜利的重要法宝。坚持群众路线,才能使人民赋予的权力用来为人民服务,才能找到权力充分发挥积极作用的力量之源,才能使权力在正确的轨道上运行,才能使做出的决定、决策等更加符合实际、更加符合客观规律、更加受到群众拥护、更加具有指导性,才能更好地调动广大群众的积极性和创造性,不断把国家和人民的各项事业推向前进。

"一切为了群众",全心全意地为人民服务,是党的根本宗旨,是党一切工作的根本出发点和归宿,是马克思主义政党区别于其他政党的显著标志。"一切为了群众",就要始终坚持人民立场,坚持人民的利益高于一切,一切工作与努力都要为了人民的利益;就要正确处理个人利益与群众利益的关系,与人民群众同呼吸、共命运、心连心,反对把个人利益凌驾于群众利益之上,反对欺压群众,损害和侵占群众利益。

"一切依靠群众",是我们一切工作的力量源泉。"一切依靠群众",就要相信群众,尊重和支持群众的首创精神;就要虚心向人民群众学习,改进和创新联系群众的方法,了解社情民意,倾听群众的呼声,问政于民、问需于民、问计于民,善于从群众的议论中发现问题,并提出解决问题的办法;就要在一切工作中善于发动群众、组织群众,既要反对命令主义,又要反对尾巴主义。

"从群众中来,到群众中去"是我党的根本领导方法和工作方法。1943年毛泽东在《关于领导方法的若干问题》中指出,"在我党的一切实际工作中,凡属正确的领导,必须是从群众中来,到群众中去。这就是说,将群众的意见(分散的无系统的意见)集中起来(经过研究,化为集中的系统的意见),又到群众中去作宣传解释,化为群众的意见,使群众坚持下去,见之于行动,并在群众行动中考验这些意见是否正确。然后再从群众中集中起来,再到群众中坚持下去。如此无限循环,一次比一次地更正确、更生动、更丰富。这就是马克思主义的认识论"。

权力的运用一旦背离党的群众路线,就会走偏,甚至走到邪路上去。因此,树立马克思主义清廉权力观,坚持走群众路线,还必须坚决反对工作不实、表面文章、贪图虚名、弄虚作假等形式主义,坚决反对脱离实际、脱离群众、懈怠消极、推诿扯皮、作风霸道、迷恋特权等官僚主义,坚决反对追名逐利、贪图享受、讲究排场、玩物丧志等享乐主义,反对铺张浪费、挥霍无度、骄奢淫逸、腐化堕落等奢靡之风。

(四)坚持民主集中制

树立马克思主义清廉权力观,就要坚持民主集中制。民主集中制是民主基础上的集中和集中指导下的民主相结合。坚持民主集中制是《中国共产党章程》关于党的建设必须坚决实现的基本要求之一。我国《宪法》也明确规定:"中华人民共和国的国家机构实行民主集中制的原则。"民主集中制是马克思主义政党、社会主义国家机关和人民团体的根本组织原则，是领导班子的根本工作制度，是推动党和国家事业不断发展的重要保证。坚持民主集中制，就要努力“造成一个又有集中又有民主，又有纪律又有自由，又有统一意志、又有个人心情舒畅、生动活泼，那样一种政治局面”。①

第一，要站稳人民立场、祛除一切私心杂念，牢固树立全心全意为人民服务的宗旨意识，牢固树立科学崇高的理想和信念，这是坚持和落实民主集中制的根本政治前提。反之，就不能形成组织强大的凝聚力、创造力和战斗力，就不能形成组织的团结统一，民主集中制就会流于形式，就会被扭曲、被滥用，甚至成为谋取个人或小集团私利的幌子，这样就会产生很大的破坏力。

第二，要正确认识、把握和处理民主与集中的关系，这是坚持和落实民主集中制的关键。习近平指出：“民主和集中辩证统一、不可分割。只有既充分发扬民主，又实行正确集中，才能及时集中正确意见，及时纠正不正确的意见和做法。”②如果割裂民主与集中的辩证关系，不讲民主，必然会出现个人独断专行，民主决策、科学决策、依法决策就会成为空话；不讲集中，必然导致组织涣散无力、各行其是、貌合神离、缺乏合力。因此，要坚决反对和防止独断专行，坚决反对和防止议而不决、决而不行、行而不实、软弱涣散、各自为政，坚决反对和防止以集体决定的名义集体违规，坚决反对和防止人云亦云、见风使舵。

第三，要把坚持民主集中制作为一项制度性、基础性工程加以强化，使民主集中制原则在实践中更加规范化、制度化、法治化，这是坚持和落实民主集中制的根本保证。例如，要坚持和完善集体领导制度，实行集体领导和个人分工负责相结合。凡属重大问题，要按照集体领导、民主集中、个别酝酿、会议决定的原则，由集体讨论、按少数服从多数做出决定。

第四，要加强学习和道德修养，这是坚持和落实民主集中制的必然要求。组织中的主要负责人要有公正无私的品格、谦虚谨慎的态度、民主平等的作风、海纳百川的胸怀，做到发扬民主、集思广益，善于集中、敢于担责，避免把发扬民主变成无休止的争论而贻误工作。主要负责人用权要讲民主、重科学、善集中、敢负责。领导班子成员要增强全局观念和责任意识，做到发表意见敢讲话、讲真话，决策或决定形成后就要一抓到底，不自行其是、不阳奉阴违。

实践证明，违背了民主集中制原则，权力运行就会出现“故障”，甚至“脱轨”，就会给国家和人民事业造成损害，也就不可能在实践中形成马克思主义清廉权力观。

（五）坚持光明正大，反对阴谋诡计

树立马克思主义清廉权力观，就要坚持光明正大，反对阴谋诡计。坚持光明正大、反对阴谋诡计是中华民族的优良道德传统，是为人、做事的基本道德要求，也是马克思主义

---

① 毛泽东．建国以来毛泽东文稿（第6册）[M]．北京：中央文献出版社，1992：543.

② 中共中央文献研究室．习近平总书记重要讲话文章选编[M]．北京：中央文献出版社、党建读物出版社，2016：83.

政党一以贯之的政治规矩。《中国共产党章程》在党员义务方面明确规定:“党员必须维护党的团结和统一,对党忠诚老实,言行一致,坚决反对一切派别组织和小集团活动,反对阳奉阴违的两面派行为和一切阴谋诡计。”2016年10月27日中国共产党十八届六中全会通过的《关于新形势下党内政治生活的若干准则》中明确提出要“坚决防止野心家、阴谋家窃取党和国家权力”的要求,并强调:“党员、干部特别是高级干部不准在党内搞小山头、小圈子、小团伙,严禁在党内拉私人关系、培植个人势力、结成利益集团。对那些投机取巧、拉帮结派、搞团团伙伙的人,要严格防范,依纪依规处理”“党的各级组织和全体党员必须对党忠诚老实、光明磊落,说老实话、办老实事、做老实人,如实向党反映和报告情况,反对搞两面派、做‘两面人’,反对弄虚作假、虚报浮夸,反对隐瞒实情、报喜不报忧”“对坚持原则、敢于说真话的同志,要给予支持、保护、鼓励”。这些规定具有很强的现实针对性,对严明党的纪律、净化党内政治生态具有重要意义。

坚持光明正大,就要爱国爱民、忠诚尚义,胸怀坦荡、开诚布公,诚信正派、办事公道,秉公用权、不谋私利。反对阴谋诡计,就要站稳人民立场,敢于并善于同一切违背党和人民利益的各种错误思想和言行、各种违反党的政治纪律和政治规矩的言行、各种非组织活动和阴谋活动做坚决斗争。

(六)用权要审慎

权力是一把“双刃剑”,既可以成为掌权者造福百姓的平台,也可以成为掌权者满足私欲、为所欲为的工具。因此,掌权者一定要慎重地对待人民赋予的权力,为人民掌好权、用好权。

领导干部审慎用权,就要自觉遵守党的纪律、规定和国家的法律法规,严格执行廉洁从政的各项规定,严防人民赋予的权力商品化、异质化,绝不把权力变成谋私的工具,做到一身正气、一尘不染;就要常修为政之德,常思贪欲之害,常怀律己之心,提高抗腐蚀的能力;就要从小事做起,防微杜渐,就要虚心听取群众的意见,自觉接受监督;就要不断探索和掌握党的执政规律、社会主义建设规律和人类社会发展规律,顺应民意和时代潮流,遵循客观规律,科学决策、民主决策、依法决策,始终让权力在为人民服务的正确轨道上健康运行。

【解疑释惑】

对“权力”的认识,需要注意克服哪些主要错误倾向?

一要克服“权力神秘化倾向”。“神秘”本不是权力的特点,然而,人们有意或无意地赋予了权力神秘的特点。由于人们认识水平的局限性,没有认识到“权力”背后的决定性因素——社会客观物质生活条件,而无意中把权力神秘化;还由于阶级社会中权力的阶级性以及权力主体的私欲膨胀而故意把权力搞成神秘化,以便欺骗和愚弄民众,从而为以权谋私、权钱交易、公权私用、公权滥用提供了条件。使权力神秘化,是人治社会和专制极权社会的基本特征。

二要克服“权力污名化倾向”。当看到腐败、不公等现象时，一些人就对权力产生厌恶、鄙视，认为权力是罪恶的、肮脏的、丑陋的，视权力为魔鬼，从而把权力污名化，甚至极端仇视、抵触权力。权力是社会客观物质生活条件决定性与人的主体选择性的辩证统一。在一定的社会客观物质生活条件下，之所以既产生了一些以权谋私、祸乱社会的腐败行为，又涌现出大量用权为民、奉献社会的良善活动，是因为权力主体的选择具有差异性：选择善，则用权为民造福；选择恶，则用权为己牟利。因此，对权力要正确看待，权力本无好坏之分、善恶之别，权力就是人类手中不可或缺的一种工具，这一工具究竟发挥什么性质的作用，社会客观物质生活条件起决定性作用。而在同样的社会客观物质生活条件下，权力发挥什么性质的作用(是利民的作用，还是害民的作用)，关键在于权力主体的选择性，也就是权力主体对获得权力、运用权力做出怎样的选择。使权力污名化，体现了人们对权力的认识的肤浅或无知，也体现了对滥用权力的责任的逃避、推卸或开脱(使权力成为无辜的替罪羊)。

三要克服“权力神圣化倾向”。有些人认为，有权就有一切，权力至高无上，权力是幸福的代名词，从而使权力神圣化。权力神圣化最易导致拜权主义，从对权力顶礼膜拜到朝思暮想，再到把追逐权力作为人生唯一至上的目标而不择手段地往上爬以攫取更大更多的权力，拜权主义是导致权力异化和腐败的重要思想根源和催化剂。

四要克服“权力特点宽泛化倾向”。“权力特点宽泛化”是指把本不是权力特点的东西不加分析或人云亦云地硬说成是权力的特点从而误导人们的现象。例如，有人认为“权力具有权威性特点”，这一观点似乎有道理，但存在以偏概全的倾向，虽然权威以权力为基础，但权威不仅仅取决于权力，也与个人的特质(如人格魅力、功德名望、业绩成就等)有关，有权力未必一定有权威。有人认为“权力具有强制性特点”，其实权力可分为职位权力和非职位权力，非职位权力(如专家权、个人魅力权等)是不存在强制性的。也有人认为权力“具有扩张性、侵犯性、腐蚀性特点”，其实当权力主体秉公用权、依法用权、用权利民时，权力就不存在扩张性、侵犯性，所谓“扩张性、侵犯性”是权力主体以权谋私、滥用权力造成的结果，是人之过而非权之过，更非权力的特点，至于“腐蚀性”，权力本身不具有腐蚀性，如果说有腐蚀性，那么只能说权力客体中的部分人具有腐蚀性。

【案例分析】

秉公用权　一心为民——人民公仆廖俊波的事迹[①]

2017 年 3 月 19 日凌晨 1 时 44 分，福建省南平市官方新闻网站大武夷新闻网公布，3 月 18 日傍晚，该市市委常委、常务副市长廖俊波同志出差途中遭遇车祸，经抢救无效因公殉职。

---

① 王鸣镝．以廖俊波同志为镜，做个好干部[EB/OL]．(2017-04-13)[2023-03-12]．http://news.cnr.cn/zt2017/ljb/comment/20170413/t20170413_523706802.shtml.

“壮志未酬身先死，长使故人泪满襟。”年仅 49 岁的全国优秀县委书记廖俊波同志在工作途中突然离去，未留下只言片语。他却用最果敢的行动，最无私的付出，最无谓的牺牲，诠释了公仆情怀，用生命点亮前进的“灯塔”，是践行“两学一做”最生动的实践。

以忠诚为魂，做心中有爱的好干部。廖俊波同志曾说：“能够当一个领头人，让 23 万政和百姓过上更好的生活，这是一件美妙的事情。”只有心中有党、心中有人民的好干部，才会始终将忠诚摆在第一位，把人民的利益放在第一位，对党的事业高度负责，将人民的冷暖记在心头，用最质朴的真心，最果敢的行动，为群众尽心尽力尽责，见证着一位共产党员对党和人民无限忠诚。

以民生为本，做心中有民的好干部。当地群众说：“园区是廖书记用脚步丈量出来的。”面对地处山区，交通闭塞，基础薄弱，全省倒数第一的“政和”标签，他集思广益，召开三天社会发展会议；他带头深入基层，与群众共商发展大计；他废寝忘食，天天工作至深夜；通过短短 4 年，实现了全省倒数第一到全省前十的“飞跃”。而只有心中有党、心中有民的好干部，才会如此忘我工作、鞠躬尽瘁，为了人民群众的幸福贡献自己的全部。

以担当为要，做心中有责的好干部。发展等不起，唯有大担当。廖俊波同志信奉“天下武功唯快不破”。他所主政县的工业园区从 2012 年 7 月破土动工，3 个月完成征地 3 600 亩，半年后首家企业投产，创造了“政和速度”。正是这种敢于创新、敢于突破、敢于担当的精神，为政和县的快速发展注入了强大的“原动力”，树起了实干的丰碑，成为社会发展的“领头羊”，是人民群众当之无愧的“主心骨”和“贴心人”。

以廉洁为根，做心中有戒的好干部。“风清气正方能政通人和”，不论是在现场会上“党风廉政建设党委负主体责任，主体责任都包含什么内容”的质问，让一些党委书记如坐针毡的“严要求”，还是亲自主动找相关违纪人员谈话的“细心关怀”，亲抓亲管亲落实的“当家人”风范，营造了风清气正的“政和环境”，取得了“全县干部无一违法犯罪”的傲人成绩。而正是这样“心中有法、心中有戒”的好干部，凝聚起了社会发展源源不断“正能量”。

“以铜为镜，可以正衣冠；以古为镜，可以知兴替；以人为镜，可以明得失”。全体党员干部当以廖俊波同志的先进事迹和崇高品质为镜，向先进看齐，向榜样学习，撸起袖子加油干，俯下身子抓落实，用自己的“辛勤指数”换来群众的“满意指数”，用自己的“奉献指数”提升群众的“幸福指数”，用自己的鲜血乃至生命筑造祖国繁荣昌盛、人民幸福安康的“奠基石”。

分析

全国优秀县委书记廖俊波同志秉公用权、一心为民、无私奉献的事迹感人至深。他之所以能得到当地老百姓的拥护和热爱，主要是因为廖俊波同志具有“为官一任，造福一方”的理想信念，树立并践行了马克思主义清廉权力观。他深知权力来源于人民，必须用来为人民服务，他不怕苦、不怕累，带头深入群众、深入实际、深入一线，足迹遍及政和县的山山水水，发动和带领群众转观念、谋发展、拔穷根、奔小康，使当地民生显著改善，展现了共产党人执政为民的公仆情怀和人间大爱。他深知有权必有责，必须勇于担当、敢于为人民负责，他在推动县域经济发展中夙兴夜寐、忘我工作，创造了“政和速度”，体现了共产党人把责任扛在肩上、知难而进、只争朝夕的奋斗精神。他深知用权要审慎，必须秉公用权、廉洁从政，他带头廉洁自律、依法办事，努力建设风清气正的政治生态，诠释了共产党人一身正气、两袖清风的浩然之气。廖俊波同志是马克思主义清廉权力观的积极践行者，是新时代千千万万优秀共产党员、人民公仆的典型代表，是我们学习的光辉榜样。

【拓展阅读】

桂林古莲文化街①

古莲文化街位于广西桂林市七星区半塘路，取名是借用灵川县“清官村”——江头洲村周氏族人的先祖周敦颐《爱莲说》中莲花的“莲”与廉政的“廉”的谐音。该街长 210 米，以桂林古代清官廉政事迹为主要内容，是广西首条廉政文化街。浮雕、壁画，爱莲书院坐落其间，还有周敦颐、赵观文、王贻德的铜像……

桂林古莲文化街一瞥

① 曾乐，张红璐. 古莲街上看清廉 广西桂林打造廉政教育“桂林样本”[EB/OL].（2015-09-06）[2023-03-12]. http://gx.people.com.cn/n/2015/0906/c179430-26252076.html，有改动.

王贻德被称为"天下第一清官",他作为朝廷命官十分清廉,晚年返乡的时候因为行李很少,连船都压不住,最后只能拿很多大石头放船上来防止翻船。

目前,桂林充分挖掘各地底蕴深厚的廉政文化资源,建成了古莲文化街、恭城周渭祠等22个廉政教育基地,全市形成的东部人文板块、西部民俗板块、南部"两新"组织板块、北部红色文化板块和中部廉政景点板块的"东西南北中"廉政文化格局,正成为该市廉政文化建设的一个重要组成部分。

【知与行】

组织开展一次主题班会或师生座谈会查摆班级管理中权力的获取、运用、监督等方面存在的突出问题并提出改进的意见和措施。

第三节　色字头上一把刀

【基本理论】

培养清廉素质,不仅要树牢清廉金钱观、清廉权力关,而且要树牢清廉婚恋观,自觉抵制美色的诱惑,坚决反对贪恋美色、腐化堕落、寡廉鲜耻、见异思迁、玩物丧志行为。中国古代石榴裙的故事警示人们,色欲贪欲恶性膨胀,必将自毁前程、败家误国。因此,崇尚和践行清廉必须走出美色陷阱。

一、石榴裙的故事

(一)关于石榴裙的典故

传说唐朝杨贵妃非常喜爱石榴花,唐玄宗李隆基投其所好,在华清池西绣岭、王母祠等地广泛栽种石榴树。每当石榴花竞放之际,这位风流天子即设酒宴于石榴花丛之中。杨贵妃酒后,双腮绯红,唐明皇非常欣赏其妩媚动人的醉态。因唐玄宗过分宠爱杨贵妃,不理朝政,大臣们不敢责备皇上,就迁怒于杨贵妃,对她拒不行礼。杨贵妃虽然无可奈何,但依然爱赏石榴花、爱吃石榴,特别爱穿绣满石榴花的彩裙。

一天,唐玄宗设宴召群臣共饮,并邀杨贵妃献舞助兴。只见杨贵妃端起酒杯送到唐玄宗的唇边,向他耳语道:"这些臣子大多对臣妾侧目而视,不施礼、不恭敬,我不愿为他们献舞。"唐玄宗闻之,感到宠妃受了委屈,立即下令:所有文官武将,见到贵妃一律行跪拜之礼,否则,以欺君之罪严惩不贷。众臣无奈,凡见到杨贵妃身着石榴裙走来,无不纷纷下跪施礼。于是,"跪拜在石榴裙下"的典故流传至今。

正是由于唐玄宗后期整天过着纵情声色的生活,宠幸杨贵妃,疏于朝政,宠信的李林甫、杨国忠等奸臣先后把持朝政，权欲熏心、徇私误国，挥霍无度、声色犬马，而节度使制度又造成中央与地方的“内轻外重”、尾大不掉局面，统治阶级内部的矛盾、统治阶级与广大人民的矛盾等各种社会矛盾相互交织、日益尖锐，经过“安史之乱”的空前浩劫、沉重打击，大唐帝国由盛转衰。而长期战乱更是给黄河中下游的人民造成生灵涂炭、千里萧条的沉重灾难，历史教训十分深刻。

(二)石榴裙下的悲哀

吴王夫差贪恋西施美色而败于越王勾践，乱世枭雄董卓因迷恋貂蝉秀色而死于非命，南唐后主李煜沉溺女色、疏于朝政而导致“故国不堪回首月明中”的悲惨结局……

古往今来，石榴裙下的闹剧、悲剧不仅没有随岁月的流逝而绝迹，而且一再上演。“从公布的腐败案例来看，90%都有‘情妇’参与，相当多的干部腐败与‘包二奶’有关。”[①]在鲜花、美女的诱惑下，一些热衷于低级趣味、沉溺于灯红酒绿、留恋于声色犬马的人如同飞蛾扑火一样一再上演“玩色自焚”的悲剧。贪如火，不遏则燎原；欲如水，不遏则滔天。贪恋美色、权色交易、钱色交易、权钱交易导致身败名裂的案例中，有男人，也有女人。

总之，事实一再证明：“色”字头上一把刀，色欲过度必自刃。明代文学家、思想家吕坤认为：“无欲之谓圣，寡欲之谓贤。多欲之谓凡，贪欲之为狂。”《礼记·曲礼上》有言：“傲不可长，欲不可纵，志不可满，乐不可极。”我国古人早就认识到“傲长”“欲纵”的危害。令人遗憾的是，现实生活中，一些人对“欲纵”的危害缺乏清醒认识。因色欲贪欲膨胀、失德乱性、违纪违法，而自毁前程、败家毁业、误国害民的实例，触目惊心，一再为世人敲响警钟。

二、莫让美色迷心窍

搞权、钱、色交易等行为，是对爱情、婚姻、家庭道德、公序良俗以及法纪的践踏，对国家、社会、家庭以及个人的危害都是十分严重的。

(一)贪恋美色、腐化堕落不利于国家长治久安

纵观中外历史，贪恋美色、腐化堕落之风盛行之时就是国家走向衰败之日。据史书记载，我国古代的夏朝之衰亡，始于孔甲。夏朝孔甲在位期间，“好鬼神，事淫乱”，也就是孔甲肆意淫乱，沉湎于歌舞美酒之中，又笃信鬼神，使得各部落首领纷纷叛离，“孔甲乱夏，四世而陨”，夏朝国势逐渐走向衰落和崩溃。商纣王骄奢淫逸，与宠妃妲己“以酒为池，悬肉为林”，大兴土木，横征暴敛，终于导致商王朝的灭亡。

历史教训十分深刻，然而，“后人哀之而不鉴之”。近年来，一些人尤其是一些位高权重的领导干部抵不住美色的诱惑，大搞权色交易、钱色交易，腐化堕落，给国家和人民造成严重危害。在中央纪委国家监察委员会网站的通报中，搞权色、钱色交易的官员常被曝光。

贪恋美色、腐化堕落之风严重腐蚀了人们的思想和灵魂、消解了人们的进取精神和奋

---

① 黎国宝．情人拉下马警醒谁[EB/OL].(2016-12-21)[2023-03-12]. http://cpc.people.com.cn/pinglun/n1/2016/1221/c241220-28966856.html.

斗意志，破坏了国家的凝聚力、创新力、竞争力。贪恋美色、腐化堕落之风极易催生贪污受贿、违法乱纪，严重破坏国家的健康稳定和可持续发展；严重损害党和政府的形象，极易造成离心离德。

(二)贪恋美色、寡廉鲜耻不利于社会和谐稳定

良好的家庭美德、个人品德是社会和谐稳定的必要条件。贪恋美色、寡廉鲜耻是剥削阶级极端个人主义、享乐主义、颓废主义等腐朽没落思想在男女两性关系上的集中反映，严重违背了社会主义家庭美德、个人品德的基本要求，践踏法纪、触碰“红线”，将会人为导致夫妻反目、家庭破碎，甚至因矛盾激化而引发人身伤害或命案，严重破坏社会和谐稳定。每一个家庭都是社会的细胞，家庭的破碎是对社会和谐稳定的直接破坏，而由此产生的负能量、“社会病毒”及其传播、扩散对整个社会有机体系统的腐蚀、污化、毒害之大更加难以估量。

(三)贪恋美色、见异思迁不利于家庭和睦幸福

人人都希望家庭和睦幸福，然而，在现实生活中，有的人贪恋美色、见异思迁，以种种冠冕堂皇的借口背叛配偶，以获取感官刺激与享乐。《中华人民共和国民法典》(以下简称《民法典》)第五编“婚姻家庭”的第一章“一般规定”中有以下条款：“婚姻家庭受国家保护。实行婚姻自由、一夫一妻、男女平等的婚姻制度”“禁止重婚。禁止有配偶者与他人同居”“夫妻应当互相忠实，互相尊重，互相关爱”。根据《民法典》的规定，夫妻间有忠实的义务，一方违反忠实的义务即构成对他方配偶权的侵害。贪恋美色、见异思迁，与配偶之外的人发生不正当男女关系，既败德违纪又违反了我国的婚姻法律制度，必然给配偶造成侵害，甚至祸及父母和子女，给涉事家庭带来不幸。

(四)贪恋美色、玩物丧志不利于个人成才进步

习近平强调：“青年是祖国的未来、民族的希望，也是我们党的未来和希望。”[①]在祖国各地，无数爱国青年自觉地把“青春梦”融入中国梦，刻苦学习、勤奋工作、无私奉献，不断用青春书写献身祖国、服务人民的华丽篇章。然而，少数年轻人缺乏远大志向，不思进取、追求享乐，贪恋美色、玩物丧志，偶遇挫折便走极端，严重阻碍了个人的健康成长和进步，甚至自毁或毁人之前程。

三、走出美色陷阱

触目惊心的鲜活案例，无可挽回的惨痛教训，是长鸣于耳畔、震撼在心头的警钟。只有加强思想道德修养，模范遵守社会公德、职业道德、家庭美德；只有讲操守、重品行，注意防微杜渐，坚决抵制腐朽没落思想观念和生活方式的侵蚀；只有培养健康的生活情趣，保持高尚的精神追求，明辨是非，克己慎行，正确选择个人爱好，提高文化素养，摆脱低级趣味，才能更好地避免因色欲、贪欲膨胀而给国家、社会、家庭和个人造成的损害。

---

① 习近平．论党的青年工作[M]．北京：中央文献出版社，2022：125.

(一)加强修养,洁身自好

东汉时期的王符在其撰写的《潜夫论》中强调:“修身慎行,敦方正直,清廉洁白,恬淡无为,化之本也”,就是说,修养自己的品德,谨慎自己的行为,诚实正直,清正廉洁,这是改变社会风尚的根本。内因是事物变化的根据。走出美色陷阱,必须加强个人修养,做到洁身自好:第一,要充分认识到色欲、贪欲膨胀的严重危害,克制不当欲望,做到心中有戒;第二,要加强学习,提高对真假、是非、善恶、美丑的鉴别力,做到勿以善小而不为,勿以恶小而为之;第三,要树立崇高的理想信念,努力把人生有限的时间和精力投入成人成才、报效祖国、服务人民的伟大事业中去,做到抵制诱惑、除污不染、正气浩然;第四,要净化社交圈、勿涉色情处、远离黄赌毒,做到居安思危、防微杜渐、慎终如始。

(二)树立正确的爱情观

由于人们各自所处的客观物质生活环境、文化习俗、时代特点以及自身的思想道德境界、身心成熟状况、认知判断能力、人生阅历深浅等方面的不同,对爱情的理解也不尽相同,甚至是大相径庭,其爱情生活也各不相同。

人类的爱情本来是美好的,甚至是神圣的、令人向往的,那么,为什么爱情在给一些人带来幸福的同时也会给另一些人带来不幸甚至灾难呢?无论主、客观原因多么复杂多变,有一条不可否认,就是人们的爱情观不同。树立马克思主义清廉爱情观,是实现爱情幸福、事业发展的重要条件,是在爱情生活中增福避祸的思想保证。

爱情观是指人们对待爱情的根本看法和态度,是社会政治制度、经济制度、婚姻制度和伦理道德观念在恋爱问题上的反映。马克思主义清廉爱情观认为,真正的爱情是男女双方以清廉为共同遵循的基本原则,基于一定的客观物质条件和共同的生活理想,在各自内心形成对对方的最真挚的仰慕,并渴望对方成为自己终身伴侣的最强烈的、稳定的、专一的感情。爱情具有两种属性:自然属性和社会属性。自然属性是爱情产生和存在的生理基础,主要满足人的生理需要;社会属性是指在对异性向往和追求时,受到一定社会物质生活条件和社会道德的制约,受到各种社会思想和习俗的影响,这是爱情产生和发展的社会基础。社会属性主要是满足人的精神需要。社会属性是人类爱情的本质属性,是人在两性关系方面区别于动物而不断进化的结果。

榜样(视频)

树立和坚持马克思主义清廉爱情观,要努力做到“四个必须”。第一,必须“激浊扬清”,也就是在对待爱情上,要扫除精神垃圾、净化心灵世界,诚实守信、清清白白,维护爱情的专一性,克服朝秦暮楚、见异思迁,更要唾弃动物式的“博爱”与“泛情”。第二,必须祛邪守正,也就是在对待爱情上,要祛除邪念、坚守正道,用真诚赢得异性的信任与尊重,不以恋爱为幌子纵情恣欲、玩弄异性、游戏人生,要真正坚持人格平等、互相尊重,赢得爱情要以互爱和自愿为前提,以责任和忠诚为核心,以理解和宽容为条件,以风雨同舟、甘苦与共为选择,以白头偕老、共同幸福为追求。第三,必须抑贪倡廉,也就是在对待爱情上,要克服膨胀的贪欲,避免把爱情商品化、庸俗化,既不要把爱情当成摇钱树,也不要把爱情当成获取名利、地位、权力的工具，贪欲、贪婪是吞噬爱情之花的魔鬼，廉洁是滋养爱情之花的雨露。第四，必须驱暗增明，也就是在对待爱情上，要驱散心中的昏暗，克服行动上的草率，既要慎重，又要明察、明辨、明智，唯有“心明”才能更好地识别真伪、善恶，找到真爱，避免落入爱情的陷阱。总之，清、正、廉、明是构成马克思主义清廉爱情观不可或缺的要素，也是实现爱情幸福的必要条件。

在追求爱情的过程中，一般要避免陷入以下误区：

一是爱情至上。爱情对于人生的重要性是不言而喻的，但不能把爱情看得高于一切，爱情仅仅是人生的一部分，是人类情感中的一个方面，除了爱情，还有亲情、友情、家乡情、人民情、祖国情等。人生更为重要的还有学习、劳动、创造等。把爱情看得高于一切，在认识上是错误的，在实践中是极其有害的，容易导致荒废学业，甚至有可能引发人生悲剧。

二是视恋爱为儿戏。择偶要慎重，要克服草率心理，避免轻率恋爱、轻率结婚、轻率离婚。

三是性道德观念滑坡。择偶要有责任心，要克服纵欲等享乐主义思想，避免出现未婚同居、未婚先孕等行为，更要摒弃“性自由”“性解放”等非人化的两性关系。

四是失恋后失态、失志、失德。择偶要坚持双方平等自愿不应强加于人。不成亲便成仇的想法和任何强加于人的方式和行为，都是错误的，是有害而无益的。只要保持乐观豁达的健康心理，把精力集中到学习、工作和其他有益的活动中去，适时寻找新的爱情，做到失恋不失态、失恋不失志、失恋不失德，把个人幸福与他人幸福紧密结合起来，才能战胜失恋的挫折，重新赢得纯洁高尚的爱情。

（三）树立正确的婚姻观

婚姻观是指人们对待婚姻的根本看法和态度，是社会政治制度、经济制度、婚姻制度和伦理道德观念在婚姻问题上的反映。在婚姻关系演变的历史长河中，不同时代以及同一时代不同的国家、民族由于生产力发展状况、生产关系、政治制度、婚姻制度、思想文化、历史传统、风俗习惯等的差异形成了不同的婚姻观。即使同一时代、同一国家、同一民族的人们，由于各自在社会中所处的经济、政治地位和生活环境的不同也会形成不同的婚姻观。婚姻观对婚姻质量和家庭幸福有着重要影响，树立正确的婚姻观有利于提高婚姻质量、增进家庭幸福。

何为正确的婚姻观？与以往剥削阶级社会的婚姻观相区别，代表最广大人民利益、顺应人类历史发展潮流、推动社会文明进步的马克思主义清廉婚姻观是当今时代最正确、最科学、最有生命力、最受人民欢迎的婚姻观。

树立和坚持马克思主义清廉婚姻观，有以下几个方面的基本要求：

第一，要秉持和践行“婚姻以真正的爱情和持续保持这种爱情为基础”的理念，为幸福婚姻奠定牢固的情感基础。真正的爱情必然是渴望对方成为自己的终身伴侣并双双步入婚姻殿堂。如果说爱情是婚姻之浪漫动听的前奏或序曲，那么婚姻则是爱情乐章之跌宕起伏的展开和升华。因此，婚姻不仅应以爱情为基础，并且更应以保持这种爱情为基础。

正如恩格斯所说：“如果说只有以爱情为基础的婚姻才合乎道德，那么也只有继续保持爱情的婚姻才是道德的。”

第二，要依法确立婚姻关系。婚姻不仅应以爱情为基础，婚姻关系的确立还必须依照法定条件和程序进行。我国《民法典》第五编“婚姻家庭”规定：结婚应当男女双方完全自愿，禁止任何一方对另一方加以强迫，禁止任何组织或者个人加以干涉。结婚年龄，男不得早于22周岁，女不得早于20周岁。直系血亲或者三代以内的旁系血亲禁止结婚。结婚的男女双方应当亲自到婚姻登记机关申请结婚登记。

第三，要切实共同承担婚姻家庭责任、自觉履行道德和法律义务。婚姻关系一旦确立，男女双方都要承担婚姻家庭责任，自觉履行义务，包括夫妻互相扶养、互相帮助的义务，父母对子女抚养教育的义务，子女对父母赡养扶助的义务等。

第四，要做到“八互”。2015年周恩来的侄女周秉德在一场主题为《我的伯父伯母》的讲座中回忆道：“我伯父伯母一生非常恩爱，他们总结了婚姻中的‘八互原则’，即互爱、互敬，互勉、互慰，互让、互谅，互助、互学。”[①]夫妻恩爱是人生幸福的基本要素。周恩来和邓颖超总结出夫妻间的“八互”，可作为夫妻生活温馨幸福的秘诀。我国《民法典》第五编“婚姻家庭”也明确规定：“家庭应当树立优良家风，弘扬家庭美德，重视家庭文明建设。夫妻应当互相忠实，互相尊重，互相关爱；家庭成员应当敬老爱幼，互相帮助，维护平等、和睦、文明的婚姻家庭关系。”

第五，要严格遵守“一夫一妻制”。“一夫一妻制”既是马克思主义清廉婚姻观的道德要求，是人类文明进步在婚姻问题上的体现，也是必须遵守的我国社会主义婚姻法律规范。我国《民法典》第五编“婚姻家庭”规定：“实行婚姻自由、一夫一妻、男女平等的婚姻制度。”

第六，要正确处理“小家”与“国家”的关系。家庭是社会的细胞，每个家庭的和谐稳定幸福是整个社会和谐稳定幸福、国家安定富强的基础。国家的和谐稳定、繁荣富强则是实现家庭幸福的根本保障。因此，大学生在建设小家庭时，也要心怀祖国，正确处理婚姻家庭生活与学习、工作、社会服务的关系，正确处理家庭、集体、社会、国家之间的关系，要把实现家庭幸福之梦融入实现中华民族伟大复兴的中国梦之中。

第七，要把清廉贯穿婚姻家庭生活的全过程和各方面。首先，婚姻的产生要尚“清”戒“浊”，即婚姻以爱情为基础，坚持婚姻自由；婚姻不以交易为基础，要克服婚姻商品化、庸俗化，我国《民法典》第五编“婚姻家庭”明文规定“禁止包办、买卖婚姻和其他干涉婚姻自由的行为。禁止借婚姻索取财物。”其次，婚姻的维护要守“正”戒“邪”，即要忠实践行诺言、切实履行义务、自觉承担责任，维护“一夫一妻制”，夫妻和睦、尊老爱幼，同舟共济、甘苦与共；戒除重婚、通奸、家暴、虐待和遗弃等恶行。再次，婚姻的健康要崇“廉”戒“贪”，即

---

① 乔虹．展示家庭风采 传承美好家风——“中国好家风好家庭展”反响强烈[EB/OL].（2015-05-13）[2023-03-10]. http://acwf.people.com.cn/n/2015/0513/c99013-26995743.html.

在婚姻家庭生活中，要以义为先、以和为贵，做家庭廉洁之人、行家庭廉洁之教、育家庭廉洁之风，克服极端个人主义、利己主义、拜金主义的私欲和贪欲，不贪不义之利，不借婚姻索取财物，不做“啃老族”。最后，婚姻要彰“明”祛“暗”，即在婚姻家庭生活中，要明白修身之理、齐家之道，明辨是非、善恶、美丑，培育光明正大、厚德敦行、积极向上的优良家风，祛除制约夫妻和睦、家兴业旺的各种昏庸之思、阴暗之举、不齿之行。

【解疑释惑】

应如何看待大学生婚前性行为？

大学生婚前性行为日益成为影响大学生身心健康、成长成才和未来家庭幸福的重要问题，它既是社会关注的热门话题、“性心理与生殖健康”研究和教育的一个领域，也是人们刻意回避谈论，甚至忽视的社会现象，更是一个具有客观性和敏感性的问题。

婚前性行为是一个较为宽泛的概念。性科学研究按照性欲满足程度的分类标准，将人类性行为划分为三种类型：一是核心性性行为，即两性性行为；二是边缘性性行为，如接吻、拥抱、爱抚等；三是另类性行为。婚前性行为属第一种范畴。

大学生婚前性行为是指大学生在没有登记结婚的情况下发生的性交行为，其特点是男女双方完全自愿进行，不存在暴力逼迫，不受法律认可，不存在夫妻之间应有的义务和责任[①]，容易产生一些纠纷和严重后果。

相关研究显示，大学生婚前性行为的随意性、开放性在增加，人们对婚前性行为的看法日趋多元化。在现实生活中，有的人认为，婚前性行为是青年男女双方的自由选择和私事，别人无权干预；有的人认为，爱到深处，顺其自然，不应压抑人性；有的人认为，时代变了，反对婚前性行为是封建保守思想作怪，是“老古董”；有的人认为，婚前性行为是不负责任的享乐主义思想在两性关系上的反映；也有人认为，婚前性行为是西方“性自由”“性解放”在我国的翻版……人们的看法莫衷一是，对大学生婚前性行为的态度和看法呈现出多元化趋势。在此背景下，如何引导大学生正确看待婚前性行为、正确处理两性关系，树立和坚持马克思主义清廉爱情观、婚姻观，走好人生之路，创造幸福生活，肩负起实现中华民族伟大复兴的历史使命，不仅十分重要而且十分迫切。

——大学生婚前性行为产生的主要原因

主观因素：第一，科学的性知识贫乏，对婚前性行为可能造成的负面影响和危害缺乏足够的认识。第二，性道德和自律意识弱化，只图一时享乐，不计后果如何；以谈恋爱为名，行玩弄异性之实；以性锁情，拴住对方，或担心失去爱情，不情愿地答应对方的性要求，以表真心；为获得金钱、财物等物质利益而委身于人。第三，性成熟与人格成熟之间的不平衡，有的是受好奇心和性体验心理的驱使，有的是为缓解压力、挫折、郁闷、压抑和烦躁，有的是失恋后为报复对方，而在比较喜欢的异性诱惑下而失身。

---

① 刘达临．当代中国人的性行为和性关系[M]. 北京：社会科学文献出版社，2004.

客观因素：第一，西方“性自由”“性解放”思潮的负面影响；第二，拜金主义、享乐主义思潮以及攀比性、炫耀性、奢侈性消费文化的消极影响，使得以性谋财、以性取利、以性寻乐成为可能；第三，部分大众文化传播媒介过度追求经济效益，忽视社会效益，低俗、庸俗、媚俗文化过多渲染情爱，非法传播淫秽和色情内容的网站、链接屡禁不止，对大学生产生严重负面影响；第四，家庭教育鞭长莫及，学校教育管理不严，校园周边环境治理存在短板。

——大学生婚前性行为的主要危害[①]

第一，造成剧烈的心理冲突。大学生发生婚前性行为一般是在一时冲动、失去自控的前提下发生的，容易处于惶恐、不安、自责悔恨的心理状态中。尤其女生又害怕怀孕，又担心学习的压力，一般又不敢告诉他人或父母，很多大学生不知道如何避孕。这种巨大的心理冲突严重地会形成某些性障碍或性变态，给未来美满的婚姻生活带来隐患。

第二，导致爱情变味。婚前性行为很容易破坏相爱的人之间那种特有的具有极强吸引力的朦胧、神秘、含蓄、神圣的美感，代之以零距离接触产生的摩擦、猜疑和乏味，长此以往，双方都会想：你这样轻率地与我云雨，也会和其他的人调情。原来恋爱双方相互平等、自由选择的关系被婚前性行为所破坏。男方认为女方再也离不开自己，故对其态度随便，任意支配。相反，女方则因委身于对方，害怕或担心男方变心，故对其一再迁就容忍，即使男方有较大缺点，也不得不将就成婚，婚后可能发生悲剧。

第三，导致婚后生活质量下降。婚前性行为多数是在爱情没有成熟的条件下进行的，可双方交往时间一长，便会发现对方并不适合自己，但由于物质、精神、青春都耗费了许多，再也没有了激情去寻觅，往往勉强维持关系。但这样的爱情已没有了昔日的光彩和美好，容易导致婚后生活阴影重重、危机潜伏、家庭不睦。

此外，婚前性行为会给女生造成身心伤害，容易导致性疾病的传播，也容易给假借恋爱之名而玩弄异性者以可乘之机。

——避免婚前性行为的主要措施

第一，自觉提高思想认识。要旗帜鲜明地反对和批判西方“性自由、性解放”思潮，反对和批判享乐主义和个人主义，女生要自信自尊、自爱自强，男生要切实负责、自律自制，共同筑起预防婚前性行为的思想防线。要通过正确渠道，了解性理论、性卫生、性健康、性安全、性伦理等方面的知识，充分认识人类性行为所具有的自然属性与社会属性之双重属性。社会属性是人区别于动物的、人之为人的根本属性。要自觉提高性道德水平和性心理健康水平，共同筑起预防婚前性行为的道德和心理防线；要坚持文明恋爱不伤害、终身大事要谨慎、一诺千金勿欺骗。

第二，加强正面教育引导。高校要以大学生喜闻乐见、丰富有效的方式方法，加强对

---

① 北京日报．北京计生委官员：大学生婚前性行为 危害知多少[EB/OL]．(2008-12-11)[2023-02-22]．http://health.sohu.com/20081211/n261156897.shtml.

大学生恋爱教育和引导。要把马克思主义清廉爱情观、婚姻观以及性心理、性健康教育纳入公共必修课教学内容,并不断提高教学质量和教育效果。家庭也要加强这方面的教育引导,形成家庭和学校教育合力。

第三,净化社会育人环境。加强对大众传媒的监管力度,对格调低俗下流、传播淫秽色情的网站、出版物、影视剧等要坚决予以取缔和打击,净化文化市场,优化社会育人环境。同时要加大高校周边社会环境整治力度,为大学生创造一个治安良好、健康有序、文明和谐的周边社区环境。

第四,积极参加有益活动。鼓励支持大学生积极参加义务劳动、志愿服务、健康向上的文体活动、知识技能比赛等,在参加有益实践活动、提升自身综合素质的过程中释放青春力量、展现青春风采。

第五,真诚关爱,热心服务。高校要建立健全大学生心理健康教育和咨询机构,把思想政治教育、心理健康教育与解决大学生实际困难和问题有机结合起来,做到真诚关爱、热心服务,既着眼于预防,又要在婚前性行为发生后做好心理疏导、困难帮扶等工作,力争避免二次伤害和恶性事故发生。

第六,严肃纪律加强管理。高校要加强纪律教育,严格管理,特别是宿舍管理,建立晚归、夜不归宿学生登记备案和教育制度,对以恋爱为名行玩弄异性之实的学生要加强教育,对屡教不改、造成恶劣影响和严重后果的人,要依法依规做出处理,决不姑息。

【案例分析】

用责任与忠诚浇灌的爱情之花①

王必盛,1941 年 2 月生,中共党员,江西省赣州市会昌县总工会退休干部。

76 岁的王必盛,21 年如一日照顾瘫痪妻子,从不言悔,用细心照料和用心陪伴,诠释对妻子深深的爱恋,用默默付出和坚守展现人间最美的爱情。

王必盛和妻子刘桂淑是大学同学。两人在学校相识相恋,1962 年走进婚姻殿堂。婚后,两人育有两子一女,一家五口的生活朴实而美满。谁知 1996 年、1997 年,刘桂淑接连两次突发脑出血,虽多次住院治疗,但效果不理想,导致半身瘫痪。起初几年,她还能勉强行走,但后来病情进一步加重,生活完全不能自理,必须专人照顾护理。

“她是我的妻子,照顾她是我的责任。”王必盛说。妻子患病后,他一边上班,一边照顾妻子的日常生活。退休后,他更是一门心思在家照顾妻子。妻子病倒至今,他唯一一次离开妻子出远门,还是自己生病到赣州做手术。为防止妻子长期卧床生褥疮,他每天用热毛巾为妻子擦拭后背;担心妻子手脚肌肉变形萎缩,他又从网上自学推拿按摩。生病卧床十几年,刘桂淑从来没有生过褥疮,也没有用过纸尿裤。她的卧室干净、亮堂,没有异味。

为便于观察妻子的病情变化和身体康复情况,王必盛从妻子患病开始就每天坚持记

① 人民日报公告．德耀中华·第六届全国道德模范候选人事迹(下)[N]．人民日报,2017-07-25(16).

录病情。21年来，他记录妻子病情的自制“病历”写了厚厚8本，里面详细记录妻子每天脉搏、血压等身体情况，服药种类、时间以及当天天气等信息。“这样，医生问起情况来，我才能清楚地回答，医生才好对症下药。”王必盛这样解释。

喂水喂药、端屎接尿、擦洗按摩，扶着妻子下地活动，给妻子讲趣事解闷……这些事情，王必盛每天都要反复好多次，常常一忙就到深夜11点多。晚上，他几乎每隔两个小时就要起来看看妻子，到半夜给妻子喂一次水，扶她起来上厕所。满打满算，他每天顶多能睡四五个小时。儿女们担心父亲吃不消，争着出钱请人照顾母亲。可王必盛总是坚持：“别人照顾我不放心，她也很难适应。”

病了21年，妻子刘桂淑对生活从没有失去信心：“有他在，我就很踏实。”回想照顾妻子的经历，王必盛则说：“能这样陪着她，看到她乐观地活着，我就感到很幸福了。”

王必盛荣登“中国好人榜”并获评第六届全国道德模范。

分析

王必盛二十多年如一日细心照料、用心陪伴瘫痪的妻子，从不言悔，用大爱与责任、付出与奉献、忠诚与坚守展现了人间甘苦与共、风雨同舟的最美爱情，用实际行动生动阐释了爱情的真谛——责任与奉献。王必盛的爱情婚姻故事是清廉品质与爱情、婚姻有机融合的典范。王必盛的清廉爱情观、婚姻观经受住了时间与磨难的考验，是对中华优秀传统美德的继承与弘扬，是对中国特色社会主义先进道德文化的生动诠释，是对利己主义、功利主义、享乐主义爱情观、婚姻观的彻底否定。用责任、奉献和忠诚浇灌的爱情之花是纯洁和高尚的，是历久弥新和不畏严寒的，也是令人感动和钦佩的。

【拓展阅读】

“性自由”给人类带来了什么？

“性自由”问题是一个非常敏感的话题，但又是一个绕不开的不得不面对和应对的问题。被有的人津津乐道，甚至趋之若鹜、乐此不疲的“性自由”到底是指什么，“性自由”究竟给人类带来了什么，如何应对“性自由”带来的冲击，是任何一个国家、民族都无法回避、牵涉广泛、影响深远的现实社会问题。抵御美色诱惑，把好美色关，树牢清廉婚恋观，必须对“性自由”有正确认识。

一、基本概念

“性自由”指的是在性行为上完全抛弃传统道德观念约束的主张、实践或社会现象。“性自由”又称性解放或性革命，是20世纪前期开始于西方的一种性观念和生活方式的变革。“性自由”流行于20世纪60年代的西方尤其是北美。它是从反对男女不平等的婚姻观念和性观念开始的，然后走到一个极端，认为身体和性都是个人财产，自己可自由决定如何处置、使用。“性自由”抛弃了对性的社会制约，否定了性道德的合理内容，使性自由成为一部分人性滥交或性泛滥的借口。

二、历史沿革

19世纪后半期到第一次世界大战前，欧美国家进入工业社会高速发展阶段。为了把人变成现代化大生产的“机器”，快速促进工业生产，西方社会极力倡导清心寡欲的道德观念，于是，男女的性事被视为罪恶。因为此时英国是资本主义社会的领头羊，所以人们用当时在位的英国女王维多利亚的名字来命名这个时期。在维多利亚时代，西方社会仿佛又返回到了黑暗的中世纪，人的一切自然本性被禁锢和扼杀，人之为人的基本欲望遭到社会的残酷打击。面对这种非人的限制，斯堪的纳维亚半岛首先燃起了熊熊烈火，接着波及欧洲各地，到20世纪20年代形成第一次性自由或性解放高潮，主要代表是苏联的杯水主义运动、德国和美国的自由同居运动。性自由或性解放的第二次高潮发生在20世纪60年代，遍及西方发达国家。20世纪70年代发生了第三次性自由或性解放高潮。然而，伴随人们对艾滋病病毒和艾滋病认识的深化以及医务人员意识到这种致命的疾病可以通过性传播，20世纪80年代“自由之爱”运动的发展速度大大减缓。

三、灾难性危害

事实上，性自由给西方社会带来了严重的社会问题。有数据表明西方社会离婚率猛增，许多家庭解体，大量儿童失去双亲的爱抚，家庭对子女的教育职能因此严重削弱，青少年性犯罪率激增，未婚生育的母亲和孩子增多，同时还造成了性病和艾滋病的肆虐。并且这种危害不是短时间内可以消除的。“美国疾病控制中心发布的一份报告，详细描述了24岁及以下年轻人群中，性病发病率在不断上升，尤其是淋病和梅毒。据报道，2006年有超过100万的衣原体感染病例。在全国范围内，有1 900万新增性传播感染病例，其中一半发生在15～24岁的年轻人身上。”鉴于性自由导致的人性退化、性交泛滥、恶果累累，欧美各国社会重建性道德的呼声日益高涨。许多有识之士希望振兴家庭，强调家庭价值及一夫一妻的健康生活方式和忠诚的性关系。社会、家庭和学校也向青少年提出推迟性交关系的原则，要求中学生积极参与洁身自爱运动，并抵制吸毒、嫖娼卖淫及同性恋等行为。例如，在21世纪初，美国“全国预防青少年意外怀孕运动，详细地介绍了关于全面的性教育和性教育有效性的重要发现。这份报告深入探讨了我们可以并且应该教育我们的年轻人关于性和生殖健康的方法，以便为他们提供健康幸福生活的最好的基础。”

无数事实已经证明并将继续证明，性自由对性道德的全面否定是错误的。从20世纪60年代到80年代，仅仅20多年时间，西方性自由就已经给人类社会带来诸如艾滋病肆虐这类空前的灾难。然而，要消除性自由给人类造成的严重后果，绝非一朝一夕可以实现。譬如，人类要控制艾滋病的蔓延，还有很长的路要走。所以，我们更应该珍视中华民族的家庭美德，坚决抵制性自由思潮，不要盲目地把西方文化中的糟粕当作新观念加以接受。

四、对我国的影响及其应对之策

我国实行改革开放以后，伴随对外交流日益频繁，尤其是进入互联网时代以来，西方性自由思潮对我国也产生了深刻影响。曾一度绝迹的卖淫嫖娼现象死灰复燃，“包二奶”、婚外情、通奸成为一些人趋之若鹜的所谓“时尚”，权色交易、钱色交易屡禁不止，性犯罪低龄化趋势明显，少女怀孕堕胎时有发生，离婚率攀升，单亲家庭增加，一夫一妻制受到挑战。

如何应对西方性自由思潮对我国的侵蚀，是一个必须高度重视的问题。

第一，要正确看待和分析性自由或性解放。人们对性自由或性解放的看法和评价可谓众说纷纭。分析西方性自由或性解放，必须克服非黑即白的简单思维方式，必须放在当时的历史背景和历史条件下，进行全面、历史、客观、辩证地分析。“性自由”或“性解放”概念始于西方社会，最初是反对性别歧视，争取妇女与男子享有平等社会地位和政治经济权利的女权运动，同时要求改变基督教禁止离婚的戒律，主张婚姻自由。作为对维多利亚时代的清教主义伦理的性专制、性压迫、性禁锢的反抗，当时的女权运动的产生具有一定的历史必然性和合理性，但是，此后，从这些合理要求逐渐演变为对宗教性道德的全面否定，“性自由”者倡导性行为不应受与婚姻有关的道德和法律的限制，认为性交是人人都应有的与生俱来的自由权利，性行为是个人私事，只要双方自愿就可以发生两性关系，他人和社会对此无权干涉。这样，就从一个极端，走向了另一个极端。人与动物都有性的需求，这是共同的自然属性，但人之所以为人的、与动物的本质区别是人的社会性，动物完全靠本能，人除了本能的自然属性以外还应该有理性，理性就是对是非、善恶、美丑的基本判断和对自身行为的约束，人的自由（包括性自由）是相对的、有限度的，不是绝对的，否则，人与动物无异。性自由或性解放最终发展为传播性病、危害健康、毁坏家庭、污染社会、践踏良知、殃及后代、祸乱人类的毒瘤，其危害之广、危害之大、危害之深令人难以想象，即使西方国家也已经意识到并逐步采取措施加以限制。

第二，要多管齐下、综合施策。要在党和政府的主导下，动员家庭、学校、社会共同参与治理，把加强性道德、性健康教育与严肃法纪、惩处性违法乱纪结合起来，把线下的扫黄打非、打击黄赌毒和卖淫嫖娼与线上“清网”“净网”等互联网治理行动结合起来，把打击权色交易、钱色交易与惩治腐败结合起来。

第三，要加强社会主义核心价值观教育和正确义利观教育。信息化时代的大众传媒、文化事业与文化产业、商业运营等都要坚持把社会效益放在首位，实现经济效益与社会效益的有机统一，严防伤风败俗、与社会主义道德相违背的色情文化与性经济的恶性泛滥。

第四，要坚决抵御西方性自由思潮等腐朽文化对我国的侵蚀。党员领导干部要带头，以身作则、严以律己，同时要加强对青少年的教育和引导，要把性道德、性健康教育和婚姻法律制度教育引入课堂。

【知与行】

从以下三个题目中任选其一：

1. 搜集整理马克思与燕妮的爱情故事并讲给身边的人听一听。

2. 分小组讨论：

(1)有人说："学得好，不如嫁得好。"你如何看待这一说法？

(2)有人说："现在社会上出现的包养现象，是周瑜打黄盖，一个愿打，一个愿挨，没什么大惊小怪的。"你如何看待这一说法？

3. 请以 3～5 人为一个小组，开展一项有关大学生恋爱观的调查并撰写一份调查报告。

【课外作业】

请以 3～5 人为一个小组，就近了解、采访"忠于职守、清廉为民"先进人物的事迹，并制作成图文并茂的 PPT 课件在班上进行宣讲。

第五讲 清廉是幸福的“护身符”

——尚大义为民谋福

幸福不会从天降，美好生活靠劳动创造。

幸福都是奋斗出来的，奋斗本身就是一种幸福。

只有奋斗的人生才称得上幸福的人生。奋斗是艰辛的，艰难困苦、玉汝于成，没有艰辛就不是真正的奋斗，我们要勇于在艰苦奋斗中净化灵魂、磨砺意志、坚定信念。奋斗是长期的，前人栽树、后人乘凉，伟大事业需要几代人、十几代人、几十代人持续奋斗。奋斗是曲折的，“为有牺牲多壮志，敢教日月换新天”，要奋斗就会有牺牲，我们要始终发扬大无畏精神和无私奉献精神。奋斗者是精神最为富足的人，也是最懂得幸福、最享受幸福的人。

——习近平

【导语】

生活是每个人必须天天面对的现实，有的人生活清廉朴实却体验着长久的生活乐趣，有的人生活奢华却有时不得不承受着过眼烟云的凄楚。义与利是每个人都无法回避的选择，有的人见利思义、深明大义，虽牺牲个人利益却无悔，受到世人的赞赏和敬仰；有的人见利忘义、唯利是图，为一己之私利而牺牲他人和社会的利益，遭到人们的鄙视和唾弃，甚至被绳之以法。幸福是人类的终极追求，人人向往幸福生活，但在追求幸福的道路上，有的人苦心孤诣追求个人幸福却招致灾祸，有的人鞠躬尽瘁为人民谋幸福而受到人民的爱戴。在生活变幻多样、义利错综交织的现实条件下，如何避免生活之舟触礁沉没，如何避免贪恋利饵以致失义招损，这是每一个大学生必须认真思考和面对的严肃话题，事关大学生自身未来的成功和幸福，也关系到国家的未来发展和人民福祉。

第一节　淡泊明志

【基本理论】

一、清廉生活观的内涵和特点

热爱生活、感悟生活，探索生活的真谛，把握人生的规律，树立科学、进步的生活观，是提高清廉素质的必然要求。

(一)生活观的内涵与分类

何谓生活？这是一个既简单又复杂的概念。一般来说，生活有两层含义：一方面是指人们的生存和发展状况，如“现在的生活好多了”；另一方面是指生活主体为实现生存、延续、愉悦或发展而从事各种实践活动的过程。生活概念体现了静态(生存和发展状况)与动态(实践活动过程)的辩证统一，体现了目的(实现生存、延续、愉悦或发展)和手段(从事各种实践活动)的辩证统一。对生活的理解有狭义和广义之分，狭义的生活仅仅指个人生活。广义的生活不仅指个人生活还包括群体或社会生活、国家生活、人类生活等，而生活的内容也包括经济、政治、文化、社会交往或外交、军事等诸多方面。本书采用的是广义的生活概念。

生活观是人们在社会实践中逐步形成的关于生活的内涵、意义以及如何生活等有关生活的基本问题的根本观点。由于人们所处的历史时代、社会环境、社会地位、所受教育和认知水平等的不同，人们往往具有不同的生活观。

另外，人们的生活观表现出不同的类别。按生活态度的不同，生活观可以分为积极向上的生活观、消极颓废的生活观、乐观豁达的生活观、悲观偏狭的生活观等；按生活内容的不同，生活观可以分为经济生活观、政治生活观、文化生活观等；按生活主体的不同，生活观可以分为个人生活观、家庭生活观、集体生活观、社会生活观、国家生活观、人类生活观等。按生活性质的不同，生活观可以分为清廉生活观、贪腐生活观等。

(二)清廉生活观的内涵

清廉生活观是指人们在社会实践中形成的关于清廉生活的内涵、意义以及如何达成清廉生活的根本观点。清廉生活观内涵丰富，它是清廉思想与生活观的有机结合，是清廉思想融入人们的生活目标(或生活理想)、生活态度、生活方式、生活习惯等生活的各个方面的集中体现。

(三)清廉生活观的主要特点

认识和理解清廉生活观的特点，对大学生形成清廉生活观具有重要价值。一般来说，清廉生活观的主要特点包括以下几个方面：

1. 实践性

清廉生活观的实践性是指人们的清廉生活观不是从天上掉下来的，也不是人的头脑中固有的，而是在社会实践中逐步形成的，清廉生活观不但在实践中形成，而且在实践中接受检验。人在社会生活中接触到的不仅有真善美，还有假恶丑，社会实践的复杂性决定了清廉生活观的形成和发展具有曲折性和长期性，人唯有在生活中坚韧不拔、持之以恒地信守清廉、践行清廉，清廉生活观才能经受住实践的检验和历史的考验。

2. 全面性

清廉生活观的全面性是指清廉与生活的各个方面的有机融合，在生活目标（或生活理想）上表现为"志存高远"；在生活态度上表现为积极进取、严谨自信、乐观豁达；在生活方式上表现为朴实、节俭、自强，追求身心和谐；在生活质量上表现为追求低碳绿色环保；在生活情趣上表现为追求高雅健康。清廉生活观的全面性还表现在经济生活中的诚信意识，政治生活中的民主、平等与法治精神，文化生活中的先进与和谐理念，社会生活中的公平与正义等。总之，清廉生活观的全面性表征着清廉与生活的全面结合、有机结合。

3. 过程性

清廉生活观的过程性有两层含义：一是指清廉贯穿于生活的始终，否则，清廉生活观就不具有彻底性和完整性；二是指清廉生活观的形成不是一蹴而就或一劳永逸的，而是一个长期的过程。只有深刻理解了清廉生活观的过程性，大学生才能自觉做到时时处处事事警醒，崇尚和践行清正廉明，确保一生清廉。

4. 修身性

清廉生活观的修身性是指人们由于意识到清廉生活观的实践性、全面性、过程性等特点，从而形成以廉为宝、廉以修身、以德养廉、以清保廉、廉洁自律以及自重、自省、自警、自励、自强为主要特征，积极主动追求清廉生活的思想理念和行为倾向。清廉生活观的修身性反映了人们在正确处理清廉与生活关系方面所表现出的主观能动性。放弃主观能动性，就不会有清廉生活观的形成、发展和完善，因为清廉生活观的形成和确立是主客观因素交互作用的结果。

二、清廉与生活的关系

由于人们的世界观、人生观和价值观不尽相同，对清廉与生活的关系的认识也就有所不同，甚至相去甚远。正确认识清廉与生活的相互关系是确立清廉生活观的前提，具有重要意义。

清廉与生活的关系可以概括为：清廉离不开生活，生活绕不开清廉。"清廉离不开生活"是指清廉必然寓于生活之中，不存在脱离生活的清廉，生活是清廉的载体，清廉是生活的升华。"生活绕不开清廉"是指清廉与否在生活中是绕不开的，无论是有意识还是无意识，人们都必须做出选择，从这个意义来说，生活无法绕开清廉。因此，清廉与生活的关系是密不可分的。如何正确地处理清廉与生活的关系是每个人必须严肃对待、慎重考虑的问题。

具体来说，清廉与生活的关系体现在以下几个方面：

首先，倡导清廉是当今国际生活的重要组成部分，也是我国国家生活中的大事。国际生活或国家生活良性运行有赖于清廉作保证。清廉得到世界各国人民的普遍重视，越来越多的国家政府把清廉教育作为反腐败的“良药”。倡导清正廉明、预防和打击腐败取得了世界各国的共识，追求清廉日益成为世界经济、政治、外交与文化交流等国际生活领域的重要组成部分。在我国，2012 年 11 月召开的党的十八大把反腐倡廉上升到党和国家生活中的“重大政治问题”以及事关党和国家生死存亡的高度，强调要“坚定不移反对腐败，永葆共产党人清正廉洁的政治本色。反对腐败、建设廉洁政治，是党一贯坚持的鲜明政治立场，是人民关注的重大政治问题。这个问题解决不好，就会对党造成致命伤害，甚至亡党亡国。反腐倡廉必须常抓不懈，拒腐防变必须警钟长鸣”。① 古今中外的历史事实证明，清廉与否事关国家命运，是国家生活治乱兴衰的“风向标”，是人民生活状况的“晴雨表”。

其次，清廉是一个地区、部门或单位的经济生活、政治生活、文化生活等方面不断改善的必要条件，一个地区、部门或单位的经济、政治、文化等生活是否选择清廉也是无法回避的重要课题。清廉与否事关一个地区、部门或单位的进退盛衰。例如，“天下第一村”——华西村几十年积极倡导和践行清廉，老支书吴仁宝以身作则，“不拿最高工资，不住最好房子”，还把上级的奖励捐献给集体，几十年来风清气正的华西村不断创造着社会主义新农村建设的一个又一个奇迹，成为一面历久弥新的社会主义新农村建设的光辉旗帜。

最后，清廉是个人成长成才和生活理想实现的前提，也是家庭生活祥和安泰的重要保障。徐本禹、洪战辉、黄文秀等大学生、研究生清廉自强的事迹感动了中国，他们的青春在清廉自强中发出亮丽的光芒。清廉不仅是一种德行，而且是一种智慧，践行清廉有助于大学生在生活中有效避免因污邪、贪婪和阴暗而招致的自取其辱、烦恼缠绕和祸端横生。

总之，崇尚清廉、践行清廉必将使人民生活更美好，使国家生活更安泰，使社会生活更和谐，使家庭生活更快乐，使个人生活更亮丽。而生活的美好、安泰、和谐、快乐和亮丽又会成为清廉之树枝繁叶茂的沃土。

三、寓清廉于生活之中

寓清廉于生活之中，既要努力实现寓清廉于国家、社会生活之中，也要努力实现寓清廉于个人生活之中，这两个方面紧密相连、辩证统一。清廉的国家生活、社会生活是实现清廉的个人生活的环境和条件，而清廉的个人生活又是实现清廉的国家生活、社会生活的基础和前提。寓清廉于生活之中，首先，个人要坚持常修身、重慎独并提高清廉生活自信。

---

① 胡锦涛．坚定不移沿着中国特色社会主义道路前进　为全面建成小康社会而奋斗[N]．人民日报，2012-11-09(03)．

要切实克服一味抱怨外在环境不佳，自动解除“思想武装”，在生活中放弃践行清廉的主观能动性而随波逐流的宿命论倾向，从点滴小事做起，从严要求自己，摒弃不当欲望和私心杂念，自觉防范和抵制享乐主义、拜金主义和极端个人主义思潮侵袭。努力使崇尚清廉、践行清廉不仅成为个人生活态度、生活习惯、生活方式，而且成为自身素质和坚定信念。其次，在国家和社会生活层面，要持之以恒地实施“打虎拍蝇猎狐”的雷霆行动，使贪婪与贪腐者付出沉重代价，使具有腐败潜质者望而生惧，使清廉之士感到鼓舞，使民众看到希望，这是实现清廉的国家、社会生活的必要前提；要通过狠抓党风政风建设以带动优良民风建设，通过体制机制创新使任性的权力“入笼”，通过依法治国和以德治国的有机结合以及不断推进国家治理体系和治理能力现代化，实现国家体系的良性运转及社会系统的良性运行，这是实现清廉的国家、社会生活的不可或缺的环境和条件。最后，寓清廉于生活之中，不仅要使清廉贯穿于国家、社会和个人生活的各个方面和各个环节，而且还要使清廉贯穿于国家、社会和个人生活的全过程。

总之，寓清廉于生活之中，才能使生活更纯洁、更朴实，更坦然、更健康，更安全、更踏实。清廉的生活不仅是一种合规律、顺民意、利民生的求真求善的生活，而且还是一种着眼长远、积极进取、趋吉避凶、防患未然的智慧生活，是党和人民致力于实现中华民族伟大复兴的必然选择。

【解疑释惑】

有人认为：“社会发展了，时代变化了，人们富了，再谈‘艰苦奋斗’，过时了。”你对此观点有何看法？

中华民族自古就有自强不息、艰苦奋斗的高尚品质。我国古代人民通过自强不息、艰苦奋斗创造了人类发展史上辉煌灿烂、世界仰慕的中华古文明。近代以来，在救亡图存的伟大斗争中，特别是在中国共产党领导的新民主主义革命中，中华民族继续发扬自强不息、艰苦奋斗精神，经过长期艰难曲折的不懈努力，终于推翻了帝国主义、封建主义和官僚资本主义在中国的反动统治，实现了民族独立和人民解放，建立了中华人民共和国，实现了中国从几千年封建专制政治向人民民主的伟大飞跃。

中华人民共和国成立以来，特别是改革开放和社会主义现代化建设新时期，中国人民在党的领导下仍然是靠自强不息、艰苦奋斗，取得了举世瞩目的伟大成就。党的十八大以来，中国特色社会主义进入新时代。中国人民在党的领导下继续发扬自强不息、艰苦奋斗的精神，推动党和国家事业取得历史性成就、发生历史性变革。党和人民百年奋斗，书写了中华民族几千年历史上最恢宏的史诗。从某种意义上来说，一部中华民族发展史就是一部中华民族为追求美好生活而自强不息、艰苦奋斗的历史。可以说，如果没有自强不息、艰苦奋斗的精神，就没有绵延不断、举世瞩目的中华文明。作为一种精神力量，自强不息、艰苦奋斗已经融入中华民族的精神血脉中，成为中华文化不可或缺的精神因子。中华民族的发展进步，过去离不开自强不息、艰苦奋斗的伟大精神，现在和未来的发展进步同样离不开自强不息、艰苦奋斗的精神。艰苦奋斗是清廉教育的重要内容之一，无论社会如何发展，时代如何变化，艰苦奋斗精神永远是中华民族立于不败之地的传家宝，永远不会过时。

“社会发展了，时代变化了，人们富了，再谈‘艰苦奋斗’，过时了”的论调，在很大程度上，反映了一些人对我国的国情、社会主义本质、党的基本路线和国际形势等基本问题的认识存在偏差。

继续坚持和弘扬艰苦奋斗精神是由我国的国情决定的。新中国成立以来，特别是改革开放以来，我国的确取得了举世瞩目的伟大成就。但是，“中国社会主义仍然处于并将长期处于社会主义初级阶段的基本国情没有变，我国是世界最大发展中国家的国际地位没有变”。因此，从我国国情出发，必须继续发扬自强不息、艰苦奋斗的精神。

继续坚持和弘扬艰苦奋斗精神是由社会主义本质和党的基本路线决定的。1992年初，邓小平在“南方谈话”中提出了社会主义的本质理论。不仅“解放生产力，发展生产力”是一个需要付出艰辛劳动和创造的永无止境的奋斗过程，而且“消灭剥削，消除两极分化”也是一个长期而艰难的奋斗过程，尤其是“最终达到共同富裕”作为一项长期、艰难而伟大的事业更需要一代又一代人的接续奋斗。正因如此，党在社会主义初级阶段的基本路线在突出“一个中心，两个基本点”的同时，特别强调要“自力更生，艰苦创业”。可见，艰苦创业、艰苦奋斗是需要全党和全国人民长期坚持的基本方针。

继续坚持和弘扬艰苦奋斗精神是由实现中华民族伟大复兴的中国梦决定的。习近平强调，“实现中国梦必须走中国道路，必须弘扬中国精神，必须凝聚中国力量。”艰苦奋斗精神是“中国精神”必不可少的重要元素。实现中国梦，就要实现“四化”（新型工业化、信息化、城镇化和农业现代化），由于“四化”标准随国际比较而不断提高，我国实现“四化”因人口多、底子薄、起点低、起步晚，要追赶世界发展潮流，面临各项目标任务叠加的现实状况，因此实现“四化”必然需要长期的艰苦奋斗。实现中国梦，就要在实现全面建成小康社会的第一个百年奋斗目标的基础上，进一步实现第二个百年奋斗目标，即在新中国成立100年时建成富强民主文明和谐美丽的社会主义现代化强国，这必然需要全党、全军和全国各族人民继续发扬艰苦奋斗精神，开拓创新，锐意进取。

继续坚持和弘扬艰苦奋斗精神具有现实紧迫性和针对性。在现实生活中，我国发展中的不平衡、不协调、不可持续问题依然突出，城乡区域发展差距和居民收入分配差距依然较大，部分群众生活困难，自然资源的有限性、不可再生性决定的资源约束趋紧，生态环境修复和改善仍然面临诸多矛盾和挑战，国内生产总值（GDP）位列世界前列但人均GDP仍相对落后，综合国力竞争日益激烈。此外，民族分裂势力勾连外部反华势力不断兴风作浪，日本右翼势力日趋活跃、军国主义借尸还魂，霸权主义、强权政治依然严重威胁世界和平。要战胜前进道路上的各种困难、风险和挑战，没有艰苦奋斗的精神是不可能的。

艰苦奋斗过时论的产生既有主观原因，也有客观原因：一是对中国社会主义仍然处于并将长期处于社会主义初级阶段的基本国情，以及实现中华民族伟大复兴的中国梦之艰巨性、长期性和复杂性认识不足；二是目光短浅、缺乏远大志向、小富即安、不思进取的小农思想作怪；三是剥削阶级思想的影响，尤其是消费主义、享乐主义和极端个人主义等思潮的负面影响。

艰苦奋斗过时论在理论上是极端错误的，在实践上是极其有害的，必须予以批判，并采取有效措施防范和克服其消极影响，让党的艰苦奋斗的优良作风世代相传，让党和人民的事业更加兴旺发达。

【案例分析】

人间奇迹——茫茫荒原变林海①

塞罕坝，是蒙古语和汉语的混合用语，意思是“美丽的高岭”。历史上，这里水草丰美、森林茂密，清朝末年为弥补国库亏空，先后进行了三次大规模开围放垦，再加上日寇掠夺、山火不断，到新中国成立时，这里的原始森林已荡然无存，变成了风沙蔽日的茫茫荒原。

20 世纪 60 年代初，正是国民经济困难时期，但国家仍然下定决心，在塞罕坝建设一座大型国有林场，恢复植被，阻断风沙。1962 年 9 月，369 名平均年龄不到 24 岁的创业者，肩负“为北京阻沙源、为京津涵水源”的神圣使命，从全国 18 个省（市）集结上坝，开始了艰苦卓绝的高寒沙地造林。

恶劣的生存环境是创业者要攻克的第一道难关。塞罕坝冬季漫长，年均积雪长达 7 个月，极端最低气温零下 43.3 ℃，加上偏远闭塞、物资匮乏，生活条件极其艰苦。考验，一个接着一个。由于缺乏在高寒地区造林的经验，头两年人们满怀希望种下的 2 000 多亩落叶松，成活率还不到 8%。超出想象的困难和挫折一度冷冻了人们的笑声和激情。

党交给的任务还没有完成，坚决不能退缩和放弃！关键时刻，王尚海、刘文仕、张启恩等首任场领导班子成员带头把家从承德、北京等城市搬到了塞罕坝，以示决心。在他们的带领下，林场技术攻关组改进了“水土不服”的苏联造林机械，改变了传统的遮阴育苗法，大大提高了造林成活率，让信心和希望在荒原上重新燃起。

就这样，他们克服了一个又一个困难，接续奋斗 55 年，终于创造了荒原变林海的人间奇迹，使得在自然状态下，至少需要上百年才能修复的塞罕坝生态，重现盎然生机。如今，林场造林面积达到了 112 万亩，成为世界上面积最大的人工林场，如果把这里的树按一米的株距排开，可以绕地球赤道 12 圈。

如今，塞罕坝的单位面积林木蓄积量，是全国人工林平均水平的 2.8 倍。这里的森林生态系统，每年能产生上百亿元的生态服务价值，每年释放的氧气可以供 200 万人呼吸一年。

更令人欣喜的是，美丽高岭上的这片绿色，正在燕赵大地蔓延开来。

---

① 周金中．牢记使命　铸就绿色丰碑（塞罕坝林场先进事迹报告会发言摘登）[N]．经济日报，2017-08-31(11).

分析

塞罕坝位于河北省北部，曾经是茫茫荒原。半个多世纪以来，三代塞罕坝林场人以坚韧不拔的斗志和永不言败的担当，坚持植树造林，建设了百万亩人工林海。如今，每年可涵养水源、净化水质1.37亿立方米，释放氧气54.5万吨。2017年8月习近平对河北塞罕坝林场建设者的感人事迹做出重要指示指出，55年来，河北塞罕坝林场的建设者们听从党的召唤，在“黄沙遮天日，飞鸟无栖树”的荒漠沙地上艰苦奋斗、甘于奉献，创造了荒原变林海的人间奇迹，用实际行动诠释了绿水青山就是金山银山的理念，铸就了牢记使命、艰苦创业、绿色发展的塞罕坝精神。①

塞罕坝林场的三代建设者是无私奉献、艰苦创业的楷模，他们不仅创造了荒原变林海的人间奇迹，也创造了弥足珍贵的精神财富——塞罕坝精神。塞罕坝林场建设者获评“2017年度感动中国人物”，并获得2017年联合国环保最高荣誉——“地球卫士奖”。在塞罕坝精神的鼓舞下，中华儿女必将继续艰苦奋斗，把祖国建设得更加繁荣富强、美丽迷人。

【拓展阅读】

务必继续保持艰苦奋斗的作风

中华人民共和国成立前夕，毛泽东就告诫全党：“夺取全国胜利，这只是万里长征走完了第一步……中国的革命是伟大的，但革命以后的路程更长，工作更伟大，更艰苦。这一点现在就必须向党内讲明白，务必使同志们继续地保持谦虚、谨慎、不骄、不躁的作风，务必使同志们继续地保持艰苦奋斗的作风。”②邓小平强调：“要加强对人民进行思想政治工作，提倡艰苦奋斗。这是中国从几十年的建设中得出的经验。”③“艰苦奋斗是我们的传统。我们的国家越发展，越要抓艰苦创业。提倡艰苦创业精神，也有助于克服腐败现象。新中国成立以来我们一直在讲艰苦创业，后来日子稍微好一点，就提倡高消费，于是，各方面的浪费现象蔓延，加上思想政治工作薄弱、法制不健全，什么违法乱纪和腐败现象等，都出来了。”④江泽民指出：“一个国家、一个民族，如果不提倡艰苦奋斗、勤俭建国，人们只想在前人创造的物质文明成果上坐享其成，贪图享乐，不图进取，那么，这样的国家，这样的民族，是毫无希望的，没有不走向衰落的。”⑤胡锦涛指出：“我们讲艰苦奋斗，当然不是要人们去过清教徒式、苦行僧式的生活，也不是要否定合理的物质利益，而是要大力提倡艰苦奋斗、

---

① 新华社．习近平对河北塞罕坝林场建设者感人事迹做出重要指示[N]．光明日报，2017-08-29)(01).

② 毛泽东．毛泽东选集(第四卷)[M]．北京：人民出版社，1991：1438-1439.

③ 邓小平．邓小平文选(第三卷)[M]．北京：人民出版社，1993：290.

④ 邓小平．邓小平文选(第三卷)[M]．北京：人民出版社，1993：306.

⑤ 江泽民．加强思想政治建设，提高干部和党员队伍素质(1995年1月23日)[R]//十四大以来重要文献选编(中)．北京：中央文献出版社，2011：215-216.

自强不息、与时俱进、开拓创新的精神。越是改革开放和发展社会主义市场经济，越要弘扬艰苦奋斗的精神。即使将来我们的国家发达了，人民的生活富裕了，艰苦奋斗的精神也不能丢。那种认为艰苦奋斗是老一套、已经过时了的想法是错误的，也是很有害的。”[1]习近平强调：“要牢固树立艰苦奋斗、勤俭节约的思想，深入实际、深入基层、深入群众，力戒奢靡之风，坚决反对大手大脚、铺张浪费，以实际行动践行全心全意为人民服务的根本宗旨。”[2]“抓改进工作作风，各项工作都很重要，但最根本的是要坚持和发扬艰苦奋斗精神。唐代诗人李商隐在《咏史》一诗中写道：‘历览前贤国与家，成由勤俭破由奢。’能不能坚守艰苦奋斗精神，是关系党和人民事业兴衰成败的大事。”“我们的财力是不断增加了，但决不能大手大脚糟蹋浪费！要坚持勤俭办一切事业，坚决反对讲排场比阔气，坚决抵制享乐主义和奢靡之风。”[3]广大青年要“立志做有理想、敢担当、能吃苦、肯奋斗的新时代好青年，让青春在全面建设社会主义现代化国家的火热实践中绽放绚丽之花。”[4]

【知与行】

以 3～5 人为一组，选取部分学生作为调查对象，调查学生的日常生活情况，对部分学生在物质消费方面存在的盲目攀比及浪费现象的表现、成因及其危害性进行分析，并就大学生如何树立清廉生活观提出几点具体建议（根据调研分析，每组制作一个 PPT 课件，在班上进行汇报）。

第二节　见利思义

【基本理论】

一、清廉义利观

（一）义利观的内涵与分类

义利观是指人们在社会实践中形成的关于义与利及其相互关系的思想意识和根本观

---

① 胡锦涛．坚持发扬艰苦奋斗的优良作风 努力实现全面建设小康社会的宏伟目标（2002 年 12 月 6 日）[R]//十六大以来重要文献选编（上）．北京：中央文献出版社，2011：82.

② 习近平．在中央工作会议上的讲话（2012 年 12 月 15 日）[R]//党建网．经典语录：习近平论厉行节约反对浪费[EB/OL]．(2013-08-02)[2023-03-13]. http://www.dangjian.cn/szxxpt/ywxj/201308/t20130806_1391230.shtml.

③ 习近平．在十八届中央纪律检查委员会第二次全体会议上的讲话（2013 年 1 月 22 日）[EB/OL]．(2013-01-23)[2023-03-13]. http://politics.people.com.cn/n/2013/0123/c70731-20301083.html.

④ 习近平．高举中国特色社会主义伟大旗帜　为全面建设社会主义现代化国家而团结奋斗——在中国共产党第二十次全国代表大会上的报告（2022 年 10 月 16 日）[M]．北京：人民出版社，2022：71.

点。义利观中的“义”，一般是指道义、正义，此外也有合适、应该的内涵；而“利”则主要是指利益、功利，包括物质、精神、政治、生态、人际等诸方面的利益、功利，有公利和私利之别。人们的义利观不同，其处理义利关系的态度、方式和行为就不同，所产生的结果和影响也不同。

义利观有不同类型，按道德层次分，有道义至上、义利统一、见利忘义之分；按法治素质高低分，有依法劳动经营谋利、违法巧取豪夺窃利之别；按主体不同分，有国家义利观、社会义利观、群体义利观、个人义利观之异等。

（二）清廉义利观的内涵和特点

清廉义利观是人们在实践中形成的以清廉为原则处理义利关系的思想意识和根本观点，一般主张义利统一，见利思义，当义利发生矛盾时则舍利取义。

清廉义利观主要有以下几个特点：

1. 辩证统一性

清廉义利观的辩证统一性体现在两个方面：一是义与利相互区别，有时存在矛盾和对立。为了整体或全局之“大义”，有时需要牺牲个人或局部利益，从而更好地维护和发展整体或全局之“大利”。例如，为了完成举世瞩目的宏大工程——南水北调工程，以缓解北方缺水问题，广大库区人民响应党和国家的号召毅然离开故土家园，移民到外地，这是正确处理义利矛盾的光辉典范。二是义与利具有内在的统一性，两者并非必然对立的。“义”中包含着“利”，绝没有完全脱离任何“利”的义；“利”中也应该融入“义”的元素，完全脱离“义”的“利”不仅不可取而且也不会久长，甚至会因此而招致更大的损失。因此，义与利是不能截然分开的，义中有利、利中有义，两者互为对方存在的条件。总之，义与利之间具有对立中有统一、统一中有对立的辩证关系。清廉义利观的辩证统一性要求人们在认识和处理义与利的关系时，要克服非此即彼的形而上学思想，重义不鄙视利，尤其不要轻视人民之利，要防止义利观问题上的唯心主义倾向；重利不放弃义，尤其是不放弃利民利天下之大义，要防止义利观问题上的机械唯物主义倾向。坚持唯物辩证法，做到义利统一，才是正确的选择。

2. 继承发展性

清廉义利观古已有之，且不断随着社会的演进而变化，表现出继承与发展的特点。

我国古代义利观具有重义轻利的基本特征。孔子强调：“不义而富且贵，于我如浮云。”[①]。孟子倡导“舍身而取义”。墨家“尚利”，以“兴天下之利”为行为的价值取向和区分善恶的标准。中国近代义利观（包括清廉义利观）的发展演变，其发展趋势是由重义轻利的传统观念向义利并重的近代观念演变。[②] 清廉义利观的继承发展性决定了在全社会倡导和践行清廉义利观必须继承和弘扬中华优秀清廉义利观传统、借鉴世界优秀清廉义利

---

① 《论语·述而》。

② 赵璐．中国近代义利观研究[M]．北京：中国社会科学出版社，2007.

观思想，顺应时代发展潮流，结合实际，不断创新和发展清廉义利观思想，为人民服务，为中国特色社会主义服务。

3. 广泛认同性

清廉义利观虽因时空差异而各具特色，但由于其在很大程度上顺应了大众的意愿，有利于减少社会冲突和灾难、促进社会良性运行、增进人类福祉，因此其自古以来就得到了民众的广泛认同。即使是阶级社会中的统治阶级成员，为了维护本阶级的统治地位和阶级利益，实现国家长治久安，也不乏倡导和践行清廉义利观的有识之士，清廉义利观的广泛认同性决定了在全社会倡导和践行清廉义利观必将得到最广大人民的拥护和支持，这是实现清廉、增益民利的最深厚的基础和力量源泉。

4. 实践复杂性

俗话说："知易行难。"清廉义利观的实践复杂性是指与思想上认同清廉义利观相比，在社会实践中长期践行清廉义利观就比较复杂，也相对难一些。这主要在于一些具有个人主义倾向的人，一些对金钱、权力、美色等诱惑缺乏应有"免疫力"的人，在社会环境中负面因素及剥削阶级腐朽思想的影响下，面对制度、体制存在漏洞，法治不完善时，自身私欲膨胀，背弃清廉义利观，滑向污浊、邪恶、贪腐、阴暗的泥潭。清廉义利观的实践复杂性决定了在全社会倡导和践行清廉义利观不可能一蹴而就，必须坚持上下同心、以上率下，常抓不懈、久久为功。

二、清廉与义利的关系

清廉与义的关系：清廉寓于义，义中含清廉。清廉是义的题中应有之义，不存在无清廉之义；清廉又内在地包含有义的内容，也不存在无义的清廉。清廉与义相互包含，密不可分。清廉因义而增辉，义因清廉而升华。

清廉与利的关系：清廉与利是对立统一的：一方面，清廉与不义之利是对立的，双方水火不容；另一方面，清廉与合义之利是相容和统一的，互为对方存在的条件。

总之，倡导和践行清廉是正确认识和处理义利关系的必要前提，而正确认识和处理义利关系则是倡导和践行清廉的重要表现。

三、彰义增利唯清廉

见利思义（视频）

崇尚和践行清廉是崇德尚义而避乱的重要体现，也是增民之利而避祸的正确选择。古今中外无数历史事实反复证明：清廉是彰正义、增民利、兴民族、强国家的必要条件。个人清廉则保平安，促进步；社会清廉则保和谐，促发展；国家清廉则保安泰，促强盛。

如何实现彰义增利呢？实现彰义增利必须坚持以清廉为原则，深刻认识和正确处理义利关系。义利关系的实质是人们认识和处理"人"（主体）与"利"（客体）的关系是否具有正当性，即是否符合“义”的问题。因此，认识和处理义利关系：第一，要考虑人的需要和欲求是否正当、合“义”，合理正当的需要是推动社会进步的动力，而不当欲求，尤其是贪欲是造成社会不公、妨碍社会进步的阻力，这就需要通过修身，节制不当欲望，尤其是节制贪欲，摒弃和防范极端个人主义的熏染；第二，要考虑当人的需要和欲求正当时，而能够满足其需要和欲求的特定的“利”是否应该用以满足其需要和欲求，这就需要人们尚德明智，学会选择，懂得放弃，该属于自己的合义之“利”要敢于并善于争取，不该属于自己的背义之“利”不可奢求妄索；第三，要考虑如果特定的“利”应该用以满足人的需要和欲求，其需要和欲求得以满足的方式方法是否具有正当性、合法性，这就需要对符合义的利益，要用符合义的方式方法去争取，不违背道德良俗，不违背党纪国法，只有这样才能趋吉避害，实现彰义与增利的辩证统一。

总之，只有坚持清廉义利观，才能真正实现彰义增利。而合理、正当的需要欲求，合理、正当的利益选择，合理、正当的利益实现方式是践行清廉义利观的必然要求。

【解疑释惑】

有些人认为：“社会上一些人虽不清廉，但由于‘脑子活，会办事’，不仅日子过得红火，甚至有的还获得提拔，因此，清廉只是说给别人听的，现实社会中往往谁清廉谁吃亏。”请问，你对此说法有何看法？

在现实生活中，确实存在“拉关系、走后门，搞权钱、权权、权色、权黑交易”现象，并被一些人美其名曰：“脑子活，会办事”，也确实有一些人通过所谓的“脑子活，会办事”方式，个人小日子过得红红火火，甚至有的还获得提拔，步步高升，尽享荣华富贵。

“拉关系、走后门”是不正之风的表现，“搞权钱、权权、权色、权黑交易”是贪腐的表现。如果把搞不正之风和贪腐视为“脑子活，会办事”，要么是对“脑子活，会办事”内涵地曲解或偷换概念，要么是拿“脑子活，会办事”作为搞不正之风和贪腐的遮羞布。一些人热衷于搞不正之风和贪腐，甚至在一定时期和一定程度上达到了左右逢源、呼风唤雨、名利通吃、权色双收的“天上人间”境界，有的逐步成为既得利益者或既得利益集团的一分子，有的逐渐蜕化变质，成为与人民为敌的“苍蝇”或“老虎”。站在这些人的立场上，把搞不正之风和贪腐说成是“脑子活，会办事”，把清廉说成“不近人情”“迂腐”“傻子”，也就不足为怪了。而站在党和人民的立场上，搞不正之风和贪腐根本不是什么“脑子活，会办事”，而是利欲熏心、见利忘义的行为，是违纪违法、误国害民的行径。针对出现的各种不正之风和贪腐问题，王岐山同志严肃指出：“有的地方政治生态恶化，干部被‘围猎’，权权交易、权钱交易、权色交易，搞利益输送，遏制腐败蔓延的任务仍然艰巨。”①习近平同志强调：“要保持反腐败政治定力，不断实现不敢腐、不能腐、不想腐一体推进的战略目标。我们必须清醒认识到，腐败和

① 王岐山．依法治国，依规治党，坚定不移推进党风廉政建设和反腐败斗争(在中国共产党第十八届中央纪律检查委员会第五次全体会议上的工作报告 2015 年 1 月 12 日)[R]//中共中央文献研究室．十八大以来重要文献选编(中)．北京：中央文献出版社，2016：338.

反腐败较量还在激烈进行，并呈现出一些新的阶段性特征，防范形形色色的利益集团成伙作势、‘围猎’腐蚀还任重道远，有效应对腐败手段隐形变异、翻新升级还任重道远，彻底铲除腐败滋生土壤、实现海晏河清还任重道远，清理系统性腐败、化解风险隐患还任重道远。”①

不正之风和贪腐，虽然使少部分人获得一时不义之利，但是，对人民、对国家、对社会、对执政党的危害是极其严重的，甚至是致命伤害。任由不正之风和贪腐蔓延，必将导致亡党亡国。

党的十八大以来，以习近平同志为核心的党中央以高度的历史责任感和使命感，以猛药去疴、重典治乱的决心，以刮骨疗毒、壮士断腕的勇气，领导开展了反对“四风”行动和“打虎”“拍蝇”“猎狐”“天网”等一系列反腐败斗争，坚持无禁区、全覆盖、零容忍，坚持重遏制、强高压、长震慑，坚持受贿行贿一起查，严肃查处了一批腐败分子，努力营造不敢腐、不能腐、不想腐的政治氛围。“刹住了一些多年未刹住的歪风邪气，解决了许多长期没有解决的顽瘴痼疾，清除了党、国家、军队内部存在的严重隐患，管党治党宽松软状况得到根本扭转，探索出依靠党的自我革命跳出历史周期率的成功路径。”反腐败斗争取得压倒性胜利并全面巩固。

党风廉政建设和反腐败斗争事关党和国家生死存亡，具有长期性、复杂性和艰巨性，是一场输不起的斗争。人民是历史的创造者，是真正的英雄。任何背叛人民、与人民为敌的“老虎”和“苍蝇”，终将受到人民的唾弃和历史的审判！因此，建立在违纪违法基础上的荣华富贵，建立在损害人民利益基础上的个人幸福大厦，无论多么煞费苦心、机关算尽，终归是不长久的；无论多么珍视和不舍，终归是“竹篮提水一场空”，甚至化为“作茧自缚”的枷锁和埋葬自身的坟墓。

坚定站在人民利益高于一切的立场上，正确处理个人、集体、国家三者之间的关系，而不是仅仅从个人、家庭、小集团或帮派的狭隘私利出发，真正学习清廉、自觉践行清廉，牢固树立清廉义利观，不但是趋吉避祸、创造有价值人生的智慧抉择，而且是实现个人自由全面可持续发展的必然选择，更是服务人民、报效祖国的必然要求。

【案例分析】

见利尚义，诚信为本②

湖南省临湘市十三村食品有限公司经理李国武常说：“做人要讲良心、讲诚信，我一辈子痛恨假冒伪劣、拒假反假。”他不惜花巨资收假购假再销毁，他凭良心办厂，用道德自律，始终把食品安全放在首位。

1993 年，刚下岗的李国武用借来的 2 000 元，在临湘市长安镇开了一家不足 10 平方

---

① 习近平．在十九届中央纪委六次全会上的讲话[N]．光明日报，2022-01-19(01)．

② 中国文明网．全国诚实守信模范：候选人李国武事迹[EB/OL]．(2013-07-15)[2023-03-13]．http://www.wenming.cn/ddmf_296/dsjpxbz/mdfe/hxrsj/cssx/201307/t20130715_1347415.shtml.

米的小食品店。开店不久，李国武发现，因为采购员贪图便宜，自己店里出现了一些“三无”产品。他当即将采购员开除，并连夜将这批“三无”产品全部销毁。第二天，他贴出公告，承诺凡在他店里购买的不合格产品全部原价收回。不仅如此，他还花钱在电视台打广告，收购消费者从其他商店买来的假冒伪劣产品。广告一出，送假货的人蜂拥而至，仅一个上午，李国武就收购了数千元假货。在众人的见证下，他将收购来的3.5吨假货用15辆三轮车送至垃圾场焚毁。

2005年，李国武从国有企业接过破产的十三村酱菜厂，开始涉足食品加工业。当时，有些食品企业使用假冒不合格原料和辅料加工牟取暴利，每天他都能接到数十个推销电话，都被他断然拒绝。为降低成本，生产厂长和采购经理曾计划改用价格便宜近一半的地沟油。当他们拿着新出的样品找李国武试吃时，李国武没吃出任何问题，却在索要“三证一检”时发现了猫腻。他二话没说，将样品和这批地沟油一同焚毁。一次，十三村研究新工艺出现菌类少量超标，李国武下令将220大坛价值18万元的豆瓣酱全部销毁。

2011年，媒体曝出外地多个产品塑化剂超标。李国武主动将十三村所有产品抽样报送省质监局检测。在三项主要检测指标都合格的情况下，他还是不放心，又对其余18个指标也一并检测，并要求将生产环节上所有塑料容器全部换成不锈钢。虽然增加了成本，但李国武认为这样才踏实。20年来，他主动焚烧销毁假冒、不达标产品和原材料20多次，焚毁总价值超过85万元，放弃潜在利润高达600多万元。

“做食品行当的，做的都是良心活，昧良心的钱，我不能赚!”不论是卖食品还是做食品，他始终自觉将质量和安全放在第一位。只要是与他的个人道德标准相违背的行业潜规则，他都会自觉抵制。李国武对诚信的坚守，换来的不仅是员工的敬重崇拜，还有事业的腾飞。他的诚信经营理念也随着事业的发展不断对外辐射扩散。“食品安全，既要有国家标准、国际标准，更应该有一个道德标准!”李国武说，“食品安全这条路还很长，但我愿意一辈子去坚守”。

创业成功后的他，秉承“良心做食品、善心做公益”的经营理念，为脱贫攻坚事业做出了积极贡献。为找准产业扶贫的路径，李国武多次实地考察，发现临湘大部分贫困村宜林荒山较多，适宜发展经果林。于是他出资20万元，购买适合当地栽培的红心柚、沙糖橘、黄桃、猕猴桃等经果苗木2万多株，在新屋村、如斯村和龙窖山村等地栽种，收益由贫困户共享，被群众称为“同心果园”。李国武先后为112名贫困群众解决就业问题，并保证人均月工资在2 100元、年收入在2万元以上，现有86名贫困群众顺利脱贫。10多年来，李国武捐资300多万元，先后帮助120多名残疾人家庭子女上学，帮助30多名残疾人自主创业发展。李国武还为65户216人，提供了110多万元的临时救助。李国武积极参与贫困农村基础设施新建和升级改造，及开展致富鱼塘和家庭果园建设，投资达35万元。为激发贫困户谋发展的内生动力，李国武组织贫困户学习交流，向贫困户讲述了自己曾经是一名一无所有的下岗职工，通过艰苦创业才有了今天的发展，来增强贫困户发展的动力，激发困难群众干事创业的信心。[①]

李国武荣获全国“五一劳动奖章”、全国道德模范提名奖等荣誉称号。

分析

李国武是践行清廉义利观、坚持诚信经营、热心公益的典型代表和楷模，值得尊敬和学习！

李国武之所以能够坚持诚信经营，不赚昧良心的钱，始终把食品安全放在首位，就是因为他树立并坚持了清廉义利观，在处理义利关系时，坚决反对见利忘义、唯利是图，做到见利思义、义利统一 。在社会主义市场经济条件下，企业经营者经营企业追求经济效益是天经地义的，但前提是企业必须诚信经营、合法经营，不能只顾赚钱而不讲道义、违法乱纪、坑害群众。任何企业经营者在追求经济效益的同时都不能忘记企业所肩负的社会责任，要坚持经济效益与社会效益的统一。如果只讲赚钱、不讲良心，只讲经济效益、不讲社会效益，甚至为了一己之私利，不惜制售假冒伪劣产品，就必然会损害广大消费者的利益，破坏社会主义市场经济秩序，迟早要受到法律制裁。因此，像李国武那样见利尚义、诚信为本、守法经营才是正道，才是谋求长远发展、可持续发展的正确选择和智慧之举。

【拓展阅读】

尚大义为民谋利，践清廉始终如一——优秀共产党员杨善洲的事迹

杨善洲（1927—2010 年），云南省保山市施甸县姚关镇人，1927 年 1 月生，1951 年 5 月参加工作，1952 年 11 月加入中国共产党。杨善洲同志是中共云南省委第二、第三、第四届省委委员，云南省第五、第六届人大代表，第六届人大常委会委员，1988 年 6 月退休。他曾获云南省“优秀共产党员”“全国敬业奉献模范”“全国环境保护杰出贡献者”“2011 年感动中国十大人物”等光荣称号。

杨善洲同志于 1951 年参加革命工作，历任施甸区、县主要领导，担任保山地委领导近 20 年。工作 37 年来，他始终保持艰苦朴素的本色，廉洁奉公、全心为民，勤奋工作，为保山经济社会发展做出了突出贡献。1988 年 6 月退休以后，他主动放弃进省城安享晚年的机会，扎根施甸县大亮山兴办林场。开始办林场那几年困难很大，但是杨善洲艰苦奋斗，尽量少花钱多办事。没有钱盖房子就花 7 000 多元钱盖油毛毡房 40 多个，一住就是 8 年，有 3 个职工住了九年半才出去。没有钱购买农具，就地取材自己动手，办公桌、板凳、床铺都是自己动手做的，晚上照明没有电，每人买一盏马灯。1999 年 11 月，手提砍刀给树修枝

---

① 湖南十三村食品公司．李国武：“良心做食品、善心做公益”2020 年 09 月 01 日 09:44 [EB/OL]．(2020-09-01) [2023-03-12]．http://www.gov.cn/zwgk/2007-03/30/content_566681.htm.

时，杨善洲不幸踩着青苔滑倒，左腿粉碎性骨折，但半年后他又拄着拐杖执意爬上了大亮山。就这样，一干便是 22 个春秋，带领大家植树造林 5.6 万亩，林场林木的覆盖率达 87%以上。把昔日的荒山秃岭变成了今朝生机勃勃的绿色天地，使当地恶劣的自然环境得到明显改善。同时，坚持以林养林，进行了龙眼水果基地、茶叶基地、茶叶精制厂等多种经营项目建设，大亮山林场的家业不断扩大、经济效益也逐步提高。

杨善洲虽然是大亮山林场的义务承包人，但他并没有从林场拿钱。最初的几年里，林场只给他补贴 70 元伙食费，后来调到了 100 元。不仅不要钱，杨善洲还经常要给林场贴钱。2009 年 4 月，杨善洲将活立木蓄积量价值超过 3 亿元的大亮山林场经营管理权无偿移交给国家。不仅如此，他还带领群众修建了 18 千米的林区公路，架设了 4 千米的输电线路，使深居大亮山的村寨农户通电通路。

1975 年夏天，家里的房子因年久失修，每逢下雨便到处漏雨，全家老小实在无法居住，妻子张玉珍专程跑去找杨善洲拿点钱给家里修房子，杨善洲掏出身上仅有的 30 元钱交给妻子，说："你先拿这 30 元钱回去，买几个瓦盆接一下漏，暂时艰苦一下。"张玉珍接过 30 元钱，含着泪水回到了老家……他的老伴坐过 4 次林场的吉普车，他为此交了 370 元的汽油钱。他说："车子是办公用的，不是接送家属子女的。虽然不在岗位了，但原则还是要坚持。"

2010 年 5 月 5 日，杨善洲将保山市奖给他的 20 万元奖金的一半捐给保山一中，6 万元捐给大亮山林场，另外 4 万元留给了与自己相伴一生而又无怨无悔的老伴，这是他留给家人的唯一的财产。

杨善洲同志于 2010 年 10 月 10 日因病医治无效逝世，享年 83 岁。

【知与行】

请你从以下两个题目中任选一个：

1. 请利用课余时间，以集体宿舍为单位，在网上观看电影《杨善洲》，之后每人写一篇观后感，或利用课外时间组织一个小型座谈会，谈一谈自己学习杨善洲事迹的感想和体会并做好记录。

2. 请登录中央纪委国家监委官方网站（https://www.ccdi.gov.cn/），了解党风廉政建设和反腐败斗争进展情况。阅读"历史文化"栏目并谈谈其对你人生发展的启示和教育意义。

第三节　福祸相依

【基本理论】

一、清廉幸福观

自古以来，人们就不断追求幸福，从某种意义来说，一部人类史就是人类追求幸福的历史，幸福是人类追求的终极目标。虽然，人人追求幸福，但由于人们所处的时代和社会历史环境不同，尤其是所处的生产关系、社会地位（在阶级社会中的阶级地位）、个人生活境况不同，再加上自身的德行、才智、禀赋等素质不同，人们对幸福的看法和理解也就不同。

（一）幸福观的内涵与分类

一般来说，所谓幸福，是指处于一定社会经济、政治、文化关系和历史环境的人们，在改造客观世界和主观世界的社会实践中，由于感受和理解到对人生有重要意义的需要、欲望、目标或理想得以实现而产生的精神上的满足或愉悦的心理体验。

幸福观就是人们对什么是幸福以及如何实现幸福等问题的根本观点和思想。幸福观是人生观在幸福问题上的特殊表现，是人生观的重要组成部分。幸福观因人因时因事而异，也就是说，不同的人生价值追求、不同的时代、不同的社会环境、不同的阶级或阶层，其幸福观也各不相同。

幸福观有多种不同类型，按幸福主体不同分，有个人幸福观、家庭幸福观、组织或团体幸福观、社会幸福观、人民幸福观、人类幸福观等；按阶级属性不同分，有剥削阶级（奴隶主阶级、封建地主阶级、资产阶级）幸福观和劳动人民幸福观等（拜金主义幸福观、享乐主义幸福观、极端个人主义幸福观属于剥削阶级幸福观，而为人民服务的集体主义幸福观属于工人阶级和劳动人民幸福观）；按对幸福内容的不同理解分，有唯心主义幸福观和唯物主义（包括机械唯物主义、辩证唯物主义）幸福观；按对幸福途径的不同理解分，有劳动创造幸福观、不劳而获幸福观、巧取豪夺幸福观等；按幸福主体素质和求福方式不同分，有清廉幸福观和贪腐幸福观等。

（二）清廉幸福观的内涵和特点

清廉幸福观是人们在实践中形成的以清廉为原则认识和处理幸福问题的根本观点和思想。

清廉幸福观主要有以下几个特点：

1. 幸福要素的多元性

清廉幸福观认为，幸福要素具有多维、多元的特点，幸福要素既包括客观内容，也包括主观心理感受和体验，是主观与客观的统一；幸福要素既包括物质的、政治的、精神的内容，也包括人际的、生态的元素，幸福是多元、多维的要素按一定比例和结构聚合而成的统一体。因此，清廉幸福观反对把幸福理解为单纯的感官享受和个人私欲的满足，反对忽视甚至放弃高尚精神追求的物质主义和享乐主义。

2. 幸福途径的正当性

清廉幸福观主张，要通过诚实劳动、合法经营、创新创造、科学管理、敬业奉献等具有正当性或正义性的途径来追求和实现幸福，反对不劳而获的剥削阶级寄生思想，把创造幸福和享受幸福有机结合起来。

3. 幸福手段的合规性

清廉幸福观强调，要通过符合道德规范和法律规范的手段即合规性手段来实现幸福，反对唯利是图、不择手段的违规行为。尤其是反对把权权交易、权钱交易等违法行为作为谋取幸福的手段。

4. 幸福时限的长久性

清廉幸福观认为，要正确把握长久幸福与暂时幸福的关系，就要着眼大局、着眼长远，未雨绸缪，即重视追求幸福时限的长久性，不能因贪图眼前的所谓快乐而放弃或牺牲长久的幸福。因此，清廉幸福观反对只顾眼前快乐、不顾长远幸福的短视行为，反对只顾现时、现世享乐，不顾子孙后代幸福的不负责任行为，反对只顾满足物质欲望而破坏美丽家园、牺牲人们的生态幸福的行为。

5. 幸福果实的共享性

清廉幸福观主张，要把个人幸福、家庭幸福与社会幸福结合起来，社会幸福的果实不应由少数人占有，而应该使民众共享。幸福果实的共享性是清廉幸福观的重要价值取向，反对只顾个人、家庭或小团体的利益和享乐而不顾社会的整体利益和人民幸福，甚至损害社会的整体利益和人民幸福的极端个人主义行为。

二、清廉与幸福的关系

由于幸福是在一定时期的主观和客观多种复杂因素共同作用下而生成的，因此，清廉与幸福的关系就不是简单的线性的直接因果对应的关系，而是复杂的非线性的相关关系。尽管如此，从历史长远、战略全局或宏观视角来看，从促进整个社会进步和可持续发展的维度来说，从维护好、发展好最广大人民的根本利益的立场来谈，清廉是人民幸福的“护身符”和必要条件，人民幸福是清廉的出发点和终极目标。

清廉犹如阳光雨露，照耀、滋润着人民幸福之树茁壮成长，管理和守护着人民幸福之树，促其枝繁叶茂、免受伤害。只有全社会倡导和践行清廉，才能使人民幸福之树免受伤害、健康成长。清廉作为一种理念或思想、一种行为方式或生活习惯、一种社会实践，其出发点和归宿应该是也必然是幸福。从历史到现实，无论是为了实现个人、家庭幸福，或为了维护本阶级的长远利益或根本利益以实现阶级幸福，还是提升精神境界为了实现社会幸福，倡导和践行清廉在客观上均有利于社会和谐进步和人民大众的福祉。

三、清正廉明幸福长

我国春秋时代的著名思想家老子认为：“祸兮福之所倚，福兮祸之所伏。”①这说明自古人们就十分重视灾祸与幸福的内在联系及其相互转化的关系。老子关于祸福的言论充满了朴素辩证法思想，对生活在当今时代的人们仍具有重要的启示意义。祸福转化的实例在实际生活中确实存在，减少灾祸、增益福祉，消除灾难、实现幸福是人类永恒的追求。然而，祸福转化并非总如人愿，因为祸福转化受到主观和客观多种复杂因素的影响和制约。尽管如此，人们从未放弃避祸趋福的追求，并在长期社会实践中总结出一些带规律性的认识，其中，关于清廉与幸福的相关关系的认识就是重要的规律性认识之一。个人、家庭、组织、社会、政府、国家等是否清正廉明，在很大程度上影响和制约着福祸转化。

如何才能实现人民真正长久的、更大的幸福呢？倡导和践行清廉幸福观至关重要。具体来说：第一，要克服对幸福内容理解的片面性，坚持物质幸福、政治幸福、精神幸福相结合，人际幸福与生态幸福相协调，节制不当物欲或日益膨胀的私欲，提升精神境界，追求幸福内容诸要素的和谐共生。第二，要克服对获得幸福的途径、手段的错误理解，防止和纠正把个人幸福建立在损害他人、社会或国家利益基础之上的行为，坚持通过辛勤而诚实的劳动、持续而利民的创新创造、合法而增益的经营管理等正确途径和手段创造幸福生活。第三，要克服幸福成果分配上的错误认识和做法，把个人幸福与社会整体幸福结合起来，“勇于突破利益固化的藩篱”，②全面推进依法治国，严厉打击各种违法犯罪活动，维护社会公平正义，为实现人民共同幸福创造良好环境和条件。第四，要克服不思进取，脱离实际，追求奢华，盲目攀比，以及怨天尤人、牢骚满腹等错误倾向，加强学习修养和实践磨砺，不断提高幸福能力，包括创造幸福的能力、感受幸福的能力、分享幸福的能力、维护幸福的能力等，在逆境中不灰心、不泄气，在顺境中不浮躁、不懈怠，在劳动与创新创造的奋斗中催生幸福之树开花结果。

【解疑释惑】

有人认为：“财富和权势是幸福的尺度”。请问，对此说法你有何看法？

关于幸福的尺度问题，可谓众说纷纭。要把握幸福的尺度，首先要理解何谓幸福？幸福是否可以衡量？如果幸福可以衡量，那么其衡量的依据及其标准、尺度究竟是什么。不同的时代或同一时代不同的人，由于其所处的社会物质生活条件、个人的社会地位、职业、受教育程度、道德境界、个人追求等的不同，对幸福、幸福衡量、幸福尺度等问题的理解也

---

① 《老子》第五十八章。

② 周跃辉．勇于突破利益固化的藩篱[N]．学习时报，2018-05-30)(A1)．

就不同,有时甚至是大相径庭,于是人们在社会实践中追求幸福就呈现出多姿多彩的样态。

何为"幸福"?如前所述,一般来说,所谓幸福,就是处于一定社会、经济、政治文化关系和历史环境的人们,在改造客观世界和主观世界的社会实践中,由于感受和理解到对人生有重要意义的需要、欲望、目标或理想得以满足或实现而产生的精神上的满足或愉悦的心理体验。

幸福是否可以衡量?幸福的客观内容是"对人生有重要意义的需要、欲望、目标或理想得以实现",无论是"实现""部分实现",还是"没有实现",这些都是可以衡量的。尽管"对某一需要或目标得以实现的主观感受、心理体验"因人而异、难以确定,但就某一个人来说,当他感受或理解到自己的某一需要或目标得以实现而产生的精神上的满足或愉悦的心理体验之程度,即感受到的幸福的程度,在一定时空条件下,则是具有某种确定性的。这说明衡量幸福不是一件容易的事情,具有复杂性。幸福衡量既具有确定性,又具有不确定性,是确定性和不确定性的辩证统一,这是由"幸福是客观性与主观性的辩证统一"原理所决定的。幸福衡量的确定性决定了幸福衡量的客观尺度,而幸福衡量的不确定性决定了幸福衡量的主观尺度,因此,幸福衡量的尺度是客观尺度与主观尺度的辩证统一,其中,客观尺度是具体的、综合性的,主观尺度则是抽象的、单一性的。

根据上述分析,不难发现"财富和权势是幸福的尺度"的思想观点是不科学的。原因在于:

"财富和权势是幸福的尺度"的观点具有片面性。一是只把财富和权势当作幸福的尺度,忽视了幸福的客观尺度的综合性。财富属于物质幸福方面的内容,"权势"属于政治幸福方面的内容,除此之外,一个正常和健全的人的精神、人际、生态、健康等方面的幸福内容也是不应忽视的。二是只把财富和权势当作幸福的尺度,忽视了幸福的主观尺度。拥有财富和权势未必能使人得到愉悦的心理体现,因为,每个人的需要、欲望、追求是不一样的。马克思曾说:"那些为大多数人带来幸福的人是最幸福的人"。

"财富和权势是幸福的尺度"的观点具有误导性。一是"财富和权势是幸福的尺度"的思想观点的传播导致一些人把"有钱有权"等同于幸福,甚至认为"钱越多,权越大,就越幸福",一些人因此而跌入拜金主义和拜权主义的泥潭。二是"财富和权势是幸福的尺度",没有说明"财富和权势"是怎么取得的,是否合法、合理。实现幸福的途径和方式只能是诚实劳动创造、合法经营管理。如果财富和权势的获得是非法的,那么财富和权势不仅不是幸福的尺度,而且会变成幸福的"杀手"。

总之,"财富和权势是幸福的尺度"是机械唯物主义和形而上学在幸福尺度问题上的观点,不符合唯物辩证法的基本原理,在思想上犯了片面性、机械性、误导性错误,在社会实践中也是十分有害的。因此,在幸福尺度问题上,必须旗帜鲜明地坚持和宣传马克思主义幸福观,反对和批判机械唯物主义和形而上学的幸福观,反对和批判一切剥削阶级的腐朽幸福观。

【案例分析】

黑恶伏法 正义终至——写在刘汉、刘维等五人死刑执行之际[①]

从2013年年初对刘汉黑恶组织开始围剿,到2015年2月9日刘汉等被执行死刑,这起特大黑社会性质组织犯罪的侦查、起诉、一审、二审、死刑复核等工作,前后历时两年多。黑恶伏法,正义终至。这标志着刘汉特大黑社会性质组织的彻底覆灭,也充分彰显中央依法治国、扫黑除恶的坚定信念和坚强决心。

经过法庭审理,刘汉等血腥掠夺、敛取黑金的累累恶行被公之于众:笼络豢养"打手队伍"长期为非作恶,制造多起命案造成8人死亡;垄断当地赌博游戏机等行业,以商养黑、以黑护商;不仅获得"政协常委""奥运火炬手"等政治光环,还频频以金钱铺路拉拢官员。

据办案人员介绍,刘汉特大黑社会性质组织拥有数十名积极参与者,20支各类枪支和大量刀具,可支配资产上百亿元。其涉案人数之众,组织分工之严密、作案手段之凶残、敛财方式之猖獗,很多情景"在黑帮电影中才会出现"。

最高人民法院复核认为:刘汉组织、领导黑社会性质组织、参与实施故意杀人犯罪,犯罪性质极其恶劣,主观恶性极深,后果和罪行极其严重,且拒不认罪、悔罪,应依法惩处并数罪并罚……

刘汉等被执行死刑后,一些受害家庭闻讯倍感慰藉。四川彭州居民周厚蓉曾出庭指证刘维指使杀害其弟周政。周厚蓉说:"羊年来临前刘汉、刘维被执行死刑的消息,不仅弟弟能在地下瞑目,一家人也能安心过个像样的春节"。

自20世纪90年代起,刘汉开办的企业在绵阳市游仙区小岛村开发房地产,因拆迁补偿等问题与村民发生激烈冲突。小岛村民表示,刘汉、刘维被执行死刑,一方面印证"恶有恶报";另一方面说明,无论多么猖狂,只要触犯法律,与人民为敌,终将受到法律的严惩。

刘汉最后说:"希望我的案子让世人警醒。"黑恶最终伏法、各界拍手称快的背后,刘汉特大黑社会性质组织案也给人留下深深的思考。

"认为'钱权关系大于法',追崇暴力文化,崇尚'丛林法则'。"据办案人员介绍,长期以来,刘汉等在"白道"上能量异常,在"黑道"上呼风唤雨,让组织成员眼中没有法律概念,只有"哥老倌"的命令。

相关业内人士指出,刘汉等横行20多年,背后折射当前个别地方法治建设中,存在的法治建设"缺钙"、法治信仰"缺氧"、公权约束"缺铁"等问题,成为不法分子搞钱权交易、红黑勾结等社会"毒瘤"滋生的土壤。

业内专家指出,刘汉案也警示,当前改革已经进入攻坚期、深水区,唯有加快推进法治建设,完善法治体系,才能从根本上防止"特殊公民"再次出现;唯有运用法治思维和法治手段,才能努力实现让人民群众在每一个司法案件中都感受到公平正义。

---

① 新华社记者. 黑恶伏法 正义终至——写在刘汉刘维等五人死刑执行之际[N]. 检察日报,2015-02-10(04).

分析

刘汉等被执行死刑，标志着以刘汉、刘维兄弟等为首的特大黑社会性质组织的彻底覆灭。刘汉等人在追求个人及家族幸福、小集团幸福的过程中，选择了血腥暴力、巧取豪夺、官商黑勾结的非法途径和手段，把个人、家庭或小集团的幸福建立在他人的痛苦之上，建立在祸害人民、危害社会之上，其所作所为与清廉幸福观背道而驰。

刘汉等构筑的“幸福大厦”，无论曾经多么辉煌耀眼，终归难逃崩塌的命运，其根本原因在于刘汉等建立的“幸福大厦”的根基选错了地方——建在了“沙滩”“薄冰”。刘汉等被执行死刑不仅再次验证了“多行不义必自毙”的古训，也从反面验证了清廉才是幸福真正的“护身符”，即清正廉明才能使幸福更久长。

【拓展阅读】

永葆本色的老英雄——张富清[①]

2019 年 4 月 21 日习近平同志对张富清先进事迹作出重要指示：“老英雄张富清 60 多年深藏功名，一辈子坚守初心、不改本色，事迹感人。在部队，他保家卫国；到地方，他为民造福。他用自己的朴实纯粹、淡泊名利书写了精彩人生，是广大部队官兵和退役军人学习的榜样。要积极弘扬奉献精神，凝聚起万众一心奋斗新时代的强大力量。”[②]

张富清，1924 年 12 月出生，1948 年 3 月参加中国人民解放军，同年 8 月加入中国共产党。在西北解放战争中，他英勇战斗、舍生忘死，先后获得 1 次特等功、3 次一等功、1 次二等功，两次“战斗英雄”称号。1955 年，张富清退役转业，主动选择到湖北省最偏远的来凤县工作，为贫困山区奉献一生。1985 年 1 月离休。60 多年来，张富清刻意尘封功绩，连儿女也不知情。2018 年底，在退役军人信息采集中，张富清的事迹被发现，这段英雄往事重现在人们面前。他荣获“全国优秀共产党员”“最美奋斗者”“时代楷模”等荣誉称号，并被授予“共和国勋章”。

2021 年 7 月 1 日上午，庆祝中国共产党成立 100 周年大会在北京天安门广场隆重举行。当初升的朝阳洒满天安门广场，投向繁花似锦的十里长街时，距首都北京千里之外的一间普通病房里，96 岁的张富清，早早端坐在电视机前。

目睹神州大地举国欢庆，作为一名为了建立新中国浴血奋战、九死一生的老兵，作为一名为了建设新中国默默奉献、鞠躬尽瘁的劳模，作为一名党龄 72 年的优秀共产党员，张富清老人心潮澎湃——

今日中华之盛世，不正是他和战友舍生忘死为之奋斗的梦想吗！

---

① 柳刚，陈小菁，王凌硕．“共和国勋章”获得者张富清——初心不渝　老兵本色[N]．解放军报，2021-08-11(01).

② 李源，姚茜．习近平对张富清同志先进事迹作出重要指示[N]．人民日报，2019-05-25(01).

这一刻，带着笑的泪，在老兵眼中涌出。

2019 年 7 月 26 日，张富清老人到北京参加全国退役军人工作会议，受到习近平接见。

几十年来，每次岗位调整、身份变化，张富清从不考虑个人利益得失，心中只有一条：“党叫干啥就干啥。”

参加全国退役军人工作会议后第二天，张富清在家人陪伴下，来到天安门广场。他在人民英雄纪念碑前献上一束花，庄严敬礼，久久凝望。

这是一个时隔 66 载的军礼。66 年前，张富清第一次到北京，组织上安排他们这批战斗骨干来到天安门，他不由得想起牺牲的战友。当年，他的连长、指导员、排长、班长，牺牲了一个又一个。

他挺直腰身，举起右手，向先烈致敬，郑重许下诺言：唯有勉力，唯有奉献，唯有继续向前，今生不渝。

当年夜袭永丰。作为突击队员，张富清装满手榴弹，背起炸药包，拎起冲锋枪，沿城墙砖缝攀登而上。新中国成立初期，百业待兴，他服从命令，毅然转业。位于鄂西南最远端的来凤县条件艰苦，需要干部，他听从召唤：“我去！”

从人民功臣到人民公仆，从硝烟战场到人生考场，张富清在贫瘠之地，向偏远与艰苦发起突击。从粮油所到三胡区，从高洞村到县建行，处处留下了他冲锋的身影。

88 岁左腿截肢那年，老兵决心再当一次“突击队员”。扶着床边，扶着墙边，他一次次摔倒，又一次次爬起。终于，他凭着难以想象的毅力，一点点用单腿站了起来。

这半年，病房成了老兵新的“战场”。从一个医院辗转到另一个医院，这位老兵面对病痛时展现出来的坚强和毅力，感动了照顾他的医护人员。

解放战争中，他和西北野战军第 359 旅第 718 团的战友们，听到过追击敌人时的呼呼风声，听到过子弹在身边“嗖嗖”掠过，也听到过震耳欲聋的爆炸声。他的左耳，就是在一次爆破中被震坏了。

新中国成立时，张富清正跋涉在进军大西北的路上，喜讯两天后才传到他们身边。他和战友们格外高兴，举枪欢呼！

那一刻，被燃烧弹烧焦的皮肤，被子弹划开的头皮，被炮弹冲击波震落的牙齿——这些战斗中遭受的伤痛，通通被他抛到了脑后。他说：“和牺牲的战友相比，我太幸运了，能亲眼见到新中国的建立。”

战争结束后，肩上扛着的枪和炸药包被放下了，他脱下了心爱的军装，投入社会主义新中国的建设中——他那副铁打的肩膀，进疆之后拉过犁开过荒，山区驻村时挑过粪筐稻秧，修路时扛过石头和铁钎。

不忘初心，深藏功名。昔日的战斗英雄，成了平凡的劳动者。

身边的人们也都“忽略”了张富清身上的英雄本色，只记得他在各个工作岗位上兢兢业业、默默奉献的平凡身影。

从“一五”计划到困难时期，从改革潮起到开放搞活，张富清经历了筚路蓝缕的艰苦奋斗，更见证了中国改革开放经济建设翻天覆地的变化。

1985 年 1 月，张富清从湖北来凤县建行离休。英雄卸甲，他藏在心底的赤胆忠诚，却从未改变过。

张富清的青春，是他们那一代人努力奋斗的真实写照。他将个人理想融进时代洪流，将个人命运与国家命运紧紧捆绑，他的心与祖国发展同频共振。那时，新中国百废待兴。离开城市，到祖国最需要的地方去，成为那一代人的青春担当。从白山黑水到彩云之南，从甘肃酒泉到新疆马兰，他们那一代人的青春，成为共和国快速发展的强大“推动剂”。

未来属于青年，希望寄予青年。习近平寄语广大青年人：新时代的中国青年要以实现中华民族伟大复兴为己任，增强做中国人的志气、骨气、底气，不负时代，不负韶华，不负党和人民的殷切期望！

【知与行】

以“志愿服务，体验幸福”为主题开展活动。请从以下两个题目中任选一个：

1. 利用周末或节假日，自由组合成活动小组到附近的农村或城市社区开展一次“志愿服务”主题实践活动。

2. 自由组合成活动小组，开展一次“我为困难同学送温暖”活动。

【课外作业】

《承诺》是一部反映脱贫攻坚工作的电视纪录片。请在课外在线观看纪录片《承诺》后，分组进行谈论：贫困村、贫困户走上脱贫致富之路、过上幸福美好生活的主要原因和启示。

第六讲 清廉贵在修身

——修大德清醒自律

新时代中国青年要自觉树立和践行社会主义核心价值观，善于从中华民族传统美德中汲取道德滋养，从英雄人物和时代楷模的身上感受道德风范，从自身内省中提升道德修为，明大德、守公德、严私德，自觉抵制拜金主义、享乐主义、极端个人主义、历史虚无主义等错误思想，追求更有高度、更有境界、更有品位的人生，让清风正气、蓬勃朝气遍布全社会！

个人廉洁自律不过关，做人就没有骨气，做事就没有硬气，这是千古不变的道理。一个人的清正廉明，从根本上讲不能完全靠外部约束，而要靠自觉自律。自觉自律是人向上向善的内在动力。中国人历来强调"正心以为本，修身以为基"，强调"一念收敛，则万善来同；一念放恣，则百邪乘衅"。大家要加强道德修养，带头弘扬社会主义核心价值观，明辨是非善恶，追求健康情趣，不断向廉洁自律的高标准看齐。

——习近平

【导语】

修身即修养身心，是人们自觉改造自己的主观世界，提升自身素养，进而不断完善自我、超越自我、升华自我的过程。修身是个人内在的自我提升，是个人立身处世的根本，是养成清廉品质、保持清廉品行的决定性因素，欲清廉，先修身。大学生清廉教育要重视发挥大学生的主观能动性，鼓励并引导大学生结合社会道德标准的要求和自身发展的需要，主动、自觉地加强自我修养，提高清廉品质，使自己成长为爱国敬业、诚信友善、遵纪守法、清正廉明的高素质人才。

随着改革开放的不断推进，市场经济的不断发展，人民生活水平在不断提升的同时，价值观也日渐受到外来文化的冲击。因此，大学生的修身不仅要修德，而且还要时刻保持清醒，并不断加强自律，进而促进清廉品质的形成，使自己成为高素质的社会主义建设者和接班人，成为堪当民族复兴大任的时代新人。

第一节 做人要修德

【基本理论】

一、修德是清廉的基础和前提

所谓修德，就是修养德行，提高自身的道德涵养。做人做事摆在第一位的就是崇德修身，“一个人只有明大德、守公德、严私德，其才方能用得其所”[①]。修德是大学生培育清廉意识，形成清廉品质的基础和前提。

首先，从系统的角度来看，清廉属于道德的范畴，个人良好的道德修养包含清廉的品质，二者呈整体与局部的关系，良好的道德修养（作为整体）是清廉品质（作为局部）发生和发展的前提和基础，离开良好的道德修养，清廉无从谈起。因此，清廉在某种意义上是作为一种道德素养的形式而存在的。大学生要修清廉之德就要“从自身做起，从点滴做起”[②]，就要养成勤俭节约、艰苦奋斗的作风，待人处事公平公正，学习生活忌慵懒散漫，能够明辨是非，敢于坚持原则，崇尚劳动光荣，做到清正廉明。

其次，从作用的角度来看，清廉意识和清廉品质主要是从遵守社会公德、职业道德、家庭美德、个人品德和践行社会主义核心价值观等方面的具体行为外化表现出来的，因此道德修养的高低直接影响到清廉意识的强弱和清廉品质的优劣，个人清廉与否很大程度上就取决于道德素养的高低。具体可以表现为：(1)诚信是清廉的深层基础，无诚信不清廉。诚信是道德修养的重点内容，清廉为人、清廉处世、清廉从业、清廉从政都植根于诚信。相反，失信于人、失信于社会，则乃腐败之源。(2)培育社会公德，旨在培养大学生的公共意识、法律意识和政治责任感，帮助他们养成无私奉献、服务人民的良好品质，使其能够正确地处理人与人、人与社会、人与自然之间的关系，能够以清正廉明的处事风格和行为方式融入社会。(3)培养良好的职业道德意在为大学生步入岗位后能够正确地看待和处理各种社会关系打下良好的观念基础，引导大学生将“为民、务实、清廉”的价值观内化为人格修养的重要组成部分，使其能够在今后的职业生涯中保持清廉从业的良好品质。(4)家庭美德是孕育清廉品质的天然养分。大学生清廉意识的形成始于家庭教养，在家庭中个人需要处理的各种社会关系实质上体现的就是个人与社会利益之间的关系。家庭美德集中体现在健康、文明、向上、和谐、清廉的家风建设中，是孕育清廉基因的原始土壤，也是最佳土壤。

---

① 习近平．青年要自觉践行社会主义核心价值观——在北京大学师生座谈会上的讲话[N]. 人民日报，2014-05-05(2).

② 习近平．在实现中国梦的生动实践中放飞青春梦想　在为人民利益的不懈奋斗中书写人生华章——在同各界优秀青年代表座谈时的讲话[N]. 人民日报，2014-05-05(2).

以德养廉，方能塑造出优秀的人格品质，大学生清廉品质的培养需要德行的孕育。大学生应该重视自己的道德修养，树立和践行社会主义核心价值观，自觉抵制社会不良思潮的影响，以清廉的品质立世为人。

二、修德的基本内容

比照道德一般类型的划分，修德的基本内容可包括修养社会公德、职业道德、家庭美德和个人品德。此外，“社会主义核心价值观，其实就是一种德，既是个人的德，也是一种大德，就是国家的德、社会的德。”[①]，因此，社会主义核心价值观也是修德的基本内容之一。

（一）修社会公德

社会公德是指人们在社会实践中形成的，由社会物质生活条件决定的，在社会交往和公共生活中应该遵守的行为准则，涵盖了如何处理人与人、人与社会、人与自然之间关系的规范要求，它是社会道德在人类社会公共生活中的特殊表现，是维护公共利益、公共秩序以及社会和谐稳定的重要保障。

在不同的时代或时期，同一时代或时期的不同国家和民族，不同的社会生产力发展水平和社会制度条件下，社会公德一般具有不同的内涵或性质。在阶级社会中，社会公德既具有社会公共性，也具有阶级性。新时代我国的社会公德是真正体现最广大人民根本利益的社会主义性质的公共道德。

修社会公德，就是要将社会公德内化于心，外化于行，就是要正确处理人与人、人与社会、人与自然之间的关系，就是要“推动践行以文明礼貌、助人为乐、爱护公物、保护环境、遵纪守法为主要内容的社会公德”。[②] 修社会公德：一是要建立平等互尊、友善互助、文明和谐的人际关系。平等互尊，意味着我们在交往的过程中要尊重彼此的人格，并以平等的态度尊重他人。友善互助，就要求我们在交往的过程中要真诚、宽容、体谅对方，随时伸出援助之手帮助身边需要帮助的人。文明和谐，就是我们在与他人交往的过程中要注重文明礼貌，要弘扬正能量，要豁达。二是要积极维护、实现和发展社会公共利益，处理好人与社会的关系。在思想上要树立法治观念，增强社会公共意识和社会责任感；在行为上要养成遵纪守法、遵守公共秩序，规范言行举止，倡导社会新风，弘扬社会正气，热心参与公益的良好习惯，做社会公共利益的坚定维护者。三是要坚持“绿色”发展理念，构建人与自然的和谐关系。要着眼人与自然的和谐共生，尊重自然，保护自然，树立“绿水青山就是金山银山”的理念，从身边做起，从小事做起，积极响应并参与美丽中国建设，“推动绿色发展，促进人与自然和谐共生”。[③]

弘扬社会公德
（视频）

---

① 习近平．青年要自觉践行社会主义核心价值观——在北京大学师生座谈会上的讲话[N]．人民日报，2014-05-05(2)．

② 中共中央，国务院．新时代公民道德建设实施纲要[N]．光明日报，2019-10-28(01)．

③ 习近平．高举中国特色社会主义伟大旗帜 为全面建设社会主义现代化国家而团结奋斗——在中国共产党第二十次全国代表大会上的报告(2022年10月16日)[M]．北京：人民出版社，2022：49．

(二)修职业道德

职业道德是指从事一定职业的人们在职业生活中应该遵循的具有相应职业特征的道德要求和行为准则。它涵盖了从业人员与服务对象、职业与职工、职业与职业之间的关系。社会主义职业道德以爱岗敬业、诚实守信、办事公道、热情服务、奉献社会为主要内容,高度概括了所有职业的基本道德要求。

修职业道德,要努力做到以下几个方面:

第一,要培养爱岗敬业的责任意识。大学生虽然尚未步入工作岗位,但可以通过实习实训、社会实践、志愿服务等活动培养勤于工作、甘于吃苦、勇于拼搏的精神,树立劳动光荣的理念,坚信能够凭借"勤劳的双手、一流的业绩成就属于自己的人生精彩"①。

第二,要养成诚实守信的良好品质。诚实守信是职业道德规范的核心和灵魂,就是要求从业者在职业生活中诚实劳动、合法经营、信守承诺、讲求信誉等。大学生可以从身边做起,如诚信待人、诚信治学、诚信考试等,为今后诚信从业、清廉从业打下坚实的基础。

第三,要养成办事公道的清正风格。办事公道,就是要求从业人员做到公平、公正,不损公肥私,不假公济私,不以权谋私。大学生可以从培养光明磊落的行事风格,与他人平等交往,坚持原则、坚守底线,不贪小便宜等方面着手,养成办事公道的风格和习惯。

第四,要树立热情服务、奉献社会的价值追求。人生的意义不在于索取了多少,而在于贡献了多少,各行各业的从业者都应以全心全意为人民服务为根本宗旨,以为他人、为社会做贡献作为最高层次的职业追求。大学生不论是在今后的择业上还是从业的过程中,要始终铭记"如果我们选择了最能为人类福利而劳动的职业,那么重担就不能把我们压倒,因为这是为大家而献身;那时我们所感受到的就不是可怜的、有限的、自私的乐趣,我们的幸福将属于千百万人,我们的事业将默默地、但是永恒发挥作用地存在下去,而面对我们的骨灰,高尚的人们将洒下热泪。"②大学生在修养职业道德时,应该结合自身实际和国家需要,到祖国最需要的地方去建功立业、报效祖国。

(三)修家庭美德

家庭美德是每个公民在家庭生活中应该遵循的行为准则。它以尊老爱幼、男女平等、夫妻和睦、勤俭持家、邻里互助为主要内容,涵盖了亲情、爱情、治家以及与乡邻相处之道等规范要求。

培育家庭美德重在营造良好的家风。"不论时代发生多大变化,不论生活格局发生多大变化,我们都要重视家庭建设,注重家庭、注重家教、注重家风……使千千万万个家庭成为国家发展、民族进步、社会和谐的重要基点。"③大学生受影响于既定的家风,但同时又是

---

① 习近平.在实现中国梦的生动实践中放飞青春梦想 在为人民利益的不懈奋斗中书写人生华章——在同各界优秀青年代表座谈时的讲话[N].人民日报,2013-05-05(2).

② 马克思.青年在选择职业时的考虑.[G]//中共中央马克思恩格斯列宁斯大林著作编译局译.马克思恩格斯全集(第四十卷).北京:人民出版社,1982:7.

③ 习近平.在2015年春节团拜会上的讲话[N].光明日报,2015-02-18(02).

良好家风的营造者，应当以身作则：一方面，要根据社会主义道德的要求，借鉴优秀的道德传统，通过自我教育、自我锻炼、自我培养等实践活动，自觉消除自身受各种消极因素影响而滋生的不良家庭伦理道德观念，培养起高尚的家庭道德品质和情操；另一方面，要敢于并善于指出和改变家庭教养、家庭作风建设中的不当、消极和落后之处，促成和睦相处、向上向善、风清气正的家庭环境。

(四)修个人品德

个人品德即个人的道德品质，是个人在长期的、一系列的行为中所表现出来的稳定的、持久的、整体的道德状态，是一个人人格的体现。个人品德是社会道德的基础，个人品德建设得不好，社会公德、职业道德和家庭美德无异于空中楼阁、无源之水，清廉更是无从谈起。

加强个人品德修养：一要注重学习和自省。通过虚心学习和思考，不断提高辨别是非、善恶和美丑的能力，并经常通过自查和自省来抑制自己思想和行为中的不良倾向，牢固树立科学的世界观、人生观和价值观。二要慎独。做到坚守道德信念，不因无人监督而肆意妄为。三要积善成德。持之以恒的善行必将会凝成优良的个人品德。四要积极投身社会实践。个人品德的修养应与服务人民联系起来，可以通过社会调查、公益活动、生产劳动等，不断地陶冶自己的道德情操，提升自己的道德境界。

(五)培育和践行社会主义核心价值观

社会主义核心价值观既是文化软实力的灵魂，也是修清廉之德的重要内容。党的十八大报告首次以 24 个字概括了社会主义核心价值观的主要内容，即“富强、民主、文明、和谐”，“自由、平等、公正、法治”，“爱国、敬业、诚信、友善”①。培育和弘扬社会主义核心价值观是凝魂聚气、强基固本的基础工程，确立反映全国各族人民共同认同的价值观“最大公约数”，使全体人民同心同德、团结奋进，关乎国家前途命运，关乎人民幸福安康。“富强、民主、文明、和谐是国家层面的价值目标，自由、平等、公正、法治是社会层面的价值取向，爱国、敬业、诚信、友善是公民个人层面的价值准则，这 24 个字是社会主义核心价值观的基本内容，为培育和践行社会主义核心价值观提供了基本遵循。”②三个层次相互联系、相互贯通，实现了政治理想、社会导向、行为准则的辩证统一。社会主义核心价值观，与中国特色社会主义发展要求相契合，与中华优秀传统文化和人类文明优秀成果相承接，是包括大学生在内的全体公民都应追求的共同价值目标。大学生要在日常的生活、学习、工作中，在奋进新征程、建功新时代的实践中，使社会主义核心价值观内化为自己的精神追求，外化为自己的自觉行动。

社会公德、职业道德、家庭美德、个人品德和社会主义核心价值观五者紧密相连，密不可分。在修德的过程中，大学生要以社会主义核心价值观为引领，加强“四德”的修养。同

---

① 胡锦涛．坚定不移沿着中国特色社会主义道路前进　为全面建成小康社会而奋斗[N]．人民日报，2022-11-09(3)．

② 中共中央办公厅．关于培育和践行社会主义核心价值观的意见[N]．光明日报，2013-12-24(01)．

时，大学生还要注重将社会主义核心价值观、社会公德、职业道德和家庭美德内化为个人品德修养，并外化成良好的个人品行。

三、修德的主要环节

从系统论的视角来看，道德品质是指人的道德认知、道德情感、道德信念、道德意志、道德行为、道德习惯等要素按一定结构聚合而成的品格系统。一般来说，在道德品质系统中，道德认知是基础，道德情感是动力，道德信念是关键，道德意志是保障，道德行为是追求，道德习惯是归宿。

道德品质如何，不仅取决于构成道德品质系统的诸要素的多少、好坏，而且还取决于诸要素构成的道德品质系统的结构。因此，大学生要提高修德的水平，一方面要通过加强修养，全面提高道德认知、道德情感、道德信念、道德意志、道德行为、道德习惯等诸要素的水平；另一方面要结合不同时期自身的实际和所处环境，找出诸要素中的薄弱环节和短板，并采取措施予以弥补，还要重视促进自身道德品质系统诸多构成要素的协调与契合，使其互补共生、相得益彰。

（一）提高清廉认知水平

提高清廉认知水平，主要是在学习、工作和生活中增强明辨是非、善恶、美丑的能力，对社会现象和社会行为能够做出正确的道德评判，并按照清廉道德标准来审视和矫正自己的思想和行为。正确的认识是正确行为的先导，大学生应树立正确的清廉观。大学生提高清廉认知水平的主要途径是学习，向书本学、向历史学、向实践学、向群众学，在学习的过程中深化对清廉的内涵、实质、特点、价值追求、规范准则等内容的理解和认识。大学生正处于身心发展和世界观、人生观、价值观形成的关键时期，提升大学生清廉认知水平将会对其清廉品质的形成和长远发展起到奠定基础和正确引导的积极作用。因此，大学生清廉教育必须把提高大学生的清廉认知水平作为重要环节之一。

（二）增进清廉道德情感

清廉道德情感是个人道德品质的构成要素，它是指人们依据一定的清廉道德标准，对现实的道德关系和自己或他人的道德行为等所产生的爱憎好恶等心理体验。

新时代的大学生应从情感上认同社会主义核心价值观，崇尚清廉，勤俭自强；既要热爱、尊崇、学习清廉为民、敬业奉献的先进人物，也要厌恶和憎恨污浊、邪恶、贪腐、昏庸等现象，并做到出淤泥而不染，敢于和善于与一切违背清廉道德的言行作斗争。大学生要深刻认识到腐败给个人、社会和国家带来的严重危害，从内心产生一种对腐败深恶痛绝的情感和态度，对腐败现象做到“零容忍”，从而增强清廉道德情感和观念，夯实拒腐防变的思想情感基础。

（三）坚定清廉道德信念

清廉道德信念就是人们通过对社会清廉道德规范的认识和了解，在自身强烈的道德情感的驱动下，对履行某种社会清廉道德义务产生的强烈责任感和对清廉道德的执着与坚守。人们对某种道德理想、道德原则和道德规范在内心的确信，是构成道德品质的主要因素之一，一旦形成就具有相对的稳定性和持久性。

大学阶段是大学生树立正确的清廉观的关键时期，也是继承民族优良传统、形成精神支柱的重要阶段。如果没有远大的理想、崇高的信仰，整个人生道路就没有正确的方向、缺乏前进的动力。大学生只有坚定中国特色社会主义共同理想，树立为共产主义事业奋斗终生的远大抱负，明确自己的历史使命，树立马克思主义清廉观，并在此基础上形成坚定的清廉信念，才能正确处理个人与他人、个人与集体、个人与社会的关系，始终坚定地抵制拜金主义、享乐主义、极端个人主义等腐朽思想的侵蚀。

（四）磨砺清廉道德意志

大学生要保持清廉，就必须形成清廉意志。意志是人有目的、有意识、有计划地调节和支配自己行为的心理过程，是人类独有的高级心理活动形式，对人的道德品质的养成发挥着重要的作用。大学生要想恪守清廉，需要内心的清廉意志来支撑。清廉意志就是大学生对自己的行为立规，约束自己不良的欲望，遏制不清廉的行为。

清廉意志的形成不可能一蹴而就，必须坚持不懈，从一点一滴做起，防微杜渐，始终做到激浊扬清、以正祛邪、倡廉反腐、彰明驱暗。

（五）践履清廉道德行为

清廉道德既要内化于心，更要外化于行。大学生将清廉道德外化于行有时需要付出艰辛的努力，甚至会遭受误解和挫折。知行统一是一种清廉品质和能力，培养这种清廉品质和能力，就要在行动上始终维护公平正义，做到公道正派；始终践行廉洁自律，做到拒腐防变；始终坚持明智理性，做到坦荡无私。大学生要踏实做人，清廉做事，就必须坚持立志、立德、立信与笃行相统一。立志，就是要树立远大理想，心系人民群众，为实现中华民族的伟大复兴而鞠躬尽瘁，奋斗不息。立德，就是自觉加强清廉道德修养，模范遵守社会公德、职业道德、家庭美德、个人品德，培养积极健康的生活情趣、高尚的精神追求，讲操守、重品行。立信，就是诚实守信，始终坚持守承诺、讲信义、敢担当。笃行，就是坚定、踏实、不懈地践行清廉道德，在任何时候、任何情况下都不做违背清廉道德的事。

（六）养成清廉道德习惯

俄罗斯教育家乌申斯基曾说过，好习惯是人在神经系统中存放的资本。因此，养成良好的道德习惯十分重要。

如何养成良好的道德习惯因人而异，但大致可分为以下五个步骤：第一，在充分认识良好道德习惯的重要性的基础上明确目标，激发自身的内在动机；第二，要确立具体的行为规范，把道德内容具体化为日常行为；第三，为自己树立一个榜样，向榜样学习；第四，要持之以恒，不断强化；第五，要坚持反省，及时纠正不良的行为。

“认知—情感—信念—意志—行为—习惯”是一个相互交织、相互影响、相互渗透的非线性立体化螺旋上升的辩证发展过程，在践履行为、培养习惯的过程中又会产生新的认识，发生新的情感，进一步坚定信念和意志，完善行为方式，并纳入习惯系统，如此循环往复，不断提升道德的境界。

【解疑释惑】

道德修养是一个老生常谈的话题了，为什么还一直在强调？

确实，从幼儿园开始我们就接受道德教育，一直延续至今。不断地强调道德修养，反复接受道德教育有其现实必要性。

第一，部分大学生存在知行不统一的情况。经历了很长一段时间的学习，有一些大学生熟练地掌握了道德知识，并且也形成了良好的道德认知，能够明辨善恶美丑和是非对错。但是，他们在行为上却另行一套，只看到眼前的个人利益，不顾长远利益和集体利益，长此以往有可能走上错误的人生道路。

第二，部分大学生平常品行良好，但尚未形成良好的道德习惯和道德自觉。良好的道德习惯和道德自觉的养成，既非一蹴而就，也非一劳永逸，它需要长期的修养和磨砺，需要随着社会实践和自身阅历的丰富，在不断增强道德反思和道德判断能力的基础上，直面多元复杂的道德环境和利益取舍，不断强化道德信念和意志、不断累积良好的道德行为，方可逐渐养成良好的道德习惯和道德自觉，这是一个长期的过程。鉴于人们面对的道德判断和道德选择问题总是随着社会的发展变化而变化，道德修养就不可避免地成为终身面对的课题。如果没有养成良好的道德习惯和道德自觉，就无法突破“破窗效应”①。例如，一个同学平常都会自觉把垃圾丢进垃圾桶里，但某一次他手里拿着果皮一直找不到垃圾桶，这时又刚好看到路边有一撮垃圾，那么他也会顺手就把垃圾丢在路边了。这样就不能够做到“出淤泥而不染”。

第三，即使是养成了良好道德习惯，形成道德自觉的同学也需要接受道德教育，加强道德修养。这是因为，事物总在变化发展，新事物、新情况不断产生，旧事物有时也会产生出新的表现形式，这就需要同学们以更高的道德智慧去应对，避免在新事物中被动“污染”。例如，微信红包功能刚出现的时候，一些官员不能正确认识到其中的本质，经常在微信群里玩“收发红包游戏”，无意识地违反了纪律。因此，修德是无止境的，需要持之以恒，活到老就要修养到老。

【案例分析】

“当代愚公”黄大发②

他带领村民，历时 30 余年，在悬崖绝壁上开凿出一条主渠长 7 200 米、支渠长 2 200 米的“生命渠”；他用实干兑现誓言，为改善山区群众用水条件、实现脱贫致富作出突出贡献；他一心为民、埋头苦干、百折不挠……

---

① 破窗效应是犯罪学的一个理论。该理论由詹姆士·威尔逊和乔治·凯林提出，认为环境中的不良现象如果被放任存在会诱使人们仿效，甚至变本加厉。

② 李惊亚，郑明鸿.“当代愚公”黄大发：绝壁天渠映初心[N]. 光明日报，2021-07-24(4).

他是“七一勋章”获得者黄大发，贵州省遵义市播州区平正仡佬族乡原草王坝村党支部书记，被誉为“当代愚公”。

一心为民：报答父老乡亲

从孤儿到村支书

黄大发出生在旧社会，小小年纪就成了孤儿。他滚草窝、睡牛棚，靠给地主放牛过活，靠远亲近邻的救济长大。“党来了，分给我土地，让我不再受饿挨冻。”黄大发说。他发誓，今后一定要为草王坝做点事情，报答父老乡亲。黄大发 23 岁就当上了草王坝大队大队长。1959 年，黄大发光荣入党。此后几十年里，他先后担任村主任、村支书，直到 2004 年退休。

立志为缺水村通水

草王坝村山高岩陡，是典型的喀斯特地貌，雨水落地，顺着空洞和石头缝流走，根本留不下来。村民去最近的水源地挑水，来回需走两个小时。

黄大发(右一)在查看绝壁天渠

地里也打不出多少粮食。因为缺水，当地只能种一些耐旱的苞谷。村民一年四季连饭都吃不饱。

然而，距离草王坝几公里外，就有充沛水源。但是，高山成了险阻。当上村干部后，黄大发誓言为村民干三件事：引水、修路、通电。

埋头苦干：30 多年只为这条渠

为修水渠百折不挠

20 世纪 60 年代，草王坝人在政府的支持和黄大发带领下，第一次大规模修渠，却因技术等原因，耗时 10 多年也没修成。

不少人打起了退堂鼓，但黄大发不肯服输。1989 年，年过半百的他到附近的水利站，一边帮工一边学习。3 年多时间里，只有小学文化的他从基础学起，下苦功夫，硬是掌握了许多水利知识。

1990 年腊月，天寒地冻。为了修渠资金，黄大发赶了两天山路。等找到原遵义县水利局领导时，已满身是泥，一双旧解放鞋磨破了，露出冻得发紫的脚趾。“草王坝大旱，地里颗粒无收，我要带领群众修渠引水。”黄大发从破烂不堪的挎包中掏出立项申请报告。

当时，遵义县一年的水利资金不过 20 万元。据初步测算，从水源地取水到草王坝要经过大小 9 处悬崖、10 多处峻岭，水渠需要从离地几百米高的大土湾岩、擦耳岩和灰洞岩的悬崖峭壁上，打出半幅隧道，需要五六万个工时。草王坝才一两百个劳力，怎么完成这么大的工程量？

黄大发撂下一句话:"一年修不成,修两年;两年修不成,修三年。哪怕我用命去换,也要干成!"

"大发渠"全线贯通

1992年春,引水工程终于开工,57岁的黄大发带领200多名乡亲,浩浩荡荡奔赴工地。有次炸山出现哑炮,黄大发准备前去查看,有人突然大喊"要炸了"。情急之下,他用随身的背篼罩住自己,碎石块霎时满天飞。万幸的是,碎石只击破了背篼,擦破了他的手臂。

1993年,工程进行到异常险峻地擦耳岩,垂直300多米高,放炮非常危险。黄大发第一个站出来,带几名党员上到山顶,把绳子拴在大树上,再系到腰上,顺着石壁慢慢往下探,寻找放炸药的合适位置。

"共产党员怕牺牲能行吗?先烈们拿身体去堵枪眼,我们做事就要有这种精神。"黄大发说。

1994年,水渠的主渠贯通。1995年,一条跨三重大山、10余个村民组,总长9 400米的水渠全线贯通,草王坝彻底告别了"滴水贵如油"的历史。村民以黄大发的名字命名这条渠,叫它"大发渠"。

凝心聚力:带领村民走上致富路

实现"三件事"诺言

"大发渠"通水后,黄大发马不停蹄地带领村民"坡改梯"。村民徐国树记得,自家"坡改梯"后有了4亩梯田,全部种上了水稻。1996年,亩产达到1 000多斤。和徐国树一样,草王坝的村民从此吃饭不愁。

接下来,就是修路、通电、修学校。没有老师怎么办?黄大发要求村里几个上过中学的年轻人回来当代课老师,其中就包括他在外打工的小儿子黄彬权。迄今,草王坝走出30多个大学生。

昔日的草王坝,如今已更名为团结村。近年来,在黄大发的精神感召下,团结村两委班子带领村民发展起中药材、有机稻米、有机高粱、精品水果,养起了肉牛、生态猪和蜜蜂,解决就业1 100多人,人均年收入突破万元大关。2019年底,团结村顺利脱贫出列,全村建档立卡贫困人口清零。

在团结村,民宿、露营、农旅基地等旅游项目陆续入驻。

共产党员就是要干一辈子

1959年初冬,黄大发在入党志愿书上郑重写道:我要求入党是为人民全心全意服务到底,帮群众当好勤务员,不怕牺牲,不怕困难,不怕流血……

"共产党员就是要干一辈子,不干半辈子。"有着62年党龄,当了46年村干部、38年村支书的黄大发说。

"愚公移山就是为人民服务,让我再活一次,我还做'愚公'。"黄大发说。

分析

“七一勋章”获得者黄大发的先进事迹传遍祖国大地，黄大发几十年如一日带领村民建渠、修路、通电，走出了一条脱贫致富的幸福之路，黄大发的愚公精神更是一笔宝贵的精神财富，激励着人们在全面推进乡村振兴的事业中不断创造新的奇迹。

学习黄大发就要学习他感党恩、跟党走的高度政治自觉。黄大发是一名孤儿，在共产党领导下他分得了土地，不再受饿挨冻，是在远亲近邻和乡亲们的帮助下渡过一次次难关，在党的教育培养下逐步成长为一名优秀党员和村干部，他亲身感受到了党的关怀和乡亲们给予的温暖。因此，他发誓，一定要为草王坝做点事情，报答党的关怀和父老乡亲的厚爱。他用一生的行动，实践着自己的铮铮誓言。

学习黄大发就要学习他大公无私、一心为民、知难而进的担当精神。黄大发身先士卒带领村民修水渠，埋头苦干、百折不挠，30 多年来克服了无数的艰难险阻，挥洒了无数的辛勤汗水。在悬崖绝壁上开凿出一条主渠长 7 200 米、支渠长 2 200 米的“生命渠”，让希望之水浇灌出草王坝村百姓的幸福之花。

学习黄大发就要学习他不忘初心、生命不息、奋斗不止的顽强意志。“共产党员就是要干一辈子，不干半辈子。”有着 60 多年党龄，当了 46 年村干部、38 年村支书的黄大发，退休后仍然为村里的事忙前忙后，他在“大发渠党性教育陈列馆”为来自全国各地的党员干部讲党课，不断为党和人民的事业贡献力量。

【拓展阅读】

新时代的中国青年[①]

2022 年 4 月 21 日国务院新闻办公室发布《新时代的中国青年》白皮书，这是新中国历史上第一部专门关于青年的白皮书。白皮书全面介绍了新时代党和政府为青年发展创造的良好条件、取得的巨大成就，充分展现了新时代中国青年奋进新征程、建功新时代的青春担当，是一部记录新时代中国青年发展事业成果、反映新时代中国青年精神风貌的重要文献。新时代的中国青年在平凡岗位上奋斗奉献，在急难险重任务中冲锋在前，在社会文明建设中引风气之先，这充分体现了新时代的中国青年修德向善、担当进取、清廉有为的青春风采。

以下内容节选自《新时代的中国青年》白皮书。

青年是整个社会力量中最积极、最有生气的力量，国家的希望在青年，民族的未来在青年。中国青年始终是实现中华民族伟大复兴的先锋力量。

新时代中国青年刚健自信、胸怀天下、担当有为，衷心拥护党的领导，奋力走在时代前

---

① 中华人民共和国国务院新闻办公室．新时代的中国青年[N]．光明日报，2022-04-22(09).

列，展现出前所未有的昂扬风貌：追求远大理想，心中铭刻着对马克思主义的崇高信仰、对共产主义和中国特色社会主义的坚定信念；深植家国情怀，与国家同呼吸、与人民共命运，时刻彰显着鲜明的爱国主义精神气质；传承奋斗担当，先天下之忧而忧、后天下之乐而乐，勇做走在时代前列的奋进者、开拓者、奉献者。

在平凡岗位上奋斗奉献

青年在各行各业把平凡做成了不起、把不可能变成可能，将奋斗精神印刻在一个个普通岗位中。在工厂车间一线，青年工人苦练本领、精益求精，拧好每个螺丝、焊好每个接头，争当"青年岗位能手"，让"中国制造"走向世界；在田间地头，青年农民寒耕暑耘、精耕细作，用科学技术为粮食增产、为土地增效，努力把中国人的饭碗牢牢端在自己手中；在建筑工地，青年农民工不畏辛劳、夜以继日，用一砖一瓦筑造起一座座高楼大厦，将都市装点得更加美丽；在训练场上，青年健儿刻苦训练、顽强拼搏，以过硬的作风和惊人的毅力向世界顶峰发起冲锋，让五星红旗在国际赛场高高飘扬；在城市的大街小巷，快递小哥、外卖骑手风里来、雨里去，为千家万户传递幸福与温暖，他们用勤劳和汗水生动展现了中国青年"衣食无忧而不忘艰苦、岁月静好而不丢奋斗"的整体风貌，让青春在平凡岗位的奋斗中出彩闪光。

在急难险重任务中冲锋在前

在体现综合国力、弘扬民族志气的重大工程之中，在抗击重大自然灾害面前，在应对突发公共危急时刻，青年的身影始终挺立在最前沿。新冠肺炎疫情发生以来，青年不畏艰险、冲锋在前、舍生忘死，32 万余支青年突击队、550 余万名青年奋战在医疗救护、交通物流、项目建设等抗疫一线，为打赢疫情防控的人民战争、总体战、阻击战作出重大贡献。援鄂医疗队 2.86 万名护士中，"80 后""90 后"占 90%。在武汉火神山、雷神山医院建设工地上，占总数达 60%的青年建设者组建 13 支青年突击队，靠钢铁般的意志和攻坚克难的勇气，拼搏在前、奉献在前，创造了令世人惊叹的建设奇迹，用事实证明中国青年面对困难挫折撑得住、关键时刻顶得住、风险挑战扛得住。

在社会文明建设中引风气之先

无论在城镇还是乡村、企业还是学校，青年都自觉把正确的道德认知、自觉的道德养成、积极的道德实践紧密结合起来，带头倡导向上向善社会风气、塑造社会文明新风尚。1993 年"中国青年志愿者行动"启动以来，志愿服务成为青年参与社会治理、履行社会责任的一面旗帜，成为青年在奉献人民、服务社会中锻炼成长的重要途径。截至 2021 年底，全国志愿服务信息系统中 14 岁至 35 岁的注册志愿者已超过 9 000 万人，他们活跃在社区建设、大型赛事、环境保护、扶贫开发、卫生健康、应急救援、文化传承等各个领域，弘扬"奉献、友爱、互助、进步"的志愿精神，在全社会形成团结互助、平等友爱、共同前进的新风尚。中国青年志愿者扶贫接力计划研究生支教团、大学生志愿服务"西部计划"连续 18 年派遣 41 万余名研究生、大学毕业生，到中西部 2 100 多个县(市区旗)开展扶贫支教、卫生医疗等志愿服务。

【知与行】

请你从互联网上搜集、整理有关大学生清廉修身的图片和文字资料，并制作一个 PPT 课件，向同学们宣传大学生应该如何修德保持清廉，并分小组相互讨论。

第二节　做人要清醒

【基本理论】

一、清醒是保持清廉的关键

清醒就是清楚，明白，就是能够透过现象看本质，它是保持清廉的关键。第一，只有保持清醒，才能坚定理想信念，行为笃实，不犯错误或者少犯错误。第二，只有保持清醒才能对是非曲直、善恶美丑做出正确的判断，并坚持正确的立场。第三，只有保持清醒，才能保持思想的独立性，遇事不糊涂，不随波逐流，更不会同流合污。第四，只有保持清醒，才能有所敬畏，守住心中的底线，不超越法律的红线。

大学生只有保持清醒，才能正确地认识自己的需要，把自己的发展目标同实现中华民族伟大复兴的事业结合起来，做到清廉治学、清廉为人、清廉处事、清廉从业。

二、清醒的基本内容

大学生要想真正做一个清正廉明之人，必须时刻保持清醒，不仅要对自身的发展状况、角色定位、所做的事情、所处的人际关系有一个清醒的认识，更要在思想上对政治、经济、文化等方面保持清醒。

（一）保持政治清醒

古希腊思想家亚里士多德认为，人是天生的政治动物。每个人都处在一定的政治关系或政治环境中，我们只有保持政治清醒，才能找到正确的发展方向，确保人生之舟始终沿着正确的航向前进。

1. 要树立马克思主义科学信仰，坚定中国特色社会主义信念和对中国共产党的信任

(1)树立马克思主义科学信仰。马克思主义是科学的理论，创造性地揭示了人类社会发展规律；马克思主义是人民的理论，第一次创立了人民实现自身解放的思想体系；马克思主义是实践的理论，指引着人民改造世界的行动；马克思主义是不断发展的开放的理论，始终站在时代前沿。马克思主义始终是我们党和国家的指导思想，是我们认识世界、把握规律、追求真理、改造世界的强大思想武器。马克思主义不仅深刻改变了世界，也深

刻改变了中国。在马克思主义指导下，中国共产党领导中国人民实现了从“站起来”到“富起来”再到逐渐“强起来”的伟大飞跃。大学生应树立马克思主义科学信仰，认真学习和掌握马克思主义的世界观和方法论，摒弃错误的价值观和思维方式。

(2)坚定中国特色社会主义信念。中国特色社会主义由中国特色社会主义道路、中国特色社会主义理论体系、中国特色社会主义制度和中国特色社会主义文化构成。改革开放以来，“我国实现了从生产力相对落后的状况到经济总量跃居世界第二的历史性突破，实现了人民生活从温饱不足到总体小康、奔向全面小康的历史性跨越，推进了中华民族从站起来到富起来的伟大飞跃。”①新时代，我国日益走近世界舞台中央，不断为人类做出更大贡献。事实证明，中国特色社会主义是中国发展进步的必由之路。我们要坚定中国特色社会主义信念，不断增强道路自信、理论自信、制度自信、文化自信。

(3)坚定对中国共产党的信任。中国共产党是中国工人阶级的先锋队，同时是中国人民和中华民族的先锋队，是中国特色社会主义事业的领导核心，代表中国先进生产力的发展要求，代表中国先进文化的前进方向，代表中国最广大人民的根本利益。历史和实践证明，只有中国共产党，才能领导中国人民建设和发展中国特色社会主义，才能担当起带领中国人民创造幸福生活、实现中华民族伟大复兴的历史使命。有理想、有抱负的大学生只有在中国共产党的领导下，同人民的命运紧密结合，才能大有作为。

2. 要坚持党的基本理论、基本路线、基本方略

(1)坚持党的基本理论。党的基本理论是党在长期的革命、建设和改革伟大实践中形成并被实践证明是正确的理论原则和经验总结，是指导中国革命、建设和改革成功的科学理论。党的基本理论包括马克思列宁主义、毛泽东思想、邓小平理论、“三个代表”重要思想、科学发展观、习近平新时代中国特色社会主义思想。我们只有用党的基本理论彻底武装头脑，才能时刻保持清醒，保证始终沿着正确的政治方向前进。

(2)坚持党的基本路线。“中国共产党在社会主义初级阶段的基本路线是：领导和团结全国各族人民，以经济建设为中心，坚持四项基本原则，坚持改革开放，自力更生，艰苦创业，为把我国建设成为富强民主文明和谐美丽的社会主义现代化强国而奋斗。”②党的基本路线是党和国家的生命线，是人民的幸福线，它为大学生指明了人生奋斗的正确道路。坚持党的基本路线，要求我们既不走封闭僵化的老路，也绝不走改旗易帜的邪路，坚决抵制“左”倾思想和右倾主义的侵蚀。

(3)坚持党的基本方略。习近平在党的十九大报告中对新时代坚持和发展中国特色社会主义的基本方略进行了阐述。他说，全党要深刻领会新时代中国特色社会主义思想的精神实质和丰富内涵，在各项工作中全面准确贯彻落实。第一，坚持党对一切工作的领导。第二，坚持以人民为中心。第三，坚持全面深化改革。第四，坚持新发展理念。第五，

① 中共中央.关于党的百年奋斗重大成就和历史经验的决议[N]. 人民日报，2021-11-17(01).

② 党的十九大文件汇编[M]. 北京：党建读物出版社，2017：89.

坚持人民当家作主。第六,坚持全面依法治国。第七,坚持社会主义核心价值体系。第八,坚持在发展中保障和改善民生。第九,坚持人与自然和谐共生。第十,坚持总体国家安全观。第十一,坚持党对人民军队的绝对领导。第十二,坚持"一国两制"和推进祖国统一。第十三,坚持推动构建人类命运共同体。第十四,坚持全面从严治党。以上十四条,构成新时代坚持和发展中国特色社会主义的基本方略。总之,只有全面、准确地学习、宣传、贯彻和落实党的基本理论、基本路线、基本方略,大学生才能更好地坚持正确的政治方向和人生道路,党和人民的事业才能更加兴旺发达、持续发展。

3. 要严守党的政治纪律、组织纪律,自觉在思想上、政治上、行动上同党中央保持高度一致

中国共产党历来纪律严明。毛泽东就曾深刻地提出,一个松散的、没有纪律约束的政党是无法在严酷的斗争环境中生存发展的。党的政治纪律是党依据不同时期的形势和任务的需要,规范各级党组织和全体党员政治立场、政治方向、政治路线、政治行动的行为准则,是维护党的团结统一,确保党的路线、方针、政策和决策部署的贯彻落实,实现党的目标任务的最重要的保证,是我们党赖以生存的重要基础和不可或缺的条件。党的组织纪律是维护党的集中统一,保持党的战斗力的重要保障。大学生需要学习和遵守党的政治纪律、组织纪律,树立政治意识、大局意识、核心意识、看齐意识,始终在思想上、政治上、行动上同党中央保持高度一致。

4. 要正确分析和判断反腐倡廉形势,相信党和政府反腐倡廉的决心和能力

始终坚持自我革命,坚持全面从严治党,坚定不移推进党风廉政建设和反腐败斗争,是我们党同一切剥削阶级政党的本质区别之一。党的十八大以来,"党坚持不敢腐、不能腐、不想腐一体推进,惩治震慑、制度约束、提高觉悟一体发力。坚持无禁区、全覆盖、零容忍,坚持重遏制、强高压、长震慑……坚定不移'打虎'、'拍蝇'、'猎狐'。"[①]当然,我们也必须清醒认识到,腐败和反腐败较量还在激烈进行,并呈现出一些新的阶段性特征。人民群众最痛恨腐败现象,只有以反腐败永远在路上的坚韧和执着,始终坚持自我革命,才能跳出历史周期率,确保党和国家的长治久安。作为大学生,我们应该清醒地看到反腐败斗争取得的重大成就,增强反腐倡廉的信心和决心。要正确判断形势,坚定正确的政治方向,理性看待并敢于和善于同消极腐败言行作斗争,坚持做清廉为民的新时代有为青年。

(二)保持经济清醒

经济是一个国家的命脉,在我国能否积极拥护,始终坚持社会主义初级阶段的基本经济制度是一个人是否保持经济清醒的重要判断标准。

"公有制为主体、多种所有制经济共同发展,按劳分配为主体、多种分配方式并存,社会主义市场经济体制等社会主义基本经济制度,既体现了社会主义制度优越性,又同我国社会主义初级阶段社会生产力发展水平相适应,是党和人民的伟大创造。"[②]因此,我们必

---

① 中共中央. 关于党的百年奋斗重大成就和历史经验的决议[N]. 人民日报,2021-11-17(01).

② 中共中央. 关于坚持和完善中国特色社会主义制度,推进国家治理体系和治理能力现代化若干重大问题的决定[N]. 人民日报,2019-11-06(01).

须毫不动摇地坚持和完善社会主义初级阶段的基本经济制度。

1. 坚持公有制为主体、多种所有制经济共同发展，反对实行私有化和单一公有制

我们要清醒地认识到，公有制是我国经济制度的基础，是社会主义与资本主义的本质区别，只有坚持公有制的主体地位，才能保证我国的社会主义性质，才能坚持社会主义道路，发展社会主义制度。如果实行私有化，劳动人民当家作主的经济基础将会失去，社会主义性质将会改变。与此同时，我国现在还处于社会主义初级阶段，生产力还不够发达，发展还很不平衡，在公有制为主体的条件下，发展多种所有制经济，有利于生产力的发展。如果实行单一公有制，就不符合社会主义初级阶段的国情，就可能走向失败。因此，我们要保持经济清醒，就必须坚持以公有制为主体，多种所有制经济共同发展。

2. 坚持按劳分配为主体、多种分配方式并存，坚定不移地走共同富裕的道路

社会主义初级阶段的基本经济制度决定了社会主义的分配制度必须是按劳分配为主体、多种分配方式并存。按劳分配是社会主义的分配原则，是由社会主义公有制和社会生产力的发展水平决定的。每个劳动者为社会提供劳动，社会则根据劳动者提供劳动的数量和质量进行分配。我国有多种所有制经济存在，公有制经济的实现形式正在发生深刻的变化，因此，多种分配方式应势而出。总之，在社会主义初级阶段实行按劳分配为主、多种分配方式并存的分配制度有利于资源更好配置，有利于调动一切积极因素，发展生产力、造福人民、造福社会，有利于实现共同富裕。共同富裕不是平均富裕，也不是所有成员同时富裕起来，共同富裕是一个历史过程，这个过程有先后、快慢的不同，但是最终都将会达到富裕的目的。我们必须坚定不移地走共同富裕的道路。

3. 坚持社会主义市场经济体制，反对新自由主义

市场经济作为一种资源调配方式，其本身不具有制度属性，是否实行市场经济并不是区别社会主义和资本主义的标准，但是与社会主义制度相结合后，就必须体现社会主义基本制度的特征。社会主义市场经济必须坚持公有制为主体、多种所有制经济共同发展，必须坚持按劳分配为主体、多种分配方式并存，维护和实现最广大人民的根本利益，最终达到共同富裕的目标。如果不坚持市场经济体制改革的社会主义方向，搞新自由主义，就会背离社会主义道路，走上改旗易帜的邪路。

4. 坚持严守财经法纪，反对财经违法行为

自觉遵守财经纪律和经济法律法规，反对假公济私、损公肥私、贪污受贿、偷税漏税、走私贩私等违法乱纪行为。财经纪律是财政和经济活动中必须严格遵守的准则。一般来说，凡是财经法规、制度中的有关规定都是财经活动中必须遵守的准则，都属于财经纪律。如果违反财经纪律，违反经济法律法规，常常给国家和集体造成严重损失。践行清廉必须始终保持经济清醒，自觉遵守财经纪律和经济法律法规。

总之，只有坚持社会主义初级阶段的基本经济制度，自觉遵守财经纪律和经济法律法规才能保证经济清醒、保持清廉。推崇新自由主义、主张实行私有化、抛弃共同富裕、无视

经济法规、追求满足个人私欲的暴富是放弃清廉而走向贪腐之路的经济诱因。

（三）保持文化清醒

中华民族拥有五千多年的历史，在历史长河中沉淀了许多优秀的传统文化。我们要保持文化清醒，就应该继承优秀的传统文化，保持对中国革命文化和中国特色社会主义先进文化的自信，自觉用马克思主义武装自己的头脑，抵制各种腐朽文化的侵蚀，明辨是非善恶，不做腐朽文化的俘虏。

1. 保持对中华优秀传统文化、中国革命文化和中国特色社会主义先进文化的自信和自觉

中华民族在五千多年的历史长河中积累了大量的优秀文化，这些优秀的传统文化是我国一笔宝贵的财富。中国共产党领导中国人民在长期革命斗争实践中创造的中国革命文化，是党领导人民接续奋斗，不断书写伟大事业发展进步新篇章的精神支撑和动力。因此，我们应加以充分挖掘和利用。中国特色社会主义先进文化是当代中国现代化建设的重要内容之一，是凝聚和激励全国各族人民的重要力量，为中国式现代化建设提供智力支持、精神动力和思想保证。社会主义核心价值体系是中国特色社会主义先进文化的重要组成部分，体现了社会主义制度在价值层面上的本质规定，是全党全国各族人民团结奋斗的共同思想基础，是实现科学发展、社会和谐的推动力量，是国家文化软实力的核心内容，反映了我国社会主义基本制度的本质要求。我们应该坚信中国特色社会主义先进文化可以满足人民群众日益增长的精神文化需求，丰富人们的精神世界，促使人的全面发展。

2. 自觉抵制封建主义、资本主义等腐朽没落文化的侵蚀

两千多年的封建主义制度滋长了不少腐朽没落的思想，资本主义在创造大量财富的同时也繁殖了很多腐朽落后的文化，这些思想正在腐蚀着一些人的心灵。我们要不断地学习先进的文化，净化自己的心灵，树立正确的世界观、人生观和价值观，不被金钱、权力和美色所迷惑，坚持艰苦朴素的作风，反对摆阔斗富、铺张浪费。只要我们坚持继承和发展中华优秀传统文化、中国革命文化，坚持中国特色社会主义先进文化，自觉抵制封建主义、资本主义等腐朽没落文化的侵蚀，就能不断净化自己的心灵，提升自己的精神境界，保持高度的文化清醒。

3. 充分认识意识形态领域新与旧、先进与落后、文明与腐朽的斗争是长期、复杂和艰巨的

意识形态是指在一定的社会经济基础上形成的系统的思想观念，代表了某一阶级或社会集团的利益。历史唯物主义认为，社会存在决定社会意识，社会意识反作用于社会存在。社会主义和资本主义是两种不一样的社会制度，各自的制度也决定了各自拥有不同的意识形态。社会主义制度作为新的、先进的社会制度必将代替资本主义制度，因此，社会主义意识形态也必将代替资本主义的意识形态。然而，任何落后的意识形态都不会自动退出历史舞台，都会做垂死挣扎。社会主义意识形态作为新的先进文化与落后、腐朽的资本主义的斗争将是长期而艰巨的，我们要坚持用马克思主义理论来武装自己的头脑，明辨是非、善恶和美丑，坚决反对腐朽没落文化，大力弘扬中国特色社会主义文化。

总之，如果能够保持对先进文化的自信和自觉，抵制腐朽落后文化的侵蚀，善于运用

马克思主义的立场、观点和方法分析问题，就能保持文化清醒。反之，如果缺乏对先进文化的自信自觉，缺乏对腐朽没落文化侵蚀的抵制和免疫，主动或被动解除思想武装，往往会放弃清廉、走向贪腐之路。

三、保持清醒的要诀

一时保持清醒也许并不难，难的是一辈子保持清醒；处在风清气正的环境中能够保持清醒也许并不难，难的是处在政治生态恶化的环境中仍然能够保持清醒。要真正做到一生保持清醒、践行清廉绝非易事，因为它不仅需要终身修养和长期磨砺，而且还需要练就坚持正确方向的政治定力、践行克己奉公的奉献精神、善养浩然正气的高度自觉，追求高尚情操的坚定信念、坚守谨始慎终的德性智慧，从而能够经受住长期而反复的各种考验。

（一）政治坚定，忠于职守

大学生要保持清醒、践行清廉，必须政治坚定，忠于职守。人在茫茫的人生路上前行，同样不能缺少行走的方向盘，一旦失去方向就有可能走向错误的道路。中国特色社会主义是我们前进的方向，我们要坚定不移地沿着中国特色社会主义道路不断前进，为实现中华民族的伟大复兴而努力奋斗。大学生要努力做到政治过硬、恪尽职守，刻苦钻研、增强本领，在为建设社会主义现代化强国和实现中国梦的不懈奋斗中奋力书写人生精彩的篇章。

（二）克己奉公，淡泊名利

大学生要保持清醒、践行清廉，必须克己奉公，淡泊名利。大学生要树立马克思主义的世界观、人生观、价值观，牢固树立服务人民、奉献社会、报效祖国的志向。人的一生是短暂的，如何让这短暂的时光成为历史长河中的一点亮光，值得我们去思考。只有当我们把有限的生命融入为人民谋幸福、为民族谋复兴、为世界谋大同的崇高事业之中，才能让我们的人生尽闪出彩之光；只有做到克己奉公、淡泊名利、无私奉献，才能使人生更具有意义和价值，更加充满幸福与快乐。

（三）祛除邪念，抵制诱惑

大学生要保持清醒、践行清廉，必须祛除邪念，抵制诱惑。邪念源于膨胀的私欲。大学生只有不断地用科学、先进的思想武装自己的头脑，善养浩然正气；只有不断地抑制不当欲望和非分之想，自觉抵制拜金主义、拜权主义、享乐主义、极端个人主义等腐朽思想的诱惑和侵蚀；只有始终坚决反对假公济私、损公肥私、贪污受贿、偷税漏税、走私贩私等违法乱纪的行为，才能保持清醒，做到清廉品质不褪色。

（四）追求高尚，升华精神

大学生要保持清醒、践行清廉，必须追求高尚，升华精神。每个人都有自己的人生追求，有什么样的人生追求就会有什么样的行为。大学生要志存高远、努力学习、加强修养，丰富自己的精神世界，追求高尚的情趣，净化心灵，升华自我的人生境界，只有这样才可以保持清醒的头脑，远离污浊、邪恶、贪腐、昏庸和腐朽，做到永葆清廉，成为堪当民族复兴大任的时代新人。

(五)谨始慎终,丝毫不怠

大学生要保持清醒、践行清廉,必须谨始慎终,丝毫不怠。《大学》中说“物有本末,事有终始”,它告诉我们任何事物都有始有终,在做人做事时也应该有始有终,做到谨始慎终,丝毫不怠。一般来说,大多数人在人生的起始阶段都曾憧憬美好的未来。然而,随着环境的改变,有些人就开始放松修养、私欲膨胀、不再清醒、慢慢变质,最终走向邪恶和贪腐的深渊。因此,大学生要走好人生之路,必须坚持正确的人生方向,真正做到谨始慎终、永不懈怠,不断让清廉之光驱散污邪腐庸的阴霾。

【解疑释惑】

“难得糊涂”是真的糊涂吗?

“难得糊涂”是郑板桥的传世名句,不少人喜欢把它当作处世的座右铭,认为“人生在世,难得糊涂”,那么我们应该怎样看待“难得糊涂”?

首先,“难得糊涂”的本意并不是真的糊涂。郑板桥提出“难得糊涂”的哲言,是基于他为官清正廉明,无法容忍清朝官场的种种腐败,但又奈何改变不了当时的官场风气,面对其他官员的嘲讽,他只能“难得糊涂”,独善其身,坚决不随波逐流、不同流合污,并于乾隆十七年(1752 年)愤然辞官。郑板桥的“难得糊涂”虽然出于无奈,但这实际是一种出淤泥而不染的清醒,是他保持清廉,用道德智慧对待当时浑浊官场的一种处世态度。

【案例分析】

一腔热血写忠诚①

笔头套着螺丝帽,增加的重量仍压不住他颤抖的右手,文件纸上,是一串串歪歪扭扭的字迹。汗,顺着胳膊,像蚯蚓一样爬进衣袖,又湿润了桌子。额头上,一根根筋暴了起来。

然而,他却强忍着淋巴癌带给身体的剧痛,一丝不苟地工作着……他就是广西壮族自治区钟山县优秀共产党员、纪委干部钟世才。

一、为民请命　铁肩担道义

1991 年初夏,刚过而立之年的钟世才调到钟山县纪委工作。从此,他三进信访室,两进审理室,从检查员到审理室副主任、主任,信访室主任,纪委常委,整整 18 年,默默书写着自己不平凡的人生。

钟世才常说:“办理损害群众利益的案件最重要,只要老百姓有反映,我们就要查个水落石出。”

到钟山县投资的曾路生,为要回抵押在该县经贸局的 3 000 元医药销售风险承包抵押金,四处奔走,历经 3 年却无结果。2004 年,求告无门的曾路生到纪委信访室上访,时任信访室主任的钟世才立即受理。“按常规,曾路生反映的情况,信访室完全可以把问题转给

---

① 王万程,许丹婷.一腔热血写忠诚[N].中国纪检监察报,2009-07-29(1).

有关部门。”一位同事告诉钟世才。

钟世才却没有这样做。“踢皮球永远也做不了事。”他坚定地说，“既然他找到了我们，就是对纪委的信任，我们可以吃苦受累，但决不能辜负群众。”

他带领信访室的同志首先到卫生局和医药公司了解情况。当被告知 2002 年以前医药公司属经贸局管之后，他们又奔赴经贸局，得到的答复是当时分管医药承包业务的领导退休了。

此事岂能因一人退休就不办了？钟世才又找到了那位已退休的领导，终于查清原委。仅一个月时间，曾路生拿到了属于自己的 3 000 元钱。

2003 年，钟山县石龙镇西江桥、月亮塘两自然村数百名村民因怀疑征地补偿款发放中有猫腻，群情激愤，一起到县纪委信访室反映情况。

面对突如其来的造访者，钟世才一如既往地笑脸相迎，此时已经到了下班时间，然而，为了把问题解决在萌芽状态，钟世才同村民挨个谈话，认真地做笔录。随后他又带人深入一线调查取证。历经 3 个月调查，一个村干部截留、贪污村民征地补偿款的案件，渐渐浮出水面。贪污村民征地款 6 万元的相关责任人受到了应有的制裁，被贪污的征地补偿款全部被退回。村民欢呼声一片。

二、爱岗敬业　带病办大案

2006 年 3 月，一直自信身体没问题的钟世才出现满脸浮肿的症状，在家人和同事的催逼下，他终于放下手头的工作去医院做了一个检查，结果出人意料，淋巴癌！

在南宁医院和县医院住院治疗的日子里，钟世才承受了精神和肉体上的巨大痛苦与煎熬：病情好转，恶化；好转，再恶化；更何况他的心还在工作岗位上啊。

2007 年 9 月，身体刚有好转，钟世才就回单位上班了。“就是死，我也要死在工作岗位上。”他已将生死置之度外。

由于身体虚弱，他四肢经常颤抖，甚至不能写字。写字的时候，为了把右手按在纸上，他在笔上套了一个大螺丝帽，以增加笔的重量。

2008 年 5 月，一个十分棘手的案件转到了他的手上：钟山县回龙镇、红花镇民政办弄虚作假私设“小金库”和“账外账”，套取、截留、私分、贪污民政救灾救济物资。

“这个案件估计背景比较复杂，建议应付一下算了。”在案情分析会上，有同志提出。

钟世才义正词严予以拒绝：“不管有多复杂，只要关系百姓利益，不仅要查，而且要严查！”

为搜集证据，钟世才前往公安镇一位刚刚去世的孤寡老人家里调查。2007 年，上级部门曾到这位老人家里走访，因发现其家徒四壁生活困难，特意下拨 1 000 元让老人修缮房子。然而，钟世才调查中发现，公安镇民政办有人竟然把这 1 000 元纳入个人囊中，结果老人直到去世也没有得到这笔修缮款。

钟世才下决心要把这个案子查个一清二楚。

然而，一时间，各种阻力接踵而至，指责声、怨恨声、谩骂声不绝于耳。

“邪不压正，只要我们还真理于老百姓，一定会得到人民的支持。”关键时刻，钟世才沉着冷静，鼓励第一线的办案人员。

钟世才拖着病体，连续战斗在办案第一线，仅用 2 个月时间，这起案件就水落石出：钟山县民政局原局长等一批干部受到了法律制裁和党纪政纪处分。

他的付出，得到了党组织的充分肯定，2001 年、2002 年获县优秀党务工作者称号，2003 年、2004 年获县优秀共产党员称号，2005 年被贺州市纪委记纪检监察系统三等功一次……

三、廉孝两全　铁骨柔情传美名

走进钟世才家，四壁萧然，1996 年买的沙发和茶几前，只有一台旧电视，除此之外，别无长物。钟世才每月 1 000 多元工资，最多时要养活一家五口人。

他不是没有“机会”改变这一切。查案时，有些人暧昧地笑着，递给他用信封装着的“小小心意”；一些人在他的全力奔走下得以澄清事实后，也曾感激地往他手里塞东西……

可钟世才把这些全部推开。他嘴边始终挂着一句话：“我要对得起这份工作。”

钟世才不但是工作出色的好干部，还是有口皆碑的贴心好女婿。尤其是他数年如一日细心照料瘫痪的岳父岳母，被乡里乡亲广为传颂。

从 1985 年结婚那天起，他就把当时已年逾古稀的岳父岳母当成自己的亲生父母来侍奉。2002 年，不幸降临到钟世才家：已经 93 岁高龄的岳父因病瘫痪，生活不能自理。不久，年近 90 岁的岳母又因跌跤骨折导致瘫痪。面对两个瘫痪的老人，钟世才悉心照料，喂饭喂水、擦身换衣……

在钟世才夫妇的悉心照料下，两位 90 多岁高龄的瘫痪老人，卧床两三年，直至逝世，总是干干净净，从未生过褥疮，房中连一点异味都没有。

……

才做过化疗，钟世才需要休息。他的口中时而还说着与工作有关的梦话——人虽病了，但心仍在工作岗位上。

分析

钟世才是新时代共产党员的楷模，是优秀的纪检监察干部的杰出代表，是兢兢业业、无私奉献的人民公仆。他始终牢记党的宗旨，自觉加强学习和党性修养，时刻保持共产党人应有的清醒，清正廉明、求真务实，对党忠诚、一心为民，在平凡而神圣的岗位上做出了不平凡的贡献，得到了党和人民的高度评价，其先进事迹经中央和广西各大媒体报道后，从八桂大地传扬到祖国各地，引起了强烈的反响。钟世才为民务实、勤勉清醒、忠孝兼备、清正廉明的精神值得学习和传扬。

【拓展阅读】

永远保持赶考的清醒和谨慎①

端午节前夕，中央纪委国家监委网站“2023 年五一、端午期间‘四风’问题监督举报曝光专区”第四期通报 5 起典型案例。对顶风违纪行为露头就打、从严查处，强化警示震慑，敲响廉洁警钟，继续释放出一抓到底、一刻不松的强烈信号。

“我们党历史这么长、规模这么大、执政这么久，如何跳出治乱兴衰的历史周期率？”习近平指出：“经过百年奋斗特别是党的十八大以来新的实践，我们党又给出了第二个答案，这就是自我革命。”以制定和落实中央八项规定开局破题，以“打铁必须自身硬”的自觉固本培元，以“得罪千百人、不负十四亿”的担当祛疴治乱，以“任务越繁重，风险考验越大，越要发扬自我革命精神”的清醒砥砺前行……实践充分证明，全面从严治党开辟了百年大党自我革命的新境界，是党永葆生机活力、走好新的赶考之路的必由之路。

习近平强调：“一个饱经沧桑而初心不改的党，才能基业常青；一个铸就辉煌仍勇于自我革命的党，才能无坚不摧。”全面从严治党永远在路上，党的自我革命永远在路上。面对新征程上的新挑战新考验，永远保持赶考的清醒和谨慎，坚持不懈将作风建设引向深入、坚定不移推进全面从严治党，我们党就一定能始终充满蓬勃生机和旺盛活力，在新的赶考之路上带领全国各族人民创造出令人刮目相看的新的奇迹。

【知与行】

古人喜欢将人的道德品质图像化，如以莲比喻清廉，以菊比喻君子，以竹比喻傲骨等，请同学们以小组为单位，通过现实摄影和网上搜集图片，制作成修德图片集并进行宣讲。

第三节 做人要自律

【基本理论】

一、自律是坚守清廉的保障

（一）自律的内涵、分类和特点

我国春秋时期的著名思想家老子认为“胜人者有力，自胜者强”。② 即能够战胜他人的

① 常晋．永远保持赶考的清醒和谨慎（今日谈）[N]．人民日报，2023-07-01(01).

② 《老子·道经·第三十三章》。

人是有力量的，能够战胜自我的人是真正的强者。

1. 自律的内涵

自律的内涵有广义和狭义之分。一般来说，广义的自律是指个体约束、控制或战胜自己。从一定意义上来说，自律是人之为人的重要特征，是人的主观能动性的表现。狭义的自律是指人们为了达到一定的正当目的或实现一定的正当目标，依据一定社会的道德纪律、法律法规或风俗习惯等的要求，在认知、情感、信念、意志等因素的综合作用下，约束、控制或战胜自己的过程，它是形成良好的习惯、德性或素质的重要途径和必要条件。本书所指的“自律”是狭义的概念。

我们正确地理解狭义的“自律”概念，要把握以下六个方面：

第一，自律的主体和客体都是现实的人且具有同一性。

第二，自律是个体约束、控制或战胜自己的过程。因此，自律不是一蹴而就或一劳永逸的，而是一个长期的过程，往往伴随目的达成或目标实现的全过程，稍有不慎也许会功亏一篑或前功尽弃。

第三，自律是自律的主体达成正当目的或实现正当目标的手段，若为了达成非正当的目的或实现非正当的目标而约束自己，那就不是自律，而是执迷不悟、顽固不化。

第四，自律不是随意的，而是有一定的依据，其依据就是一定社会的道德纪律、法律法规或风俗习惯等的要求，这就要求自律的主体要对这些要求有一定的了解，否则就会因无知而越过“红线”。

第五，自律需要多种因素的综合作用，这些因素包括认知、情感、信念、意志等，任何一方面的因素出现问题都会影响自律的效果，尤其是当追求的目标确定以后，饱满的热情或激情、坚定的信念和顽强的意志就成为自律的必要条件。

第六，自律不仅是自律的主体达成正当目的或实现正当目标的手段，也是自律主体形成良好的习惯、德性或素质的重要途径和必要条件，在很大程度上，形成良好的习惯、德性或素质本身就是自律的目的或目标。

2. 自律的分类

按自律的主体不同，自律可以分为个体自律、群体自律等；按自律的动力划分，自律可以分为主动自律（自觉自愿的自律）、被动自律（害怕惩罚而自律）；按自律的目的和性质划分，自律可以分为利公性自律（利国利民性自律即属此类）、非利公性自律（利家利己性自律即属此类）等；按自律内容划分，自律可以分为学习自律、生活自律、工作自律等。

3. 自律的特点

第一，自律是内在约束性与环境影响性的辩证统一。与他律相区别，自律具有非外在强制性，它是自律的主体在外在环境的影响下，主要通过自身的修养实现的，因此，强化自我约束与优化环境影响有机结合是提高自律效果的必然选择。

第二，自律是阶段性与过程性的辩证统一。自律具有阶段性，为了达成一定目的或实现一定目标，在某个阶段严格约束自己，譬如，为了高考考出好成绩，高中生往往会自觉加强自我约束、拼搏备考，等高考结束后，这种自我约束就会在很大程度上放松，从而呈现出自律的阶段性特征；自律也具有过程性，自律的过程性也就是指自律的连续性，例如，考上大学后，高中毕业生都会确立新的人生目标，为了实现新目标就会有新的自律产生，否则难以实现新目标，“目标——自律——新目标——新的自律……”以此类推，螺旋式循环，从而呈现出自律的过程性特征。人的追求无止境，自律也就无止境。

第三，自律是客观制约性与自我选择性的辩证统一。一方面，自律的内容受客观条件的制约，例如，在互联网等信息技术出现以前就不可能有网民的网络道德自律；另一方面，在一定客观条件的制约下，自律的内容也是自律的主体自我选择的结果，例如，有的人在健康生活方面比较自律，能够坚持锻炼身体，但在学习新知识新技能方面缺乏兴趣和自律，难以实现知识技能提升的既定目标。自我选择不同，自律的内容和效果也就不同。

第四，自律是社会性与实践性的辩证统一。一方面，自律具有社会性，即人的社会性决定了人的自律的社会性，人的自律离不开社会，确定人生目的或人生目标离不开社会需要和社会制约，自律的实现离不开特定社会环境条件，自律的内容也离不开社会因素；另一方面，自律具有实践性，即社会实践的要求是产生自律的重要根源，自律意识、自律能力和自律素养的培育也需要在社会实践中磨砺，自律的效果也需要社会实践的检验。

第五，自律是普遍性与特殊性的辩证统一。每个人都有自己的人生追求，实现人生追求的目标都需要自律，从一般意义来说，自律是人的“必需品”，否则就无法实现人生目标，甚至也无法正常生活，同时，自律还贯穿人的一生，这就是自律的普遍性；由于每个人的人生追求不同，所处的人生环境有别，认知、情感、信念和意志各异，导致不同的人的自律意识、自律能力、自律素养及自律效果等各有其不同的特点，这就是自律的特殊性。

（二）自律与清廉的关系

自律与清廉的关系是相互联系、相互促进，辩证统一的，自律是坚守清廉的保障，坚守清廉是增强自律意识、自律能力和自律素养的重要途径。

1. 自律是坚守清廉的保障

清廉的内涵主要包括清、正、廉、明四个方面。唯有自律，方可激浊扬清，做到“出淤泥而不染”；唯有自律，方可守正祛邪，做到正直正派、公平公正、追求正义；唯有自律，方可崇廉戒贪，做到报国为民、两袖清风；唯有自律，方可尚明驱暗，做到光明磊落、明辨是非、明智理性。坚守清廉，有时会遇到“该做不愿做”的诱惑，“愿做不该做”的诱惑，战胜各种诱惑都需要激发自律的力量，即使遇到“该做也愿做”的事情同样也需要通过自律来激发苦干实干的力量，将其做好。总之，自律之于清廉，宛若人生清廉列车的方向盘、发动机和制动器，是清廉之车始终沿着正确方向快速前进，而不跑邪路、不脱轨、不趴窝、不翻车、不撞车的根本性保障。

2. 坚守清廉是增强自律意识、自律能力和自律素养的重要途径

自律需要有内容和途径，没有内容和途径，自律就成为镜中花、水中月。坚守清廉需

要在清廉认知、清廉情感、清廉信念、清廉意志、清廉智慧、清廉行为、清廉习惯、清廉素质等方面不断提高，这不仅需要自律，也为增强自律意识、自律能力和自律素养提供了难得的内容和途径，坚守清廉与增强自律两者相互促进，相得益彰。

二、自律的基本内容

如前所述，自律是坚守清廉的保障，因此，大学生要崇尚、践行、坚守清廉，就要在学习、工作、生活等方面切实加强自律。

（一）学习自律

学习是大学生首要的职责，但是学习并不能总是在教师的监督下完成的，所以大学生要加强学习自律。在实践中，大多数大学生坚持立志报国、服务人民，把实现个人梦想自觉融入实现中华民族伟大复兴的中国梦的伟大实践中，学习目的明确、学习态度端正，积极上进、努力奋斗，书写了大学生“奋进新征程、建功新时代”的精彩篇章。但是，部分大学生在学习方面，由于受到不良思想观念的影响，确实在一定程度上存在着违背自律的行为，其主要表现为学习目的功利化、学习态度浮躁化、学习动力递减化、学习时间娱乐化等。要克服学习方面存在的有违自律的突出问题，大学生必须加强学习自律。

第一，要志存高远，努力克服学习目的功利化倾向。古代先贤很早就认识到树立崇高、远大志向的极端重要性。例如，诸葛亮曾说：“志当存高远。”[①]近代以来，许多仁人志士以救亡图存、振兴中华为己任。中国共产党人始终把“为中国人民谋幸福，为中华民族谋复兴”作为初心使命，奋斗百年，矢志不移。周恩来在年轻时就立志“为中华之崛起而读书”。大学生只有志存高远，才能更好地克服学习目的功利化倾向。学习目的功利化倾向的主要表现是重个人梦轻中国梦，重小家轻大家，重眼前轻长远，重局部轻全局，没有把个人的前途命运与祖国的前途命运有机结合起来，是利己主义在确定学习目的上的表现。习近平强调：“青年兴则国家兴，青年强则国家强。青年一代有理想、有本领、有担当，国家就有前途，民族就有希望……广大青年要坚定理想信念，志存高远，脚踏实地，勇做时代的弄潮儿，在实现中国梦的生动实践中放飞青春梦想，在为人民利益的不懈奋斗中书写人生华章！”[②]大学生只有真正树立服务人民、报效祖国的志向，把实现个人梦想融入为实现中国梦而奋斗的伟大实践中，才能不负时代、不负人民，创造有价值的人生。

第二，要克己笃学，努力克服学习态度浮躁化倾向。学习态度浮躁化倾向的主要表现是心浮气躁、急功近利，应付对付、马马虎虎，上课开小差、作业不认真，成绩不求优、但求能及格，得过且过混日子，不求进取等毕业等。学习态度浮躁化倾向产生的主要根源是胸无大志，缺乏责任感和使命感。学习目的在很大程度上决定学习态度。如前所述，要志存

---

① 诸葛亮《诫外甥书》。

② 习近平．决胜全面建成小康社会　夺取新时代中国特色社会主义伟大胜利——在中国共产党第十九次全国代表大会上的报告(2017 年 10 月 18 日)[N]. 人民日报，2017-10-28(01).

高远，增强社会责任感和历史使命感，这是从根本上解决学习态度浮躁化倾向的必然选择。同时，要克己笃学，严谨认真。

第三，要持之以恒，努力克服学习动力递减化倾向。学习动力递减化倾向的主要表现是：高考前学习干劲十足，可谓忘我拼搏。考上大学后，虽然有松口气的想法，但基于高中刻苦学习的惯性、对大学生活的陌生感、年轻人的争胜心、家长的殷殷嘱托以及自己对未来的美好憧憬，在大学一年级，绝大多数学生还是比较认真的、用功的。到了大学二、三年级，由于学习课程难度增大、学习内容增多、大学生活已熟悉、各种课外活动眼花缭乱、自律意识强弱不一等原因，入学时的豪情和激情被日常的放任和懒散不断侵蚀，在学习上逐渐出现分化现象，部分学生学习动力明显减弱，甚至在一些课程的学习上出现掉队现象。到了大学四年级，准备毕业论文，忙于兼职和找工作，除了准备考研、考公务员、考托福和雅思准备出国留学的一部分学生，依然能够珍惜时光、静下心来刻苦学习，其他的一些学生中能潜心刻苦学习的愈发减少。学习动力递减化倾向产生的主要原因是享乐主义、功利主义、读书无用论等各种错误思想交织侵蚀下，自律意识和能力退化，持之以恒的毅力和精神匮乏。大学生要掌握真本领，不仅要志存高远、力戒浮躁，而且还要心无旁骛、锲而不舍。这需要大学生不断地增强自律意识、自律能力和自律素养。

第四，要珍惜时间，努力克服学习时间娱乐化倾向。学习时间娱乐化的主要表现是上课不专心、不用功，浪费了许多课堂学习的珍贵时间；在课外时间，不认真完成老师布置的作业，相互之间盲目攀比等，浪费了许多课外学习的宝贵时光。学习时间娱乐化倾向产生的主要原因是享乐主义、颓废主义、消费主义等错误思想的侵蚀，部分大学生自律意识和自律能力弱化。大学生珍惜时间、不负韶华就要学会科学运筹时间，合理安排时间；要统筹规划，制订切实可行的学习计划；要科学用脑，合理安排学习、休息、锻炼和其他活动；要争分夺秒，善于挤时间学习；要交流合作，发挥集体智慧和力量以达到提效率、节约时间的目的。

（二）工作自律

大学生在校期间的实习实训、实践锻炼、社会服务等活动，以及毕业以后从事某种职业都需要加强工作自律，因为工作自律既是干好工作、建功立业的必要条件，也是提高自身职业素养、工作本领的必然要求。工作自律一般包括工作职责自律、工作态度自律、工作过程自律和工作规范自律等。

第一，工作职责自律。大学生做任何工作首先要明确自己的工作职责、工作权限、工作目标和工作任务，要熟悉职责要求，把准角色定位，既不缺位，也不越位，更不乱位，踏踏实实地做好自己的本职工作。

第二，工作态度自律。工作态度如何在很大程度上决定着工作的得失成败。因此，大学生要加强工作态度自律，努力做到敬业奉献、勇于担当，严谨认真、热情服务，团结互助、有错必改，攻坚克难、积极进取；要坚决克服贪图安逸、拈轻怕重，敷衍塞责、生冷漠视，推诿扯皮、知错不改，畏惧困难、消极怠工等不正确的工作态度和工作做法。

第三，工作过程自律。工作过程优劣对工作成效具有决定性影响。增强工作过程自律，就要在工作中自觉坚持以问题为导向、以目标为导向，自觉坚持以人民为中心，正确处理工作全局与工作局部之间、工作战略与工作策略之间、眼前工作与长远工作之间、工作质量与工作数量之间、工作效率和工作效益之间、工作创新与尊重规律之间的辩证关系，努力实现工作的好、多、快、省的有机统一。在工作中要坚持干一行、爱一行、专一行，做到精益求精、不断追求卓越；要自觉把立足新发展阶段、贯彻新发展理念、构建新发展格局的要求有机融入本职工作全过程，为全面建设社会主义现代化国家、实现第二个百年奋斗目标做出应有的贡献。

第四，工作规范自律。加强工作规范自律，旨在做到干好事又不出事。在职业生涯中，大学生要增强忧患意识、坚持底线思维，始终做到知敬畏、存戒惧、守底线；要学习和遵守职业道德、劳动纪律、法律法规；要坚持安全第一，自觉维护人民的生命、财产安全和国家安全；要坚持公正无私，反对以权谋私；要坚持务实为民，反对形式主义、官僚主义、享乐主义和奢靡之风；要崇廉戒贪，自觉抵制权力、金钱、美色的诱惑，做到两袖清风，一尘不染，善始善终。

（三）生活自律

人在生活中难以完全避免安逸、艰险、诱惑等各种考验。大学生要走好人生的每一步，必须加强生活自律，过一种无愧于时代的清廉而有意义的生活。生活样态的丰富性、生活时间的长期性、生活实践的复杂性决定了生活自律内容的广泛性。一般来说，大学生要加强生活自律，需要努力做到以下八个方面：

1. 热爱生活，积极向善，过有德性的生活

2021 年 7 月 1 日习近平在庆祝中国共产党成立 100 周年大会上的讲话中指出："中国共产党和中国人民以英勇顽强的奋斗向世界庄严宣告，中华民族迎来了从站起来、富起来到强起来的伟大飞跃，实现中华民族伟大复兴进入了不可逆转的历史进程！"①大学生生逢祖国繁荣富强的伟大时代，要热爱生活、积极向善，才能创造更加美好的新生活。热爱生活，就要积极向上，努力学习和工作，为生活增光添彩；积极向善，就是要服务人民，努力为实现国家富强、民族振兴和人民幸福添砖加瓦，从而使生活更有价值，让生活充满德性之光。

2. 珍惜拥有，面向未来，过有追求的生活

今天的幸福生活是在党的领导下，无数革命者抛头颅、洒热血，以及无数祖国的建设者艰苦创业、辛勤劳动、不断创造的结果，需要倍加珍惜。面对未来，要把我国建设成社会主义现代化强国，实现中华民族伟大复兴，创造更加幸福美好的生活，大学生应该把实现个人和家庭生活幸福的梦想融入为满足人民日益增长的美好生活需要而奋斗的伟大实践

---

① 习近平．在庆祝中国共产党成立 100 周年大会上的讲话(2021 年 7 月 21 日)[N]．人民日报，2021-07-02(002)．

之中，过有崇高追求的生活。人追求的目标越崇高，其潜能发挥得就越充分。伟大的凝聚力、推动力、创造力和意志力只为崇高的目的而产生。

3. 务实认真，不慕虚荣，过有节制的生活

在生活中，由于每个人的禀赋才能、兴趣专长、岗位类别、所处环境以及面临的机遇、挑战各有不同，其选择的具体生活目标、生活方式、生活习惯等必然有所不同。虽然，人的生活呈现出丰富多彩的生活样态，但在创造幸福生活的过程中都应坚持务实认真的态度。也就是坚持一切从自身、家庭和社会的实际出发，既不夜郎自大、好高骛远，也不妄自菲薄、自暴自弃，更不羡慕虚荣、盲目攀比，而是要实事求是、严谨认真、明智理性地确定生活的具体目标和实现路径并妥善处理生活中的各种问题，让崇高美好的追求寓于有节制的平凡生活之中。

4. 艰苦奋斗，创造幸福，过有底气的生活

自古以来，中华民族就有提倡节俭、艰苦奋斗的优秀文化传统。我们党是艰苦奋斗作风的倡导者、实践者。在我们党的历史上一切有志之士、有识之士、有为之士都是这样以俭为本、以俭为荣的。无论是过去、现在，还是将来，艰苦奋斗都是创造幸福生活的根本性途径，都是我们党和人民的传家宝。习近平多次强调，新时代是奋斗者的时代，幸福都是奋斗出来的，奋斗本身就是一种幸福，从而深刻阐明了奋斗与幸福的辩证关系。

5. 诚以待人，仁爱包容，过有情义的生活

中华民族自古以来就崇尚和追求和睦、和谐、和平，强调“以和为贵”。如何实现“和”？虽然人们在生活中选择实现“和”的具体途径和方法会有所不同，但诚以待人、仁爱包容、有情有义是不可或缺的。诚以待人，方可赢得信任；仁爱包容，方可友好相处；有情有义，方可互助共进。《论语》有言：“礼之用，和为贵。有所不行，知和而和，不以礼节之，亦不可行也。”[①]这阐明了一个道理，即和谐是可贵的，但单纯地为和谐而去和谐，不用道德规矩来节制和约束，也是不可行的。由此可见，古代先贤早就认识到实现“和”是有原则的，是需要用道德规矩进行约束的。“和”与“义”并非是不辨是非、善恶、美丑的无原则的一团和气。在日常生活中，大学生只有坚持诚信待人、互相关爱、互相理解、互相包容，才能在培养亲情、爱情、友情、故乡情的基础上深化民族情、人民情、祖国情，进而把家国情怀与构建人类命运共同体的大同情怀有机结合，让大爱情怀和人间大义成为新时代大学生的生活主色调。

6. 宠辱不惊，顺逆从容，过有骨气的生活

如何对待人生中的荣与辱、顺与逆、得与失、生与死，这是对人的德性与智慧、信仰与意志、胸怀与境界的考验。无论是身处顺境，还是身陷逆境，只有始终坚持人民至上，做到宠辱不惊、去留无意，坦然面对、不骄不馁，既能顺势而为又能逆势而上，才能真正成为人

---

① 《论语·学而》。

生舞台的强者。

7. 有为无为，不争之争，过有智慧的生活

在社会不断变革、科技日新月异、竞争日趋激烈、节奏不断加快的现实生活中，青年人普遍感到需要做的事情特别多，然而每天的时间有限，个人的精力也有限，于是压力倍增，导致情绪波动、手忙脚乱、疲于奔命，长此以往则损害身心健康，甚至出现浮躁、迷惘、抱怨、嫉妒，走“捷径”或行“旁门左道”等现象。青年人想做事，多做事，做好事，拼搏奋斗，值得肯定和赞赏，这是个人生存发展和社会持续进步的需要。但若违背了人生发展进步的规律，违背了清正廉明的原则要求，就会事与愿违。应该怎么办？

其一，有所为，有所不为，善于抓住主要矛盾。唯物辩证法告诉我们：“在复杂的事物的发展过程中，有许多的矛盾存在，其中必有一种是主要的矛盾，由于它的存在和发展，规定或影响着其他矛盾的存在和发展。”①因此，要善于找准生活中的主要矛盾并集中主要精力去解决主要矛盾，只要主要矛盾解决了，其他矛盾和问题就会迎刃而解。《道德经》关于“无为而无不为”②的论述对怎样更好地生活是有启发和借鉴意义的。“无为”并非什么也不做，而是不妄为、不乱为，是一种智慧的选择。在面对纷繁复杂的生活时，学会选择、懂得放弃，做最应该做的、也能够做的、有重要意义的事，就能变生活压力为人生动力，变生活被动为人生主动。

其二，淡泊名利，克制不当欲望，善于做到“不争之争”。有些人在生活中常常感觉活得累，力不从心，对生活逐渐失去热情和兴趣，甚至出现抑郁。虽然，其原因比较复杂，不一而足，但是，对个人名利地位的过度看重、无限渴求与激烈竞争是其中原因之一。老子认为：“上善若水，水善利万物而不争”③“以其不争，故天下莫能与之争。”④因此，要在加强修养与自律中，学会挣脱名缰利锁，在“不争”中解放自我；同时，致力于“善利万物”，在利国利民的奋斗中贡献青春力量，在“争”中成就出彩人生。

8. 和而不同，美美与共，过有格局的生活

人的格局不同，其生活追求、生活方式、生活轨迹、生活样态等也就不同。在现实生活中，大学生应具备怎样的格局，如何形成这样的格局，是值得探究的重要问题。着眼于中华民族伟大复兴的战略全局和世界百年未有之大变局，大学生需要有新格局；着眼于奋进新征程建功新时代，大学生需要有新格局；着眼于我国日益走近世界舞台的中央和构建人类命运共同体，大学生需要有新格局。大学生需要有新格局，是由大学生所处时代的要求、承担的历史使命、国际国内大势、个人成长成才和生存发展的需要等综合因素所决定的，具有一定的历史必然性。

---

① 毛泽东．毛泽东著作选读(上册)[M]．北京：人民出版社，1986：160．

② 《道德经》第三十七章。

③ 《道德经》第八章。

④ 《道德经》第六十六章。

大学生要形成人生新格局需要做到以下几点：

一是要坚持顺应大势，胸怀全局。大学生要善于从全局高度用长远眼光观察形势、分析问题。顺应大势就是顺应人类历史发展进步的潮流，为实现中华民族的伟大复兴和助推人类和平发展的进步事业而不懈奋斗。胸怀全局就是胸怀祖国、放眼世界，不断拓展战略远见、保持战略定力，提高战略思维能力，学会正确把握和处理整体利益和局部利益的关系、眼前利益和长远利益的关系，分清主要矛盾和次要矛盾，多谋善断，不因小失大。

二是要坚持和而不同，求同存异。和而不同、求同存异、以和为贵、天下大同是中华民族的优良传统。在生活中，大学生要善于推己及人，包容差异，取长补短，和谐共生，互助共赢。

三是要坚持美人之美，美美与共。1990 年 12 月，在就"人的研究在中国——个人的经历"主题进行演讲时，我国著名社会学家费孝通先生对如何认识和处理不同文明之间的关系提出了自己的见解，即"各美其美，美人之美，美美与共，天下大同"。这一人类文明观体现了中华文明的内在精神和整体思维方式，对人们的生活和交往同样具有重要的价值引领作用。美美与共的本质是和而不同，共建大同。因此，大学生在生活中要学会扎根人民、自强不息、各美其美，相互尊重、相互欣赏、美人之美，和而不同、守望相助、美美与共，在和谐相处中努力实现共生共赢和可持续发展，这需要有天下为公的情怀、海纳百川的胸怀、顶天立地的气魄。

三、自律的主要方法

自律无定法，贵在得法。一般来说，大学生要提高自律的意识、能力和素养，需要勤学善思、自省改过、见贤思齐、慎独正心、锤炼意志等。

（一）勤学善思，明晰利害

自律的前提和基础是正确的认知、理性的思考和科学的判断。勤学方可增识启智从而更好地达成正确认知，因此，大学生要养成爱读书、读好书、善读书的学习习惯，培育向实践学习、向群众学习、向历史学习的好学精神，形成活到老、学到老、修养到老的终身学习理念。善思方可辨是非、知真伪、明利害，才能更好地增强理性并提高科学判断的能力。因此，大学生要养成勤于思考、善于思考的习惯，不断提高发现问题、分析问题和解决问题的能力。

古代先贤对学习和思考给予高度重视，勤学善思是中华文化的优良传统，也是自律修养的重要途径和方法。中国共产党人是勤学善思、自律修养的典范。中国共产党历经百年奋斗依然生机勃勃，虽然有诸多原因，但是重视学习、善于学习、坚持学习也是一个很重要的因素。毛泽东曾说："我一生最大的爱好是读书""饭可以一日不吃，觉可以一日不睡，书不可以一日不读"。毛泽东一生勤学自律，苦读不辍。习近平指出："中国共产党人依靠学习走到今天，也必然要依靠学习走向未来。我们的干部要上进，我们党要上进，我们的国家要上进，我们的民族要上进，就必须大兴学习之风，坚持学习、学习、再学习，坚持实践、实践、再实践。”[①]毛泽东、习近平等共产党人为青年大学生树立了勤学自律的榜样。

(二)一日三省,过而能改

《论语》中“吾日三省吾身”[②]的修养之道,体现了古代先贤高度的自律意识。经常反省自己在做人、做事、学习等方面存在的不足或过错,并加以弥补或纠正,长期坚持这样做,形成良好习惯,自律能力和自律素养必然与日俱增,终将修养成为清廉有为之士。

自我反省、过而能改需要自我革命的勇气和意志。其实,做到经常自我反省并非易事,这不仅要有一种自我教育的高度自觉,而且还要有自我剖析的勇气和毅力。过而能改更非易事,因为知道过错,即通过经常而深刻的反省,找准违背清廉的言行过错并分析产生过错的原因只是第一步。更为重要的,也是比较难的一步,就是在行动上真正能够坚决地改正过错。当面对各种诱惑或受到残酷打击时,为了维护祖国和人民的根本利益,仍然能够坚守清廉、干净做事、有错必纠的人,才是一个真正具有自律素养的人,才是民族的真正脊梁。因此,为永葆清廉进行自我革命,需要信仰、胸怀、胆识和意志的有机结合,这也是提高自律素养的必要条件。

(三)见贤思齐,从善如流

《论语》有言:“见贤思齐焉,见不贤而内自省也。”[③]其意为,看见德才兼备的人就要想着向他学习,看见没有德行的人,自己的内心就要反省是否有和他一样的错误。《左传》有云:“从善如流,宜哉。”[④]即听从好的意见和建议就像水从高处流下来一样迅速而顺畅,这样做是非常适宜的。见贤思齐、从善如流需要自律,而自律也在见贤思齐、从善如流的过程中得以增强。贤者,就是现在所说的好榜样、好典型。榜样的力量是无穷的,榜样具有示范性和吸引力、感染力、说服力。善于发现榜样、尊敬榜样,努力修德强能、向榜样看齐的整个过程就是一个自我教育、自我约束、自我提高的过程,伴随这一过程自律的意识、能力和素养必然也会增强,因为,自律既是见贤思齐的条件,也是见贤思齐的修炼之果。从善如流也是如此,自律增强了从善如流的效果,而在长期坚持从善如流的过程中,自律的意识、能力和素养也必然得以提高。总之,我们要在学习贤者、学习榜样和先进典型的过程中,在择善而从、从善如流的过程中,不断提高自律的意识、能力和素养,始终让清廉之光照亮心中的每一个角落。

(四)慎独正心,善养浩气

慎独正心是自律的关键一招,善养浩气是自律的重要一环,两者的结合对增强自律的能力和素养具有重要作用,而自律的能力和素养的提高也会进一步提升慎独正心和善养浩气的境界。

---

① 习近平.习近平谈治国理政(第一卷)[M].北京:外文出版社,2018:401.

② 《论语·学而》。

③ 《论语·里仁》。

④ 春秋·左丘明《左传·成公八年》。

1. 慎独正心

关于慎独的内涵,有不同的理解和阐释。一是虽独处于无人闻睹之境,仍能谨慎而不失德、不逾矩。《礼记》有言:“诚于中,形于外。故君子必慎其独也。”[①]“君子戒慎乎其所不睹,恐惧乎其所不闻。莫见乎隐,莫显乎微,故君子慎其独也。”[②]正如刘少奇所说:“一个人在独立工作,无人监督,有做各种坏事的可能的时候,不做坏事,这就叫慎独。”[③]二是谨慎地保持自己独特的品行。《淮南子》有云:“君子慎独,如兰生幽谷,舟行江海,无人也始终如一。”[④]三是表征修身的一种至高境界,即始终不渝地做到至诚不欺,光明正大。犹如《格言联璧》所言:“内不欺己,外不欺人,上不欺天,君子所以慎独。”[⑤]若达到心口如一、言行如一、始终如一的境界就可谓慎独。四是表示一种态度和方法,即谨慎治学或谨慎做事从而达到无愧于心、心胸安泰。综上所述,我们可以看出慎独是一个综合性概念,不同的人有不同的理解,在不同的语境下有不同的内涵,这也体现了中华优秀传统文化的发展性特征。理解“慎独”的内涵,要注意:(1)慎独是自律修养的过程与自律修养达到的境界的辩证统一,慎独是终身自律修养的功夫,不可能一蹴而就、一劳永逸;(2)慎独是自律修养以达“至善”的重要方法,是正心、正行、正身和抗诱惑、拒腐蚀、保大义以达内心安泰的重要途径;(3)慎独的主体具有广泛性,人人皆可在自律修养中提高慎独的能力和境界。

慎独正心与自律修养是相互融通、相辅相成的,慎独正心是自律修养的关键一招,自律修养是慎独正心的必要条件。在慎独正心的不断修炼中,自律的能力、素养必然实现不断超越,同时,自律的能力和素养的超越又必然会推动慎独正心达到新的境界。

2. 善养浩气

浩气,即浩然之气,指的是人间正气,刚直正大的精神。只有善养浩然之气,筑牢思想防线和精神堤坝,才能有效地防范和抵御物欲横流的侵蚀、灯红酒绿的诱惑、诡计多端的“围猎”等。

善养浩气与自律修养是相互联系、密不可分的,善养浩气是自律修养的重要一环,自律修养是善养浩气的前提基础。在善养自身浩然之气的过程中,自律的能力、素养必然会不断提高,而自律的能力和素养的提高又会推进自身浩然之气的养成。

(五)锤炼意志,水滴石穿

锤炼意志是提高自律的能力和素养的必然选择。一个人在一时一事上做到清廉自律也许并不难,难的是一生一世做到清廉自律,因为这需要坚韧不拔的意志力作保证。因此,锤炼意志就成为提升自律修养水平、永葆清廉的根本性方法和必修课。

意志是人们自觉地确定目的,并在实践中根据目的调节、支配自身的言行,克服困难、

---

① 《礼记·大学》。

② 《礼记·中庸》。

③ 刘少奇. 论共产党员的修养[J]. 红旗,1962(15,16).

④ 《淮南子·说山训》。

⑤ 清·金缨《格言联璧·持躬》。

战胜挫折去实现预定目标的心理过程。人的意志是人的主观能动性的体现，具有目标坚定性、行动自觉性、长期坚持性、坚强顽强性、超常自制性等特征。意志主要体现在两个方面：一是受到打击，遇到挫折或失败时的表现，遭受猛烈打击时的耐受力即坚强性，遭遇反复或持续打击时的耐受力即顽强性；二是在安逸的条件下或身处顺境中，面对名利、权力等形形色色的诱惑时的表现，受到诱惑时的抗拒力即拒腐防变力或践行清廉的坚持力。中国共产党人的百年奋斗史就是为实现民族伟大复兴和人民自由幸福而艰苦奋斗、百折不挠的历史，崇高的信仰与坚韧不拔的意志是铸就共产党人精神的不可或缺的核心要素。

锤炼意志要有水滴石穿、锲而不舍的精神，必须在日常的生活中不断加强，坚持不懈，养成习惯，逐渐形成既坚强又顽强的意志品质，这一过程也是自律修养的过程，在锤炼意志中增强自律，在增强自律中锤炼意志，两者相互促进、相得益彰。只有锤炼出超强的意志力，方可有超强的自律的能力和素养，永葆清廉本色。

【解疑释惑】

如何看待学生干部腐败问题？

当前，高校里的一些学生干部染上了官僚的坏习气，对一些老师或同学溜须拍马、阿谀谄媚，而对一些同学则是高高在上的姿态和做派。

学生干部腐败不可小觑。它实际上是青年大学生将社会上的一些陋习带到了大学，是功利主义的一种表现，高校应该及时加以教育和引导。

我们应该清醒地认识到，学生干部是高校实行学生自我管理，以及借助这个平台因材施教的一种普遍方式。学生干部的宗旨应该是为学生服务，并在服务的过程中提升自己的综合素质。如果学生干部是冲着“特权”或者谋取私利去的，违背了职务的要求不说，还滋生了腐败的思想，即使当选也会很快因为行为出格而被否定。

各高校应该通过各种措施对此类现象加以杜绝。例如，在学生干部的选拔过程中，加强思想引导，突出以德为先、德才兼备，坚持民主集中制原则；实行公开化、民主化、透明化的选拔方式；不唯票、不唯分，注重品学兼优、师生公认；学习态度不端正，纪律观念淡薄，政治思想落后，利己主义、官僚主义、功利主义、自由主义思想严重的人不能用。同时，高校要完善学生干部的考核、监督和奖励机制，引导学生干部更好地为学生服务。此外，高校还要加强培养学生干部的自律意识，只有严于律己才能让其他同学心服口服，才能更好地开展服务工作。

而作为不担任学生干部的普通同学，要提高主人翁意识，见到违规违纪现象要敢于并善于斗争，及时提出批评意见，若发现有严重违纪的要及时举报，而不能抱着无所谓的态度。只有校园风清气正，才能更好地培养学生的清廉品质。

【案例分析】

以案为鉴——低保办主任把贪婪的黑手伸向贫困户①

赵永琏，1988年参加工作，在组织的关心培养下，她从普通工作人员一步步走上事关扶贫和民生疾苦的重要岗位。2002年起，赵永琏开始担任甘肃省兰州市永登县民政局低保办（社会救助办公室）主任，承担着全县城乡居民医疗救助、最低生活保障、农村五保供养、临时生活救助、城市低收入家庭认定以及向低保户、五保户和低收入家庭发放补贴等相关工作。

一个县民政局低保办的主任，职位虽不高，却掌管着扶贫民生领域资金审批的“大权”。本应尽己所能为困难群众解决燃眉之急，但在赵永琏这里，她却把困难群众当成了“提款机”，毫无底线地向困难群众进行无休止的“索取”。

2016年，该县苦水镇沙湾村村民汪某的女儿得了重病。为给孩子治病，这个并不富裕的家庭倾尽了所有，欠下了“一屁股”外债，当听说政府对因重大疾病且有困难的家庭可以救助时，汪某立即到民政局低保办申请办理大病救助。赵永琏以“事不好办”“需要请客吃饭、打点领导”等为由，先后3次向汪某索要人民币4.5万元。这使得这个本已债台高筑的家庭更加雪上加霜，而所申请的救助事宜也始终石沉大海、杳无音信。被索要的钱财则全部被赵永琏用于个人支出，挥霍一空。

如果说在低保申请办理上设门槛、索钱财，是赵永琏利用职务之便索贿的伎俩，那么，对其帮扶贫困户的“挖坑”搜刮，则完全暴露了内心的贪婪。

杨某是该县龙泉寺镇大涝池村的一位普通村民，也是一位需要精准扶贫的建档立卡贫困户，同时还是赵永琏个人的精准扶贫帮扶对象。

赵永琏利用杨某想申请政府资金扶持开办养殖场，尽快脱困致富的迫切心理，以申请资金帮扶为幌子，抓住“发财”的机会，编造各种理由向杨某索要钱款，俨然把贫困户当成了自己的“私人银行”。

2015年1月的一天，一心想通过开办养殖场来发展致富的杨某，听说可以申请政府的资金扶持后，满怀希望地向自己的帮扶干部赵永琏进行求助。开始赵永琏满口答应，并对杨某说自己能给她争取到5万元的扶持资金。但让人意想不到的是，赵永琏对杨某说：“申请养殖扶持资金需要找关系，找关系就得打点吃饭，请客送礼，你给我3万块钱，这个事我来办。”听了赵永琏的话，虽然杨某满心的不情愿，但为了尽快申请到资金，她还是咬着牙当天就把东拼西凑的钱转给了赵永琏，而钱一到手，赵永琏就全部用在自己的支出上了。此后，见申请扶持资金的事一直没有消息，杨某多次找到赵永琏要回钱款。赵永琏在这时却玩起了“太极”，以“正在办理”为由进行推托。

---

① 张祎鑫．以案为鉴：低保办主任把贪婪的黑手伸向贫困户［EB/OL］．(2020-07-22)［2022-03-16］．https://www.ccdi.gov.cn/yaowen/202007/t20200717_222184.html．

2018年3月，因手头紧张，“返贫”了的赵永琏，又给杨某打电话索要3千元“活动经费”，并称申请的钱过几天就能下来。杨某无奈，又一次选择了相信赵永琏，并通过微信转账的方式向赵永琏转款3千元。可没承想，刚过几天，赵永琏就又对杨某说，你再给我1万元，钱马上就能拨下来。只不过，这一次她向杨某抛出的是一个“更大的蛋糕”——申请的养殖资金从5万元变为了10万元，而且“星期一就能到账”。就这样，通过一次次的欺骗，赵永琏前后三次向杨某索要钱款累计达4.3万元。

一直到赵永琏案发，杨某这个老实巴交的农村妇女都始终不能理解，也始终不敢相信一个堂堂国家干部、脱贫攻坚关键部门负责人、自己的结对帮扶干部会“骗”她。

廉租房是政府向城市低收入住房困难家庭提供的保障性住房，目的是解决城市特困人口住房问题，属社会保障和社会福利的范畴。而在赵永琏眼中，这又是一块令她垂涎三尺的“唐僧肉”。

该县城关镇居民张某在提交了廉租房申请后，找到赵永琏想让其帮忙办理廉租房事宜。不曾想，这个申请成了赵永琏贪婪索贿的“套索”，一步步把张某引向自己设计好的陷阱。

“申请廉租房的事可能成了，你准备上三四万块钱交给我……”没过多久，赵永琏就给张某打电话，以“请客吃饭、打点领导”为由第一次向张某索要钱款。为早日能办好廉租房，满心期待的张某没多想，随后就将一个装有3万元现金的纸袋向赵永琏乖乖奉上。

有了第一次也就有第二次、第三次。看张某这么“上道”，一天，赵永琏向张某打电话说廉租房的事情还没有办完，让他再拿2万元。这一次，张某留了个“心眼”，在把钱交给赵永琏的同时，又让其给自己打了一个收条。时间转瞬即逝，半年过去，这一次，赵永琏又故技重施，打电话给张某说廉租房的事成了，但是要交“廉租房押金”，信以为真的张某赶紧将1万元的“押金”直接在县委门口交到了赵永琏的手上。

事情到这里就结束了吗？没有，还有第四次。赵永琏再次打电话给张某，说廉租房的钥匙已拿到，让他再拿4万块钱，谎称钱要交给县房管局。就这样，赵永琏又顺利地拿到了“心仪”的钱款。

先后四次交款，累计金额达10万元之多。如梦初醒的张某才意识到申请的廉租房不过是“海市蜃楼”，在多次讨要钱款无果后，张某选择了向当地纪检监察机关举报赵永琏利用职务之便索要巨额钱款的问题。

以同样方式和“理由”被索骗的不仅仅是张某一人，还有该县居民郭某，他因为女儿申请办理低保和廉租房，先后四次被赵永琏索要钱款5.79万元……

“赵永琏涉嫌受贿犯罪线索，系省委第一巡视组转办和群众举报，其问题大多是涉及困难弱势群体的‘城乡居民低保五保’‘大病医疗救助’‘廉租房申请’等事项，必须在最短时间内，把赵永琏案办成铁案，给人民群众一个满意交代。”永登县纪委监委主要负责人对案件作出明确要求。

随后，永登县纪委监委调集精兵强将在短时间内查清了赵永琏严重职务违法并涉嫌受贿犯罪的主要事实，成为该县深化扶贫领域腐败和作风专项治理过程中，严肃查办的一起重大典型案件。

“赵永琏骗取的这些钱，全扔在了麻将桌上。自从染上了赌博恶习，她输多赢少，越是想翻本，就输得越多，沉溺在赌瘾中无法自拔。不少困难户都曾接到赵永琏的电话，说需要立即转钱，好请关键人物吃饭，他们万万想不到，电话那端的赵永琏其实是坐在牌桌上。”①

赵永琏利用负责城乡居民低保五保、大病医疗救助、贫困户养殖扶持等工作的职务便利，以“好处费”“打点费”等为由，多次向管理服务对象索取不义之财，累计非法收受他人钱款现金达 55.06 万元。2019 年 8 月，赵永琏受到开除党籍、开除公职处分；9 月，检察机关对赵永琏涉嫌职务犯罪的问题依法提起公诉；11 月，赵永琏被判处有期徒刑三年六个月，并处罚金人民币十万元。

在看守所，赵永琏面对镜头，从内心发出忏悔：“把一辈子输了进去”。

分析

从上述案例可以看出，赵永琏走上犯罪道路的一个最直接的原因就是她迷恋赌博导致平日工资难以支撑日常消费，为了满足赌博的需要而把贪婪的黑手伸向贫困户。客观地讲，从贪污的数额来看，与一些“大贪”相比，赵永琏充其量只能算得上一个“小赌小贪”，但是“小赌小贪”照样将赵永琏引向犯罪。

从古至今，赌徒历来为人们所不齿，他们大多游手好闲，缺乏自制。赵永琏因赌博、犯罪而自毁前程的悲剧给我们大学生敲响了警钟：千万不要忽视自己的一些不良的行为习惯，沉湎赌博、游戏等无异于自我麻醉、自我消磨、自我浪费，我们大学生一定要养成自律的良好品德和行为习惯。

权力是人民赋予的，因此要始终坚持“权为民所谋”，做到依法用权、秉公用权、谨慎用权。这不仅需要“把权力关进制度的笼子里”，也需要加强清廉品质的修养，特别是自律意识、能力和素养的提高。“有困难找政府。”依法反映合理诉求是困难群众的合法权利，管理服务部门也应在职权范围内最大限度地帮助困难群众早日摆脱困境。但随着赵永琏对所负责工作的熟悉和掌握，加之所管理服务的对象都是“有求于”她的弱势群体，她的内心渐渐滋生了一种天经地义、唯我独大的膨胀心理，眼睛里再也装不下群众的疾苦，而是把心思全部用在了如何在这些困难群众身上赚取钱财。清廉自律防线的失守，个人私欲的不断膨胀，导致赵永琏一步步走向犯罪的邪恶之路，堕落成为祸害百姓的罪人，严重败坏党和政府的形象，因此而受到法律惩处，罪有应得。赵永琏作为反面典型，告诫人们：恶习和贪欲是祸，自律和清廉是福。

---

① 中央纪委国家监委宣传部，中央电视台．电视专题片《零容忍》第二集《打虎拍蝇》[EB/OL].(2022-01-16)[2023-03-16]. https://news.cctv.com/2022/01/16/ARTIck8XvbDDLbwlnepvxwBQ220116.shtml.

中国共产党坚持“老虎”“苍蝇”一起打，增强了人民群众对党风廉政建设和反腐败斗争的信心。“党的十九大以来，截至2021年10月底，全国共查处民生领域腐败和作风问题45.1万起，批评教育帮助和处理61.1万人；查处涉黑涉恶腐败和‘保护伞’问题9.7万起，给予党纪政务处分8.8万人。2018年至2020年，扶贫领域腐败和作风问题三年专项治理期间，查处问题28万个，批评教育帮助和处理39.2万人；2021年1月至10月，查处巩固拓展脱贫攻坚成果同乡村振兴有效衔接方面腐败和作风问题1.5万个，批评教育帮助和处理2.1万人。”①赵永琏作为反面典型，警示人们：莫伸手，伸手必被捉。

【拓展阅读】

习近平在中央党校(国家行政学院)中青年干部培训班开班式上发表重要讲话②

2022年春季学期中央党校(国家行政学院)中青年干部培训班3月1日上午在中央党校开班。习近平同志在开班式上发表重要讲话强调，年轻干部是党和国家事业发展的希望，必须筑牢理想信念根基，守住拒腐防变防线，树立和践行正确政绩观，练就过硬本领，发扬担当和斗争精神，贯彻党的群众路线，锤炼对党忠诚的政治品格，树立不负人民的家国情怀，追求高尚纯粹的思想境界，为党和人民事业拼搏奉献，在新时代新征程上留下无悔的奋斗足迹。

习近平强调，理想信念是立党兴党之基，也是党员干部安身立命之本。年轻干部接好班，最重要的是接好坚持马克思主义信仰、为共产主义远大理想和中国特色社会主义共同理想而奋斗的班。党员干部只有胸怀天下、志存高远，不忘初心使命，把人生理想融入党和人民事业之中，把为人民幸福而奋斗作为自己最大的幸福，才能拥有高尚的、充实的人生。坚定理想信念，必先知之而后信之，信之而后行之。坚定理想信念不是一阵子而是一辈子的事，要常修常炼、常悟常进，无论顺境逆境都坚贞不渝，经得起大浪淘沙的考验。

习近平指出，年轻干部必须牢记清廉是福、贪欲是祸的道理，经常对照党的理论和路线方针政策、对照党章党规党纪、对照初心使命，看清一些事情该不该做、能不能干，时刻自重自省，严守纪法规矩。守住拒腐防变防线，最紧要的是守住内心，从小事小节上守起，正心明道、怀德自重，勤掸“思想尘”、多思“贪欲害”、常破“心中贼”，以内无妄思保证外无妄动。

习近平强调，干部守住守牢拒腐防变防线，要层层设防、处处设防。要守住政治关，时刻绷紧旗帜鲜明讲政治这根弦，在大是大非面前、在政治原则问题上做到头脑特别清醒、立场特别坚定，决不当两面派、做两面人，决不拿党的原则做交易。要守住权力关，始终保

---

① 中央纪委国家监委宣传部，中央电视台．电视专题片《零容忍》第二集《打虎拍蝇》[EB/OL]．(2022-01-16)[2023-03-16]．https://news.cctv.com/2022/01/16/ARTIck8XvbDDLbwlnepvxwBQ220116.shtml.

② 习近平．在中央党校(国家行政学院)中青年干部培训班开班式上的讲话[N]．光明日报，2022-03-02(01).

持对权力的敬畏感，坚持公正用权、依法用权、为民用权、廉洁用权。要守住交往关，交往必须有原则、有规矩，不断净化社交圈、生活圈、朋友圈。要守住生活关，培养健康情趣，崇尚简朴生活，保持共产党人本色。要守住亲情关，严格家教家风，既要自己以身作则，又要对亲属子女看得紧一点、管得勤一点。

习近平指出，树立和践行正确政绩观，起决定性作用的是党性。只有党性坚强、摒弃私心杂念，才能保证政绩观不出偏差。共产党人必须牢记，为民造福是最大政绩。我们谋划推进工作，一定要坚持全心全意为人民服务的根本宗旨，坚持以人民为中心的发展思想，坚持发展为了人民、发展依靠人民、发展成果由人民共享，把好事实事做到群众心坎上。什么是好事实事，要从群众切身需要来考量，不能主观臆断，不能简单化、片面化。哪里有人民需要，哪里就能做出好事实事，哪里就能创造业绩。业绩好不好，要看群众实际感受，由群众来评判。有些事情是不是好事实事，不能只看群众眼前的需求，还要看是否会有后遗症，是否会"解决一个问题，留下十个遗憾"……

习近平强调，只有全党继续发扬担当和斗争精神，才能实现中华民族伟大复兴的宏伟目标。担当和斗争是一种精神，最需要的是无私的品格和无畏的勇气。无私者无畏，无畏者才能担当、能斗争。担当和斗争是一种责任，敢于负责才较真担当、真斗争。党员干部特别是领导干部要发扬历史主动精神，在机遇面前主动出击，不犹豫、不观望；在困难面前迎难而上，不推诿、不逃避；在风险面前积极应对，不畏缩、不躲闪。担当和斗争是一种格局，坚持局部服从全局、自觉为大局担当更为可贵。要心怀"国之大者"，站在全局和战略的高度想问题、办事情，一切工作都要以贯彻落实党中央决策部署为前提，不能为了局部利益损害全局利益、为了暂时利益损害根本利益和长远利益。

【知与行】

自律是检验一个人的情操的试金石，自律的最高境界就是慎独，慎独之人应三思而后行，我们大学生要在学习和生活中有意识地培养我们的廉洁自律精神，坚持经常自我反省。

【课外作业】

1. 以小组为单位，制订计划，明确分工，调查所在学校或班级学生干部的作风问题，并结合廉洁自律提出解决的办法。

2.《零容忍》是一部振聋发聩的反腐倡廉力作，请大家在线观看，然后进行小组讨论：大学生在走上工作岗位之后，如何一以贯之地保持清廉的品质？

第七讲 清廉重在良治

——优环境风清气正

全面从严治党要贯穿于改革开放和现代化建设全过程，贯穿于党的建设和党内生活各方面。

先进性和纯洁性是马克思主义政党的本质属性，我们加强党的建设，就是要同一切弱化先进性、损害纯洁性的问题作斗争，祛病疗伤，激浊扬清。

依法治国是坚持和发展中国特色社会主义的本质要求和重要保障，是实现国家治理体系和治理能力现代化的必然要求。我们要实现经济发展、政治清明、文化昌盛、社会公正、生态良好，必须更好发挥法治引领和规范作用。

文化文艺工作者、哲学社会科学工作者都肩负着启迪思想、陶冶情操、温润心灵的重要职责，承担着以文化人、以文育人、以文培元的使命。

应该用现实主义精神和浪漫主义情怀观照现实生活，用光明驱散黑暗，用美善战胜丑恶，让人们看到美好、看到希望、看到梦想就在前方……我们要通过文艺作品传递真善美，传递向上向善的价值观，引导人们增强道德判断力和道德荣誉感，向往和追求讲道德、尊道德、守道德地生活。只要中华民族一代接着一代追求真善美的道德境界，我们的民族就永远健康向上、永远充满希望。

——习近平

【导语】

外因是事物发展变化的重要条件，大学生清廉教育总是在一定的环境中进行，并时刻受其影响。良好的教育环境能够与清廉教育形成合力，促进大学生清廉品质的形成和发展；不良的环境会破坏大学生清廉教育的效果，阻碍大学生清廉品质的发展。囿于大学生清廉教育环境的开放性和复杂性，我们必须要全方位发力、多措并举，才能建成风清气正的良好环境。其中，全面从严治党是实现社会清廉的关键，全面依法治国是实现社会清廉的保障，全面以文化人是实现社会清廉的基础，本讲着重从这三个方面进行探讨。

第一节　全面从严治党

【基本理论】

一、全面从严治党是实现社会清廉的关键

全面从严治党就是中国共产党作为中国工人阶级的先锋队、中国人民和中华民族的先锋队，为了保持党的先进性，实现党的宗旨；为了确保党的领导核心地位，更好地完成党所肩负的历史使命，实现不同历史阶段的战略目标，实现最广大人民群众的根本利益；为了更好地发挥党的各级组织和党员干部的积极带头作用，不断清除腐败分子，提高党的战斗力、凝聚力、公信力的治党基本方针和建设理念。[1] 无论是新民主主义革命时期，还是社会主义革命、建设和改革开放时期，党的历任领导集体都十分重视全面从严治党。在党的七届二中全会上，毛泽东就提出共产党人要警惕“糖衣炮弹”的攻击，努力做到“两个务必”。改革开放时期，邓小平指出：“只有搞好党风，才能转变社会风气，才能坚持四项基本原则”[2]“端正党风，是端正社会风气的关键”[3]。党的十八大以来，中国特色社会主义进入新时代，习近平提出了“全面从严治党”重要思想，在理论和实践上开创了全面从严治党的新局面。“全面建设社会主义现代化国家、全面推进中华民族伟大复兴，关键在党”[4]，在社会清廉建设中，全面从严治党发挥着关键作用。

第一，全面从严治党为社会清廉提供正确的价值导向。社会清廉是指形成清、正、廉、明的社会风气，清廉贯穿经济、政治、文化、社会、生态等各领域。如经济上能够坚持社会主义基本经济制度，遵守法律法规、市场规则，开展公平竞争，合法经营；在政治上坚持四项基本原则，坚持党的领导，坚守人民立场，不搞私相授受、以权谋私、行贿受贿，始终维护国家和人民的利益；在文化上，学习新思想，宣传正能量，践行社会主义核心价值观；在社会上，增强主人翁意识，积极作为，共建共治共享；在生态上，坚持“绿水青山就是金山银山”的理念，尊重自然、顺应自然、保护自然，低碳生活，爱护环境。中国共产党是中国特色社会主义事业的领导核心，党政军民学、东南西北中，党是领导一切的。我国经济、政治、文化、社会及生态建设都离不开中国共产党的领导。只有全面从严治党，使党始终保持先

---

① 董一潼．中国共产党“从严治党”及其创新研究[D]．长春：吉林大学，2015.

② 邓小平．邓小平文选(第二卷)[M]．北京：人民出版社．1994:178.

③ 邓小平．邓小平文选(第三卷)[M]．北京：人民出版社．1993:144.

④ 习近平．高举中国特色社会主义伟大旗帜　为全面建设社会主义现代化国家而团结奋斗——在中国共产党第二十次全国代表大会上的报告(2022年10月16日)[M]．北京：人民出版社，2022:63.

进性，始终代表中国最先进生产力的发展要求，代表最广大人民的根本利益，代表最先进文化的发展方向，才能够科学执政、民主执政、依法执政，使各项事业蓬勃发展，稳固社会清廉的根基。作为执政党，如果党自身存在严重问题，方向走偏，能力缺失，那么必然出现经济发展受限、社会矛盾凸显、思想文化混乱，社会清正廉明也将无从谈起。

第二，全面从严治党为社会清廉起到引领示范作用。社会清廉要求人们具备清廉素质，包括清廉认知、情感、信念、意志、行为、习惯等，其形成是一种内化于心、外化于行的过程，是一种从习得到践行再到新习得、新践行的螺旋上升过程。在素质形成过程中，正面激励与素质增长呈正相关关系，正面激励多则素质习得快、践行动力足；反之，反面刺激会降低素质习得和践行效率甚至会导致负增长。特别是在社会中起关键作用的群体更是发挥着巨大的影响作用。党员干部队伍是社会中非常关键的群体，他们在很大程度上代表着组织形象，其行为具有示范引导功能。习近平指出："领导机关是国家治理体系中的重要机关，领导干部是党和国家事业发展的'关键少数'，对全党全社会都具有风向标作用。'君子之德风，小人之德草，草上之风必偃。'在上面要求人、在后面推动人，都不如在前面带动人管用。"①

第三，全面从严治党为实现社会清廉剜除毒瘤。腐败是社会清廉的最大障碍，而党员干部腐败对社会的负面影响尤为严重。一方面，党员干部手握权力，可以支配一定的公共资源，一旦腐败就会对社会造成严重危害；另一方面，一些党员干部腐败往往会形成自己的关系网，出现极坏的腐败辐射，一个人腐败带坏一批人腐败，误国害民，后果十分严重。坚持全面从严治党，有案必查、有腐必惩，坚决铲除腐败毒瘤，必定能够大大推进社会清廉风气的形成。党的十八大以来，我们党严抓反腐倡廉，开展了"打虎""拍蝇""猎狐"等系列行动，取得积极成效，促进了社会风气的根本好转。

二、全面从严治党的基本内容

党的十九大报告对新时代党的建设新的伟大工程作出全面部署，提出新时代党的建设总要求是：坚持和加强党的全面领导，坚持党要管党、全面从严治党，以加强党的长期执政能力建设、先进性和纯洁性建设为主线，以党的政治建设为统领，以坚定理想信念宗旨为根基，以调动全党积极性、主动性、创造性为着力点，全面推进党的政治建设、思想建设、组织建设、作风建设、纪律建设，把制度建设贯穿其中，深入推进反腐败斗争，不断提高党的建设质量，把党建设成为始终走在时代前列、人民衷心拥护、勇于自我革命、经得起各种风浪考验、朝气蓬勃的马克思主义执政党。党的二十大报告强调，要落实新时代党的建设总要求，健全全面从严治党体系。

（一）政治建设

党的政治建设是指"马克思主义政党为确保党的先进性、纯洁性，围绕坚持政治方向、

① 习近平．在"不忘初心、牢记使命"主题教育总结大会上的讲话[N]．人民日报，2020-01-09(02)．

政治路线、政治原则进行的自身建设，是直接关系党的宗旨，直接影响党的领导核心地位，直接决定党在政治上成熟程度的根本性建设。”[①]党的二十大报告指出，“加强党的政治建设，严明政治纪律和政治规矩。”加强党的政治建设：一要坚决维护党中央权威和集中统一领导，在政治立场、政治方向、政治原则、政治道路上同党中央保持高度一致；二要坚定执行党的政治路线，坚持以经济建设为中心，坚持四项基本原则，坚持改革开放；三要以党章为基本遵循，严格执行新形势下党内政治生活若干准则，增强党内政治生活的政治性、时代性、原则性、战斗性，自觉抵制商品交换原则对党内生活的侵蚀，营造风清气正的良好政治生态；四要完善和落实民主集中制的各项制度，坚持民主基础上的集中和集中指导下的民主相结合，既充分发扬民主，又善于正确集中；五要弘扬忠诚老实、公道正派、实事求是、清正廉明等价值观，坚决防止和反对个人主义、分散主义、自由主义、本位主义、好人主义，坚决防止和反对宗派主义、圈子文化、码头文化，坚决反对搞两面派、做两面人。

（二）思想建设

党的思想建设是指中国共产党为保持自身的创造力、凝聚力和战斗力在思想理论方面进行的一系列工作。[②] 习近平指出，“对党员、干部来说，思想上的滑坡是最严重的病变，‘总开关’没拧紧，不能正确处理公私关系，缺乏正确的是非观、义利观、权力观、事业观，各种出轨越界、跑冒滴漏就在所难免了”[③]。因此，思想建设是党的基础性建设。一是抓好理想信念教育，要教育全党牢记党的宗旨，树立正确的世界观、人生观、价值观，自觉做共产主义远大理想和中国特色社会主义共同理想的坚定信仰者和忠实实践者。二是抓好政治理论学习，用习近平新时代中国特色社会主义思想武装全党，使党员能够运用马克思主义的立场、观点和方法来分析和解决实际问题。三是抓好道德建设，使党员成为遵守社会公德、职业道德、家庭美德、个人品德的标杆。四是抓好党史学习教育，使党员从中国共产党党史、新中国史、改革开放史、社会主义发展史中汲取智慧，做到知史爱党、知史爱国、观照现实、推动工作，不断提高政治判断力、政治领悟力、政治执行力。五是抓好学思用贯通、知信行统一，把党的创新理论转化为坚定理想、锤炼党性和指导实践、推动工作的强大力量。

（三）组织建设

马克思和恩格斯在《共产党宣言》中号召“全世界无产者，联合起来！”这揭示了马克思主义政党要实现其历史使命，必须具有高度组织性、纪律性、凝聚力和战斗力，能够团结世界人民，共同奋斗。党的二十大提出了组织建设的两个重点内容：一是建设堪当民族复兴重任的高素质干部队伍，坚持德才兼备、以德为先、五湖四海、任人唯贤，树立选人用人正确导向，选拔忠诚干净担当的高素质专业化干部，选优配强各级领导班子，加强干部斗争精神和斗争本领养成，激励干部敢于担当、积极作为。二是增强党组织政治功能和组织功能，坚持大抓基层的鲜明导向，把基层党组织建设成为有效实现党领导的坚强战斗堡

---

① 唐晓清，钟宪章．旗帜鲜明讲政治：习近平党的政治建设思想的重要内涵[J]．毛泽东研究，2017(05)：21.

② 赵淑梅，周明宽．中国共产党思想建设的百年历程与时代探索[J]．中国特色社会主义研究．2021(03)：95.

③ 习近平．在党的群众路线教育实践活动总结大会上的讲话[N]．光明日报，2014-10-09(02).

垒，激励党员发挥先锋模范作用，保持党员队伍先进性和纯洁性。

（四）作风建设

习近平指出："执政党的党风关系党的形象，关系人心向背，关系党和国家生死存亡。"[①]党的作风建设是全面从严治党的切入点，全面从严治党必须抓作风建设。一是思想作风，即党员的思想根基稳不稳、思想源头纯不纯的问题，思想作风建设起到"正本清源"的作用，只有党员牢记初心使命，增强"四个意识"、坚定"四个自信"，才能够在思想源头上永葆党的先进性和纯洁性，提升党的凝聚力和向心力。二是工作作风，即党员在工作中展现出的工作态度、行为标准、目标追求、敬业精神等，包含如何处理上级与下级、中央与地方、内容与形式、理论与实践、付出与回报的关系，涉及事业观、价值观、群众观等。求真务实、密切联系群众、调查研究、实事求是、批评与自我批评是中国共产党在历史发展中形成的优良作风。三是生活作风，即党员在生活中的精神风貌、道德情操、人格魅力和价值取向，表现在个人生活、社会生活和家庭生活当中与人、物、钱交往中，生活作风跟思想作风、工作作风是紧密联系的。

（五）纪律建设

党的纪律建设为党的其他各项建设提供规范和保障。中国共产党自诞生之日起就把纪律写在自己的旗帜上。习近平指出，"加强纪律建设是全面从严治党的治本之策"。[②] 党的十九大报告把纪律建设作为党的建设总体布局的一个重要方面，并强调要重点强化政治纪律和组织纪律，带动廉洁纪律、群众纪律、工作纪律、生活纪律严起来。党的二十大报告进一步强调要全面加强党的纪律建设，坚持以严的基调强化正风肃纪。

全面从严治党，必须抓好党的政治建设、思想建设、组织建设、作风建设、纪律建设，同时必须将制度建设贯穿始终，让党的各项建设制度化。另外，腐败是我们党面临的最大威胁，反腐败斗争是推进党的建设标本兼治的重要举措。

三、全面从严治党的主要经验和启示

（一）全面从严治党必须坚持党的宗旨

全心全意为人民服务是党的根本宗旨。习近平指出："要坚持全心全意为人民服务的根本宗旨，树牢群众观点，贯彻群众路线，尊重人民首创精神……始终同人民同呼吸、共命运、心连心。"[③]党在加强自身建设中不断强化宗旨意识，将全心全意为人民服务落到实处，才能处理好权、名、利与义的关系，才能不断锤炼并形成清廉、务实、为民的优良品格，才能始终接受人民批评和监督并从人民群众中汲取力量，才能团结群众、组织群众、发动群众，

---

① 习近平．习近平谈治国理政（第一卷）[M]. 北京：外文出版社，2018：366.

② 中共中央纪律检查委员会　中共中央文献研究室．习近平关于严明党的纪律和规矩论述摘编[M]. 北京：中国方正出版社，2016：9.

③ 习近平．高举中国特色社会主义伟大旗帜　为全面建设社会主义现代化国家而团结奋斗——在中国共产党第二十次全国代表大会上的报告（2022年10月16日）[M]. 北京：人民出版社，2022：70.

形成同心共圆中国梦的强大合力。

(二)全面从严治党必须大力弘扬正气

我们党在全面从严治党过程中,始终坚持破旧俗、除恶习、扬正气、倡新风,在社会中起到了辐射带动作用,促进了社会优良风尚和浩然正气的形成。覆盖面广、针对性强的巡视、巡察等监督执纪行动大大强化了党员干部的纪律意识,进一步规范了党员干部的行为,增强了党员干部队伍抵御风险和腐蚀的能力,提升了政府的公信力。同时,我们党加强对先进模范人物的表彰和宣传,号召广大党员和群众崇尚英雄、学习英雄、关爱英雄。习近平指出:“中华民族是英雄辈出的民族,新时代是成就英雄的时代。全党全社会要崇尚英雄、学习英雄、关爱英雄,大力弘扬英雄精神,汇聚实现中华民族伟大复兴的磅礴力量。”①

(三)全面从严治党必须强力反腐倡廉

反腐倡廉才能永葆初心,才能祛病驱邪、强化队伍,才能巩固党的执政地位,才能实现人民群众的根本利益。党的十八大以来,我们党持续加强反腐倡廉建设,以无禁区、全覆盖、零容忍的坚定态度开展了“打虎”“拍蝇”“猎狐”等反腐行动。壮士断腕、刮骨疗毒的强力反腐使党的作风得到了前所未有的改善,人民群众对党的信任大大增强。

(四)全面从严治党必须促进政治清明

政治清明是社会清明的基础,营造风清气正的政治生态,实现政治清明,是全面从严治党的一个重要内容,也是实现清廉社会的关键。改革开放以来,由于西方腐朽思想的侵袭等原因,一些党员干部腐化堕落,以权谋私,有的人甚至集政治蜕变、经济贪婪、生活腐化于一身,在一定范围和一定程度上造成了政治生态恶化,使党和政府的公信力下降。针对这些问题,党中央从顶层设计上持续加强制度建设。“截至 2022 年 6 月,全党现行有效党内法规共 3 718 部。其中,党中央制定的中央党内法规 221 部,中央纪委以及党中央有关部门制定的部委党内法规 170 部,省、自治区、直辖市党委制定的地方党内法规 3 327 部。党的十八大以来,共制定修订中央党内法规 156 部,占现行有效中央党内法规的 70.5%。”②强化“制度治党”,让制度的“牙齿”更加锋利,把权力关进制度的笼子,有力促进了政治清明。

四、新时代全面从严治党促清廉的途径

当前,我国处于全面建成社会主义现代化强国、实现第二个百年奋斗目标,以中国式现代化全面推进中华民族伟大复兴的新征程上,应该不断地加强党的建设,大力促进社会清廉,提高公民素质,实现人的现代化。习近平指出,“全面从严治党永远在路上,不能有任何喘口气、歇歇脚的念头。我们将继续清除一切侵蚀党的健康肌体的病毒,大力营造风清气正的政治生态,以全党的强大正能量在全社会凝聚起推动中国发展进步的磅礴

---

① 习近平. 给四川省革命伤残军人休养院全体同志回信[N]. 光明日报,2020-10-22(01).

② 程威. 为推进自我革命提供制度保障[N]. 中国纪检监察报,2022-07-06(5).

力量。"[①]

（一）抓党建着力弘扬正气

弘扬正气就是崇德向善、惩恶扬善，追求真善美，积极弘扬正能量。弘扬正气才能维护正义，坚守正道，维护良好风尚。抓党建促清廉，应着力弘扬正气，首先，"奉法者强则国强，奉法者弱则国弱"[②]，作为执政党，中国共产党要领导立法、保证执法、支持司法、带头守法，充分发挥党在全面依法治国中的作用，促进法治建设。其次，党风影响政风、社风、民风，必须加强作风建设，继续深化落实中央八项规定精神，纠治"四风"，保持党同人民群众的血肉联系。最后，家风正，则民风淳，党员要带头营造良好家风。从一些落马高官的例子中我们可以看到，家风不正往往会导致权力滥用、权钱交易、权色交易等权力寻租现象加剧，会助长行贿、涉黑等违法犯罪行为，对社会造成恶劣的影响。因此，党员要带头营造良好家风，带动千千万万的家庭及其成员走正道、促和谐、谋发展，共同营造风清气正的社会风尚。

（二）抓党建持续反腐倡廉

反腐倡廉就是对一切腐败分子说不，禁止一切以权谋私、玩忽职守、行贿受贿、贪污腐化的行为，倡导清廉为民、两袖清风，脚踏实地、担当作为。首先，持续以壮士断腕的决心开展反腐败工作。习近平指出："腐败是危害党的生命力和战斗力的最大毒瘤，反腐败是最彻底的自我革命。"[③]反腐不是一朝一夕的事，而是贯穿于党自身建设的始终，党的十八大以来的反腐行动只能加强不能削弱，必须巩固我们的反腐成果，利剑高悬、警钟长鸣。其次，党的政治建设是一个永恒课题，必须常抓不懈，保证全党服从中央，坚决维护党中央权威和集中统一领导，绝不能有丝毫含糊和动摇。最后，严把干部政治关、廉洁关，实行"一票否决"。把良好的政治觉悟、政治素养和坚定的人民立场以及廉洁奉公的品质作为培养、选拔干部的重要依据。

（三）抓党建促进政治清明

政治清明就是一种明礼诚信、安定有序，民主法治、公平正义，廉洁奉公、政通人和的政治生态和社会状态。实现"政治清明"，关键在党的制度和党员素质。邓小平指出："制度好可以使坏人无法任意横行，制度不好可以使好人无法充分做好事，甚至会走向反面。"[④]因此，首先要加强党的制度建设，完善民主集中制，加强对党员干部的监督，细化权力清单和惩戒细则，减少甚至消除权力寻租现象。其次，要提升党员干部素质。党的十八大以来，在高压反腐态势下依然有人铤而走险、以身试法，这说明党员的素质有待提高。要狠抓党员教育，从理论教育、理想信念教育、价值观教育、法治教育以及党史学习教育入

---

① 习近平．在十九届中共中央政治局常委同中外记者见面时强调：新时代要有新气象更要有新作为中国人民生活一定会一年更比一年好[N]．光明日报，2017-10-26(02)．

② 战国・韩非子《韩非子・有度》。

③ 习近平．高举中国特色社会主义伟大旗帜　为全面建设社会主义现代化国家而团结奋斗——在中国共产党第二十次全国代表大会上的报告（2022 年 10 月 16 日）[M]．北京：人民出版社，2022：69．

④ 邓小平．邓小平文选（第二卷）[M]．北京：人民出版社，1994：333．

手,不断提高党员的政治素质、思想素质和能力素质,树立正确的世界观、人生观、价值观和利益观、地位观、政绩观,自觉在思想上、政治上、行动上同党中央保持高度一致,牢固树立权力来源于人民、只能用来为人民谋利益的观点,增强“四个意识”、坚定“四个自信”、做到“两个维护”,一心为公,无私奉献。

【解疑释惑】

新时代应如何推进党的自我革命伟大实践,从而更好地保持清廉的经济、政治、社会环境?

党的十八大以来,党中央把全面从严治党纳入“四个全面”战略布局,以前所未有的勇气和定力推进党风廉政建设和反腐败斗争,刹住了一些多年未刹住的歪风邪气,解决了许多长期没有解决的顽瘴痼疾,清除了党、国家、军队内部存在的严重隐患,管党治党宽松软状况得到根本扭转,探索出依靠党的自我革命跳出历史周期率的成功路径。党的十八大以来,全面从严治党取得了历史性、开创性成就,产生了全方位、深层次影响。

腐败和反腐败较量还在激烈进行,并呈现出一些新的阶段性特征,防范形形色色的利益集团成伙作势、“围猎”腐蚀还任重道远,有效应对腐败手段隐形变异、翻新升级还任重道远,彻底铲除腐败滋生土壤、实现海晏河清还任重道远,清理系统性腐败、化解风险隐患还任重道远。

新时代推进党的自我革命伟大实践,必须坚持以党的政治建设为统领,坚守自我革命根本政治方向;必须坚持把思想建设作为党的基础性建设,淬炼自我革命锐利思想武器;必须坚决落实中央八项规定精神、以严明纪律整饬作风,丰富自我革命有效途径;必须坚持以雷霆之势反腐惩恶,打好自我革命攻坚战、持久战;必须坚持增强党组织政治功能和组织力凝聚力,锻造敢于善于斗争、勇于自我革命的干部队伍;必须坚持构建自我净化、自我完善、自我革新、自我提高的制度规范体系,为推进伟大自我革命提供制度保障。①

习近平提出的“六个必须”的要求,为新时代推进党的自我革命伟大实践,坚持不懈把全面从严治党向纵深推进,提供了根本遵循,指明了前进方向,要长期坚持、全面贯彻。

【案例分析】

孙力军政治团伙案②

孙力军,公安部原党委委员、副部长,2020 年 4 月落马,2021 年 9 月被开除党籍公职。在中央纪委国家监委通报中,认定“孙力军从未真正树立理想信念,背弃‘两个维护’,毫无‘四个意识’,政治野心极度膨胀,政治品质极为恶劣,权力观、政绩观极度扭曲,妄议党中央大政方针,制造散布政治谣言,阳奉阴违,欺上瞒下,捞取政治资本;为实现个人政治目

---

① 习近平.在十九届中央纪委六次全会上发表重要讲话强调,坚持严的主基调不动摇坚持不懈把全面从严治党向纵深推进[N].人民日报,2022-01-19(01).

② 人民网.电视专题片《零容忍》第一集《不负十四亿》[EB/OL].(2022-01-15)[2022-03-18].http://v.ccdi.gov.cn/2022/01/15/VIDErGsvUPqBqx1MTWx5GoVD220115.shtml.

的，不择手段，操弄权术，在党内大搞团团伙伙、拉帮结派、培植个人势力，形成利益集团，成伙作势控制要害部门，严重破坏党的团结统一，严重危害政治安全；狂妄自大，恣意妄为，大搞特权，在抗击新冠肺炎疫情一线擅离职守，私藏私放大量涉密材料，长期搞迷信活动；使用公安侦查手段对抗组织审查。违背组织原则，在组织函询时不如实说明问题，大肆卖官鬻爵、安插亲信、布局人事，严重破坏公安政法系统政治生态；无视中央八项规定精神，生活腐化堕落，长期收受大量贵重物品，长期接受可能影响公正执行公务的宴请和高档消费娱乐活动，长期安排私营企业主租用高档寓所供其使用，长期沉溺于各种奢靡服务；毫无道德底线，大搞权色、钱色交易；极度贪婪，大肆进行权钱交易，非法收受巨额财物。”

紧随孙力军之后，政法领域多名省部级干部先后被查处。2021 年 1 月 15 日至 19 日，由中央纪委国家监委宣传部与中央广播电视总台联合摄制的五集电视专题片《零容忍》第一集《不负十四亿》给我们揭开了孙力军政治团伙的面目。

江苏省委原常委、政法委原书记王立科

王立科，曾任辽宁省公安厅副厅长、大连市公安局局长，江苏省副省长、省公安厅厅长，江苏省委常委、政法委书记，2021 年 9 月被开除党籍和公职。

专题片介绍，20 世纪 90 年代，王立科在家乡辽宁省锦州市北镇县担任公安局副局长，结识了在当地“捞偏门”的娄河。此后 20 多年里，娄河累计送给王立科财物达 8 000 多万元，也一路得到王立科的庇护。有了王立科的庇护，娄河有恃无恐，财力势力迅速壮大。1998 年，他投资建成大河酒店，并在酒店内常年开设赌场，豢养打手。该组织成员数十人，多年来涉及故意伤害、敲诈勒索、寻衅滋事等刑事案件 80 余起，治安案件 30 余件。王立科打一开始进入警察队伍就动机不纯。王立科的父亲多年经商，他一门心思要让几个儿子做官。王立科从基层民警到派出所副所长、县公安局副局长，再到北镇市公安局局长、锦州市公安局副局长，背后都有他父亲活动的影子。

王立科到了锦州市公安局副局长位子上，一边利用权力帮多名老板办事，收受巨额贿赂，再用受贿所得继续行贿拉关系。他先是靠攀附时任辽宁省公安厅厅长李文喜，被提拔为辽宁省公安厅副厅长、大连市公安局局长；之后在一次公务中，又认识了当时在公安部担任办公厅副主任的孙力军。

2011 年，他在孙力军到辽宁出差期间，首次送上一张存有 100 万元的银行卡，孙力军毫不推辞就收下了。孙力军说：“他每年大概四五次来北京，每次都给我 30 万美金。”

王立科历年送给孙力军的礼品礼金，到案发时累计折合人民币 9 000 多万元。孙力军把王立科当自己人，帮助他先后到江苏当副省长、公安厅厅长，后来又当了江苏省委常委、政法委书记。

上海市原副市长、市公安局原局长龚道安

龚道安，曾任公安部技术侦查局局长，上海市副市长、市公安局局长，2021 年 2 月被开除党籍和公职。

专题片介绍，2010 年，在全国地市公安局局长培训班上，湖北省咸宁市公安局局长龚道安进入了孙力军的视野。孙力军感到龚道安业务能力出众，于是主动拉拢示好，通过积极推荐运作，使得龚道安被提任为公安部技侦局副局长，之后又陆续提任技侦局局长、上海市公安局局长、上海市副市长。龚道安由此对孙力军感恩戴德，言听计从，不仅自己为孙力军效命，还帮孙力军经营充实“小圈子”，向孙力军推荐时任湖北省宜昌市公安局局长邓恢林。孙力军帮助邓恢林先后提任中央政法委办公室主任、重庆市公安局局长、重庆市副市长。

山西省原副省长、省公安厅原厅长刘新云

刘新云，曾任公安部网络安全保卫局局长，山西省副省长、省公安厅厅长，2021 年 8 月被开除党籍和公职。

刘新云原来是济南市公安局局长，2014 年，一次公安部在山东有会议，刘新云负责安保，晚上主动到孙力军住所自我介绍，拉近关系。孙力军自己也在物色“小圈子”成员，看到刘新云积极贴靠，马上心领神会。经孙力军运作，2014 年 12 月，刘新云调任公安部网安局局长。

孙力军团伙的问题大都发生在党的十八大甚至十九大后，不收敛不收手，甚至变本加厉，他们通过为他人在职务晋升、企业经营、工程承揽等事项上提供帮助，收受巨额财物，其中孙力军、王立科收受财物达数亿元，其他人也有几千万到 1 亿多元，除此之外，还涉及其他犯罪情况，正在调查中。2022 年 1 月 24 日，公安机关召开专题会议强调，坚决彻底肃清孙力军政治团伙流毒影响，彻底清除涉及孙力军政治团伙的隐患后患。

分析

孙力军政治团伙案是党的十八大后严重违反党的政治纪律的典型，而且是十九大以来我党查处的最严重案件之一，公安机关召开专题会议部署肃清孙力军政治团伙流毒的影响，可见该案对社会负面影响的恶劣程度不容小觑。孙力军政治团伙案，给我们敲响了警钟。

一是必须警惕和防范党内形成利益集团。党内利益集团是指以获取金钱、权力等某种私利而相互利用、相互勾连的利益共同体，孙力军等人利用权力培植亲信，相互扶持，谋求更大的权力，就是典型的党内利益集团。党内利益集团会损害党的先进性、纯洁性和凝聚力、战斗力，对党的危害是致命性的。也正因如此，习近平曾多次告诫全党要“坚决防止党内形成利益集团”。

二是必须特别加强关键领域关键部门反腐。孙力军政治团伙的成员主要是政法系统干部，身居要职，其腐败行为对社会的影响是极其恶劣的。政法机关掌握并行使司法权和治安行政管理权，是维护社会稳定和社会公平正义的关键部门，政法系统的干部腐败使原本保护人民的武器变成谋取私利的工具，有案不查、枉法裁判、滥用权力，使国家机器的功能丧失，危及公平正义的底线，对国家和社会治理的危害异常严重。因此，要进一步加大关键领域关键部门反腐的力度。

三是必须始终对腐败分子和腐败行为抱有零容忍的态度和斗争到底的决心。党的十八大以来，党中央做了科学部署，开展了一系列的反腐工作，取得了积极成效，但也必须清醒地认识到，在这背后还隐藏着一些投机主义者想要投机取巧、铤而走险。孙力军政治团伙就是十八大后不收手、不收敛，顶风违纪、知法犯法的反面典型。习近平强调："坚决打赢反腐败斗争攻坚战持久战。腐败是危害党的生命力和战斗力的最大毒瘤，反腐败是最彻底的自我革命。只要存在腐败问题产生的土壤和条件，反腐败斗争就一刻不能停，必须永远吹冲锋号。"①

【拓展阅读】

党的巡视巡察制度②

巡视巡察制度是中国共产党党内监督的重要制度，是我们党始终加强自身建设、密切党同人民群众的血肉联系，始终保持先进性、纯洁性，不断发展壮大的有力保证。在中国共产党历史上，很早就开展了中央组织对地方组织的巡视，早在1928年，我们党就制定了巡视条例，探索建立巡视制度，为革命战争年代保证党的集中统一，领导人民夺取革命胜利提供了重要保障。2007年党的十七大第一次将巡视制度写入党章，规定"党的中央和省、自治区、直辖市委员会实行巡视制度"。党的十八大以来，以习近平同志为核心的党中央以党章为根本遵循，把巡视作为加强党内监督的战略性制度安排，发挥巡视利剑作用，赋予巡视制度新的活力。党的十九大党章修正案把巡视制度单列一条，修改充实为党的中央和省、自治区、直辖市委员会实行巡视制度，在一届任期内，对所管理的地方、部门、企事业单位党组织实现巡视全覆盖。中央有关部委和国家机关部门党组（党委）根据工作需要，开展巡视工作。党的市（地、州、盟）和县（市、区、旗）委员会建立巡察制度。

巡视是在中央或省级层面成立巡视办和巡视组，由党中央或党的省一级委员会向下开展党内监督工作。巡视是政治巡视，本质上是政治监督，紧扣"两个维护"根本任务，围绕"四个落实"查找政治上的温差落差偏差，全面审视被巡视党组织工作，着力发现党的领导弱化、党的建设缺失、全面从严治党不力，党的观念淡漠、组织涣散、纪律松弛，管党治党宽松软问题。巡察是在市县级层面成立巡察办和巡察组，由党的市县一级委员会向下开展党内监督工作。巡视是从上视下，重在"看"的过程，有一种俯察全局的威严。巡察重在"察"，即体察民情，掌握基层动态，着力发现损害群众切身利益的腐败问题和不正之风等。巡察的目的是推动全面从严治党向基层延伸，厚植党的执政基础。习近平强调，坚持党组

---

① 习近平．高举中国特色社会主义伟大旗帜 为全面建设社会主义现代化国家而团结奋斗——在中国共产党第二十次全国代表大会上的报告（2022年10月16日）[M]．北京：人民出版社，2022：69.

② 党的巡视制度[EB/OL]．(2019-10-06)[2023-02-03]．https://www.12371.cn/2019/10/06/VIDE1570293724337669.shtmll.

织建立到哪里，巡视巡察就跟进到哪里，扎牢织密监督网，做深做实做细市县巡察，打通全面从严治党“最后一公里”。

【知与行】

以小组为单位开展一次入党意愿和动机的调研活动，并形成调研报告。

第二节　全面依法治国

【基本理论】

一、依法治国是实现社会清廉的保障

党的十五大报告明确指出，依法治国，就是广大人民群众在党的领导下，依照宪法和法律规定，通过各种途径和形式管理国家事务，管理经济文化事业，管理社会事务，保证国家各项工作都依法进行，逐步实现社会主义民主的制度化、法律化，使这种制度和法律不因领导人的改变而改变，不因领导人看法和注意力的改变而改变。2012 年 11 月，党的十八大作出了“全面推进依法治国”的重大战略部署，为社会主义道德建设提供强有力的保障。

首先，全面依法治国为社会清廉提供法律支撑。社会清廉一般指社会形成清廉道德风貌的样态，其塑造是法治保障下的道德建设的过程，社会清廉主要表现在人们普遍形成了清廉道德素质和道德行为。法律是具有国家强制力的社会规范，其运行的基本环节主要包括立法、执法、司法和守法。在立法上，社会主义法律的制定要充分体现社会主义道德的价值取向，可以说法律是成文的道德，由于法律具有强制力和普适性，通过立法对社会道德的基本原则予以确认，为道德建设注入了力量。在执法上，通过执法机关在各个领域的有效执法，使道德原则得到践行，形成良好风气。在司法上，公正司法有利于维护社会公平正义，弘扬真善美、打击假恶丑，使思想道德要求在实践中得到切实遵循。在守法上，通过普法教育和全民守法，帮助人们学法、守法、用法，引导人们自觉履行法定义务，积极承担家庭责任、社会责任。

其次，全面依法治国为实现社会清廉扫除障碍。在社会清廉塑造的过程中，国家、社会只有对背离清廉的行为予以否定并使之付出相应的代价，才能有利于消除社会的蛀虫，更好地清除错误、腐朽思想的负面影响。法治是具有严肃性、威慑性、惩戒性的治理方式，依据宪法和法律，对权利人施予保护，对违法者施予惩戒，是其生命存在的基本形式。通过严格执法、公正司法对触犯法律的行为予以制裁，打击少数害群之马，遏制各种违法犯罪活动的蔓延，进而使社会风气得到有效净化，为实现社会清廉提供有力保障。

最后，全面依法治国促进社会清廉观念的形成和提高。一方面，社会清廉处于一个动态的发展过程，随着社会的发展，人与人、人与社会、人与自然之间的关系也发生了变化，当旧的道德受到冲击而新的道德尚未确立时，法律规范就能够为社会清廉提供基准，为新观念的形成提供基本保障。另一方面，道德观念的形成不能只靠说教，而是在社会生活中不断对道德原则予以现实确认进而形成道德信仰。只有具备公平正义、崇尚清廉的社会环境，才能够激发人的道德自觉。依法治国为社会清廉营造良好的环境，使人们能够对社会清廉产生高度的认同，并产生强烈的自信，从而巩固自身的社会清廉观念。

二、全面依法治国的基本内容

立法、执法、司法、守法是法治建设最基本的内容。党的十八大以来，以习近平同志为核心的党中央高度重视依法治国，法治建设取得积极成效。党的十八届四中全会通过了《中共中央关于全面推进依法治国若干重大问题的决定》，该决定指出，全面推进依法治国总目标是建设中国特色社会主义法治体系，建设社会主义法治国家。《决定》阐述了全面推进依法治国的重大意义、指导思想、总目标、基本原则，并主要从科学立法、严格执法、公正司法、全民守法等方面对全面依法治国工作做了部署。

（一）科学立法

国家监察机关

立法是指法律制定，即有立法权的国家机关，依照法定职权和法定程序、制定规范性法律文件的活动。立法是依法治国的龙头环节，法律规范越健全完备，就越能够实现有法可依。建设中国特色社会主义法治体系，必须坚持立法先行，发挥立法的引领和推动作用，抓住提高立法质量这个关键。首先，突出宪法的核心地位，维护宪法的权威，加强宪法实施，任何法律、法规不得与宪法相违背。其次，充分结合现实需要完善法律、行政法规、地方性法规体系，加强重点领域法律立法，深入推进科学立法、民主立法，实现部门齐全、结构严谨、内部协调、体例科学、调整有效，织密法律之网。最后，完善立法体制机制，健全有立法权的人大主导立法工作的体制机制，加强和改进政府立法制度建设，明确立法权力边界，从体制机制和工作程序上有效防止部门利益和地方保护主义法律化。

（二）严格执法

法律的生命力在于实施，法律的权威也在于实施。严格执法就是执法人员要严格认真依法办事，因此，严格执法以深入推进依法行政、加快建设法治政府为目标。法治政府就是职能科学、权责法定、执法严明、公开公正、廉洁高效、守法诚信的政府。一是职能要严，推进机构、职能、权限、程序、责任法定化，推行政府权力清单制度。二是决策要严，依法决策，把公众参与、专家论证、风险评估、合法性审查、集体讨论决定确定为重大行政决策法定程序。三是体制改革要实，推进综合执法，完善市县两级政府行政执法管理，严格实行行政执法人员持证上岗和资格管理制度，健全行政执法和刑事司法衔接机制。四是监督要严，推进决策公开、执行公开、管理公开、服务公开、结果公开，加强党内监督、人大监督、民主监督、行政监督、司法监督、审计监督、社会监督、舆论监督。

(三)公正司法

公正司法即司法机关在适用法律时始终做到维护社会公平正义,坚守法律底线,坚决依照法律制度办事。公正是法治的生命线,是司法活动最高的价值追求,公正司法是公平正义的最后一道屏障。保证公正司法、提高司法公信力需要做到以下几点:一要完善确保依法独立公正行使审判权和检察权的制度,法院、检察院依法独立公正行使职权,任何人不得干预和妨碍;二要优化司法职权配置,公安机关、检察机关、审判机关、司法行政机关各司其职,侦查权、检察权、审判权、执行权相互配合、相互制约;三要推进严格司法,坚持以事实为根据、以法律为准绳;四要保障人民群众参与司法,坚持人民司法为人民,依靠人民推进公正司法,通过公正司法维护人民权益;五要加强人权司法保障,诉讼过程中依法保障当事人和其他诉讼参与人的知情权、陈述权、辩护辩论权、申请权、申诉权,有效防范、及时纠正冤假错案;六要加强对司法活动的监督,完善检察机关行使监督权的法律制度和人民监督员制度,杜绝一切妨碍司法活动的行为。

(四)全民守法

法律的权威源自人民的内心拥护和真诚信仰。全民守法,着重增强全民法治观念,使全体人民都成为社会主义法治的忠实崇尚者、自觉遵守者、坚定捍卫者。一是深入开展法治宣传教育,把法治教育纳入国民教育体系和精神文明创建内容,推动全社会树立法治意识,自觉养成学法、守法、用法的习惯;二是推进多层次多领域依法治理,坚持系统治理、依法治理、综合治理、源头治理,深化基层组织和部门、行业依法治理,支持各类社会主体自我约束、自我管理,发挥市民公约、乡规民约、行业规章、团体章程等社会规范在社会治理中的积极作用;三是建设完备的法律服务体系,保证人民群众在遇到法律问题或者权利受到侵害时获得及时、有效的法律帮助;四是健全依法维权和化解纠纷机制,引导和支持人们理性表达诉求、依法维护权益,建立健全社会矛盾预警机制、利益表达机制、协商沟通机制、救济救助机制,畅通群众利益协调、权益保障的法律渠道。

三、全面依法治国促清廉的主要经验和启示

党的十八大以来,全面依法治国成为以习近平同志为核心的党中央治国理政的基本方略,并被纳入"四个全面"战略布局,在不断推进法治中国建设的过程中,大大促进了反腐倡廉和清廉中国建设,以法治促清廉形成了宝贵的经验和启示。

(一)全面依法治国必须坚持以人民为中心

坚持人民至上是清廉的核心要义。以人民为中心,就是坚持人民至上的立场,始终把人民利益放在第一位,关注人民群众的需要,关心人民群众的疾苦,回应人民群众之关切,想人民之所想,急人民之所急。依法治国坚持以人民为中心,才能在法治各环节处理好义与利的关系,保持清醒的头脑,明辨是非,做出正确的行为选择,使立法、执法、司法获得人民的支持,使守法具有更广泛的群众基础,提高法治效能,强化正义行为,减少犯罪,缓和

冲突，从而促进社会清廉。我国在全面依法治国中，充分强调人民的主体地位，例如，坚持民主立法，通过立法信息公开、书面征求意见、公开征求意见、座谈会、听证会、论证会等多种形式，听取公民、法人和其他组织的意见和建议。

（二）全面依法治国必须坚持维护公平正义

维护公平正义是清廉的内在要求。社会公平正义得到维护，才能使更多人崇尚正义，走正道。党的十八大以来，我国通过不断推进科学立法、严格执法、公正司法、全民守法，维护公平正义，取得了较好的成效。如在经济领域加强产权司法保护，对国企民企、内资外资、大中小微企业一视同仁，废除对民营企业的不平等规定；严格区分经济纠纷与经济犯罪、民事责任与刑事责任、合法财产与违法所得、公司财产与个人财产、正当融资与非法集资，对事实不清、证据不足的坚决无罪释放，保护企业家的人身和财产安全，营造了风清气正的法治化营商环境。同时，坚持实事求是、有错必纠，纠正了多起冤假错案。随着公平正义的不断彰显，人民群众的法治意识不断增强，强化了守法自觉，促进了社会清廉。

（三）全面依法治国必须坚持倡廉祛贪

社会中的违法行为和各类丑恶现象，大多数源于唯利是图、金钱至上、个人至上、贪得无厌，这对人民群众的生活和社会的发展造成极恶劣的影响。在经济领域，少数不法分子制假售假，严重伤害了人民群众的利益和健康；在社会领域，网络诈骗、人口拐卖、制毒贩毒、谋财害命，让一些家庭支离破碎；在政治领域，以权谋私、权钱交易，严重腐蚀党的执政之基。倡廉祛贪是清廉的应有之义，也是法治建设的重要内容。我国在全面依法治国进程中，越来越重视倡廉祛贪，对违法牟利、谋权的行为进行坚决打击。

（四）全面依法治国必须坚持促进社会清明

社会清明是清廉的重要内容。如果恶人当道、是非不分、善恶不辨、美丑不明、公理丧失，社会必然晦暗混乱、腐败滋生、人民遭殃，因此，要通过法治惩恶扬善、改错纠偏、弘扬正气，着力促进社会清明。

三、新时代厉行法治促清廉的途径

（一）厉行法治维护公平正义

公平正义是人类文明发展进步的重要标志，也是衡量一个国家或社会文明程度的重要标准，清廉社会必然是一个充满公平正义的社会，而法治则是维护社会公平正义的重要保障。厉行法治维护公平正义，必须做到立法公正、执法公正和司法公正。在立法、执法、司法各环节维护公平正义，实现法律面前人人平等，使违法者受到制裁、奉法者获得保护，使法律权威获得维护，从而消除遇事找关系、以言代法、以权压法、以权谋私等错误言行，增强广大人民群众对法律的信任，使法治思想深入人心。首先，要公正立法，把公正、公平、公开原则贯穿立法全过程，形成全面、畅通的意见通道；完善立法体制机制，增强法律法规的科学性、系统性、针对性、有效性。其次，要公正执法，依法依规执法，杜绝有法不依、违法不究、徇私枉法、暗箱操作行为。最后，要公正司法，习近平强调："如果司法这道防线缺乏公信力，社会公正就会受到普遍质疑，社会和谐稳定就难以保障。”[①]司法公正是法治公正的最后一道防线，只有筑牢这道防线，才能确保维护社会公平正义。我们党要着力解决影响司法公正的深层次问题，进一步深化司法体制改革、探索司法公正长效机制，从体制上破解司法不公的根源，为解决司法问题提供体制机制保障。

（二）厉行法治推动倡廉祛贪

倡廉祛贪是清廉最基本的要求。倡廉祛贪是指倡导两袖清风、廉洁自律，艰苦奋斗、自强不息，祛除贪念、省察克制，防止拜金主义、享乐主义、极端个人主义。通过法治促进倡廉祛贪，首先，强化倡廉祛贪的法律规定，如制定专门的反腐败法，并完善经济、政治、文化等各个领域的法律、法规，形成倡廉祛贪的法律体系；其次，推进法治政府、服务型政府建设。编制政府各部门权责清单，用“权力清单”和“责任清单”明确政府权力的边界，推动“放管服”改革，压缩“人情”空间；最后，加大对贪腐的惩处力度，执法必严、违法必究，形成强大震慑力。

（三）厉行法治增进社会清明

社会清明是指社会风清气正、安定团结、友善和睦。通过法治实现社会清明，不仅需要依法维护英雄模范人物的合法权益，更需要党领导下的全民参与。首先，加强普法教育，重点宣传《宪法》《中华人民共和国民法典》《中华人民共和国物权法》《中华人民共和国刑法》等重要法律，树立宪法权威，增强全民法治观念，使尊法、学法、守法、用法成为全体人民的共同追求和自觉行动。其次，加强警示教育。加大对违法案件的曝光力度，以案说法，增强公民对法律的敬畏心。最后，加强法治文化建设。将法治文化融入家庭教育、社区文化建设、企业文化建设当中，融入人民群众的各项活动当中，使法治思想深入人心，潜移默化地指导人、影响人，促进美满幸福家庭、清明和谐社会的构建。

【解疑释惑】

如何看待现实生活中干部被“围猎”现象？

“围猎”一词，原意是指四面合围起来捕捉动物，围猎者根据猎物的习性和行踪精心布局、精明设套，诱导威逼猎物步步入围，入围猎物往往无法自救，最终成为砧板上的肉，任人宰割。在社会中，一些不法之徒利用金钱、美色进行诱惑甚至是运用恐吓等手段对掌权者围追堵截、威逼利诱，一步步围攻，最终将其捕获，为己所用，与围猎如出一辙。“围猎者”挖空心思、想方设法进行围猎，目的就是利用领导干部手中的权力，避开市场的激烈竞争，以低成本换取暴利。

纵观党的十八大以来被查处的一些腐败案件，“围猎”是一个高频词，不法分子“围猎”党员领导干部的途径千奇百怪，表现方式多种多样。一些领导干部刚开始不愿被“围猎”，

---

① 中共中央宣传部、中央全面依法治国委员会办公室．习近平法治思想学习纲要[M]．北京：人民出版社、学习出版社，2021：33.

但经受不住不法分子的强大攻势，最终突破防线，一步步沦陷。而一些领导干部则是甘愿被“围猎”甚至主动“受围猎”，他们抱着一种“权力在位不用过期浪费”的错误权力观，心甘情愿地咬饵上钩，甚至与“围猎者”结成利益同盟，抱团腐败。“围猎”现象严重腐蚀了干部队伍，使干部沦为腐败分子和阶下囚，破坏了党和政府的形象，弱化了党和政府的权威性和公信力，使公权力沦为个人的私权力，破坏社会公平，动摇党的执政根基，扰乱社会的经济、政治秩序，造成社会不稳，败坏社会风气，对社会清廉造成很大伤害，不利于政治安全，不利于经济安全，不利于社会安全。“围猎”现象不除，难以巩固党的十八大以来的反腐成果，维持社会清明。

克服干部被“围猎”，要着力做到以下几点：

首先，打铁还须自身硬，要加强领导干部教育。领导干部被“围猎”或主动“受围猎”，其内在根源在于理想信念缺失，宗旨意识缺失，放松了警惕。加强领导干部的教育和锤炼，定期“补钙”，坚定理想信念，增强政治定力，强化宗旨意识，慎独自律、见微知著，要始终守住“踏实做人、清白做官、干净做事”的底线。

其次，让权力在阳光下运行，加强综合监督。“围猎”的动因在于领导干部手中的权力，没有监督的权力必然导致腐败。因此，一要加强权力监督，把权力关进制度的笼子里；二要畅通人民群众和社会监督的渠道，并对群众举报、社会舆论和新闻媒体反映的问题及时进行调查处理；三要做好信息公开，使“围猎者”和“被围猎者”无法暗箱操作。

最后，用法律制裁“围猎者”，严厉打击行贿。过去，“围猎者”能够肆无忌惮地开展各种非法活动，其主要原因在于对行贿行为的查处和惩罚不力。国家有关机关要加强完善法律、法规，坚持行贿与受贿一起查，让黑暗的“围猎者”暴露在阳光下，受到法律的应有制裁。

【案例分析】

山西塌方式腐败①

2013 年年底，中央巡视组进驻山西，由此揭开了山西“系统性、塌方式腐败”的盖子，随后的一系列反腐举措震动山西。省部级干部就有 7 人落马，省会城市太原连续三任市委书记、三任公安局局长被调查，山西省各级纪检监察机关全年处分违纪党员干部 15 450 人，其中市厅级干部 45 人，县处级干部 545 人。吕梁因腐败程度异常突出，成为山西“塌方式腐败”的一个典型缩影。

由于山西煤炭资源丰富，吕梁 51% 的国土面积下面都有煤，掌握实权的这一部分官员，就是矿主所行贿的对象。煤炭老板要在山西拿到煤矿且正常地生产开采，都需要当地领导干部的关照，这些煤炭老板就会围猎当地的县委书记、县长。领导干部拿着钱去买官成功之后可以给他提供更大的庇护。官位大小和利益多少挂上了钩，不少人的权力观发

① 利剑出鞘——电视专题片《永远在路上》第四集[N]. 中国纪检监察报，2016-10-21(4).

生了扭曲。跑官要官、买官卖官现象随之越来越严重。聂春玉，2014 年 8 月被中央纪委调查，当时任职山西省委常委、省委秘书长。在此之前，2003 年到 2011 年间，聂春玉在吕梁市先后担任市长、市委书记。他落马的主要原因，是在吕梁任职期间大肆买官卖官，调查过程中认定有 30 个人给聂春玉行贿，这 30 个行贿人中间有 29 个人是党员干部，这 29 个党员干部遍及吕梁市所辖全部 13 个县市区。这些党员干部给聂春玉行贿的同时，也在收受他下属党员干部的贿赂。聂春玉自己跑官、买官、卖官，自己带头把整个班子、整个队伍带坏了。所以在十八大以来，就是吕梁市当地共有 5 名地厅级干部，83 名县处级干部，因为违纪问题受到党纪政纪处分，其中 17 人被移送司法机关，依法处理。聂春玉坦言“开始的时候有这个拒收的这种情况，随后就是有选择的，一部分人关系好，比如说咱们关系密切，我收，关系不密切的不收，再发展把这个收钱收物不当成多大的事，这个底线不能破，破了以后就收不住，破一次就收不住”“说实在的，我是有从搞研究到当官的变化。目的就是为了升官”。

闫刚平，吕梁市离石区委原书记，也是这次被调查处理的干部之一。闫刚平说，他自认为想干事能干事，起初不愿意走跑官、买官的路子。然而 2002 年，吕梁市县长换届公开选拔，闫刚平考试成绩名列前茅，但最后却没能当上县长。据他回忆“我也没有去活动活动啥的，在 10 个里面选 6 个，我后面得选上了，但是我没选上”“我一直是在给别人挪位子，我也感觉到了管用的是潜规则，不在于你工作怎么样。你得要注意做工作的同时，还要不能忘了把上头的关系理顺，要处理好和上面的关系”闫刚平所说的管用的“潜规则”、所谓的“处理好和上面的关系”等，实际上就是“拿钱开路”“花钱买官”。而一旦接受了潜规则，一切就变得不可收拾。因为要“送钱”就得“找钱”，行贿必然导致索贿、受贿。许多被调查处理的吕梁干部都提到了当时的污浊的风气和环境，这些人既被它所影响，但同时自己又变成了这种风气和环境的一部分。刘广龙，多次以过年“看望”的名义，送给聂春玉总计上百万元，在聂春玉的帮助下，由汾阳市代市长升任中阳县委书记。吴俊平，共分 13 次送给聂春玉总计上百万元，聂春玉帮助其由柳林县副县长升任吕梁市煤炭工业局局长。据调查，这些有买官行为的干部，也都收受了下属和企业的钱财。吕梁的从政环境，就这样进一步恶性循环。

分析

山西“塌方式腐败”引发国内外舆论的高度关注，其影响恶劣，触目惊心，不仅败坏了政治生态，严重损害了党的形象，更使当地政治、经济和社会的发展遭受重大损失，严重损害了群众的利益，破坏了改革的成果，影响了改革发展。警钟敲响，山西的教训非常深刻，必须深刻反思、吸取教训，正风肃纪、净化队伍、填补漏洞，加强制度化、法制化建设。

一是全面从严治党，必须抓住关键少数。“关键少数”就像领头羊，他们以身作则、以上率下才能够形成良好风气。反之，他们带头违纪违法，会破坏政治生态，一个人带坏一帮人。山西正是由于上梁不正下梁歪，最后形成“塌方式腐败”。习近平强调，各级领导干部在推进依法治国方面肩负着重要责任，全面依法治国必须抓住领导干部这个“关键少数”。越是身居高位越要干净担当，越是“关键少数”越要严格要求。抓住关键少数，才能管好绝大多数。

二是推进法治经济建设。加强经济领域立法执法力度，加强市场监管，规范市场主体资格和行为，特别是对于重大投资开发的项目，要加大对企业及其法人代表的合法性、真实性、信誉度进行排查，促进市场主体的公平竞争，严防暗箱操作、违规操作，维护良好的市场秩序。

三是加强法治政府建设。健全行政法律法规，把权力关进制度的笼子里，特别是在经济领域要厘清政府与市场、企业的关系。如果政府对经济干预得过多，权力主导市场，导致市场在资源配置中的功能失灵，必然导致经济领域的腐败。因此，一方面要加强国家对经济的宏观调控，另一方面要进一步研究、界定政府对微观经济干预的边界，使政府在法治框架下形成对市场经济的科学合理的治理结构。

【拓展阅读】

国家监察委员会与联合国签署反腐败合作谅解备忘录①

2019 年 10 月 17 日，国家监察委员会与联合国签署反腐败合作谅解备忘录，这是国家监察委员会成立后首次同联合国签署反腐败合作文件，规定双方将围绕预防和惩治腐败、资产追回、信息分享和交流、培训和能力建设、“一带一路”倡议，以及促进联合国 2030 年可持续发展目标的落实等开展务实合作。这一文件的成功签署，体现出国际社会对我国监察体制改革和国家监察委员会的充分理解和认可，对促进《联合国反腐败公约》（以下简称《公约》）实施，完善相关机制，推动双方开展国际追逃追赃、廉洁丝绸之路建设等合作具有重要意义。

反腐败国际合作已成为国际社会的普遍性义务，是世界各国的共同意愿。《联合国反腐败公约》是联合国历史上通过的第一个全球性反腐败法律文件，专章规定反腐败国际合作和资产返还，为各国依法开展反腐败务实合作奠定了基础。目前，公约缔约国达到 186 个。多年来，中国坚定支持《公约》在反腐败国际合作中发挥主渠道作用，与联合国以及多个国家，在《公约》和各自法律框架下，共建执法合作机制，共同打击跨国腐败犯罪，不断加强反腐败追逃追赃和廉洁丝绸之路建设等合作，构建更加紧密便捷的司法执法合作网络。同时，切实推进国际反腐败治理，形成了《北京反腐败宣言》《二十国集团反腐败追逃追赃

---

① 聂新鑫．推动反腐败国际追逃追赃更加顺畅高效[N]．中国纪检监察报．2019-10-22(2)．

高级原则》《腐败资产追缴国际合作十条倡议》，以及《廉洁丝绸之路北京倡议》等一系列构建国际反腐败新秩序重要成果，努力与各方一道携手前行。

我国近年来在反腐败国际追逃追赃工作中的艰苦努力和实际成果，充分彰显了党中央“有逃必追、一追到底”的坚定决心，为夺取反腐败斗争压倒性胜利提供了有力支撑。我国始终坚持法治思维和法治方式，对外遵守国际惯例和他国法律，对内依法调查取证、严格依法处置，着力提升追逃追赃工作法治化、规范化、专业化水平，推动制度优势进一步转化为治理效能。我国成立国际追逃追赃工作办公室的五年多来，在党中央坚强领导下，启动“天网”行动，反腐败追逃追赃工作成功开辟新战场，取得显著成效，对外逃腐败分子形成强大震慑，也为国际社会合作打击跨国腐败尽到了重要义务。特别是党的十九大以来，随着纪检监察体制改革深入推进，追逃追赃工作进入新阶段。2014 年至今，先后追回外逃人员 6 690 人，追回赃款 151 亿元人民币，“百名红通人员”已到案 60 人。其中，2018 年，追回外逃人员 1 335 人，追回赃款 35 亿多元人民币。

全面从严治党和反腐败斗争永远在路上，反腐败国际追逃追赃工作亦须不断加强、扩大战果。当前反腐败执法合作中普遍存在调查取证难、协作配合难等问题，解决这些难题，仍须各方共同努力。中国已与包括“一带一路”沿线国家在内的 77 个国家缔结 55 项引渡条约、64 项司法协助条约。2019 年举办的廉洁丝绸之路分论坛，扩大了“一带一路”的反腐“朋友圈”，搭建了国际合作的新平台。此次签署备忘录，还将推动建设《公约》国家主管机关在线名录的通信平台和合作机制。实现反腐败国际追逃追赃的顺畅、高效，提升打击跨国腐败犯罪的能力和水平，离不开各国反腐败机构之间加强经验交流、对话与有效合作。

大道直行天地宽。中国近年来的成功实践，为世界共同打击腐败贡献了“中国经验”“中国智慧”和“中国模式”。构建人类命运共同体，各国一道开放合作、共同发展繁荣，符合世界人民的利益，应该是各方一致的美好目标。一切合作也应在阳光下运行，建设风清气正的丝绸之路，建设美丽、平等、安全的世界未来，中国始终满怀诚意、满怀信心、步履坚定。

【知与行】

以小组的形式学习研讨《中华人民共和国宪法》，并选取相关内容做成宣传海报。

第三节　全面以文化人

【基本理论】

以文化人指的是以人类在改造自然和社会活动的过程中创造出来的物质产物和精神产物对人类自身进行教化。全面以文化人是实现全面建成社会主义现代化强国的重要内容和内在要求，是实现社会清廉的必要条件和重要基础。全面以文化人要求全员参与、全面覆盖、全程融入，其内容全面系统、质量全面提升。大学生清廉教育中的以文化人特指通过培育、建设和利用社会主义清廉文化，造就爱党爱国、清廉奉献、积极进取的优秀公民，为培养担当民族复兴大任的时代新人，培养德智体美劳全面发展的社会主义建设者和接班人创造良好条件。

一、全面以文化人是实现社会清廉的基础

文化由人类实践创造，又作用于人类的实践活动，两者的良性互动才能推动社会的发展进步。中国在现代化建设进程中，致力于实现清正廉明的社会图景。对此，习近平指出，“要深刻把握党风廉政建设规律，一体推进不敢腐、不能腐、不想腐”①。在此动态过程中，清廉文化建设对不想腐的进程影响最直接。以文化人，文化即是人化。清廉文化以其特点发挥着潜移默化且持久的教化作用，为清廉社会的实现夯实民心之基。

（一）清廉文化的内涵和特点

在我国，清廉文化自古有之。“清廉”一词语出自《庄子·说剑》：“诸侯之剑，以知勇士为锋，以清廉士为锷。”中国人自古就把“礼义廉耻”视为“国之四维”，而“四维”之中廉耻最为重要：有廉，就不会掩饰恶行；有耻，就不会同流合污。中华优秀传统文化中将清廉看作为人之本分、为官之本真、为政之本旨。“公生明，廉生威”的古训彰显出清廉文化不断发扬和倡导的价值观。因此，古往今来人们无不对清正廉明者赞颂褒扬，对贪污腐化者抨击贬斥。

清廉文化是清廉的理论和行为及其相互关系的文化总和，是关于清廉的知识、理念和制度以及与之相关的生活方式、行为规范和价值取向的总概括。它主要表现为四个方面：一是对为政者勤政为民、廉洁从政的思想道德要求；二是对从业者爱岗敬业、奉公守法的职业文化；三是全社会形成追求清廉的积极向上的社会风尚；四是全体人民在追求清廉的社会境界中形成的文化自觉。它主要包含三个层面：一是精神层面，包括人们对清廉的认知程度、生活观念、思想素质、价值取向等，旨在培育主流价值观；二是制度层面，包括国家的法律、法规、规章制度、行为规范等，旨在建设清正廉明的社会秩序；三是器物层面，包括相关的文化景观、教育基地、文艺作品、传播媒体等，旨在推动清廉文化的传播。

社会主义清廉文化是以实现中华民族伟大复兴的中国梦为目标指引，以马克思主义为理论指导，既吸收、借鉴中华优秀传统清廉文化成果和人类创造的其他清廉文明成果，又深刻总结党和人民长期以来努力实现社会清廉的实践经验基础上形成的思想道德文化。其特点体现在四个方面：一是具有历史继承性。历史文化是当代文化的“养料”，并且对一个国家、一个民族有着长久而深入的影响。清廉文化离不开对中华优秀传统清廉文

---

① 习近平．一以贯之全面从严治党强化对权力运行的制约和监督　为决胜全面建成小康社会决战脱贫攻坚提供坚强保障[N]．人民日报，2020-01-14(01).

化的吸收和借鉴，离不开对党领导中国人民进行新民主主义革命所创造的清廉文化的弘扬。二是具有时代创新性。文化只有紧密结合时代精神，才能不断推陈出新。我国已开启全面建成社会主义现代化强国新征程，清廉文化应结合时代主题对传统清廉文化进行创造性转化和创新性发展，成为国家治理现代化的重要组成部分。三是具有思想先进性。清廉文化是中国特色社会主义文化的重要组成部分。它以马克思列宁主义、毛泽东思想、邓小平理论、“三个代表”重要思想、科学发展观和习近平新时代中国特色社会主义思想为“灵魂”，体现社会主义核心价值观的根本要求。四是具有人民主体性。人民群众是精神财富的创造者。清廉文化是人民群众在建设中国特色社会主义的伟大实践中形成的，凝聚了人民群众的智慧和力量。面向人民、为人民服务，是清廉文化的价值追求。五是具有生动实践性。清廉文化的生动实践性体现在清廉文化植根于社会实践又影响社会实践，并在社会实践中不断得到丰富、发展和检验。新时代在努力推进中国特色社会主义事业伟大实践中，我们党坚持以求真务实的态度，多措并举，不断整治贪污腐败和官僚主义、形式主义等不正之风，无数共产党人一身正气、报国为民、无私奉献，这些生动实践成为清廉文化的重要源头活水。而清廉文化又成为强国复兴实践的动力。

（二）清廉文化的作用和价值

文化潜移默化地对社会发挥着持久且巨大的影响力，清廉文化同样如此。它通过价值理念、道德观念、行为规范作用于社会及其成员，塑造社会的文明风尚和人的精神风貌。在新时代，清廉文化建设对于推进中国特色社会主义事业具有重要的作用和价值。其主要作用主要有以下三个方面：

一是具有导向作用。作为一种社会主流文化，其内在的价值观能够通过报刊、互联网、电视、文艺作品等媒介在社会上广泛传播，对整个社会产生广泛的影响。清廉文化所塑造的清正廉明的社会理想，正是社会成员普遍期盼的美好社会。它旗帜鲜明地褒扬一切促进社会公平正义和美好生活的积极因素，贬抑一切败坏社会风气的消极因素，为社会提供正确的价值评价标准。因此，它从情感上、心理上和行为上起到积极的引导作用，有助于塑造良好的社会风气。

二是具有规范作用。清廉文化所提供的价值观念和道德观念对全体社会成员具有约束、规范作用。清廉文化一旦形成，便会要求社会成员自觉遵守道德规范，批评和抵制错误的思想行为，从而逐渐增强每个人的道德自律性和自觉性。由此可见，加强清廉文化建设体现了依法治国和以德治国的有机结合，能够有力推进国家治理体系和治理能力现代化。

三是具有凝聚作用。清廉文化继承和发扬中华优秀传统文化，并在新时代创新发展，是中国特色社会主义文化的重要组成部分，具有广泛认同的价值理念和普遍遵守的道德观念，体现出强大的感召力和号召力。它不仅能够有效促进利益关系的调节和社会矛盾的化解，从而凝聚社会共识，而且还能够现实地推动公平正义、清明廉洁、民主法治等价值理念的实现，从而增强社会成员的认同感和信心。它有助于促进整个社会团结一心，共同建设中国特色社会主义，为实现中华民族伟大复兴的中国梦贡献力量。

二、全面以文化人的基本内容

人是社会的基本单元，社会是由无数的人在一定的生产关系上构成的。人们在一定的生产关系上进行的社会生产实践过程中产生着相应的文化。文化一经形成，就反过来发挥着塑造人的功能。大学生的价值观尚未定型，文化的塑造作用仍十分重要。因此，要培育清廉文化，净化社会风气，用积极向上的文化化育大学生的心灵。

（一）以理想信念指引人生之路

人的一生有理想信念的指引，就能够拥有长远的目标、坚定的意志和持久的动力；反之，人生则会失去坐标，陷入迷茫，精神颓废。一个社会亦是如此，当一个社会的主流文化以崇高的理想信念为追求，这个社会将形成积极向上的风气，凝聚强大且持久的力量，从容面对一切风险和挑战，不断向前发展；反之，这个社会将世风日下，民心四分五裂，变得脆弱不堪，逐渐走向衰落。

习近平指出："理想信念是共产党人精神上的'钙'""理想信念坚定，骨头就硬，没有理想信念，或理想信念不坚定，精神上就会'缺钙'，就会得'软骨病'"。[①] 对马克思主义的信仰，对社会主义和共产主义的信念，激励着中国共产党在百年中筚路蓝缕，团结带领中国人民克服一个又一个困难，取得一个又一个胜利。

因此，培育清廉文化，要大力倡导对崇高理想信念的追求。尤其对于大学生来说，是否树立崇高的理想信念，是其能否成为合格的社会主义建设者和接班人的关键。大学生成长成才的着眼点不应局限于个人的前途、命运，不应将个人的成败放在第一位，成为为达目的而钻营、投机的"精致的利己主义者"。大学生是国家和民族的希望和未来，应自觉将个人命运融入国家命运之中，坚持个人理想与社会理想的辩证统一，努力成为坚定的社会主义建设者和接班人。

（二）以道德教育端正品格行为

文化本质上是"人化"，其核心是人的道德化、社会化。文化是以道德为根基的。无论文化的形式如何多样化，本质上都是其内在道德性的表现。西方资本主义社会以个人主义为道德准则，在个人与社会利益发生冲突时，强调个人利益优先，其文化往往过分关注个人的成就、作用和权利，而忽视群体的作用和社会整体的权益。中国特色社会主义以集体主义为道德原则，在个人利益与集体利益发生冲突时强调集体利益优先，同时也要维护个人正当、合法利益，其文化高度赞扬集体的共同奋斗，表彰为国家和民族作出突出贡献的先进人物。

道德作为社会意识形态的一种特殊的意识形式，不仅对社会关系起到调节作用，而且也对人的品格塑造产生广泛、持久、深刻的影响。道德准则一经内化于心，便会形成相应

---

① 中共中央宣传部．习近平总书记系列重要讲话读本[M]．北京：学习出版社，人民出版社，2014：159.

的道德认识、道德观念，成为人内心的法则。一个人越是加强自身的道德修养，越是要将道德准则牢固地树立在内心，从而构筑起抵御各种不道德思想腐蚀的强大精神世界。与法律的外在约束不同，道德虽然有外在的道德评价，通过社会舆论等方式评价一个人的言行正确与否，对人的言行产生一定的影响，但其约束力往往来自人的内心，外在的评判只有激起内在的道德感才能产生约束力。因此，道德准则的内化需要持久的教化，这就离不开文化无时无刻地浸润和滋养。

清廉文化是以清正廉明的道德准则为核心的文化。培育清廉文化，就是要通过各种形式和方法将清正廉明的道德准则内化于人们的内心。通过清廉教育，形成正确的道德认知，正确判断是非；通过鼓励人们向清廉模范人物学习，增强践行清廉的自觉性；通过参观警示教育基地，树立道德敬畏感，自觉抵制错误的思想和言行等。道德是立人之本，人之为人应当不断加强道德修养，提升个人品质，才能为社会做出应有的贡献，实现人生价值。清廉是中华民族自古以来的优秀传统道德，是中国特色社会主义建设者应有的道德品质，我们要将这一优秀品质不断传承并发扬光大，需要在全社会培育清廉文化。

（三）以文明风尚助推清廉有为

一个社会的文明水平不仅在于物质生活水平，而且还取决于社会精神文明水平，主要表现为社会风气。社会风气是指社会中人们在一定时期和一定范围内形成的趋同的价值取向、行为方式、思维模式和生活习惯的整体风貌。从宏观上看，它是在社会经济、政治、文化、伦理等因素共同作用下逐渐形成的，能够反映一个民族、国家的价值观念、风俗习惯、精神面貌和社会环境；从微观上看，它渗透于人们生活、工作的各个方面，与人们的心理、情感等结合在一起，使人们形成一种心理定势，使人际关系产生一种特定的能够影响群体意识的氛围。因此，判断社会风气的好坏，关键在于人们如何处理个人与他人、个人与群体、个人与国家的关系，能否形成文明风尚，即是否有利于人民身心健康，有利于促进人际和谐友爱，有利于维护社会公平正义，有利于弘扬伟大民族精神，有利于国家繁荣富强。

净化和纯化社会风气是中国共产党在建设中国特色社会主义进程中一贯重视的问题。不良的社会风气会造成社会秩序的混乱，道德的沦丧有碍社会的健康发展；良好的社会风气则有助于提高社会的文明程度，为人们的生活创造良好的环境，促进社会健康和谐地发展。中国共产党始终反对和制止不良的社会风气，倡导良好的社会风气。清廉是中国特色社会主义文化的显著特点，是为广大人民群众所认可的价值理念和道德观念，培育清廉文化是中国共产党构建良好社会风气的重要法宝。以清廉文化渗透各类社会主体，如政府机关、民间团体、企业和个人等，打破各圈层壁垒，抵制各种潜规则、以权谋私、蛮横霸道等不公正现象；促进制度性变革，形成强大的舆论态势，使有权者不敢腐，更不愿腐；形成文明风尚，使人们能够清廉做人、事业有为，推动社会健康发展。

三、全面以文化人的主要经验

培育清廉文化就是要在社会公众当中培育崇尚清廉的思想认知和行为模式。培育清廉文化要做到以下几点：

一是要全员参与，人人受益。特别要强调的是，全员不仅包括社会中的成年人，还包括青少年。青少年是祖国的未来、民族的希望，青少年时期是形成人生观、价值观和世界观的重要时期，因此，应当让青少年接受一定程度的清廉文化的洗礼，为他们的心灵种下清廉的种子，引导他们扣好人生成长中的“第一粒扣子”。

二是要全面覆盖，全程融入。推进清廉文化建设是一项广覆盖、深层次、全过程的系统工程：在覆盖面上，要覆盖政治、经济、社会、文化和生态文明各领域；在深入层次上，既要抓住“关键少数”，也要管住“绝大多数”；在融入程度上，要融入社会生产和生活的全部过程，贯穿家庭、职业、公共等空间，打破小圈子文化壁垒。

三是要长期坚持，久久为功。文化的培育不是一朝一夕便能成功的，尤其是覆盖全社会的主流文化更是不可能一蹴而就，要长期坚持，在时间上常态化、在空间上立体化、在对象上精准化、在手段上多样化，使社会全体成员时时、处处受到清廉文化的教育和熏陶，在潜移默化当中内化于心、外化于行，充分发挥清廉文化教育教化、正人正心、成风成俗的作用，从而净化社会风气。

四、大力加强清廉文化建设

文化兴则国家兴，文化强则民族强。站在新时代的历史坐标上，清廉文化应当成为中华民族伟大复兴的精神支撑，成为推动社会清廉的助推器。清廉文化建设应始终坚持正确政治方向，体现为人民服务的宗旨，彰显民族性并站在时代潮头。

第一，坚持党的领导。党的领导决定清廉文化建设的政治高度。党的领导是中国特色社会主义最本质的特征，决定了清廉文化的性质和发展方向。党的领导决定清廉文化建设的理论深度。党的理论奠定了清廉文化的理论之基，党的实践推动清廉文化内涵不断深化。党的领导决定了清廉文化建设落实力度。清廉文化建设是一项系统工程，需要党统筹协调各方，推动清廉文化落实到位，取得实实在在的成效。

第二，坚持“以人民为中心”。清廉文化建设就是要革除腐朽有害的不良风气，树立积极向上的文明风尚，其最终受益者是人民。人民是历史的创造者，也是文化的创造者、传播者和传承者。因此，清廉文化建设是为了人民，也要依靠人民。一方面，清廉文化要贴近群众、贴近生活，才能提升人民群众的积极性和主动性。广大人民群众能共同参与和自觉内化，清正廉明便蔚然成风，使不良之风难以为继。另一方面，清廉文化建设的效果要由人民“检阅”。人民满意不满意、接受不接受是清廉文化建设的标准。积极回应群众的关切和诉求、接受人民监督、畅通民意渠道等都是推进清廉文化深入人心的有效举措。“只有当人民大众成为文化价值主体、文化表现主体和文化实践主体，他们才会由文化的局外人变为文化的守护者。”①

① 罗嗣亮．以人民为中心铸牢文化自信[N]．光明日报，2018-10-08(11)．

第三，坚持传承与创新相结合。清廉文化是中国特色社会主义文化的组成部分。“中国特色社会主义文化，源自于中华民族五千多年文明历史所孕育的中华优秀传统文化，熔铸于党领导人民在革命、建设、改革中创造的革命文化和社会主义先进文化。”[①]清廉文化建设要根植于中华优秀传统文化的沃土，从革命文化中汲取养分，弘扬社会主义先进文化，体现中华民族共同的民族意识，从而发挥增强民族凝聚力的作用。同时，清廉文化建设要守正创新，在中国特色社会主义的生动实践中把握时代脉动：一是增强清廉文化在新时代的表现力，打造文化精品，通过更生动的故事、更贴切的话语、更新颖的形式吸引广大人民，使其深入人心；二是发挥各种媒介的作用，使清廉文化时时见、处处闻，使清廉的价值取向、价值追求融入社会生活，成为社会风气。

【解疑释惑】

如何理解以文化人和社会清廉的关系？

中国特色社会主义进入新时代，新时代的以文化人，不仅具有民族特色，而且富有时代特征。以文化人的“文”主要是指中华优秀传统文化、革命文化和社会主义先进文化，三者内在地包含着清廉文化。新时代的以文化人，从本质上来说，就是要以习近平新时代中国特色社会主义思想为指导，着眼中华民族伟大复兴的战略全局和世界百年未有之大变局，通过传承、弘扬和发展中华优秀传统文化、革命文化和社会主义先进文化，不断提升公民的政治素质、道德品质、法治素养、科学精神，促进人的全面发展，培养和造就堪当民族复兴大任的时代新人。

社会清廉是指在一定社会物质生活条件下，在历史与现实、内部与外部、主观与客观等多种因素交互作用下，社会逐步形成的崇德向善、风清气正，勤俭尚廉、和谐有序，公正法治、政治清明的一种美好样态。

以文化人和社会清廉的关系是辩证统一的，两者相互联系、相互促进，统一于中国特色社会主义建设的伟大实践。具体来说，以文化人是实现社会清廉的基础，以文化人就是通过发挥先进文化对人的熏陶和教化功能，培育具有优良素质、清廉品质、全面发展的时代新人，这是实现社会清廉的基础和前提，只有造就千千万万高素质的清廉之士，才能更好地推动实现社会清廉。社会清廉是推进以文化人的重要条件，社会清廉为以文化人提供先进的示范引领、良好的环境氛围、有利的条件保障。

【案例分析】

苏区精神永放光芒

1931 年 11 月 7 日，中华苏维埃第一次全国代表大会在瑞金胜利召开。27 日，中华苏

---

① 习近平．决胜全面建成小康社会 夺取新时代中国特色社会主义伟大胜利——在中国共产党第十九次全国代表大会上的报告[N]．人民日报，2017-10-28.

维埃共和国临时中央政府成立。这标志着中华苏维埃共和国的成立，中国共产党领导建立的政权首次以国家形式登上中国政治舞台，中国共产党领导的革命进入了新的历史阶段。中华苏维埃共和国是中国历史上第一个全国性的工农民主政权，虽然这只是中国共产党在广袤的中华大地上的局部性执政的重要尝试，却可以说是为新中国成立的伟大预演。

在苏区时期，新生的苏维埃政权，受到来自外部强大反动势力的威胁。为了巩固苏区、发展苏区，中国共产党领导苏区的人民群众开展了政治、经济、文化、社会等方面的建设。苏维埃临时中央政府在全党掀起了声势浩荡的反腐倡廉运动，通过各种举措坚决遏制腐败，提倡社会清明，政府清廉，培养了一大批廉洁奉公的党员干部。

苏维埃中央政府成立后，设立中央财务部和所属的审计处、会计处、税务局等部门，以及苏区各省、县的财务部门，在先后颁布《财政部暂行组织纲要》《省、县、区财政暂行组织纲要》对财政部门的设置和工作职责作出了具体规定。中央政府先后颁布《关于国库暂行条例》《统一会计制度》《审计条例》等一系列规章制度。在法治建设上，中央政府颁布了许多反腐反浪费的法律条例，尤其是1933年12月发布的《中央执行委员会关于惩治贪污浪费行为的训令》(第26号)对违反廉政的违法犯罪作出明确量刑。建立健全工农检察部门，出台《中央巡视条例》，加强对党政机关的监督，同时发挥群众监督以及《红色中华》《青年实话》《斗争》《红星》等报刊媒体的舆论监督作用。中央苏区党的第一次代表大会通过的《党的建设问题决议案》提出要加强党的教育工作，尤其是纪律教育。中央苏区创立马克思主义学校，教授马克思主义理论等，毛泽东等中央苏区领导人先后在学校授课，通过思想教育，提升了党员干部的思想觉悟和素质能力。为了形成清廉的社会风尚，除了在财经、制度和思想教育上下功夫外，中央苏区也通过各种方式，积极培育清廉文化，使清廉成为苏区干部群众共同的价值追求。苏区领导干部与群众同甘共苦，不搞特殊。毛泽东同志就住着普通民房，吃着红米饭、南瓜汤。他带领军民在瑞金沙洲坝村打了一口井，解决群众喝水问题，后来这口井台上竖起一块碑，上面刻着“吃水不忘挖井人，时刻想念毛主席”，可见群众对毛主席的感激崇敬之情。另外，朱德同战士一起挑粮，何叔衡为中央政府“捡破烂”，董必武成了“野菜大王”[①]，他们的事迹被广为传唱，树立了党员干部人民公仆的良好形象，他们以清廉作风、清廉实践为广大干部树立了学习的榜样。中央苏区的报刊设置了相应专栏以案说法、以理服人，报道反腐倡廉活动，抨击贪污腐化之风，盛赞清廉爱民榜样。宣传报道采用歌谣、戏剧、漫画、美术、标语等多种艺术形式，使勤政爱民清廉的先进事迹广为传唱、温润人心。

中国共产党以清正廉明、勤政为民的形象为广大群众所拥戴，使苏区人民凝心聚力、斗志昂扬、团结一致，克服了物资匮乏、缺兵少粮等各种困难，数次粉碎了敌人的“围剿”，极大地鼓舞了全国劳苦大众的斗志，为艰苦卓绝的革命斗争树立了一面旗帜，孕育形成了内涵丰富的苏区精神。习近平指出：“在革命根据地的创建和发展中，在建立红色政权、探

---

① 徐家林，等．中国共产党反腐倡廉建设史论[M]．北京：中国方正出版社，2009：81.

索革命道路的实践中,无数革命先辈用鲜血和生命铸就了以坚定信念、求真务实、一心为民、清正廉洁、艰苦奋斗、争创一流、无私奉献等为主要内涵的苏区精神。”①

分析

遏制腐败的滋生,是每个政权都要面对的挑战。新生的红色政权,也难以完全避免腐败的产生。究其原因,一是长期以来的封建官僚主义思想根深蒂固,尽管中国经历了多次革命之火的洗礼,但其余毒仍未能彻底消除;二是党在苏区的执政摸索当中,制度建设还不完善,治国理政经验不足;三是革命队伍成员来自不同阶级、不同群体,他们都曾受过非无产阶级思想观念的深刻影响,并且组织纪律和监督制约机制尚未健全;四是严酷而频繁的军事斗争需要集中人力、物力、财力予以保障,在资源有限的情况下,根据地的廉政建设在组织机构、人员配备和经费保障等方面受到一定限制;五是革命的敌人等各种反动腐朽势力拉拢、收买、腐蚀党员干部。这些原因导致腐败滋生,出现作风腐化、铺张浪费、滥用职权等现象,这给新生的红色政权带来了极大的危害。

中共中央和苏区政府清醒地认识到廉洁政治的重要性和腐败的危害性,并立即采取了一系列措施,坚决同腐败作斗争。第一,健全财务制度。苏维埃中央政府成立后,就立即开展财政制度建设。第二,加强法治建设和建立监督机制。中央政府颁布了许多反腐反浪费的法律条例,建立健全工农检察部门,加强对党政机关的监督。加强群众监督和舆论监督。第三,加强思想政治教育,尤其是纪律教育,提升了党员干部的思想觉悟和素质能力。第四,培育清廉文化,使清廉成为苏区干部群众共同的价值追求。党员干部以身作则,与群众同甘共苦,不搞特殊,发挥示范引领作用。充分发挥中央苏区报刊的文化宣传功能,弘扬正气新风,鞭挞贪污腐化,努力营造风清气正、积极向上的社会氛围。

红色政权采取的一系列反腐倡廉举措,赢得了人民群众的拥护和支持,推动了革命运动的发展。苏区精神、苏区反腐倡廉的实践经验是弥足珍贵的,需要深入学习和研究并在新时代不断传承和发展。

【拓展阅读】

党的十八大以来清廉文化教育案例选编

1. 党的群众路线教育实践活动

围绕保持党的先进性和纯洁性,在全党深入开展以为民务实清廉为主要内容的党的群众路线教育实践活动,是党的十八大作出的一项重大部署。2013 年 5 月 9 日印发的《中共中央关于在全党深入开展党的群众路线教育实践活动的意见》对党的群众路线教育实

① 习近平. 中国共产党精神谱系——苏区精神[N]. 人民日报,2019-01-18(09).

践活动作出了部署。

总体要求：(1)全程贯穿“照镜子、正衣冠、洗洗澡、治治病”总要求；(2)主题是为民务实清廉；(3)要求落实中央八项规定精神、《党政机关厉行节约反对浪费条例》等规定；(4)反对形式主义、官僚主义、享乐主义和奢靡之风；(5)重点抓好县处级以上领导机关、领导班子和领导干部，要突出抓好直接联系服务群众的执法监管部门和窗口单位、服务行业的教育实践活动。

重点任务：(1)解决“四风”突出问题(包括“形象工程”“政绩工程”等问题，庸懒散拖、推诿扯皮等问题，“三难”“三乱”等问题，漠不关心群众冷暖、责任心不强等问题，服务意识和能力不强、办事不公等问题)；(2)解决关系群众切身利益问题(包括群众在教育、就业、医疗、住房等基本需求问题，生态环境、食品药品安全、执法司法、征地拆迁等方面损害群众利益问题，困难群众生产生活问题，与民争利问题等)；(3)解决联系服务群众“最后一公里”问题，加强便民服务工作，建立健全服务保障体系和保障制度。

方法步骤：(1)自上而下分两批开展教育实践活动，第一批为省部级领导机关和副省级城市机关及其直属单位，中管金融企业、中管企业、中管高等学校，第二批为省以下各级机关及其直属单位和基层组织，每批安排大体安排半年，具体到每个单位一般不少于3个月。(2)抓好三个环节：一是学习教育、听取意见；二是查摆问题、开展批评；三是整改落实、建章立制。

活动成效：广大党员、干部受到马克思主义群众观点的深刻教育，贯彻党的群众路线的自觉性和坚定性明显增强；形式主义、官僚主义、享乐主义和奢靡之风得到有力整治，群众反映强烈的突出问题得到有效解决；恢复和发扬了批评和自我批评优良传统，探索了新形势下严肃党内政治生活的有效途径；以转作风改作风为重点的制度体系更加完善，制度执行力和约束力得到增强；影响群众切身利益的症结难点得到突破，党的执政基础更加稳固。①

2.“三严三实”专题教育

2014年3月9日，习近平总书记在中华人民共和国第十二届全国人民代表大会第二次会议安徽代表团参加审议时，关于推进作风建设的讲话中，提到“既严以修身、严以用权、严以律己；又谋事要实、创业要实、做人要实”的重要论述，称为“三严三实”讲话。2015年4月10日，中共中央办公厅印发《关于在县处级以上领导干部中开展“三严三实”专题教育方案》，对2015年在县处级以上领导干部中开展“三严三实”专题教育作出安排。

开始时间：2015年4月底。

范围：包括各级党政机关、人民团体及其内设机构县处级以上领导干部和事业单位、国有企业中层以上领导人员，各级同步进行。

聚焦：对党忠诚、个人干净、敢于担当。

---

① 习近平：历史使命越光荣奋斗目标越宏伟越要增强忧患意识越要从严治党[N]. 人民日报，2014-10-09(01).

目的：在深化“四风”整治、巩固和拓展党的群众路线教育实践活动成果上见实效，在守纪律讲规矩、营造良好政治生态上见实效，在真抓实干、推动改革发展稳定上见实效。

着力解决的问题：一是着力解决理想信念动摇、信仰迷茫、精神迷失，宗旨意识淡薄、忽视群众利益、漠视群众疾苦，党性修养缺失，不讲党的原则等问题；二是着力解决滥用权力、设租寻租、利益输送，不直面问题、不负责任、不敢担当，顶风违纪还在搞“四风”、不收敛不收手等问题；三是着力解决无视党的政治纪律和政治规矩，对党不忠诚、做人不老实，阳奉阴违、自行其是，心中无党纪、眼里无国法等问题。

开展方法：以上率下、示范带动。

具体实施：第一，县级以上党委（党组）书记带头上专题党课；第二，党委（党组）中心组和内设机构党组织开展专题学习研讨；第三，机关、企事业单位及其内设机构县处级以上党员领导干部年度民主生活会和组织生活会，以践行“三严三实”为主题开展。

整改落实：第一，要强化整改落实和立规执纪，坚持边学边查边改，主要领导干部带头，列出问题清单，一项一项整改，进行专项整治，严格正风肃纪；第二，对存在“不严不实”问题的领导干部，立足于教育提高，促其改进；第三，对群众意见大、不能认真查摆问题、没有明显改进的，要进行组织调整；第四，针对“不严不实”问题，建制度、立规矩，强化刚性执行①。

重要意义：开展“三严三实”专题教育，是党中央提出协调推进“四个全面”战略布局以来，在全面从严治党方面的重要举措。协调推进“四个全面”战略布局是一项重大工程，其中全面从严治党是根本保证，这就要求广大党员干部要进一步提升党性修养，廉洁自律、担当实干，才能担负起以上率下、凝心聚力，带领人民群众实现全面建成小康社会的目标。“三严三实”的要求，不仅切中了败坏党的作风的根本问题，也抓住了改进党的作风的关键。每个党员干部都应当终生接受“三严三实”教育，践行“三严三实”要求，才能不断提升党性修养，保持先进性，做到清廉有为。

3.“两学一做”学习教育②

2016 年 2 月 24 日，中共中央办公厅印发《关于在全体党员中开展“学党章党规、学系列讲话，做合格党员”学习教育方案》，对开展“两学一做”学习教育作出部署。这是新形势下加强党的思想政治建设的一项重大部署，是推动全面从严治党向基层延伸的有力抓手。2017 年 3 月，中央办公厅印发《关于推进“两学一做”学习教育常态化制度化的意见》，把“两学一做”学习教育纳入党支部“三会一课”等基本制度，作为全面从严治党的基础性工程。

什么是“两学一做”：学党章党规、学系列讲话，做合格党员。

---

① 人民网-中国共产党新闻网．一张图读懂“三严三实”专题教育如何开展[EB/OL].(2015-04-22)[2023-03-20]. http://dangjian. people. com. cn/n/2015/0422/c117092-26885949. html.

② 中共中央办公厅．关于在全体党员中开展“学党章党规、学系列讲话，做合格党员”学习教育方案[N]. 人民日报，2016-02-29(006).

开展时间：2016 年。

学习教育的对象：全体党员。推动党内教育从“关键少数”向广大党员拓展，从集中性教育向经常性教育延伸的重要举措。

学习目的：(1)为了深入学习贯彻习近平总书记系列重要讲话精神，推动全面从严治党向基层延伸。(2)巩固拓展党的群众路线教育实践活动和“三严三实”专题教育成果。(3)进一步解决党员队伍在思想、组织、作风、纪律等方面存在的问题。(4)保持发展党的先进性和纯洁性。

具体要求：(1)“两学一做”学习教育不是一次活动，把“两学一做”学习教育作为一项重大政治任务。(2)以尊崇党章、遵守党规为基本要求，以用习近平总书记系列重要讲话精神武装全党为根本任务。(3)进一步坚定理想信念，提高党性觉悟；进一步增强政治意识、大局意识、核心意识、看齐意识，坚定正确政治方向；进一步树立清风正气，严守政治纪律政治规矩；进一步强化宗旨观念，勇于担当作为，在生产、工作、学习和社会生活中起先锋模范作用。(4)着力解决一些党员理想信念模糊动摇的问题；着力解决一些党员党的意识淡化的问题；着力解决一些党员宗旨观念淡薄的问题；着力解决一些党员精神不振的问题；着力解决一些党员道德行为不端的问题。(5)要坚持正面教育为主，用科学理论武装头脑；坚持学用结合，知行合一；坚持问题导向，注重实效；坚持领导带头，以上率下；坚持从实际出发，分类指导。

如何开展：围绕专题学习讨论、个人自学与集中学习结合、创新方式讲党课、召开党支部专题组织生活会、开展民主评议党员等。

组织领导：“两学一做”学习教育在中央政治局常委会领导下进行，由中央组织部牵头组织实施，中央纪委机关、中央宣传部、中央党校配合做好相关工作。

4.“不忘初心、牢记使命”主题教育①

2019 年 5 月 31 日，“不忘初心、牢记使命”主题教育工作会议召开，习近平总书记发表重要讲话，深刻阐述了开展主题教育的重要意义，深刻阐明了主题教育的目标要求和重点措施，对开展主题教育提出了明确要求，具有很强的政治性、思想性、针对性、指导性，是开展“不忘初心、牢记使命”主题教育的根本指针，是新时代加强党的建设的纲领性文献。

开展时间：2019 年 6 月开始，在全党自上而下分两批开展。这一年是中华人民共和国成立 70 周年，也是我们党在全国执政第 70 个年头，在这个时刻开展这次主题教育，正当其时。

开展对象：以县处级以上领导干部为重点，在全党开展。

重要意义：开展这次主题教育，是用习近平新时代中国特色社会主义思想武装全党的迫切需要，是推进新时代党的建设的迫切需要，是保持党同人民群众血肉联系的迫切需要，是实现党的十九大确定的目标任务的迫切需要。

---

① 习近平．在“不忘初心、牢记使命”主题教育工作会议上的讲话[J]．求是，2019(13)：4-13.

根本任务：深入学习贯彻习近平新时代中国特色社会主义思想，锤炼忠诚干净担当的政治品格，团结带领全国各族人民为实现伟大梦想共同奋斗。

总要求：守初心、担使命，找差距、抓落实。

具体目标：理论学习有收获，思想政治受洗礼，干事创业敢担当，为民服务解难题，清正廉洁作表率。

如何开展：各地区各部门各单位要结合实际，创造性开展工作，把学习教育、调查研究、检视问题、整改落实贯穿主题教育全过程，努力取得最好成效。

组织领导：在中央政治局常委会领导下开展，各级党委（党组）要加强督促指导，宣传舆论要发挥引导作用，要坚持两手抓两促进，切实防止“两张皮”。

5. 党史学习教育

2021 年 2 月 1 日，“中共中央决定，今年在全党开展中共党史学习教育，激励全党不忘初心、牢记使命，在新时代不断加强党的建设。”[①]2021 年 2 月 20 日，党史学习教育动员大会在京召开，会议提出“树立正确党史观”的重要论述，为党史学习教育进行全面动员和部署。习近平总书记出席并发表重要讲话。

学习的目的：用党的奋斗历程和伟大成就鼓舞斗志、明确方向，用党的光荣传统和优良作风坚定信念、凝聚力量，用党的实践创造和历史经验启迪智慧、砥砺品格。

学习的意义：是牢记初心使命、推进中华民族伟大复兴历史伟业的必然要求，是坚定信仰信念、在新时代坚持和发展中国特色社会主义的必然要求，是推进党的自我革命、永葆党的生机活力的必然要求。

学习对象：以县处级以上领导干部为重点，以党内学习带动全社会广泛开展党史、新中国史、改革开放史、社会主义发展史宣传教育，普及党史知识，推动党史学习教育深入群众、深入基层、深入人心。

学习要求：学史明理、学史增信、学史崇德、学史力行，学党史、悟思想、办实事、开新局。

如何开展：一是要加强组织领导；二是要树立正确党史观；三是要切实为群众办实事解难题；四是要注重方式方法创新。

6. 学习贯彻习近平新时代中国特色社会主义思想主题教育[②③]

2023 年 4 月 1 日，党中央下发《中共中央关于在全党深入开展学习贯彻习近平新时代中国特色社会主义思想主题教育的意见》，对主题教育作出安排，提出明确要求。4 月 3 日召开的学习贯彻习近平新时代中国特色社会主义思想主题教育工作会议，进一步阐明了

---

① 习近平同党外人士共迎新春[N]. 人民日报，2021-02-02(01).

② 中共中央．中共中央关于在全党深入开展学习贯彻习近平新时代中国特色社会主义思想主题教育的意见[J]. 党建研究，2023(5)：19-25.

③ 习近平，蔡奇．习近平、蔡奇同志在学习贯彻习近平新时代中国特色社会主义思想主题教育工作会议上的讲话(2023 年 4 月 3 日)[J]. 党建研究，2023(5)：3-18.

本次主题教育的重大意义，标志着主题教育正式启动。

重大意义：是统一全党思想意志行动、始终保持党的强大凝聚力、战斗力的必然要求；是推动全党积极担当作为、不断开创事业发展新局面的必然要求；是深入推进全面从严治党、以党的自我革命引领社会革命的必然要求。

总要求：学思想、强党性、重实践、建新功。

时间和对象安排：以县处级以上领导干部为重点，主题教育自上而下分两批进行。第一批包括中央和国家机关及其直属单位、省（自治区、直辖市）和副省级城市机关及其直属单位，中管金融企业、中管企业、中管高校，从2023年4月开始，2023年8月基本结束；第二批包括省以下各级机关及其直属单位和其他基层党组织，从2023年9月开始，2024年1月基本结束。

根本任务：坚持学思用贯通、知信行统一，把习近平新时代中国特色社会主义思想转化为坚定理想、锤炼党性和指导实践、推动工作的强大力量，使全党始终保持统一的思想、坚定的意志、协调的行动、强大的战斗力，努力在以学铸魂、以学增智、以学正风、以学促干方面取得实实在在的成效。

具体目标：凝心铸魂筑牢根本，锤炼品格强化忠诚，实干担当促进发展，践行宗旨为民造福，廉洁奉公树立新风。

重点措施：主题教育不划阶段、不分环节，要把理论学习、调查研究、推动发展、检视整改等贯通起来，有机融合、一体推进。

组织领导：主题教育在中央政治局常委会领导下开展。

各级党委（党组）要高度重视、精心组织，成立相应领导机构和工作机构，党委（党组）主要负责同志要履行第一责任人职责。

中央主题教育领导小组组建指导组，采取巡回指导、随机抽查、调研访谈等方式，对各地区各部门各单位开展主题教育进行督促指导；省（自治区、直辖市）党委和行业系统主管部门党组（党委）派出巡回指导组，加强对所属地区、部门和单位的督促指导，确保主题教育质量。

开展主题教育要务求实效，坚决反对形式主义，坚决防止“低级红”“高级黑”。

【知与行】

3～5人为一组，收集一个古今中外有关清廉文化的故事，并为班级里的其他同学进行讲解。

【课外作业】

1. 组织观看一部央视反腐倡廉专题纪录片，然后以“如何形成风清气正的良治社会”为主题，开展一次主题班会。

2. 以3-5人的学研小组为单位，设计一期以清廉教育为主题的宣传板报。

后 记

编写一本极具思想启迪与人生励志意义的清廉教育读本，是我们高等院校教育工作者和有关专家、学者的共同心愿。本书既有对清廉理论的深刻分析，也有针对青年学生的解疑释惑；既有对党和政府清廉政策措施的强化宣传，也有对清廉志士的热情讴歌；既有对清廉知识的拓展阅读，也有对提高清廉能力的实践指导。本书启示青年大学生和读者，今后无论从事何种职业，都必须在头脑中根植清正廉明的理念，使清正廉明成为立身之基、兴业之道。

本书在 2018 年出版的地方教材《广西高职高专学生清廉教育》的基础上，根据党的二十大作出的新部署，为落实清廉学校建设以及本科院校思想政治教育的新要求，经过校际合作研究，进一步修改、补充、提升和完善而编写的面向全国本科院校大学生的思想政治教育教材。

本书是集体智慧的结晶。由张荣华、靳玉军、唐凯兴担任主审。唐鹏、王东维、刘希岩担任教材编写顾问。由陈成志、莫杏卓、焦春红担任主编，负责具体策划、设计框架结构、拟定编写提纲、组织讨论和撰写。由覃蔚玲、陈新菡、马东、董艳、廖剑、李睿担任副主编。具体分工如下：绪论 清廉教育重于山——清廉教育概述，由陈成志、焦春红编写；第一讲　清廉教育古今谈——清廉教育的历史经验与镜鉴，由安鑫、王小松编写；第二讲　清廉教育困与策——清廉教育的现状与路径，由张俊、陈新菡编写；第三讲　清廉是做人的本分——扬正气忠心报国，由岑忠干、李睿编写；第四讲　清廉是驱邪的“照妖镜”——抗诱惑一尘不染，由廖剑、焦春红编写；第五讲　清廉是幸福的“护身符”——尚大义为民谋福，由焦春红、肖鹏编写；第六讲　清廉贵在修身——修大德清醒自律，由莫杏卓、周丽华编写；第七讲　清廉重在良治——优环境风清气正，由覃蔚玲、靳晓斌编写。每讲的习近平同志讲话摘编由杨淇灵负责搜集完成。初稿完成后，由陈成志、莫杏卓、焦春红同志统稿定稿，蒋飞燕、张珍、王运钦、杨淇灵等同志协助主编做了修改工作。中国农业大学出版社司建新，广西民族大学韦美珠等同志为本书的审修和出版做了大量工作。广西超星信息技术有限公司高运锋、韦依等同志为推动本教材在线开放课程建设做出重要贡献。

本书在写作、修订和出版过程中，得到了许多高校或党校有关领导或专家学者的关心和支持。本书也参考了许多文献资料和专家学者的研究成果。在此一并深表谢意！

由于我们水平有限，书稿还存在一些不足之处，恳请广大读者和专家学者批评指正，以便再版修订时进一步完善。

编　者

2023 年 8 月